SPANISCH
Grammatik

Herwig Krenn
Wilfried Zeuch

Buch und Zeit Verlagsgesellschaft mbH • Köln

© Genehmigte Ausgabe 1999
Alle Rechte vorbehalten
Redaktion: Barry Sandoval
Umschlaggestaltung: Inga Koch
Printed in Germany
ISBN 3-8166-0481-1

Vorwort

Diese „Grammatik Spanisch" ist ein umfangreiches Nachschlagewerk mit rund 90.000 Angaben, das alle Fragen zur spanischen Grammatik ausführlich und übersichtlich behandelt.

Regeln und Sonderfälle werden durch anschauliche Beispiele erläutert. Die Übungen am Schluss des jeweiligen Kapitels ermöglichen die zuverlässige Überprüfung des Kenntnisstands.

Das Buch ist in zwei Hauptteile gegliedert. Im ersten Teil werden alle wichtigen Fragen zu den verschiedenen Wortarten, im zweiten Teil wichtige Fragen zum Satzbau im Spanischen beantwortet.

Der Anhang bietet zusätzliche Informationen zur Aussprache, Silbentrennung, Zeichensetzung und Groß- und Kleinschreibung im Spanischen.

Dieses Handbuch ist eine praktische und verlässliche Hilfe für Schule, Beruf und jeden, der privat mit der spanischen Sprache zu tun hat.

Inhalt

Benutzerhinweise

Die Unterteilung des Buches in zwei Hauptteile ermöglicht ein gezieltes Nachschlagen. Auf alle Fragen zu den Wortarten und -formen wird im ersten Teil, auf die Fragen zum Satzbau im zweiten Teil ausführlich eingegangen.

Da es bei vielen Fragestellungen zu Überschneidungen zwischen den unterschiedlichen Themenbereichen kommen kann, wurde ein praktisches Verweissystem integriert. Diese erleichtert das zuverlässige und schnelle Auffinden bestimmter Einzelregeln. Dazu sind die einzelnen Kapitel und Unterkapitel durchnumeriert sowie die jeweiligen Beispiele mit Nummern versehen. Die entsprechenden Verweise (→) im Buch beziehen sich immer auf die Numerierung, nie auf die Seitenzahlen. Die Nummern der Beispiele werden zusätzlich angegeben.

Spanische Begriffe werden stets erklärt bzw. übersetzt. Abkürzungen im Spanischen finden in diesem Buch keine Anwendung.

Dieses Grammatikbuch ist nicht nur ein Nachschlagewerk, in dem der Benutzer Antworten auf konkrete Fragen und Erklärungen zu bestimmten Zweifelsfällen im Spanischen nachlesen kann. Es bietet mit seinen praktischen Übungen, die sich an das Ende jedes Kapitels anschließen, auch die Möglichkeit, den eigenen Wissensstand zu testen. So können noch bestehende Unsicherheiten in bestimmten Themenbereichen erkannt und die jeweiligen Kapitel gezielt wiederholt werden.

1. Das Nomen *(Sustantivo)*

Grundwissen: Zwischen dem spanischen und dem deutschen Nomen (Substantiv) gibt es wichtige Unterschiede grammatischer Art: Das spanische Nomen kennt zwei grammatische Geschlechter (maskulin und feminin), das deutsche Nomen drei (maskulin, feminin und neutrum) (1).

(1)				
	el perro	maskulin	*der Hund*	maskulin
	la ciudad	feminin	*die Stadt*	feminin
	el libro	maskulin	*das Buch*	neutrum
	la casa	feminin	*das Haus*	neutrum

Bezüglich des Numerus verfügen zwar beide Sprachen über einen Singular und Plural, aber die Bildung des Plurals aus dem Singular verläuft ziemlich verschieden (→1.2.).

Der wichtigste Unterschied zwischen den beiden Sprachen betrifft den formalen Ausdruck der grammatischen Kategorie Kasus (Fall). Im Spanischen drücken die Präpositionen (→ 8.9.1.) *de* und *a* das aus, was im Deutschen die Kasusendung des Genitivs bzw. Dativs bezeichnet (2).

(2)			
	del perro	*des Hundes*	(Genitiv Singular)
	de los perros	*der Hunde*	(Genitiv Plural)
	al perro	*dem Hund*	(Dativ Singular)
	a los perros	*den Hunden*	(Dativ Plural)

1.1. Das Geschlecht des Nomens

Grundwissen: Wie in anderen Sprachen unterscheidet man auch im Spanischen zwischen dem **natürlichen** und dem **grammatischen Geschlecht**.

Unter natürlichem Geschlecht versteht man die Zuweisung zum Geschlecht (Genus), unabhängig von der jeweiligen Endung des Nomens. Beispielsweise werden Nomina wie *poeta* (Dichter), *padre* (Vater), *hijo* (Sohn) aufgrund des natürlichen Geschlechts immer als maskulin angesehen, weil es sich um Personen männlichen Geschlechts (= natürliches Geschlecht) handelt. Nomina wie *madre* (Mutter), *hija* (Tochter), *mujer* (Frau) werden aus demselben Grund als feminine Nomina betrachtet, weil damit weibliche Personen bezeichnet werden.

Ein grammatisches Geschlecht wird allen Nomina zugewiesen, die keine Personen oder Lebewesen bezeichnen. Für die Zuweisung des grammatischen Geschlechts ist in erster Linie die Endung eines Nomens ausschlaggebend.

1.1.1. Die Endung des Nomens und das grammatische Geschlecht

Grundwissen: Die Zuweisung des grammatischen Geschlechts aufgrund der Endung ist ein „beliebiges", nur auf historischen Tatsachen basierendes Verfahren, das in den beiden Sprachen Spanisch und Deutsch zu gleichen (1), aber auch zu entgegengesetzten Ergebnissen (2) führen kann. Zu beachten ist ferner, dass das Deutsche mit seinem Neutrum ein drittes grammatisches Geschlecht besitzt, das das Spanische beispielsweise im Falle der Substantivierung von Adjektiven und Partizipien (→ 3.1.4.) kennt.

(1) *la cosa*   *die Sache*   *el tren*   *der Zug*
     la voz   *die Stimme*   *el diente*   *der Zahn*

(2) *la casa*   *das Haus*   *la paz*   *der Friede*
     el libro   *das Buch*   *el puente*   *die Brücke*

1.1.1.1. Das maskuline Geschlecht

Regel: Nomina, die auf *-o* enden, sind maskulin (1). Zu dieser Regel gibt es nur wenige Ausnahmen (2). Das grammatische Geschlecht wird in den nachfolgenden Beispielen durch die maskuline oder feminine Form des bestimmten Artikels (→ 2.2.) angezeigt.

(1) *el tiempo*   *die Zeit*   *el año*   *das Jahr*
     el libro   *das Buch*   *el mundo*   *die Welt*

(2) *la mano*   *die Hand*   *la foto*   *das Foto*
     la moto   *das Motorrad*   *la radio*   *das Radio*
     la dínamo   *der Dynamo*

Regel: Nomina, die auf die Konsonanten *-r* (3), *-s* (4) oder auf *-ón* (5) enden, sind maskulin. Ebenfalls maskulin sind Nomina, die auf *-an, -en, -in* enden (6).

(3) *el lugar*   *der Ort*   *el amor*   *die Liebe*
     el color   *die Farbe*   *el sur*   *der Süden*

Sonderfall: Das Nomen *mar* (Meer) hat sowohl maskulines als auch feminines Geschlecht: z. B. *Mar Muerto* (Totes Meer), *Mar Mediterráneo* (Mittelmeer) aber: *en alta mar* (auf hoher See), *mar abierta* (offene See). Auch *la flor* (die Blume), *la labor* (die Arbeit) sind wichtige Ausnahmen.

(4)   *el mes*   *der Monat*   *el análisis*   *die Analyse*
      el autobús   *der Autobus*   *el lunes*   *der Montag*

Sonderfälle: Feminin sind die Nomina *la dosis* (die Dosis), *la tesis* (die These), *la tos* (der Husten).

(5)   *el corazón*   *das Herz*   *el melón*   *die Honig-*
                                                 melone

Sonderfälle: Feminin sind folgende Nomina auf *-ón*: *la razón* (der Grund), *la comezón* (der Juckreiz), *la picazón* (das Jucken), *la sazón* (die Reife).

(6)   *el pan*   *das Brot*   *el tren*   *der Zug*
      el andén   *der Bahnsteig*   *el examen*   *die Prüfung*
      el régimen   *das Regime*   *el fin*   *das Ende*
      el mitin   *das Meeting*   *el festín*   *das Fest*

Sonderfälle: Feminin sind *la imagen* (das Bild) und *la virgen* (die Jungfrau).

Regel: Nomina, die auf *-l* enden, sind in der Regel maskulin (7), obwohl sich auch viele Ausnahmen finden.

(7)   *el animal*   *das Tier*   *el arrabal*   *der Vorort*
      el cordel   *die Schnur*   *el pincel*   *der Pinsel*
      el barril   *das Fass*   *el fusil*   *das Gewehr*
      el baúl   *die Truhe*

Sonderfälle: Folgende Nomina auf *-l* sind feminin:

      la sal   *das Salz*   *la piel*   *die Haut*
      la miel   *der Honig*   *la sucursal*   *die Filiale*
      la hiel   *die Galle*   *la señal*   *das Zeichen*

Regel: Nomina auf die Endung *-aje* sind maskulin (8).

(8)   *el garaje*   *die Garage*   *el viaje*   *die Reise*
      el equipaje   *das Gepäck*   *el aprendizaje*   *die Lehre*

Regel: Nomina griechischer Herkunft, die auf **-ma** enden, sind in der Regel maskulin (9).

(9)	el problema	das Problem	el panorama	das Panorama
	el tema	das Thema	el sistema	das System
	el clima	das Klima	el programa	das Programm

Sonderfälle: Folgende Nomina aus dem Griechischen sind jedoch feminin: *la diadema* (das Diadem), *la flema* (die Trägheit), *la estratagema* (die Kriegslist).

Regel: Nomina, die auf **-e** enden, können maskulin oder feminin sein. Nachfolgend eine Liste wichtiger maskuliner Wörter auf **-e** (10).

(10)	el coche	das Auto	el chiste	der Witz
	el diente	der Zahn	el monte	der Berg
	el puente	die Brücke	el peine	der Kamm
	el café	der Kaffee	el pie	der Fuß
	el paquete	das Paket	el arte	die Kunst

Hinweis: Im Plural hat *arte* (Kunst) feminines Geschlecht: z. B. *las bellas artes* (die schönen Künste), *las artes plásticas* (die bildenden Künste).

Regel: Als maskulin gelten **substantivierte Infinitive** (→ 6.9.1.) (11). Der Artikel vor einem Pronomen oder einem Fragewort erhält ebenfalls die maskuline Form (12).

(11)	el saber	das Wissen	el hablar	das Sprechen

El hacer esto le costó   *Die Durchführung dieser Sache*
mucho trabajo.   *kostete ihn viel Mühe.*

(12)	el yo	das Ich	el porqué	das Warum
	el cómo	das Wie	el cuándo	das Wann

Hinweis: Adjektive und Partizipien erhalten bei Substantivierung die neutrale Artikelform *lo* (→ 2.2.3.).

Regel: Alle aus anderen Sprachen übernommenen Nomina, die auf einen Konsonanten enden, sind maskulinen Geschlechts (13).

(13)	el film	der Kinofilm	el gol	das Tor
	el fútbol	der Fußball	el golf	der Golfsport
	el gas	das Gas	el footing	das Jogging

1.1.1.2. Das feminine Geschlecht

Regel: Nomina, die auf *-a* enden, sind feminin (1). Von dieser Regelung ausgeschlossen sind jedoch die weiter oben genannten Nomina auf *-ma* griechischen Ursprungs. Ebenso Nomina wie *el poeta* (der Dichter), *el papa* (der Papst) usw., die das natürliche Geschlecht „männlich" haben.

(1) *la casa*   das Haus   *la mesa*   der Tisch
     la lucha   der Kampf   *la luna*   der Mond

Hinweis: Wichtige Ausnahmen sind in diesem Zusammenhang: *el día* (der Tag), *el mapa* (die Landkarte), *el planeta* (der Planet), *el tranvía* (die Straßenbahn).

Regel: Sehr viele aus dem Lateinischen ererbte oder übernommene Nomina auf *-ción* oder *-sión* sind feminin (2). Dasselbe gilt für Nomina auf *-ión*, so weit sie aus dem Lateinischen stammen (3).

(2) *la nación*   das Volk   *la impresión*   der Eindruck
(3) *la región*   das Gebiet   *la unión*   die Vereinigung

Hinweis: Als Wörter nicht-lateinischen Ursprungs sind *el avión* (das Flugzeug) und *el camión* (der Lastwagen) maskulin. Eine echte Ausnahme ist jedoch *el aluvión* (die Überschwemmung).

Regel: Nomina, die auf *-ad* enden und aus dem Lateinischen stammen, sind immer feminin (4). Dasselbe gilt für Nomina auf *-ud* und für einige Wörter auf *-ed* bzw. auf *-id* (5).

(4) *la ciudad*   die Stadt   *la felicidad*   das Glück
     la libertad   die Freiheit   *la verdad*   die Wahrheit

(5) *la juventud*   die Jugend   *la sed*   der Durst
     la vid   der Weinstock

Sonderfälle: Ausnahmen in diesem Zusammenhang sind: *el alud* (die Lawine) und *el césped* (der Rasen).

Regel: Nomina lateinischen Ursprungs, die auf *-z* enden, sind in der Regel feminin (6).

(6) *la luz*   das Licht   *la cruz*   das Kreuz
     la vez   das Mal   *la voz*   die Stimme
     la paz   der Friede   *la nuez*   die Nuss

Sonderfälle: Ausnahmen bilden die maskulinen Nomina *el pez* (der Fisch), *el lápiz* (der Bleistift), *el altavoz* (der Lautsprecher), *el arroz* (der Reis).

Regel: Es gibt auch eine Reihe wichtiger femininer Nomina auf *-e* (7).

(7)			
la noche	die Nacht	*la leche*	die Milch
la fiebre	das Fieber	*la fe*	der Glaube
la gente	die Leute	*la frustre*	der Frust
la fuente	die Quelle	*la sangre*	das Blut

Hinweis: Die Namen der Buchstaben des spanischen Alphabets, die meistens auf -e enden, sind feminin: z. B. *la be* (das b), *la hache* (das h), *la erre* (das r), *la ese* (das s).

1.1.1.3. Nomina mit doppeltem Geschlecht und mit doppelter Bedeutung

Grundwissen: Eine Reihe von Nomina kann sowohl maskulinen als auch femininen Geschlechts sein. Mit dem Geschlecht ist aber jeweils eine andere Bedeutung verbunden (1).

(1)			
el cabeza	der Chef	*la cabeza*	der Kopf
el canalla	der Lump	*la canalla*	das Gesindel
el capital	das Kapital	*la capital*	die Hauptstadt
el caza	das Jagd-flugzeug	*la caza*	die Jagd
el cólera	die Cholera	*la cólera*	der Zorn
el coma	das Koma	*la coma*	das Komma
el cometa	der Komet	*la cometa*	der Papierdrache
el corte	der Schnitt	*la corte*	der Hof
el cura	der Pfarrer	*la cura*	die Kur
el doblez	die Falte	*la doblez*	die Falschheit
el editorial	Leitartikel	*la editorial*	der Verlag
el frente	die Front	*la frente*	die Stirn
el gallina	der Feigling	*la gallina*	die Henne
el guardia	der Wacht-posten	*la guardia*	die Wache
el guía	der Reise-führer	*la guía*	der Reiseführer (Buch), *die Fremdenführerin*

el margen	der Rand	la margen	das Ufer
el orden	die Ordnung	la orden	der Befehl
el parte	der Bericht	la parte	der Teil
el pelota	Schmeichler	la pelota	der Ball
el pendiente	der Ohrring	la pendiente	der Abhang
el pez	der Fisch	la pez	das Pech
el policía	der Polizist	la policía	die Polizei
el trompeta	Trompeter	la trompeta	die Trompete
el vista	der Zollbe-amte	la vista	der Blick

1.1.1.4. Die Bildung der femininen Form

Grundwissen: Nur bei relativ wenigen Nomina gibt es im Spanischen und im Deutschen für die männliche und weibliche Person eine eigene, das heißt, nicht abgeleitete Bezeichnung (1). Meist wird die feminine Form von der maskulinen abgeleitet.

(1)	el padre	der Vater	la madre	die Mutter
	el hombre	der Mann	la mujer	die Frau

Regel: Es lassen sich folgende Verfahren der Ableitung unterscheiden:

● Die maskuline Endung **-o** wird durch die feminine Endung **-a** ersetzt (2).

(2)	el sobrino	der Neffe	la sobrina	die Nichte
	el hermano	der Bruder	la hermana	die Schwester
	el niño	der Junge	la niña	das Mädchen
	el portero	Hausmeister	la portera	Hausmeisterin

● Die maskuline Endung **-e** wird durch die feminine Endung **-a** ersetzt (3).

(3)	el presidente	der Präsident	la presidenta	die Präsidentin
	el monje	der Mönch	la monja	die Nonne

● Der maskulinen Endung auf **Konsonant** wird die feminine Endung **-a** hinzugefügt (4).

(4)	el director	der Direktor	la directora	die Direktorin
	el vendedor	der Verkäufer	la vendedora	die Verkäuferin

el español	*der Spanier*	*la española*	*die Spanierin*
el inglés	*der Engländer*	*la inglesa*	*die Engländerin*
el alemán	*der Deutsche*	*la alemana*	*die Deutsche*

● Der maskulinen Endung entspricht ein **feminines Suffix** (z. B. *-triz*) (5).

(5)
el emperador	*der Kaiser*	*la emperatriz*	*die Kaiserin*
el poeta	*der Dichter*	*la poetisa*	*die Dichterin*
el duque	*der Herzog*	*la duquesa*	*die Herzogin*
el conde	*der Graf*	*la condesa*	*die Gräfin*
el rey	*der König*	*la reina*	*die Königin*
el príncipe	*der Prinz*	*la princesa*	*die Prinzessin*

● Es gibt eine einzige Form für beide Geschlechter. Die männliche Bezeichnung unterscheidet sich von der weiblichen nur durch die maskuline bzw. feminine Form des bestimmten Artikels (6).

(6)
el turista	*der Tourist*	*la turista*	*die Touristin*
el deportista	*der Sportler*	*la deportista*	*die Sportlerin*
el cantante	*der Sänger*	*la cantante*	*die Sängerin*
el paciente	*der Patient*	*la paciente*	*die Patientin*
el joven	*junger Mann*	*la joven*	*junge Frau*
el testigo	*der Zeuge*	*la testigo*	*die Zeugin*
el portavoz	*der Sprecher*	*la portavoz*	*die Sprecherin*
el espía	*der Spion*	*la espía*	*die Spionin*

1.1.1.4.1. Die Bildung der femininen Form bei Tiernamen

Grundwissen: Die Bildung der femininen Form bei Bezeichnung von Personen (→ 1.1.1.4) wird im Spanischen auch teilweise bei Bezeichnung von weiblichen Tieren angewandt. Für manche Tiere – besonders Haustiere – gibt es für das weibliche Tier ein eigenes Wort (1).

(1)
el toro	*der Stier*	*la vaca*	*die Kuh*
el caballo	*der Hengst*	*la yegua*	*die Stute*
el carnero	*der Hammel*	*la oveja*	*das Schaf*

Bei einigen Tieren bildet man die weibliche Form, indem man die maskuline Endung *-o* durch die feminine Endung *-a* ersetzt (2).

(2)
el perro	*der Hund*	*la perra*	*die Hündin*

el lobo	der Wolf	la loba	die Wölfin
el mono	der Affe	la mona	die Äffin

Bei anderen Tieren fügt man an die maskuline Endung auf Konsonant die Endung *-a* oder ein Suffix (3).

(3)
el león	der Löwe	la leona	die Löwin
el gallo	der Hahn	la gallina	die Henne

Bei Tieren, bei denen die natürliche Geschlechtsunterscheidung keine große Rolle spielt, setzt man gegebenenfalls hinter die Tierbezeichnung entweder das maskuline *macho* (Männchen) bzw. das feminine *hembra* (Weibchen) (4).

(4)
el tigre macho	der Tiger
el tigre hembra	das Tigerweibchen
(auch: la tigresa/la tigre/la tigra)	

la jirafa macho	die männliche Giraffe
la jirafa hembra	die weibliche Giraffe

1.2. Die Pluralbildung

Grundwissen: Das Spanische und das Deutsche verfügen in gleicher Weise über die zwei Numeri (Zahlen) **Singular** und **Plural.** In beiden Sprachen wird der Plural (Mehrzahl) jeweils durch Veränderung der Form aus dem Singular abgeleitet. Während jedoch die Pluralbildung des Deutschen wegen der großen Zahl der verschiedenen Form-Veränderungen (z. B. *Ohr – Ohren, Auto – Autos, Tochter – Töchter, Haus – Häuser, Gast – Gäste, Wurf – Würfe* usw.) sehr kompliziert ist, bildet die Pluralbildung im Spanischen ein eher einfaches Regelwerk.

Regel: Bei der Pluralbildung des spanischen Nomens lassen sich folgende Verfahren unterscheiden:

● Wenn das Nomen auf einen **unbetonten Vokal** endet, wird der Singularform des Nomens die Endung *-s* angefügt (1).

(1)
el libro	das Buch	los libros	die Bücher
la lengua	die Sprache	las lenguas	die Sprachen
la noche	die Nacht	las noches	die Nächte
el monte	der Berg	los montes	die Berge

Hinweis: Der Plural wird ebenfalls durch Anfügung von *-s* gebildet, wenn ein Nomen auf betontes *-á* oder *-é* endet: z. B. *el papá* (der Papa) – *los papás* (die Papas), *el café* (das Café) – *los cafés* (die Cafés), *el pie* (der Fuß) – *los pies* (die Füße).

● Wenn das Nomen auf einen **Konsonanten** endet, wird der Singularform des Nomens die Endung *-es* angefügt (2).

(2)			
la ciudad	*die Stadt*	*las ciudades*	*die Städte*
el reloj	*die Uhr*	*los relojes*	*die Uhren*
el árbol	*der Baum*	*los árboles*	*die Bäume*
la nación	*die Nation*	*las naciones*	*die Nationen*
el examen	*die Prüfung*	*los exámenes*	*die Prüfungen*
el joven	*junger Mann*	*los jóvenes*	*junge Männer*
el mitin	*das Meeting*	*los mítines*	*die Meetings*
el señor	*der Herr*	*los señores*	*die Herren*
el mes	*der Monat*	*los meses*	*die Monate*
la voz	*die Stimme*	*las voces*	*die Stimmen*

● Wenn das Nomen auf ein betontes *-í* oder *-ú* endet, wird der Singularform des Nomens die Endung *-es* angefügt (3).

(3)			
el esquí	*der Ski*	*los esquís*	*die Skier*
		los esquíes	
el marroquí	*Marokkaner*	*los marroquíes*	*Marokkaner*
el bambú	*Bambusrohr*	*los bambúes*	*Bambusrohre*
		los bambús	

● Wenn ein mehrsilbiges Nomen auf *-s* oder *-x* endet und die Endsilbe unbetont ist, erfolgt im Plural keine Veränderung (4).

(4)			
la crisis	*die Krise*	*las crisis*	*die Krisen*
el lunes	*der Montag*	*los lunes*	*die Montage*
el ómnibus	*der Omnibus*	*los ómnibus*	*die Omnibusse*

Hinweis: Das auslautende *-y* wird als Konsonant betrachtet. Der Plural von *la ley* (das Gesetz) und *el rey* (der König) lautet daher: *las leyes* (die Gesetze) bzw. *los reyes* (die Könige).
Weiter ist zu beachten, dass das auslautende *-z* im Plural zu *-c-* (z. B. *voz* – *voces*) wird.

Hinweis: Bezüglich der **Akzentsetzung** (→ 10.3.) ist zu beachten, dass der Akzent auf der letzten Silbe der Singularform (z. B. *nación* – *naciones*) im Plural wegfällt, weil eine weitere Silbe angefügt wird. Bei anderen Wörtern hingegen ist im Plural ein Akzent zu setzen, damit die Betonung des Singulars erhalten bleibt (z. B. *examen – exámenes*). Bei einer dritten Gruppe von Nomina verlagert sich der Akzent vom Singular zum Plural: z. B. *el carácter* (der Charakter) – *los caracteres* (die Charaktere).

Hinweis: Bei **Fremdwörtern,** die auf einen Konsonanten enden, findet sich manchmal die Pluralbildung durch Anhängung von -*s* oder von -*es:* z. B.

el club	der Klub	los clubs/los clubes	die Klubs
el frac	der Frack	los fraques/los fracs	die Fräcke

Aber nur:

el álbum	das Album	los álbumes	die Alben
el film	der Kinofilm	los filmes	die Kinofilme

Sonderfälle: Das Nomen *el ómnibus* wird im Plural nicht verändert, während die endbetonten Nomina *el autobús* (der Autobus), *el compás* (der Takt, der Kompass), *el obús* (die Granate) im Plural die Endung -*es* anfügen: *los autobuses, los compases, los obuses.*

1.2.1. Die Pluralbildung der zusammengesetzten Nomina

Grundwissen: Für die Pluralbildung zusammengesetzter Nomina gelten besondere Regelungen. Dabei geht es vor allem um die Frage, ob der erste oder zweite Bestandteil des zusammengesetzten Nomens in den Plural zu setzen ist oder ob das zusammengesetzte Nomen überhaupt unveränderlich ist.

Regel: Bei der Pluralbildung zusammengesetzter Nomina lassen sich drei Verfahren unterscheiden:

● Der Plural lautet wie der Singular, weil das zusammengesetzte Nomen bereits auf -*s* endet (1).

● Wenn das zusammengesetzte Nomen aus Nomen + Nomen, aus Adjektiv + Nomen oder aus Präposition + Nomen besteht, wird im Plural die Endung -*s* oder -*es* eingefügt (2).

● Wenn zwei Nomina unverbunden bzw. mit Bindestrich verbunden aneinander gereiht werden, erhält das erste Nomen im Plural die Endung -*s* (3).

(1) el cumpleaños   der Geburtstag   los cumpleaños
     el limpiabotas   der Schuhputzer   los limpiabotas
     el paraguas   der Regenschirm   los paraguas
     el abrelatas   der Dosenöffner   los abrelatas
     el rascacielos   der Wolkenkratzer   los rascacielos

(2) el ferrocarril   die Eisenbahn   los ferrocarriles
     la aguanieve   der Schneeregen   las aguanieves
     el sordomudo   der Taubstumme   los sordomudos
     el altavoz   der Lautsprecher   los altavoces
     el entremés   das Zwischenspiel   los entremeses

(3) el coche-cama   der Schlafwagen   los coches-cama
     el marido modelo   der Mustergatte   los maridos modelo
     la hora punta   die Stoßzeit   las horas punta
     el buque cisterna   der Tanker   los buques cisterna

1.2.2. Pluralwörter

Grundwissen: Eine Reihe von spanischen Nomina kommt nur im Plural
vor. Im Deutschen entsprechen diesen Pluralwörtern meist Nomina in der
Singularform (1). Einige der aufgeführten Pluralwörter kommen fallweise
auch im Singular vor (2). Nicht unwichtig ist, dass andere Pluralwörter als
die aufgeführten nur in Wendungen (3) oder in bestimmten Verbindungen
mit Präpositionen vorkommen (4).

(1) las afueras   die Umgebung, Stadtrand, Vororte
     los alrededores   die Umgebung
     los anteojos   die Brille (el anteojo Fernglas)
     las cosquillas   der Kitzel
     los Balcanes   der Balkan
     los calzoncillos   die Unterhose(n)
     los correos   das Postamt
     las fauces   der Schlund
     las gafas   die Brille
     los gemelos   Zwillinge/Manschettenknöpfe/Opernglas
     las inmediaciones   die Umgebung
     las Matemáticas   die Mathematik
     los modales   das Benehmen
     las nupcias   die Hochzeit
     las patillas   die Koteletten/der Bügel (Brille)
     los prismáticos   das Fernglas

las señas   *die Anschrift, die Adresse*
los tejanos   *die Jeans*
las tinieblas   *die Dunkelheit*
las vacaciones   *die Ferien, der Urlaub*
los vaqueros   *die Jeans*
los vendajes   *das Verbandszeug*

(2) *los alicates*   *die Flachzange*   *el bigote*   *der Schnurrbart*
     el alicate   *los bigotes*

     la boda   *die Hochzeit*   *las espina-*   *der Spinat*
                                         cas
     las bodas   *la espinaca*

     la gente   *die Leute*   *la nariz*   *die Nase*
     las gentes   *die Leute*   *las narices*
     (de estos   *(dieser Orte)*
     lugares)
     el pantalón   *die Hose(n)*   *las pinzas*   *die Pinzette*
     los pantalones   *la pinza*
     aber: *los pantalones vaqueros/los tejanos*   *Jeans*

     las tenazas   *die Beißzange*   *las tijeras*   *die Schere*
     la tenaza   *la tijera*

(3) *buenos días*   *guten Tag*
     buenas tardes   *guten Tag/guten Abend*
     buenas noches   *gute Nacht*
     tener ganas de   *Lust haben zu*
     darse aires de grandeza   *angeben, großtun, protzen*
     dar las gracias   *danken, sich bedanken*
     cubrir/guardar las   *den Schein wahren*
     apariencias
     hacer aguas   *Wasser lassen*
     hacer las paces   *sich aussöhnen*
     botiquín de primeros   *Erste-Hilfe-Kasten*
     auxilios

(4) *a principio(s) de julio*   *Anfang Juli*
     a primeros de mes   *Anfang des Monats*
     a mediados de agosto   *Mitte August*
     a fines de mes   *am Monatsende*
     con miras al futuro   *im Hinblick auf die*
                                         Zukunft

Hinweis: Es gibt im Spanischen umgekehrt auch einige Nomina, die nur im Singular vorkommen (5). Im Deutschen sind diese Nomina mit einem Plural wiederzugeben. Teilweise finden sich solche Singular-Nomina auch in Wendungen (6).

(5)	*el coste/el costo*	*die Kosten*
	la mano de obra	*die Arbeitskräfte*
	el sarampión	*die Masern*
	la caspa	*die Schuppen*
(6)	*¡mucho ojo!*	*Pass bloß auf!*
	cortarse el pelo	*sich die Haare schneiden lassen*
	tener el pelo rojo	*rote Haare haben*

1.2.3. Der Plural und seine Bedeutung

Grundwissen: Bei manchen Nomina vollzieht sich beim Übergang vom Singular zum Plural auch ein Bedeutungswandel. Einige Nomina nehmen im Plural eine neue Bedeutung an und legen die Bedeutung des Singulars ab (1). Andere nehmen im Plural eine zusätzliche Bedeutung an, wobei sie manchmal auch die Singularbedeutung ablegen (2). Innerhalb der letzten Gruppe sind besonders die Verwandtschaftsbezeichnungen wichtig (3).

(1)	*el celo*	*der Eifer*	*los celos*	*die Eifersucht*
	la cercanía	*die Nähe*	*las cercanías*	*die Umgebung*
(2)	*la amistad*	*die Freund-* *schaft*	*las amistades*	*Freundschaften/* *Bekanntenkreis*
	la corte	*der Königs-* *hof*	*las cortes*	*die Königshöfe*
	las Cortes	*das spanische* *Parlament*		
	la esposa	*die Gattin*	*las esposas*	*die Gattinnen/die* *Handschellen*
	el humo	*der Rauch*	*los humos*	*die Eitelkeit/die* *Rauchschwaden*
	la letra	*der Buch-* *stabe*	*las letras*	*Buchstaben/die* *Geisteswissen-* *schaften*
	el polvo	*der Staub*	*los polvos*	*der Puder/das* *Pulver (pharma-* *zeutisch)*

el servicio	*der Dienst*	*los servicios*	*die Dienste/die Toilette*

(3)				
	el padre	*der Vater*	*los padres*	*die Väter/die Eltern*
	el abuelo	*der Großvater*	*los abuelos*	*die Großväter/die Großeltern*
	el hermano	*der Bruder*	*los hermanos*	*die Brüder/die Geschwister*
	el hijo	*der Sohn*	*los hijos*	*die Söhne/die Kinder*
	el tío	*der Onkel*	*los tíos*	*die Onkel/Onkel und Tante*
	el suegro	*der Schwieger-vater*	*los suegros*	*Schwiegerväter/ Schwiegereltern*
	el rey	*der König*	*los reyes*	*die Könige/das Königspaar*
	el obrero	*der Arbeiter*	*los obreros*	*die Arbeiter/die Arbeiterinnen und und Arbeiter*

1.3. Die Verbindung Präposition + Nomen als Kasusentsprechung

Grundwissen: Im Spanischen ist es – anders als im Deutschen – nicht möglich, das Nomen mit einer Kasusendung (Fallendung) zu versehen. Die deutschen Fälle Genitiv (2. Fall) und Dativ (3. Fall) werden daher im Spanischen mit Hilfe der Präpositionen *de* (1) bzw. *a* (2) wiedergegeben.

(1) **Genitiv-Entsprechung** mit Hilfe von *de:*

*las indicaciones **del médico***	*die Anweisungen **des Arztes***
*las indicaciones **de un médico***	*die Anweisungen **eines Arztes***
*las indicaciones **de este médico***	*die Anweisungen **dieses Arztes***
*las indicaciones **de mi médico***	*die Anweisungen **meines Arztes***

(2) **Dativ-Entsprechung** mit Hilfe von *a:*

*Lo digo **al médico**.*	*Ich sage es **dem Arzt**.*
*Lo digo **a un médico**.*	*Ich sage es **einem Arzt**.*
*Lo digo **a este médico**.*	*Ich sage es **diesem Arzt**.*
*Lo digo **a mi médico**.*	*Ich sage es **meinem Arzt**.*

Dem deutschen Nominativ (1. Fall) entspricht immer das spanische Nomen wie es im Wörterbuch aufgeführt wird. Dieses Nomen entspricht auch in der Regel dem deutschen Akkusativ (4. Fall) (3).

(3) **Akkusativ-Entsprechung:**

Como *la carne.*	Ich esse **das Fleisch.**
Escribió **unas cartas.**	Er schrieb **einige Briefe.**
Pedro compra **un coche.**	Pedro kauft **ein Auto.**
El profesor explica **el problema.**	Der Lehrer erklärt **das Problem.**

Unter bestimmten Bedingungen (→ 8.9.2.) ist jedoch im Spanischen bei der Entsprechung zum deutschen Akkusativ die Präposition *a* zu verwenden (4).

(4) **Akkusativ-Entsprechung** mit Hilfe von *a:*

Saludo **a las gentes.**	Ich grüße **die Leute.**
Vi **a Javier** en el teatro.	Ich sah **Javier** im Theater.
Ayer vi **al muchacho.**	Gestern sah ich **den Jungen.**
No conozco **a nadie.**	Ich kenne **niemand.**
Quiero **a tu amigo** por su sinceridad.	Ich mag **deinen Freund** wegen seiner Aufrichtigkeit.

1.4. Zusammengesetzte Nomina

Grundwissen: Während im Deutschen zusammengesetzte Nomina fast ausschließlich durch Aneinanderreihen von Wörtern und anschließende Zusammenschreibung gebildet werden, kennt das Spanische eine Reihe verschiedener Verfahren, neue Nomina zu bilden.

Zunächst kann man im Spanischen ebenso wie im Deutschen zwei gleiche oder verschiedene Wortarten aneinander reihen und dann zusammenschreiben, um ein zusammengesetztes Nomen zu erhalten (1). Eine weitere weitaus wichtigere Möglichkeit, die das Deutsche nicht kennt, besteht darin, zwei Nomina bzw. ein Nomen und eine andere Wortart mit Hilfe von Präpositionen zu verbinden. Man spricht in diesem Fall von einer **präpositionalen Fügung.** Vergleiche hierzu → 8.3.

(1) Nomen + Nomen:

*la **bocallave** das Schlüsselloch*
*la **boca** Mund + la **llave** Schlüssel*

Nomen + Adjektiv:

*la **nochevieja** der Silvesterabend*
*la **noche** Nacht + **viejo** alt*

Adjektiv + Nomen:

*el **mediodía** der Mittag*
***medio** halb + el **día** Tag*
*el **altavoz** der Lautsprecher*
***alto** laut + la **voz** Stimme*

Verb + Nomen:

*el **cumpleaños** der Geburtstag*
***cumplir** beenden + **años** Jahre*
*el **limpiabotas** der Schuhputzer*
***limpiar** putzen + **botas** Stiefel*
*el **sacacorchos** der Korkenzieher*
***sacar** herausziehen + **corchos** Korken*

Verb + Verb:

*el **duermevela** der Halbschlaf*
***dormir** schlafen + **velar** wach bleiben*

Adverb + Infinitiv:

*el **bienestar** das Wohlbefinden*
***bien** gut + **estar** sich befinden*
*el **malestar** das Unwohlsein*
***mal** schlecht + **estar** sich befinden*

Adverb + Partizip
Perfekt (→ 6.11.1)

*el **malentendido** das Missverständnis*
***mal** schlecht + **entendido** verstanden*

Hinweis: In einigen Fällen werden die an der Zusammensetzung beteiligten Wörter nicht zusammengeschrieben, sondern bloß aneinander gereiht (2): z. B.

(2)
los Estados miembros	*die Mitgliedstaaten*
el coche restaurante	*der Speisewagen*
el caso límite	*der Grenzfall*
el producto final	*das Endprodukt*
la lengua extranjera	*die Fremdsprache*
el puente colgante	*die Hängebrücke*
las fuerzas armadas	*die Streitkräfte*
el saco de dormir	*der Schlafsack usw.*

Zusammengesetzte Nomina dieser Art sind im Deutschen kaum anzutreffen (z. B. *der Aufbau Ost*).

1.5. Die Suffigierung beim Nomen

Grundwissen: Unter Suffigierung versteht man allgemein das Anfügen von so genannten **Suffixen** (Nachsilben) an bestimmte Wörter. Im Spanischen können Suffixe an Nomina, Adjektive, Verben und sogar an Adverbien (z. B. *ahorita: ahora* (jetzt), *despacito: despacio* (langsam)) angehängt werden. Das Deutsche kennt zwar auch Suffixe (z. B. *Männlein, Häuschen*), aber im Spanischen benutzt man die vielen zur Verfügung stehenden Suffixe weitaus häufiger. Es ist oft sehr schwierig, für ein spanisches Suffix im Deutschen eine angemessene Entsprechung zu finden.

Regel: Die für die Suffigierung des Nomens zur Verfügung stehenden Suffixe kann man in drei große Gruppen einteilen:

● **Die Verkleinerungssuffixe** *(Sufijos diminutivos)*

> el per**rito**   das Hündchen

● **Die Vergrößerungssuffixe** *(Sufijos aumentativos)*

> el sombrer**ón**   der große Hut

● **Die abwertenden Suffixe/Pejorativsuffixe** *(Sufijos despectivos)*

> el papel**ejo**   Papierkram

Regel: Die **Verkleinerungssuffixe** des Spanischen werden am häufigsten gebraucht. Folgende Suffixe gehören zu dieser Gruppe (1):

-ito	mit den Varianten	*-cito, -ecito, -ececito*
-illo	mit den Varianten	*-cillo, -ecillo, -ececillo*
-ico	mit den Varianten	*-cico, -ecico, -ececico*
-uelo	mit den Varianten	*-zuelo, -ezuelo, -ecezuelo*
-ín/iño		

(1)

el perrito	das Hündchen	el perro	Hund
la perrita	das Hündchen	la perra	Hündin
el gatito	das Kätzchen	el gato	Katze, Kater
la gatita	das Kätzchen	la gata	Katze

el vientecito	das Lüftchen	el viento	Wind
la casita	die Hütte, Toilette	la casa	Haus
el pobrecito	das arme Kind	pobre	arm
la bromita	das Späßchen	la broma	Scherz, Spaß
la sillita	das Stühlchen	la silla	Stuhl
la silleta	das Stühlchen	la silla	Stuhl
la horita	das Stündchen	la hora	Stunde
la amiguita	kleine Freundin, Geliebte	la amiga	Freundin
el vientecillo	das Lüftchen	el viento	Wind
el perrillo	das Hündchen	el perro	Hund
la cosilla	die kleine Sache	la cosa	Sache
la ruedecilla	das Rädchen	la rueda	Rad
la chiquilla	kleines Mädchen	la chica	Mädchen
el hombrecillo	das Männchen	el hombre	Mann
el borrico	das Eselchen	el burro	Esel
la aldehuela	das Dörfchen	la aldea	Dorf
el pobrezuelo	armer Schlucker	pobre	arm
el hombrezuelo	das Männchen	el hombre	Mann
el peluquín	das Haarteil	la peluca	Perücke
el sillín	der Fahrradsattel	la silla	Stuhl

Regel: Zu den **Vergrößerungssuffixen,** die oft auch abwertend gebraucht werden können, gehören folgende Suffixe (2):

-acho	*-azo*
-ón/-ona	*-ote/-ota*

(2)

el amigacho	der Kumpan, Spezi	el amigo	Freund
el bromazo	derber Spaß	la broma	Spaß, Scherz
el sombrerazo	Gruß durch Abnehmen des Hutes	el sombrero	Hut
el chiquillón	größerer Junge	el chico	Junge
el papelón	Wisch, Schund	el papel	Papier
el hombretón, el hombrón	grobschlächtiger Kerl	el hombre	Mann
el señorón	hoher Herr, hohes Tier	el señor	Herr
la señorona	vornehme Frau	la señora	Frau
el sombrerón	großer Hut	el sombrero	Hut

el papelote	*Wisch, Schund; Altpapier*	*el papel*	*Papier*
el amigote	*Kumpan, Spezi*	*el amigo*	*Freund*
la palabrota	*Schimpfwort, derbes Wort*	*la palabra*	*Wort*

Regel: Zu den **abwertenden Suffixen (Pejorativsuffixen)** gehören folgende Suffixe (3):

-aco	***-ejo***
-ete	***-uco/-ucho***

Hinweis: Das Vergrößerungssuffix *-ón* bzw. *-ona* kann man auch zu den abwertenden Suffixen rechnen: z. B. *el llorón* (Heulpeter), *la llorona* (Heulsuse), la *mujerona* (das Mannweib). Das abwertende Suffix *-uco/-ucho* fungiert gleichzeitig als Verkleinerungssuffix.

(3)

el pajarraco	*hässlicher Vogel*	*el pájaro*	*Vogel*
el papelejo	*Papierkram*	*el papel*	*Papier*
el pobrete	*armer Teufel*	*pobre*	*arm*
el pobretuco	*armer Schlucker*	*pobre*	*arm*
el frailuco	*Pfaffe*	*el fraile*	*Mönch*
el ventanuc(h)o	*kleines Fenster*	*la ventana*	*Fenster*
la casuc(h)a	*kleine Hütte*	*la casa*	*Haus*

1.6. Die Nominalisierung (Substantivierung)

Grundwissen: Unter Nominalisierung versteht man den Gebrauch eines Wortes, das eigentlich kein Nomen ist, als Nomen. Im Spanischen lassen sich – ähnlich wie im Deutschen – alle Wortarten substantivieren, indem man die maskuline Form des bestimmten Artikels vor die betreffende Wortart setzt (1).

(1)	*el* + **Infinitiv:**	*el saber*	*das Wissen*
	(→ 6.9.)	*el hablar*	*das Sprechen*
		el deber	*die Pflicht*
	el + **Fragewort:**	*el porqué*	*das Warum*
		el cómo	*das Wie*
	el + **Adjektiv** maskulin:	*el enfermo*	*der Kranke*

	el tonto	der Dumme
	el bueno	der Gute
el + **Adverb:**	el sí	das Ja
	el no	das Nein
	el ayer	das Gestern
	el hoy	das Heute
	el ahora	das Jetzt
el + **Konjunktion:**	el pero	das Aber

Sonderfall: Das Indefinitpronomen **nada** (nichts) wird mit Hilfe des femininen Artikels *la* substantiviert: **la nada** (das Nichts).

Ein wichtiger Unterschied zwischen den beiden Sprachen zeigt sich jedoch bei der Substantivierung von Adjektiven und Partizipien (→ 3.1.4.). Vor einem Adjektiv oder Partizip als Nomen steht der **neutrale Artikel *lo,*** dem im Deutschen die neutrale Artikelform *das* entspricht (2).

(2)	*lo* + **Adjektiv:**	lo bueno	das Gute
		lo mejor	das Beste
		lo interesante	das Interessante
		lo malo	das Schlechte
		lo perfecto	das Vollkommene
	lo + **Partizip**	lo hecho	das Getane
	Perfekt (→ 6.11.1)	lo dicho	das Gesagte

Hinweis: *el hecho* und *el dicho* bedeuten dagegen: *die Tatsache* bzw. *die Redensart.*

1.7. Die Anordnung des Nomens im Satz

Grundwissen: Die Anordnung der Nomina im spanischen Satz hängt von ihrer Funktion ab. Entscheidend ist vor allem, ob ein Nomen als Subjekt (= 1. Fall/Nominativ) oder Objekt (= 4. Fall/Akkusativ) fungiert. Je nach ihrer Funktion stehen die Nomina im Satz vor oder nach dem Verb.

Regel: Nomina, die als Subjekt fungieren bzw. im Nominativ stehen, nehmen grundsätzlich die Stelle vor dem Verb ein (1). Nomina, die als direktes Objekt fungieren, nehmen grundsätzlich die Stelle nach dem Verb ein (2). Gleiches gilt für Nomina, die als indirektes Objekt fungieren (3). Die Verbindungen Präposition + Nomen (= Präpositionalobjekte) stehen in der Regel ebenfalls nach dem Verb (4).

(1) Juan duerme.   Juan schläft.
     Juan lee el periódico.   Juan liest die Zeitung.

(2) Juan escribe una carta.   Juan schreibt einen Brief.

     El niño quiere a sus padres.   Das Kind liebt seine Eltern.
     Paco busca su coche.   Paco sucht sein Auto.

(3) Ese libro gusta a mi padre.   Dieses Buch gefällt meinem
                                       Vater.
     Esta muchacha no obe-   Dieses Mädchen gehorcht
     dece a nadie.   niemandem.
     Lo digo a mi madre.   Ich sage es meiner Mutter.

(4) El testigo respondió a mis   Der Zeuge antwortete auf
     preguntas inmediatamente.   meine Fragen sofort.

     Juan piensa en el viaje.   Juan denkt an die Reise.

Regel: Nomina können unter bestimmten Bedingungen als Subjekt auch
dem Verb folgen (5). Beispiele hierfür finden sich vor allem in erzählenden
Texten.

(5) Suena el teléfono.   Das Telefon klingelt.

     Viene un autobús.   Es kommt ein Bus.

     Ya eres toda una mujer.   Du bist schon eine ganze
                                       Frau.

Regel: Wie im Deutschen kann das Nomen als direktes oder indirektes
Objekt vor dem Verb stehen. Es muss aber dann im Spanischen mit dem
passenden Personalpronomen (→ 5.5.) wieder aufgenommen werden (6).

(6) **La comida la** sirven ya.   Das Essen serviert man schon.
     El vaso lo rompió el niño.   Das Glas hat das Kind zer-
                                       brochen.
     Los pasteles los hizo María. Die Kuchen machte Maria.
     A Ana la veré mañana.   Anna sehe ich morgen.

     Al mozo enfermo le dicen   Den kranken Burschen nennen
     Marcos Jabalón.   sie Marcos Jabalón.
     Al zapatero le entregué los   Ich habe dem Schuster die
     zapatos.   Schuhe gegeben.

A mis amigos les gusta el   *Meinen Freunden gefällt der*
curso.   *Unterricht.*

Sonderfälle: Die „Wiederaufnahme" durch das Personalpronomen entfällt, wenn das betreffende Nomen einen unbestimmten Artikel oder ein
indefinites Adjektiv vor sich hat bzw. wenn es ohne Artikel steht (7), oder
wenn es sich um einen Frage- oder Ausrufsatz handelt (8).

(7)   *Manzanas no tienen.*   *Äpfel haben sie nicht.*
    – Salud les dé Dios.   *Gott gebe Ihnen Gesundheit.*
    Una cosa sabemos con   *Eines wissen wir sicher.*
    seguridad.

    Algún motivo tendrán para   *Irgendeinen Grund werden*
    no llamar.   *sie wohl haben, um nicht*
        anzurufen.

(8)   *¿Cuánto ganaste?*   *Wie viel hast du verdient?*
    ¡Cuánto tiempo hace que   *Wie lange ist es her, dass*
    no te veo!   *ich dich nicht sehe!*

Regel: Das nachgestellte indirekte Objekt kann durch das passende
Personalpronomen (→ 5.5.) vorweggenommen werden (9).

(9)   ***Le*** *pareció bien* ***a Juan.***   *Das gefiel Juan.*

    La comida ***les*** *gusta* ***a los***   *Das Essen schmeckt den*
    niños.   *Kindern.*

Regel: Wenn sich in einem Satz ein Nomen als direktes Objekt und ein
weiteres Nomen als indirektes Objekt findet, geht grundsätzlich das direkte Objekt dem indirekten Objekt voraus (10). Im Deutschen ist die umgekehrte Reihenfolge indirektes Objekt – direktes Objekt in der Regel häufiger.

(10)   *Juan da el periódico a*   *Juan gibt* ***seinem Vater*** *die*
    su padre.   *Zeitung.*

    Tendré que decirle unas   *Ich werde* ***diesem Dummkopf***
    palabras ***a ese cretino.***   *einige Worte sagen müssen.*

Von der Grundordnung **direktes Objekt – indirektes Objekt** weicht man
nur dann ab, wenn dem direkten Objekt ein **Relativsatz** folgt oder wenn
das direkte Objekt eine wichtige Mitteilung enthält (11).

(11)　　*Devolví **a mi padre** el di-*　　*Ich gab meinem Vater das Geld*
　　　　nero que me había pres-　　　　*zurück, das er mir geliehen*
　　　　tado.　　　　　　　　　　　*hatte.*

　　　　*Escribió **a su madre** una*　　*Er schrieb seiner Mutter einen*
　　　　carta muy interesante.　　　　*sehr interessanten Brief.*

Hinweis: Wie die Beispiele unter (6) zeigen, muss ein vorangestelltes
direktes oder indirektes Objekt durch das passende Personalpronomen
wieder aufgenommen werden (z. B. *Los zapatos los entregué*). Ein nachgestelltes indirektes Objekt kann durch das passende Personalpronomen
gleichzeitig vorweggenommen werden (z. B. *le entregué al zapatero)*, so
dass sich nach dem Wandel von *le* zu *se* (→ 5.5.3.) Satzstrukturen wie (12)
ergeben.

(12)　　*Los zapatos se los entre-*　　*Die Schuhe habe ich dem*
　　　　gué al zapatero.　　　　　　*Schuster gegeben.*

　　　　La herencia se la había　　　*Die Erbschaft hatte er seiner*
　　　　dejado a su amiga.　　　　　*Freundin hinterlassen.*

Hinweis: Die Verwendung von *se* als Vorwegnahme des indirekten
Objektes in (12) ist <u>nicht</u> obligatorisch, aber andererseits typisch für die
gesprochene Sprache.

2. Der Artikel *(Artículo)*

Grundwissen: Das Spanische kennt wie das Deutsche zwei Artikel: den **unbestimmten** (1) und den **bestimmten** (2) Artikel. Der Gebrauch der zwei Artikel ist in den beiden Sprachen im Großen und Ganzen etwa gleich geregelt. Beispielsweise benutzt man in beiden Sprachen am Beginn eines Textes zunächst die Formen des unbestimmten Artikels. Ein bereits erwähntes Nomen erhält sodann im fortlaufenden Text den bestimmten Artikel. Soweit es also um den allgemeinen Gebrauch des bestimmten und unbestimmten Artikels geht, verhalten sich das Spanische und Deutsche sehr ähnlich. Trotz dieser Parallelen beim Artikelgebrauch gibt es aber dennoch eine Reihe von Unterschieden, auf die im Folgenden eingegangen wird.

(1)   *una casa*   *ein Haus*

(2)   *la casa*   *das Haus*

2.1. Der unbestimmte Artikel *(Artículo indefinido)*

Grundwissen: Der unbestimmte Artikel besteht nur aus zwei Formen:

	maskulin	feminin
Singular	*un*	*una*

Hinweis: Formen des unbestimmten Artikels gibt es nur für den Singular. Die beiden Formen *unos* und *unas,* die man oft als Pluralformen des unbestimmten Artikels ansieht, sind genau genommen indefinite Adjektive (→ 3.2.4.) mit der Bedeutung *einige, ein paar* und damit gleichbedeutend mit den Formen von *algunos* (→ 3.2.4.1.) (1).

(1)   *Unas casas tienen garaje,*   *Einige Häuser haben eine Ga-*
           otras no.   *rage, andere nicht.*

           *Sobre la mesa hay **unos***   *Auf dem Tisch liegen einige*
           periódicos.   *Zeitungen.*

Hinweis: Nur in der Verbindung mit Pluralwörtern (→ 1.2.2.) ließen sich die Formen *unos/unas* als Pluralformen des unbestimmten Artikels deuten: z. B. *Compraré unas gafas.* (Ich werde eine Brille kaufen). *Sobre la mesa hay unas tijeras.* (Auf dem Tisch liegt eine Schere).

Die Formen **unos/unas** bedeuten in Verbindung mit Zahlen *ungefähr, etwa, rund:* z. B. *unos 50 años* (ungefähr 50 Jahre).

2.1.1. Der Gebrauch der Formen des unbestimmten Artikels

Regel: Vor einem maskulinen Nomen verwendet man die Form **un,** vor einem femininen Nomen die Form **una** (1).

(1) *Pedro lee **un** periódico.* *Pedro liest **eine** Zeitung.*
     *Ana lee **una** revista.* *Anna liest **eine** Zeitschrift.*

Sonderfall: Wenn die Artikelform *una* unmittelbar vor einem Nomen steht, das mit dem Vokal *a-* oder *ha-* beginnt und auf der ersten Silbe betont ist, muss man die maskuline Form *un* anstelle von *una* verwenden (2).

(2) ***Un ama** de casa se ocupa* *Eine Hausfrau kümmert sich*
     de las labores de la casa. *um die Arbeiten des Hauses.*

     A medianoche la playa *Um Mitternacht war der*
     *estaba desierta, sin **un*** *Strand leer und verlassen,*
     alma. *ohne eine Menschenseele.*

     *Paca es **un hacha** en ma-* *Paca ist ein Ass in Mathematik.*
     temáticas.

Hinweis: Wenn das anlautende *a-* oder *ha-* unbetont ist oder die Form des unbestimmten Artikels *una* vom Nomen durch ein Adjektiv getrennt ist, verwendet man laut Regel die feminine Form *una* (3).

(3) *Ana es **una alumna** muy* *Anna ist eine sehr fleißige*
     aplicada. *Schülerin.*

     *Busco **una habitación.*** *Ich suche ein Zimmer.*

     *Mi madre es **una** buena* *Meine Mutter ist eine gute*
     ***ama** de casa.* *Hausfrau.*

     *Ana es **una** antigua **alum-*** *Anna ist eine ehemalige Schü-*
     ***na** mía.* *lerin von mir.*

2.1.1.1. Der Gebrauch von *uno* statt *un*

Regel: Wenn das Nomen im Zweitvorkommen weggelassen wird, muss anstelle der Form *un* die Form *uno* verwendet werden. Für die feminine Form *una* ergibt sich keine Veränderung (1):

(1)   *Tengo un libro.*   *Ich habe ein Buch.*
        -¿Uno interesante?   *- Ein interessantes?*

        Tengo una revista.   *Ich habe eine Zeitschrift.*
        -¿Una interesante?   *- Eine interessante?*

        Hay dos regalos: uno   *Es gibt zwei Geschenke: eines*
        para ti y otro para mí.   *für dich und eines für mich.*

Sonderfall: Die Form *un* – nicht *uno* – kann auch vor einer Prozentangabe stehen und bedeutet dann *ungefähr, etwa* (→ 2.2.3.4.1.): z. B. *un 5 % de la población* (etwa 5 % der Bevölkerung).

2.1.2. Der Gebrauch des unbestimmten Artikels im Kontrast zum Deutschen

Grundwissen: Wie schon weiter oben betont wurde, sind die Unterschiede beim allgemeinen Gebrauch des unbestimmten und bestimmten Artikels zwischen dem Spanischen und Deutschen nicht allzu groß. Aus diesem Grund ist es günstig, das Hauptaugenmerk gleich auf die feststellbaren Unterschiede zu richten.
Bezüglich des Gebrauches des unbestimmten Artikels in den beiden Sprachen fällt vor allem auf, dass das Deutsche ungleich öfter als das Spanische zum unbestimmten Artikel greift. Es gilt also die Fälle zu beschreiben, wo dem unbestimmten Artikel des Deutschen im Spanischen kein unbestimmter Artikel entspricht.

Regel: Im Kontext folgender Wörter verwendet man in der Regel keinen unbestimmten Artikel:

● Vor *otro* (1)

(1)   *¿Me sirve otro café, por*   *Bringen Sie mir bitte noch*
        favor?   *einen Kaffee?*

        No lo harán otra vez.   *Das werden sie nicht noch ein-*
                                          mal tun.

● Vor *medio* (2)

(2)	Bebió un vaso y **medio** de aguardiente.	Er trank eineinhalb Gläser Schnaps.
	Basta con **media** docena.	Ein halbes Dutzend genügt.
	Medio saco de arroz bastaría.	Ein halber Sack Reis würde ausreichen.
	Con eso gastaremos **media** hora.	Das wird eine halbe Stunde dauern.

● Vor *cierto* (3)

(3)	Le produjo **cierta** alegría.	Es brachte ihm eine gewisse Heiterkeit.

● Vor *tal* (4)

(4)	No comprendo **tal** comportamiento.	Ein solches Verhalten ist mir unverständlich.
	Con **tal** clima es prudente plantar rosas.	Bei so einem Klima ist es vernünftig Rosen zu pflanzen.
	Nunca he afirmado **tal** cosa.	Niemals habe ich so etwas (= eine solche Sache) behauptet.

● Vor *semejante,* besonders wenn der Satz verneint ist (5)

(5)	No quiero saber nada con **semejante** mujer.	Mit so einer Frau will ich nichts zu tun haben.
	Nunca he conocido **semejante** mentiroso como tú.	Ich habe nie einen ähnlichen Lügner wie dich kennengelernt.

● Vor den Nomina *parte, cantitad,* besonders wenn diesen das Adjektiv *gran* vorausgeht (6)

(6)	Se quemó **parte** del bosque.	Ein Teil des Waldes verbrannte.
	Gran parte de la gente no lo sabe.	Ein großer Teil der Leute weiß es nicht.
	Tenemos **cantidad** de cervezas en la nevera.	Wir haben eine Menge Bier im Eisschrank.

● Nach dem Verb *tener* (7)

(7)   *No **tengo** coche.*   *Ich habe kein Auto. (Wörtlich: Ich habe nicht ein Auto.)*

        *Hoy no he **tenido** buen   Heute habe ich keinen guten
        día.   Tag gehabt.*
        *¿**Tienes** reloj?*   *Hast du eine Uhr?*

● Nach den Verben *gastar, llevar* und *vestir* mit der Bedeutung *regelmäßig tragen* (8)

(8)   *Esa vecina **gasta** muy mal   Diese Nachbarin hat **einen**
        genio.*   sehr schlechten Charakter.
        *Juan **gasta** bigote.*   Juan trägt **einen** Schnurrbart.*

        *Lleva camino de convertir-   Er ist auf dem besten Weg
        se en presidente.*   Präsident zu werden.*
        *¿**Lleva** gafas?*   *Trägt sie (eine) Brille?*

        *Mi hermana **viste** siempre Meine Schwester trägt immer
        blusa.*   (eine) Bluse.*

● Vor dem Nomen *cosa* und *prueba* (9)

(9)   *Tengo una tienda, pero es   Ich habe ein Geschäft, es ist
        muy poquita **cosa.***   aber ziemlich unbedeutend.*

        *¡Habrá **cosa** igual/parecida!   Wird es eine gleiche/ähnliche
                                       Sache geben!*
        *La organización es **cosa** de   Die Organisation ist eine An-
        Ana.*   gelegenheit von Anna.*
        *Encontrar un piso es **cosa**   In diesem Dorf eine Wohnung
        fácil en esta aldea.*   zu finden, ist ein Leichtes.*

        *Lo que vemos ahora es   Was wir jetzt sehen, ist ein Be-
        prueba de lo que digo.*   weis für das, was ich sage.*

● Vor dem Zahlwort *ciento/cien* und *mil* (10)

(10)   *Quiero comprar **cien** libros.   Ich will (ein)hundert Bücher
                                       kaufen.*

        *¡Dame **mil** pesetas!*   *Gib mir (ein)tausend Peseten!*

● In bestimmten **Wendungen** (11)

(11) *María **busca** novio.*   *Maria sucht einen Freund.*
*Juan **busca** piso.*   *Juan sucht eine Wohnung.*
*Salió sin decir **palabra**.*   *Er ging fort, ohne ein Wort zu*
                                sagen.
*El interrogatorio puso **fin***   *Das Verhör bereitete ihren Ver-*
a sus sospechas.   *dächtigungen ein Ende.*

● In der **Apposition** (12)

(12) *El Español de hoy, **lengua***   *Das Spanische von heute, eine*
en ebullición, ...   *Sprache „im Gärungsprozess",*
                                ...

      Estuve quince días en Cuen-   *Ich war vierzehn Tage in*
*ca, **lugar** que nunca olvi-*   *Cuenca, einem Ort, den ich nie*
daré.   *vergessen werde.*

Hinweis: Die Weglassung des unbestimmten Artikels vor *cosa* und *prue-ba* betrifft ganz bestimmte Formulierungen. Natürlich heißt es in der Regel *una cosa terrible* (eine schreckliche Angelegenheit); *una cosa que tú no comprendes* (eine Sache, die du nicht verstehst); *una prueba de amor* (ein Liebesbeweis), *una dura prueba* (eine harte Probe) usw.

Übungen

1. Setzen Sie die passende Form des unbestimmten Artikels bzw. *unos*
   oder *unas* ein:

   a. ... pantalón   b. ... pantalones   c. ... casa
   d. ... alma   e. ... habitación   f. ... hacha
   g. ... problema   h. ... pesetas   i. ... mujer
   j. ... buena alma k. ... hombres   l. ... hada
   m. ... almas buenas

2. Setzen Sie die passende Form des unbestimmten Artikels bzw. *unos*
   oder *unas* ein:

   a. ¿Quiere usted un bolígrafo?   Aquí tiene ... .
   b. ¿Quiere usted una revista?   Aquí tiene ... .
   c. ¿Quiere usted un hacha?   Aquí tiene ... .
   d. ¿Quiere usted un periódico?   Aquí tiene ... .
   e. Entre los zapatos blancos hay ... negro.
   f. Entre las casas blancas hay ... negra.
   g. ¿Compras ... hacha?
   h. ¿Compras ... gafas?
   i. ¿Compras ... tijeras?
   j. ¿Compras ... periódico?

3. Übersetzen Sie ins Spanische:

   a. Auf dem Tisch liegen einige Zeitungen.
   b. Auf dem Sofa liegt eine Schere.
   c. Auf dem Fernseher liegt eine Brille.
   d. Auf dem Tisch liegen einige Zeitschriften.
   e. Anna ist eine gute Hausfrau.
   f. Anna ist eine gute Schülerin.
   g. Ich suche eine Hausfrau.
   h. Ich suche eine gute Hausfrau.
   i. Kaufst du eine Zeitschrift/eine Brille/eine Schere/eine Axt?
   j. Es gibt zwei Scheren: eine für dich und eine für mich.
   k. Anna bietet mir noch einen Kaffee an.
   l. Es ist halb sechs.
   m. Wir brauchen einen halben Sack Reis.
   n. Ich bestelle noch ein Bier.

Lösungen

1. a. un   b. unos   c. una   d. un
   e. una   f. un   g. un   h. unas
   i. una   j. una   k. unos   l. un
   m. unas
2. a. uno   b. una   c. una   d. uno
   e. uno   f. una   g. un   h. unas
   i. unas   j. un

3. a. Sobre la mesa hay unos periódicos.
   b. Sobre el sofá hay unas tijeras.
   c. Sobre el televisor hay unas gafas.
   d. Sobre la mesa hay unas revistas.
   e. Ana es una buena ama de casa.
   f. Ana es una buena alumna.
   g. Busco un ama de casa.
   h. Busco una buena ama de casa.
   i. ¿Compras una revista/unas gafas/unas tijeras/un hacha?
   j. Hay dos tijeras: unas para ti y otras para mí.
   k. Ana me ofrece otro café.
   l. Son las cinco y media.
   m. Necesitamos medio saco de arroz.
   n. Pido otra cerveza.

2.2. Der bestimmte Artikel *(Artículo definido)*

Grundwissen: Das Spanische besitzt ebenso wie das Deutsche einen bestimmten Artikel. Wie schon weiter oben beschrieben, gibt es beim allgemeinen Gebrauch des bestimmten Artikels keine grundsätzlichen Unterschiede zwischen den beiden Sprachen. Unterschiede gibt es aber bezüglich der Zahl der Artikelformen und vor allem bei der Verwendung des bestimmten Artikels in bestimmten Umgebungen. Hier zeigt sich, dass das Spanische, obwohl es auch einige umgekehrte Beispiele gibt, weit öfter den bestimmten Artikel benutzt als das Deutsche.

Regel: Zum bestimmten Artikel gehören folgende Formen:

	maskulin	feminin	neutrum
Singular	*el*	*la*	*lo*
Plural	*los*	*las*	

Hinweis: Die neutrale Singularform *lo* verwendet man vor allem bei der Substantivierung von Adjektiven und Partizipien (→ 2.2.3.) und als Bezugswort für das neutrale Relativpronomen *que* (→ 5.7.1.1.1.).

2.2.1. Die Kontraktionsformen des bestimmten Artikels

Grundwissen: Die Tatsache, dass bestimmte Artikelformen mit bestimmten Präpositionen, die ihnen vorausgehen, zu einer Worteinheit verschmelzen können, bezeichnet man als „Kontraktion" (= „Zusammenziehung") und die betroffenen Artikelformen als „Kontraktionsformen". Im Spanischen gibt es nur zwei Kontraktionsformen, im Deutschen ungleich mehr (z. B. *am, zum, beim, im* usw.). Anders als im Deutschen ist im Spanischen die Kontraktion immer durchzuführen.

Regel: Die Präpositionen *de* und *a* verschmelzen immer mit der maskulinen Artikelform *el* zu *del* (1) bzw. *al* (2).

(1)   *las indicaciones **del** médico*   die Anweisungen des Arztes
         *la velocidad **del** tren*   die Geschwindigkeit des Zuges
         *el color **del** agua*   die Farbe des Wassers
         (→ 2.2.2.)

(2)   *Dio un caramelo al niño.*   *Er gab dem Kind ein Bonbon.*
        Voy al cine.   *Ich gehe ins Kino.*

Sonderfall: Die Kontraktion kann nur unterbleiben, wenn die Artikelform *el* als Bestandteil zu einem Eigennamen gehört (3): z. B.

(3)   *Voy a El Escorial.*   *Ich fahre zum Escorial.*
        Viajaron a El Cairo.   *Sie reisten nach Kairo.*
        Una mujer salvadoreña   *Eine salvadorianische Frau*
        es una mujer de El Salvador. *ist eine Frau aus El Salvador.*

2.2.2. Der Gebrauch der Formen des bestimmten Artikels

Regel: Die Form des bestimmten Artikels muss immer in Geschlecht und Zahl mit dem nachfolgenden Nomen übereinstimmen (1). Für die neutrale Singularform *lo* gilt eine besondere Regelung (→ 2.2.3.).

(1)   *el jardín*   *der Garten*   *la casa*   *das Haus*
        los jardines *die Gärten*   *las casas*   *die Häuser*

Sonderfall: Wenn die feminine Artikelform *la* vor einem Nomen steht, das mit dem Vokal *a*- oder *ha*- beginnt und auf der ersten Silbe betont ist, benutzt man die maskuline Form *el* anstelle der femininen Form *la* (2) (→ 2.1.1.(3)). Ist aber das anlautende *a*- oder *ha*- unbetont oder vom Nomen durch ein vorangestelltes Adjektiv getrennt, verwendet man die reguläre Form *la* (3).

(2)   **El agua** *está fría.*   *Das Wasser ist kalt.*
        el África *contemporánea*   *das gegenwärtige Afrika*
        el hampa *madrileña*   *die Madrider Unterwelt*
        el alma *humana*   *die menschliche Seele*
        el ama *de casa*   *die Hausfrau*
        el hada   *die Fee*

Sonderfall: Eine Ausnahme bildet *la árabe* (die Araberin) oder *una árabe* (eine Araberin), weil die maskuline Form des bestimmten und unbestimmten Artikels bereits besetzt ist durch *el árabe* (der Araber) bzw. *un árabe* (ein Araber).

(3)   **la alumna** *aplicada*   *die fleißige Schülerin*
        la habitación   *das Zimmer*
        la buena ama de casa   *die gute Hausfrau*

Die Regel *la* > *el* und ***una*** > ***un*** (→ 2.1.1.) gilt übrigens nicht für Adjektive, die mit *a-/ha-* anlauten und auf der ersten Silbe betont sind (4).

(4)	*Es **una** hábil respuesta.*	*Es ist eine geschickte Antwort.*
	***La** hábil respuesta del niño nos sorprendió.*	*Die geschickte Antwort des Kindes überraschte uns.*
	*el clima de **la** árida Libia*	*das Klima des trockenen Libyen*

Regel: Die maskuline Pluralform *los* gebraucht man ähnlich wie im Deutschen bei Bezugnahme auf die Mitglieder einer Familie bzw. auf die Familie selbst. Der Familienname bleibt dabei anders als im Deutschen unverändert: z. B. *los Blanco* (die Blancos), *los Niemeyer* (die Niemeyers). Wenn es sich jedoch um einen Vornamen handelt, setzen beide Sprachen diesen in den Plural: z. B. *Aquí abundan los Pepes.* (Hier gibt es reichlich Pepes). *No todas las Marías son así.* (Nicht alle Marias sind so).

2.2.3. Der Gebrauch der neutralen Artikelform lo

Regel: Der neutrale Artikel *lo* wird unter folgenden Bedingungen verwendet:

● Zur Substantivierung/Nominalisierung von Adjektiven und Partizipien (1)

(1)	*lo bueno*	*das Gute*	*lo malo*	*das Schlechte*
	lo mejor	*das Beste*	*lo correcto*	*das Richtige*
	lo imposible	*das Unmögliche*	*lo mismo*	*dasselbe*
	lo sorprendente	*das Überraschende*	*lo perdido*	*das Verlorene*

● Als neutrales Bezugswort für das neutrale Relativpronomen *que* (→ 5.7.1.1.1.) (2)

Hinweis: Der Substantivierung mit Hilfe von *lo* sind auch die Possessiva (→ 5.1.) zugänglich: z. B. *lo mío* (das Meine), *lo tuyo* (das Deine).

(2)	*Me dijo que llegaba tarde, **lo que** me molestó.*	*Er sagte mir, dass er spät ankommen werde, was mich ärgerte.*
	*Dijo **lo que** consideró oportuno.*	*Er sagte, was er für günstig erachtete.*

● In der festen Formulierung *lo de ...* *das mit .../die Sache mit ...* (3)

(3)   ¿Qué pasó con *lo de* la de-   *Was geschah in Sachen Anzeige?*
           nuncia?

           Lo de comer sin trabajar   *Das mit dem Essen ohne zu*
           le va al muchacho.   *arbeiten gefällt dem Jungen.*

● In der festen Formulierung *lo* + Adjektiv + *que* und *lo* + Adverb + *que* (4)

(4)   ¡*Lo* guapa *que* es!   *Wie hübsch sie ist!*

           ¡*Lo* guapos *que* eran!   *Wie hübsch sie waren!*

           No sabes *lo* mal *que* se   *Du weißt nicht, wie schlecht*
           pasa en la mili.   *es einem beim Militär geht.*

● In adverbialen Wendungen (5)

(5)   Trabaja *a lo* bestia.   *Er arbeitet wie ein Tier.*

           Razona *a lo* Einstein.   *Er denkt wie Einstein.*

           Bebo, *a lo más,* una cerve-   *Ich trinke höchstenfalls ein Bier*
           za a la semana.   *pro Woche.*

           Lo demás no importa.   *Alles Weitere ist nicht wichtig.*

2.2.4. Der Gebrauch des bestimmten Artikels im Kontrast zum Deutschen

Grundwissen: Vom allgemeinen Gebrauch des bestimmten Artikels abgesehen, der – wie bereits weiter oben gesagt – keine besonderen Unterschiede zum Deutschen aufweist, kann man dennoch feststellen, dass das Spanische verglichen mit dem Deutschen eine besondere Vorliebe für den bestimmten Artikel besitzt, wenngleich sich auch Beispiele finden, wo das Deutsche den bestimmten Artikel verwendet, während das Spanische auf diesen verzichtet.

Im Folgenden werden zuerst diejenigen Fälle aufgezeigt, in denen das Spanische zum bestimmten Artikel greift und das Deutsche auf ihn verzichtet. Sodann die weniger zahlreichen Fälle, in denen sich das Spanische den bestimmten Artikel erspart.

2.2.4.1. Bestimmter Artikel im Spanischen – Kein Artikel im Deutschen

Regel: Bei Angabe der **Uhrzeit** und **Tageszeit** ist der bestimmte Artikel zu verwenden (1). Dasselbe gilt für Zeitangaben mit Hilfe der **Wochentags-namen** (2) und bei **Altersangaben** (3).

(1)	*Es **la** una.*	*Es ist 1 Uhr.*
	*Son **las** seis y media.*	*Es ist halb sieben.*
	*a **las** cuatro de la mañana*	*um vier Uhr morgens*
	*ayer por **la** noche*	*gestern Abend*
(2)	***Los** domingos me gusta ir de paseo.*	*An Sonntagen gehe ich gerne spazieren.*
(3)	*Cuando cumpla **los** dieci-ocho podré votar.*	*Wenn ich achtzehn bin, werde ich wählen können.*

Regel: Abweichend vom Deutschen gebraucht man im Spanischen den bestimmten Artikel, wenn Eigenschaften des menschlichen Körpers beschrieben werden (4). Dabei verwendet man meist das Verb ***tener*** (haben). Der Gebrauch des bestimmten Artikels wird manchmal auch auf die Beschreibung von Kleidungsstücken ausgedehnt (5).

(4)	*Ana tiene **los** ojos azules.*	*Anna hat blaue Augen.*
(5)	*Este año se llevan **los** abri-gos largos.*	*Dieses Jahr trägt man lange Mäntel.*

Regel: Den bestimmten Artikel verwendet man nach den Verben ***tocar*** und ***jugar***, die beide „spielen" bedeuten, sei es in Bezug auf ein Instrument (6) oder auf ein Spiel (7).

(6)	*Toco **la** guitarra.*	*Ich spiele Gitarre.*
(7)	*Quería jugar **al** ajedrez.*	*Ich möchte Schach spielen.*

Regel: Wenn Nomina wie ***señor, señora, señorita*** einem Familiennamen vorausgehen, gebraucht man davor den bestimmten Artikel (8).

(8)	*El señor Olarieta no está.*	*Herr Olarieta ist nicht da.*

Hinweis: Auf gleiche Weise setzt man den bestimmten Artikel vor die Bezeichnungen *profesor* (Professor), *doctor* (Doktor), *ingeniero* (Ingenieur), *general* (General), *papa* (Papst), *cardenal* (Kardinal), *padre* (Pater), *rey* (König) usw.: z. B. *el profesor Tietz, el papa Juan Pablo II.* (Papst Johannes Paul II). Beim Anreden fällt der bestimmte Artikel wie im Deutschen weg: z. B. *¡Buenos días, señor Blanco!* (Guten Tag, Herr Blanco)!

Regel: In **allgemeinen** oder **verallgemeinernden Aussagen** verwendet man in der Regel den bestimmten Artikel (9).

(9)	*El oro reluce.*	*Gold glänzt.*
	*Se interesa por **las** lenguas extranjeras.*	*Er interessiert sich für Fremdsprachen.*
	Detesto el pescado.	*Ich hasse Fisch.*

Regel: Der bestimmte Artikel steht vor **Prozentangaben** und bei **Preisangaben** für ein bestimmtes Maß (10).

(10)	*el 40% de los españoles*	*40% der Spanier*
	*El vino cuesta 300 ptas. **el** litro.*	*Der Wein kostet pro Liter 300 Peseten.*

Hinweis: Der unbestimmte Artikel *un* vor einer Prozentangabe bedeutet *ungefähr, etwa:* z. B. *un 20 % de los estudiantes* (etwa 20 % der Studenten).

Regel: Vor den Namen der **Himmelsrichtungen** ist immer der bestimmte Artikel zu verwenden, auch wenn dieser in der deutschen Entsprechung manchmal fehlt (11).

(11)	*hacia **el** sur*	*gegen Süden, in Richtung Süden*
	*Corea **del** Sur*	*Südkorea*
	*Corea **del** Norte*	*Nordkorea*
	*La fachada de la casa da **al** Este.*	*Die Fassade des Hauses geht nach Osten.*

Regel: Vor **Ländernamen** steht der bestimmte Artikel nur in relativ wenigen Fällen und auch hier kann man ihn meist weglassen (12). Hinzu kommt eine moderne Tendenz, den bestimmten Artikel vor Ländernamen wegfallen zu lassen, wo dies beispielsweise im Deutschen unmöglich wäre (13). Hier verhält sich das Spanische vergleichsweise ganz anders als das Französische und Italienische.

Ländernamen, die mit oder ohne bestimmten Artikel stehen können, sind:

(la) Argentina	*Argentinien*	*el Afganistán*	*Afghanistan*
(el) Brasil	*Brasilien*	*(el) Canadá*	*Kanada*
el Camerún	*Kamerun*	*(la) China*	*China*
el Ecuador	*Ecuador*	*(el) Japón*	*Japan*
la India	*Indien*	*(el) Perú*	*Peru*
(el) Paraguay	*Paraguay*	*El Salvador*	*El Salvador*
(el) Uruguay	*Uruguay*	*el Senegal*	*Senegal*

(las) Filipinas	*die Philippinen*
(los) Estados Unidos	*die Vereinigten Staaten*

(12)   *un nuevo acuerdo bilateral*   *ein neuer bilateraler Vertrag*
        *con **los** Estados Unidos*   *mit **den** Vereinigten Staaten*

        La estabilidad política de   *Die politische Stabilität **der** Kana-*
        ***Canarias** tendrá que su-*   *rischen Inseln wird ein neues*
        perar un nuevo escollo.   *Hindernis überwinden müssen.*

(13)   *Dice que va a **Estados***   *Er sagt, dass er in **die** Vereinig-*
        ***Unidos** a españolear.*   *ten Staaten geht, um zum Spanier*
                                        zu werden.

        ***Estados Unidos** puede*   ***Die** Vereinigten Staaten be-*
        decidir esta semana ...   *schließen diese Woche mögli-*
                                        cherweise ...

Sonderfall: Die artikellose Bezeichnung *Estados Unidos* wird mit dem Singular des Verbs konstruiert, wie das Beispiel unter (13) zeigt.

Hinweis: Einige Ländernamen werden wie im Deutschen immer mit dem bestimmten Artikel gebraucht: z. B. *los Países Bajos* (die Niederlande), *el Yemen* (der Jemen), *el Líbano* (der Libanon).

Sonderfälle: Der bestimmte Artikel steht im Spanischen auch vor **Städtenamen,** wo er in der deutschen Entsprechung fehlt: z. B. *La Habana* (Havanna), *El Cairo* (Kairo), *La Meca* (Mekka).

Regel: Vor Namen von **Sportmannschaften** steht der bestimmte Artikel (14).

(14)   *la victoria **del** Real Madrid*   *der Sieg von Real Madrid*

        ***El** Barcelona alcanza su*   *Barcelona schafft seinen ersten*
        *primera victoria ante **el***   *Sieg im Vergleich mit Almería.*
        Almería.

Regel: Den bestimmten Artikel gebraucht man in zahlreichen **Wendungen** (15).

(15)   *ver **la** tele*   *fernsehen*
          *escuchar **la** radio*   *Radio hören*
          *dar **los** buenos días*   *guten Tag sagen*
          *dar **las** buenas tardes*   *guten Abend sagen*
          *dar **las** buenas noches*   *gute Nacht sagen*
          *dar **las** gracias*   *danken, Dank sagen*

Regel: In Verbindung mit den Verben *aprender* lernen, *hablar* (sprechen/können), *entender* (verstehen), *escribir* (schreiben), *dominar* (beherrschen) steht vor dem Namen der betreffenden Sprache der bestimmte Artikel (16).

(16)   *Habla perfectamente **el***   *Er spricht perfekt Portugiesisch.*
          portugués.
          Ana domina perfectamente   *Anna beherrscht/kann perfekt*
          ***el** francés.*   *Französisch.*
          *Quiero aprender **el** espa-*   *Ich will Spanisch lernen.*
          ñol.

Regel: Zur Wiedergabe von deutschen Abfolgen wie **wir** Deutschen, **ihr** Spanier verwendet man den bestimmten Artikel **los** (17).

(17)   *Vosotros **los** alemanes co-*   ***Ihr** Deutschen kennt das alles*
          nocéis todo esto bien.   *gut.*

          *Nosotros **los** españoles*   ***Wir** Spanier glauben, dass ...*
          creemos que ...

Regel: Den bestimmten Artikel verwendet man oft anstelle eines possesiven Adjektivs (→ 3.2.1.) (18).

(18)   *Perdió **las** llaves (= sus*   *Er hat **seine** Schlüssel verloren.*
          llaves).

          *¿Dónde están **los** zapatos?*   *Wo sind **meine** Schuhe?*
          (= mis zapatos)

Regel: Die Formen des bestimmten Artikels übernehmen eine wichtige grammatische Funktion, wenn sie – wie die **neutrale Artikelform lo** – als Bezugswörter (19) oder als Begleiter (20) des Relativpronomens (→ 5.7.) auftreten.

(19)   **Los** que se preocupan son ellos.   **Diejenigen,** die sich Sorgen machen, sind sie.

(20)   Esta es la iglesia en **la** que nos casamos.   Das ist die Kirche, **in der** wir geheiratet haben.

Regel: Ebenso wie der **neutrale Artikel** *lo* können die anderen Formen des bestimmten Artikels die Funktion eines Demonstrativpronomens (→ 5.2.) übernehmen (21).

(21)   **Los** de Barcelona se juntaron en el pasillo.   Die (Leute) aus Barcelona versammelten sich auf dem Flur.

    ¿Me dejas otra máquina de escribir? **La** de mi hermano no funciona.   Überlässt du mir eine andere Schreibmaschine? Die meines Bruders funktioniert nicht.

2.2.4.2. Kein Artikel im Spanischen – Bestimmter Artikel im Deutschen

Regel: Die Fälle, in denen das Spanische im Gegensatz zum Deutschen den bestimmten Artikel weglässt, sind wie gesagt nicht sehr zahlreich. Sie lassen sich folgendermaßen zusammenfassen:

● Vor **Monatsnamen** steht kein bestimmter Artikel (1).

(1)   Junio tiene treinta días.   Der Juni hat 30 Tage.

Hinweis: Anstelle des bloßen Monatsnamens kann man immer die Formulierung *el mes de* (der Monat) verwenden: z. B. *El mes de* enero (der Monat Januar).

● Der bestimmte Artikel fehlt oft nach der Präposition *en* (2).

(2)   *en +* **Monatsnamen**
       en + **Jahreszeit**

    En junio tengo que preparar mis vacaciones.   Im Juni muss ich meinen Urlaub vorbereiten.

    Las cigüeñas vuelven a España **en** primavera.   Die Störche kehren im Frühling nach Spanien zurück.

en + Bezeichnung eines **Transportmittels:**

ir **en bicicleta**   *mit dem Fahrrad fahren*

Me encanta viajar **en tren.**   *Es begeistert mich, mit dem Zug*
                                     zu fahren.

● Den Wörtern *San/Santo, misa* (Messe) und der Pluralform *correos*
(Post, Postamt) geht grundsätzlich kein bestimmter Artikel voraus (3).

(3)   **San** *José der heilige Josef*   **Santa** *Teresa die heilige Theresa*

Hinweis: Die apokopierte Form (→ 3.1.2.4.) *San* steht vor allen männlichen Heiligennamen mit Ausnahme von z. B. *Domingo,* dem *Santo* vorangestellt wird (→ 3.1.2.4.).

(3)   *Marcos va todos los domin-*   *Marcos geht jeden Sonntag* **zur**
        gos a **misa** *de doce.*   *Messe um zwölf Uhr.*

        Correos *funciona con más*   **Die** *Post funktioniert schneller,*
        agilidad desde que ha   *seit sie das neue Gebäude be-*
        estrenado el nuevo edificio.   *zogen hat.*

● In zusammengesetzten Nomina mit der Struktur **Nomen +** *de* **+ Nomen**
wird der bestimmte Artikel oft weggelassen (4).

(4)   *el curso* **de** *español*   *der Spanischkurs*
        Aber: las dificultades **del**   *die Schwierigkeiten des Spani-*
        español   *schen*

        el sombrero **de** *mujer*   *der Damenhut*
        Aber: el sombrero **de la**   *der Hut der Dame, die ...*
        mujer que ...

● Der bestimmte Artikel fehlt in der Regel in **Appositionen** (5).

(5)   *Madrid,* **capital** *de*   *Madrid, die Hauptstadt Spaniens,*
        España, ...   *...*

● Der bestimmte Artikel fehlt in zahlreichen **Wendungen** (6).

(6)   *Acuso recibo de su carta.*   *Ich bestätige den Empfang seines*
                                        Briefes.
        Es cuestión de tiempo.   *Es ist nur eine Frage der Zeit.*

Sólo la conozco de vista.	Ich kenne sie nur vom Sehen.
Este vestido se ha pasado de moda.	Dieses Kleid ist aus der Mode gekommen.
El viernes mis vecinos salen de vacaciones.	Am Freitag kommen meine Nachbarn aus dem Urlaub.
escribir a máquina	mit der Maschine schreiben
salir de casa	das Haus verlassen
ponerse en camino	sich auf den Weg machen
viajar en primera clase	in der ersten Klasse reisen
en busca de trabajo	auf der Suche nach Arbeit
en caso de necesidad	im Notfall
por primera vez	zum ersten Mal
en broma	im Scherz, Spaß
en gran parte	zum großen Teil
por ejemplo	zum Beispiel

Übungen

1. Setzen Sie die passende Form des bestimmten Artikels ein:

a. ... salud	b. ... sofá	c. ... solución
d. ... mano	e. ... jardín	f. ... telegrama
g. ... día	h. ... ley	i. ... radio
j. ... tesis	k. ... gafas	l. ... autobuses
m. ... alma	n. ... águila	o. ... alumna
p. ... almas	q. ... alumnas	r. ... águilas

2. Übersetzen Sie ins Spanische:

a. Frau Perez wohnt in Salamanca.
b. Das Erste, was er tut, ist fragen.
c. Die Hausfrau arbeitet viel.
d. Das Wasser ist heute sehr verschmutzt.
e. Wir gehen ins Kino.
f. Das Billige ist teuer.
g. Das Amerikanische ist Mode.
h. Alles weitere ist nicht wichtig.
i. Er mag unsympathisch sein, aber im Übrigen ist er ein guter Arbeiter.
j. Wie hübsch sie ist!
k. um vier Uhr morgens
l. Jetzt schlägt es 9 Uhr.
m. gestern Abend
n. Wir arbeiten sonntags nicht.
o. Samstags kaufen wir im Supermarkt ein.
p. Mit dreißig Jahren ging er nach Amerika.
q. Mein Freund hat schwarzes Haar.
r. Das Kind hat kalte Hände.
s. Wir gehen Ball spielen.
t. Frau Lopez kommt nicht.
u. Ich hasse Fisch.
v. Diese Substanz ist so belebend wie Kaffee.
w. 90 % der Spanier
x. Der Wein kostet pro Liter 300 Peseten.
y. Er spricht perfekt Französisch.
z. Es ist nur eine Frage der Zeit.

Lösungen

1. a. la   b. el   c. la   d. la   e. el   f. el   g. el
   h. la   i. la   j. la   k. las   l. los   m. el   n. el
   o. la   p. las   q. las   r. las

2. a. La señora Pérez vive en Salamanca.
   b. Lo primero que hace es preguntar.
   c. El ama de casa trabaja mucho.
   d. El agua está muy sucia hoy.
   e. Vamos al cine.
   f. Lo barato es caro.
   g. Lo americano está de moda.
   h. Lo demás no importa.
   i. Será antipático, pero, por lo demás, es un excelente trabajador.
   j. ¡Lo guapa que es!
   k. a las cuatro de la mañana
   l. Ahora dan las nueve.
   m. ayer por la noche
   n. No trabajamos los domingos.
   o. Los sábados hacemos la compra en el supermercado.
   p. A los treinta años de edad se fue para América.
   q. Mi amigo tiene el pelo negro.
   r. El niño tiene las manos frías.
   s. Vamos a jugar a la pelota.
   t. La señora López no viene.
   u. Detesto el pescado.
   v. Esta sustancia es tan excitante como el café.
   w. el 90 % de los españoles
   x. El vino cuesta 300 pesetas el litro.
   y. Habla perfectamente el francés.
   z. Es cuestión de tiempo.

3. Das Adjektiv *(Adjetivo)*

Grundwissen: Eine Grundeigenschaft aller in der Grammatik als Adjektive bezeichneten Wortformen ist ihre Zugehörigkeit zu einem Nomen, mit dem sie in Geschlecht und Zahl übereinstimmen. Aufgrund des syntaktischen Kriteriums der Übereinstimmung werden in der spanischen Grammatik Wortformen zur Gruppe der Adjektive gerechnet, die unter anderen Gesichtspunkten ein ziemlich unterschiedliches Verhalten zeigen. Beispielsweise ist die eine Gruppe von Adjektiven der Steigerung (→ 3.1.5.) zugänglich, während die andere Gruppe von dieser grammatischen Möglichkeit ausgeschlossen ist.

Aus diesem Grund ist es sinnvoll, die große Gruppe der Wörter, die man als Adjektive bezeichnet, in **zwei Untergruppen** zu gliedern.

Regel: Die übergreifende Bezeichnung **Adjektiv** kann sich auf folgende Wortformen beziehen:

● Auf die Gruppe der **qualifizierenden** oder eigentlichen **Adjektive** *(Los adjetivos calificativos)* (1)

● Auf die Gruppe der **determinierenden Adjektive** *(Los adjetivos determinativos)* (2)

(1)	*Vivo en una pequeña ciudad.*	*Ich lebe in einer kleinen Stadt.*
	La ciudad es pequeña.	*Die Stadt ist klein.*
(2)	*¿Dónde está mi llave?* **(Possessives Adjektiv)**	*Wo ist mein Schlüssel?*
	Estos jóvenes esperan el autobús. **(Demonstratives Adjektiv)**	*Diese jungen Leute warten auf den Autobus.*
	¿Qué coche prefieres? **(Interrogatives Adjektiv)**	*Welches Auto ziehst du vor?*
	Tiene que estar en algún lugar. **(Indefinites Adjektiv)**	*Es muss an irgendeinem Ort sein.*
	Hace cuatro años que no la he visto. (Adjektivisch gebrauchtes **Grundzahlwort**)	*Seit vier Jahren habe ich sie nicht gesehen.*

Yo me quedo con la ter- Ich behalte den dritten Teil.
cera parte.
(Adjektivisch gebrauchtes **Ordnungszahlwort**)

Perdió el partido con una Er verlor das Spiel mit einem
doble falta. Doppelfehler.
(Adjektivisch gebrauchtes **Vervielfältigungszahlwort**)

3.1. Das qualifizierende Adjektiv *(Adjetivo calificativo)*

Grundwissen: Die spanischen Adjektive kann man auf vierfache Weise gebrauchen:

Die vier Verwendungsweisen des Adjektivs:

● als prädikative Adjektive (1)

● als attributive Adjektive (2)

● als Nomina (Substantive) (3)

● als Adverbien (→ 4.1.)

(1) *Esta ciudad es **pequeña**.* Diese Stadt ist **klein**.
  *Estas ciudades son **pe-*** Diese Städte sind **klein**.
  queñas.

(2) *En las **grandes** ciudades* In den **großen** Städten gibt es
  hay mucho tráfico. viel Verkehr.
  *Sólo conozco la parte **an-*** Ich kenne nur den **alten** Teil
  ***tigua** de esta ciudad.* dieser Stadt.

(3) *Haré **lo posible** por ir a* Ich werde **das Mögliche** tun, um
  verte el día de la opera- dich am Tag der Operation zu
  ción. besuchen.
  ***El enfermo** tiene que* **Der Kranke** muss schlafen.
  dormir.

3.1.1. Der prädikative und attributive Gebrauch

Grundwissen: Prädikativ und attributiv gebrauchen kann man auch die Adjektive des Deutschen: z. B. *Das Wetter ist schön.* (prädikativ) – *Wir lie-*

ben das schöne Wetter. (attributiv). Unterschiede zwischen dem Spanischen und Deutschen ergeben sich aber erst bei der Übereinstimmung. Während beispielsweise die prädikativ gebrauchten Adjektive des Spanischen immer mit dem Subjekt des Satzes in Geschlecht und Zahl übereinzustimmen sind, verzichtet das Deutsche in diesem Fall auf jegliche Übereinstimmung (1). Beim Gebrauch der attributiven Adjektive hingegen kennt zwar auch das Deutsche die Übereinstimmung (2), aber im Vergleich mit der rigorosen Übereinstimmung der spanischen attributiven Adjektive nimmt sich die entsprechende Übereinstimmung des Deutschen eher einfach aus.

Die Übereinstimmung des prädikativen Adjektivs

(1) *Este vino es muy bueno.*   *Dieser Wein ist sehr gut.*
La cena estaba muy buena.   *Das Abendessen war sehr gut.*
Los zapatos son bonitos.   *Die Schuhe sind hübsch.*
Las corbatas son bonitas.   *Die Krawatten sind hübsch.*

Die Übereinstimmung des attributiven Adjektivs

(2) *Había un tiempo maravilloso.*   *Es war ein wunderbares Wetter.*

Eva es una chica muy simpática.   *Eva ist ein sehr sympathisches Mädchen.*

Este país tiene altas montañas.   *Dieses Land hat hohe Berge.*

Me gustan los zapatos negros.   *Mir gefallen die schwarzen Schuhe.*

Hinweis: Das Gesetz der Übereinstimmung gilt auch für die Formen des Komparativs (→ 3.1.5.1.) und Superlativs (→ 3.1.5.2.) (3).

(3) *Necesito un diccionario más amplio.*   *Ich brauche ein umfangreicheres Lexikon.*

Es un problema dificilísimo, pero lo resolveré.   *Es ist ein sehr schwieriges Problem, aber ich werde es lösen.*

3.1.2. Die Formen des Adjektivs

Grundwissen: Die Menge der spanischen Adjektive lässt sich hinsichtlich der Formenausstattung der einzelnen Adjektive in mehrere Gruppen einteilen. Der Begriff Formenausstattung bezieht sich auf die Frage, ob ein bestimmtes Adjektiv aufgrund seiner Endungsmöglichkeiten die **4 Über-**

einstimmungsmerkmale des Geschlechtes (= maskulin und feminin) und der Zahl (= Singular und Plural) speziell kennzeichnen kann oder nicht. Anhand dieses Kriteriums ergeben sich folgende Adjektivgruppen:

Die 3 Adjektiv-Gruppen:

1. Adjektiv-Gruppe:
Die Adjektive dieser Gruppe haben **vier Endungen:** zwei für den Singular und zwei für den Plural (1).

2. Adjektiv-Gruppe:
Die Adjektive dieser Gruppe haben **zwei Endungen,** je eine gemeinsame Endung für den Singular und für den Plural (2).

3. Adjektiv-Gruppe:
Die Adjektive dieser Gruppe haben eine **einzige** Endung für das maskuline und feminine Geschlecht und für den Singular und Plural. Es handelt sich um die sogenannten **unveränderlichen Adjektive** (3).

(1)	*pequeño* (klein)	*pequeña*	*pequeños*	*pequeñas*
	español (spanisch)	*española*	*españoles*	*españolas*
	alemán (deutsch)	*alemana*	*alemanes*	*alemanas*
(2)	*inteligente* (intelligent)	*inteligente*	*inteligentes*	*inteligentes*
(3)	*beige* (beige)	*beige*	*beige*	*beige*
	rosa (rosa)	*rosa*	*rosa*	*rosa*
	violeta (violett)	*violeta*	*violeta*	*violeta*
	malva (malvenfarben)	*malva*	*malva*	*malva*

3.1.2.1. Die Formen der 1. Adjektiv-Gruppe

Grundwissen: Die Adjektive der 1. Gruppe haben für das maskuline und feminine Geschlecht im Singular und Plural jeweils eine eigene Endung. Die große Gruppe dieser Adjektive lässt sich in Untergruppen gliedern, wenn man die maskuline Singularendung zum Ausgangspunkt nimmt.

Nach dem Kriterium der maskulinen Singularendung lassen sich folgende Untergruppen unterscheiden:

Die Adjektive auf -*o:*

bonito	*bonita*	*bonitos*	*bonitas*
hübsch			

Die Adjektive auf -*án,* -*ín* und -*ón:*

holgazán	*holgazana*	*holgazanes*	*holgazanas*
faul			
parlanchín	*parlanchina*	*parlanchines*	*parlanchinas*
schwatzhaft			
burlón	*burlona*	*burlones*	*burlonas*
spöttisch			

Hinweis: Der Akzent der Adjektive auf -*án,* -*ín* und -*ón* fällt in den anderen Formen weg.

Sonderfälle: Die Adjektive *afín* (verwandt), *ruin* (niederträchtig) und *marrón* (braun) bilden keine feminine Form auf -*a.*

Die Adjektive auf -*ol:*

español	*española*	*españoles*	*españolas*
spanisch			

Die Adjektive auf -*or:*

trabajador	*trabajadora*	*trabajadores*	*trabajadoras*
fleißig			
hablador	*habladora*	*habladores*	*habladoras*
geschwätzig			

Sonderfälle: Die aus dem Lateinischen später übernommenen Adjektive (= *Latinismen*) auf -*or* bilden keine feminine Form auf -*a:*

anterior	früher	*exterior*	außen-
inferior	untere(r)	*interior*	innere(r)

mayor	größer	mejor	besser
menor	kleiner	peor	schlechter

posterior	später	superior	höher
ulterior	weiter		

Eine Ausnahme bildet *la madre superiora* (die Mutter Oberin) oder kurz *la superiora* (die Oberin).

Die Adjektive auf -és:

---

inglés	inglesa	ingleses	inglesas
englisch			

aragonés	aragonesa	aragoneses	aragonesas
aragonesisch			

Hinweis: Der Akzent fällt in den anderen Formen weg.

Sonderfall: Die Adjektive *cortés* höflich und *descortés* unhöflich bilden keine feminine Form auf -*a*.

Die Adjektive auf -*uz:*

---

andaluz	andaluza	andaluces	andaluzas
andalusisch			

Hinweis: Das auslautende -*z* in *andaluz* und auch in *feliz* (vgl. weiter unten) wird vor der Pluralendung -*es* zu -*c*- verwandelt.

Die Adjektive auf -*ete* und -*ote:*

---

regordete	regordeta	regordetes	regordetas
rundlich, mollig			

grandote	grandota	grandotes	grandotas
groß			

3.1.2.2. Die Formen der 2. Adjektiv-Gruppe

Grundwissen: Die Adjektive der 2. Gruppe (→ 3.1.2.) haben <u>eine</u> Endung für den Singular und <u>eine</u> Endung für den Plural. Wenn man die maskuline Singularendung als Kriterium nimmt, kann man mehrere Untergruppen unterscheiden.

Die Adjektive auf -e:

bastante genügend	*bastante*	*bastantes*	*bastantes*

Die Adjektive auf *-al:*

social sozial	*social*	*sociales*	*sociales*

Die Adjektive auf *-ul:*

azul blau	*azul*	*azules*	*azules*

Die Adjektive auf *-en, -ar, -iz* und *-is:*

joven jung	*joven*	*jóvenes*	*jóvenes*
ejemplar beispielhaft	*ejemplar*	*ejemplares*	*ejemplares*
feliz glücklich	*feliz*	*felices*	*felices*
gris grau	*gris*	*grises*	*grises*

Die Adjektive mit der Suffixendung *-ista:*

socialista   *socialista*   *socialistas*   *socialistas*
sozialistisch

Die Adjektive auf *-a:*

belga   *belga*   *belgas*   *belgas*
belgisch

Die Adjektive auf *-í* und *-ú:*

iraní   *iraní*   *iraníes*   *iraníes*
iranisch
hindú   *hindú*   *hindúes*   *hindúes*
hinduistisch, Hindu-

3.1.2.3. Die 3. Adjektiv-Gruppe oder die unveränderlichen Adjektive

Grundwissen: Die Adjektive, die nur eine einzige Form besitzen, sind im Spanischen nicht sehr zahlreich. Es handelt sich dabei um so genannte Farbadjektive, die jeweils mit Ausnahme von *beige* von einem Nomen abgeleitet sind (1). Vgl. die Beispiele → 3.1.2. (3). Das Spanische verwendet oft Nomina, wo das Deutsche Farbadjektive einsetzt: vgl. z. B. *verde botella = flaschengrün, malva = malvenfarbig.*

(1)   *Llevaban faldas **violeta**.*   Sie trugen violette Röcke.

     *El vestido **malva** que me*   *Das malvenfarbige Kleid, das ich*
     compré en verano se ha   *mir im Sommer kaufte, ist ganz*
     quedado muy pasado de   *aus der Mode gekommen.*
     moda.

Sonderfall: Das an sich unveränderliche Adjektiv ***beige*** (beige) kommt manchmal auch in der Pluralform ***beiges*** vor (2). Die Nebenform **beis** ist aber immer unveränderlich (3).

(2)   *Los coches **beiges** no me*   *Die beigen Autos gefallen mir*
         gustan mucho.   *nicht sehr.*

(3)   *Hemos comprado dos pan-*   *Wir haben zwei beige Hosen ge-*
         *talones **beis**.*   *kauft.*

Hinweis: Als unveränderliche Adjektive sind auch die zusammengesetzten Farbadjektive vom Typ *azul claro* (hellblau) zu betrachten, denn sie
werden nicht mit ihrem Nomen übereingestimmt (4).

(4)   *un agua azul claro*   *ein hellblaues Wasser*
         ojos azul claro   *hellblaue Augen*
         una falda amarillo oscuro   *ein schmutziggelber Rock*
         coches azul oscuro   *dunkelblaue Autos*

3.1.2.4. Die apokopierten Formen der Adjektive *bueno/malo/grande* und *santo*

Grundwissen: Die sehr häufig vorkommenden Adjektive *bueno* (gut),
malo (schlecht), *grande* (groß) und *santo* (heilig) haben als vorangestellte Adjektive (→ 3.1.3.) je nach nachfolgendem Nomen besondere Formen.
Weil den genannten Adjektiven der letzte Laut bzw. die letzte Silbe abgetrennt wird, spricht man mit einem griechischen Fachausdruck von „apokopierten" (= „abgeschlagenen") Formen. Mit anderen Worten: den
Adjektiven ist ein Stück abgetrennt worden. Bei den Adjektiven *bueno* und
malo fällt das auslautende *-o* weg, bei *grande* die Silbe *-de* und bei *santo*
die Silbe *-to*.

Regel: Vor einem maskulinen Nomen verliert das Adjektiv *bueno* das auslautende *-o* und wird zu *buen* (1). Vor einem maskulinen Nomen verliert
das Adjektiv *malo* das auslautende *-o* und wird zu *mal* (2).

(1)   *un buen jefe*   *ein guter Chef*
         un buen trabajo   *eine gute Arbeit*
         un buen hombre   *ein guter Mensch*
         un buen olor   *ein guter Geruch, Duft*

Hinweis: Wenn das Adjektiv *bueno* dem Nomen nachgestellt wird, hat es
die ganz normalen Formen: z. B. *Salía un olor muy **bueno** de la cocina.*
(Aus der Küche kam ein großartiger Duft).

(2)   *Es un mal amigo.*   *Er ist ein schlechter Freund.*
         Hoy hace mal día.   *Heute ist schlechtes Wetter.*

Hinweis: In Nachstellung hat *malo* die normale Form: z. B. *Se nota que es un niño malo.* (Man merkt, dass es ein schlimmes Kind ist).

Regel: Das Adjektiv *grande* verliert in der Regel vor einem maskulinen oder femininen Nomen im Singular die Silbe *-de* und wird zu *gran* (3).

(3)	*una gran escritora*	*eine große Schriftstellerin*
	Gran Bretaña	*Großbritannien*
	con gran simplicidad	*mit großer Einfachheit*
	Se alojó en un gran hotel de la ciudad.	*Er stieg in einem großen Hotel der Stadt ab.*

Hinweis: Als nachgestelltes Adjektiv (4) und in den Pluralformen wird *grande* nicht verkürzt (5).

(4)	*Ha sido un terremoto grande.*	*Es war ein großes Erdbeben.*
	Necesito un coche grande.	*Ich brauche ein großes Auto.*
	aber:	
	Es un gran coche.	*Das ist ein toller Wagen.*
(5)	*Tus hijos son unos grandes muchachos.*	*Deine Söhne sind große Jungen.*
	A los animales grandes, no les temo.	*Die großen Tiere fürchte ich nicht.*

Regel: Das Adjektiv *santo* wird vor einem maskulinen Eigennamen (Heiligennamen) zu *san* verkürzt (6).

(6)	*San Pablo*	*der heilige Paulus*
	San Andrea	*der heilige Andreas*

Hinweis: Bezüglich Gebrauch des bestimmten Artikels vor Heiligennamen → 2.2.3.4.2.

Sonderfälle: Die Form *santo* wird vor den Heiligennamen *Tomás, Domingo, Tomé und Toribio* nicht verkürzt: z. B. *Santo* Tomás usw.
Die Sonderstellung dieser Heiligennamen bezüglich der apokopierten Form dürfte damit zusammenhängen, dass jeder dieser Namen mit *To-* bzw. *Do-* beginnt.

3.1.3. Die Stellung des attributiven Adjektivs

Grundwissen: Ganz anders als im Deutschen, wo das attributiv gebrauchte Adjektiv seinem Nomen immer vorausgehen muss, gibt es im Spanischen grundsätzlich **zwei Möglichkeiten der Stellung** des attributiven Adjektivs:

- die Stellung **vor dem Nomen: vorangestellte Adjektive** (1)

- die Stellung **nach dem Nomen: nachgestellte Adjektive** (2)

vorangestellte Adjektive:

(1)	*la buena voluntad*	*der gute Wille*
	la nueva casa	*das neue Haus*
	la pobre mujer	*die arme Frau*
	rara vez	*selten*
	la orgullosa madre	*die stolze Mutter*
	¡Qué magnífico paisaje!	*Was für eine herrliche Land-schaft!*
	un largo viaje	*eine große Reise*
	dos gruesos volúmenes	*zwei dicke Wälzer/Bände*
	un verdadero experto	*ein wahrer/wirklicher Experte*
	un viejo sombrero	*ein alter Hut*
	la única persona	*die einzige Person*
	una breve noticia	*eine kurze Meldung*
	una breve visita	*ein kurzer Besuch*
	después de un largo silencio	*nach einem langen Schweigen*
	una falsa interpretación	*eine falsche Deutung*
	sólidos argumentos	*stichhaltige Argumente*
	los grandes almacenes	*die Kaufhäuser*

Hinweis: Bei der vorausgehenden Liste vorangestellter Adjektive geht es zunächst darum, eine Menge von Adjektiven aufzuführen, die man in **Voranstellung** antreffen kann. Damit ist noch keine Aussage darüber gemacht, ob die aufgeführten Adjektive nicht auch nach dem Nomen stehen können. Wie weiter unten gezeigt wird, gibt es eine Reihe von Faktoren, die diese Adjektive durchaus in die Nachstellung zwingen können (1a).

(1a)	*¡Es una idea magnífica!*	*Das ist eine tolle Idee!*
	Esta ave tiene un pico muy largo.	*Dieser Vogel hat einen sehr langen Schnabel.*

nachgestellte Adjektive:

(2)

estos trabajes cotidianos	diese täglichen Arbeiten
agua fresca	frisches Wasser
las erupciones volcánicas	die Vulkanausbrüche
órdenes razonables	vernünftige Befehle
un hombre recio	ein kräftiger Mann
un aire autoritario	ein autoritäres Gehabe
las personas mayores	die Erwachsenen
botellas vacías	leere Flaschen
botellas llenas	volle Flaschen
con aire lúgubre	mit trauriger Miene
una cosa ajena	eine fremde Sache
un uso frecuente	ein häufiger Gebrauch
una casa moderna	ein modernes Haus
los derechos humanos	die Menschenrechte
los países bálticos	die baltischen Länder
la dirección socialista	die sozialistische Führung
un amigo peruano	ein peruanischer Freund
la lengua materna	die Muttersprache
una noche lluviosa	eine regnerische Nacht
en el trabajo diario	in der täglichen Arbeit
una tesis contraria	eine Gegenthese
el secretario general	der Generalsekretär

Hinweis: Die in (2) aufgeführten Adjektive kommen zwar in der Regel nur in Nachstellung vor, aber die Voranstellung einzelner Adjektive dieser Liste ist nicht ganz ausgeschlossen (3).

(3)

la fresca brisa marina	die frische Meeresbrise
una moderna visión del problema	eine moderne Sicht des Problems
las razonables peticiones de los trabajeros	die berechtigten Petitionen der Arbeiter
Las recias columnas cedieron como cañas.	Die schweren Säulen knickten wie Schilfrohr ein.
La actriz vive en la mayor pobreza.	Die Schauspielerin lebt in größter Armut.
Tengo frecuentes reuniones con ellos.	Ich treffe recht oft mit ihnen zusammen.

3.1.3.1. Die Nachstellung als die wichtigere Stellung

Grundwissen: Die unter (1) und (2) aufgeführten Listen voran- bzw. nachgestellter Adjektive dürfen wegen der etwa gleichen Zahl der Beispiele nicht den falschen Eindruck erwecken, dass die Verteilung der Adjektive auf die beiden Stellungen eine 50:50-Angelegenheit sei. Genau das Gegenteil ist nämlich der Fall: über 95 % aller spanischen Adjektive – das sind immerhin über 20.000 – sind grundsätzlich nur nachstellbar.

Adjektive vom Typ *volcánico, humano, socialista, peruano,* – um nur einige wenige aus der Liste (2) aufzuzählen – gibt es tausende im Spanischen. Da es unmöglich ist, alle diese nur nachstellbaren Adjektive des Spanischen hier vorzustellen, soll nachfolgend eine kleine Auswahl der wichtigsten Adjektive des spanischen Grundwortschatzes vorgeführt werden.

Regel: Die große Zahl der **nur nachstellbaren Adjektive** lässt sich in folgende wichtige Gruppen einteilen:

- Adjektive vom Typ *natural,* die auf *-al* enden

- Adjektive vom Typ *político,* die auf *-ico* enden

- Adjektive vom Typ *popular,* die auf *-ar* enden

- Adjektive vom Typ *realista,* die auf *-ista* enden

- Adjektive vom Typ *universitario,* die auf *-ario* enden

- Adjektive vom Typ *deportivo,* die auf *-ivo* enden

Hinweis: Wer also das letzten Endes sehr schwierige Problem der Adjektivstellung einigermaßen in den Griff bekommen will, muss vor allem wissen, welche Adjektive des Spanischen überhaupt **voranstellbar** sind. Dieser Weg des Vorgehens erscheint als der einzig sinnvolle. Erst wenn geklärt ist, welche Adjektive überhaupt voranstellbar sind, kann man sich weiteren Faktoren zuwenden, die die Adjektivstellung im Allgemeinen beeinflussen können.

3.1.3.2. Die voranstellbaren Adjektive

Regel: Voranstellbar sind vor allem sehr häufig gebrauchte, wertende Adjektive (1). „Wertend" heißt, dass der Sprecher die Adjektivauswahl unter Gesichtspunkten trifft, die in irgendeiner Form vom Kriterium Beurteilung und Wertung gesteuert werden.

(1) **Wertende Adjektive:**

agradable	angenehm, nett
un agradable encuentro	eine angenehme Begegnung
alegre	fröhlich, freudig
una alegre noticia	eine freudige Nachricht
amable	liebenswürdig, nett
un amable recibimiento	ein netter Empfang
amargo	bitter
un amargo jarabe	ein bitterer Hustensaft
una amarga sensación	eine bittere Empfindung
con una amarga sonrisa	mit einem bitteren Lächeln
bello	schön
una bella mujer	eine schöne Frau
bonito	hübsch, schön
una bonita música	eine hübsche Musik
una bonita cara	ein hübsches Gesicht
un bonito problema	ein ziemliches Problem
un bonito sueldo	ein schönes Gehalt
bravo	großartig, exzellent
una brava novela	ein großartiger Roman
un bravo gol	ein herrliches Tor
una brava casa	ein großartiges Haus
delicioso	köstlich
una deliciosa sonrisa	ein köstliches Lächeln
una deliciosa historia	eine köstliche Geschichte
elegante	elegant, geschmackvoll
un elegante vestido	ein elegantes Kleid
en su elegante coche	ein seinem eleganten Auto
enorme	enorm, gewaltig
una enorme altura	eine gewaltige Höhe
espléndido	wundervoll, prächtig
un espléndido día	ein prächtiger Tag
una espléndida oportunidad	eine wundervolle Gelegenheit

evidente	offenbar, augenscheinlich
una evidente ventaja	ein augenscheinlicher Vorteil
excelente	ausgezeichnet, vortrefflich
un excelente compañero	ein ausgezeichneter Kollege
excelentes relaciones	ausgezeichnete Verbindungen
exquisito	exquisit, köstlich
un exquisito vestuario	eine exquisite Garderobe
con exquisita delicadeza	mit exquisitem Zartgefühl
famoso	berühmt
un famoso actor de cine	ein berühmter Filmschauspieler
sus famosas ocurrencias	seine berühmten Einfälle
fantástico	phantastisch
el fantástico coche que ...	das phantastische Auto, das ...
formidable	klasse, super, toll
un formidable amigo	ein toller Freund
hermoso	schön, hübsch
una hermosa mujer	eine schöne Frau
horrible	schrecklich
un horrible grito	ein schrecklicher Schrei
un horrible frío	eine schreckliche Kälte
una horrible memoria	ein furchtbar schlechtes Gedächtnis
ilustre	berühmt, bekannt
las ilustres tertulias	die berühmten Stammtische
una ilustre abogada	eine bekannte Rechtsanwältin
magnífico	herrlich, großartig
el magnífico paisaje	die herrliche Landschaft
modesto	bescheiden
un modesto resultado	ein bescheidenes Resultat
precioso	wunderschön
una preciosa novela	ein wunderschöner Roman
terrible	schrecklich
una terrible pesadilla	ein schrecklicher Alptraum

una terrible enfermedad	*eine schreckliche Krankheit*
un terrible dolor	*ein schrecklicher Schmerz*
verdadero	*wahr, wirklich, wahrhaftig*
la verdadera causa	*der wirkliche Grund*
un verdadero amigo	*ein wahrer Freund*
el verdadero padre	*der wirkliche Vater*

3.1.3.3. Die voran- und nachstellbaren Adjektive

Regel: Alle in 3.1.3.2. aufgezählten voranstellbaren Adjektive können bzw. müssen unter bestimmten Bedingungen nachgestellt werden. Eine Bedingung, die in der Regel die Nachstellung erzwingt, ist beispielsweise das Vorhandensein eines Adverbs vor dem attributiven Adjektiv (1). Die Hervorhebung des attributiven Adjektivs verlangt ebenfalls, dass dieses nachgestellt wird (2).

(1)	*Acabo de leer una novela muy famosa.*	*Ich habe gerade einen sehr berühmten Roman gelesen.*
	una situación extraordinariamente difícil	*eine äußerst schwierige Situation*

Hinweis: Hierher gehören auch die Adjektive im Komparativ und Superlativ (→ 3.1.5.) (1a).

(1a)	*un vestido más elegante*	*ein eleganteres Kleid*
	una casa más grande	*ein größeres Haus*
	la ciudad más bonita	*die schönere/schönste Stadt*
	una casa modernísima	*ein sehr modernes Haus*
(2)	*Este médico utiliza una técnica nueva.*	*Dieser Arzt verwendet eine neue Technik.*

3.1.3.3.1. Adjektivstellung und Bedeutungsunterschied

Regel: Die nachfolgend aufgelisteten Adjektive sind vor- und nachstellbar. Sie ändern aber ihre Bedeutung, wenn sie ihre Stellung ändern.

	Voranstellung:	**Nachstellung:**
alto:	*un alto funcionario*	*un funcionario alto*
	ein hoher Beamter	*ein großer Beamter*

antiguo:	mi antiguo jefe mein ehemaliger/ alter Chef	una iglesia antigua eine alte Kirche
cierto:	ciertas noticias gewisse/bestimmte Nachrichten	noticias ciertas sichere Nachrichten
curioso:	una curiosa mujer eine seltsame Frau	una mujer curiosa eine neugierige Frau
diferentes:	diferentes planes mehrere Pläne	planes diferentes verschiedene Pläne
grande:	un gran coche ein tolles Auto	un coche grande ein großes Auto
nuevo:	una nueva casa ein neues/anderes Haus	una casa nueva ein neues (= neuge- bautes) Haus
pobre:	una pobre mujer eine arme/bedauerns- werte Frau	una mujer pobre eine arme/mittel- lose Frau
puro:	la pura verdad die reine Wahrheit	el agua pura das reine Wasser
raro:	un raro comportamiento ein seltsames Be- nehmen	un modelo raro ein seltenes Modell
simple:	una simple pregunta nur/bloß eine Frage	una pregunta simple eine einfache Frage
solo:	una sola persona eine einzige Person	una persona sola eine einsame Person
triste:	una triste explicación eine armselige Er- klärung	ojos tristes traurige Augen
vario:	varias razones mehrere Gründe	razones varias verschiedene Gründe

viejo:	*un viejo amigo*	*un amigo viejo*
	ein alter Freund	*ein alter/betagter Freund*
	(= Freund seit langem)	

3.1.4. Die Nominalisierung/Substantivierung des Adjektivs

Grundwissen: Unter Nominalisierung/Substantivierung versteht man, wie schon weiter oben ausgeführt (→ 1.6.), ganz allgemein den Gebrauch eines nichtsubstantivischen Wortes als Nomen, indem man ein determinierendes Element – meistens sind es die Formen des bestimmten Artikels – vor das betreffende Wort bzw. die betreffende Wortart setzt (1).

(1)	*el enfermo*	*der Kranke*	*la enferma*	*die Kranke*
	los enfermos	*die Kranken*	*las enfermas*	*die Kranken*

Hinweis: Anstelle der Formen des bestimmten Artikels lassen sich bei der Substantivierung auch die Formen des unbestimmten Artikels oder andere determinierende Elemente (z. B. *muchos*) verwenden (2).

(2)	*Juan es un fresco.*	*Juan ist ein frecher Kerl.*
	Se ven muchos pobres por la calle.	*Man sieht viele Bettler auf der Straße.*

Regel: Bei der Substantivierung von Adjektiven, die ein Volk bezeichnen, setzt man die Formen des bestimmten Artikels vor das betreffende Adjektiv, um – wie auch im Deutschen – einen männlichen oder weiblichen bzw. männliche oder weibliche Vertreter des Volkes zu bezeichnen (3).

(3)	*el español*	*der Spanier*
	la española	*die Spanierin*
	los españoles	*die Spanier*
	las españolas	*die Spanierinnen*

Hinweis: Der maskuline Artikel *el* wird gleichzeitig für die maskuline Substantivierung (*der Spanier*) und die Bezeichnung der Sprache (*das Spanische*) verwendet.

Sonderfälle: Viele Substantivierungen von Adjektiven sind bereits zu Nomina/Substantiven geworden (4):

(4)	*el periódico*	*die Zeitung*
	el fresco de la noche	*die nächtliche Abkühlung*
	la postal	*die Postkarte*
	la circular	*das Rundschreiben.*

Aus manchen Substantivierungen von Adjektiven sind so genannte adverbiale Wendungen geworden. Es geht dabei vor allem um Substantivierungen mit Hilfe der neutralen Artikelform *lo* und der femininen Artikelform *la* (5) (→ 2.2.3.).

(5) *a lo mejor* 　　　　　　　 *womöglich, vielleicht*
a la española 　　　　　 *auf spanische Art, nach spanischer Art*
a la ligera 　　　　　　 *leichtsinnig, unüberlegt*
a la corta o a la larga 　 *über kurz oder lang*
a las claras 　　　　　 *unverblümt, ohne Umschweife*

Regel: Bei der Substantivierung von Adjektiven hat das Spanische auch die Möglichkeit, deutschen Substantivierungen wie *das Gute, das Schöne, das Unerklärliche* usw. zu entsprechen. In diesem Fall setzt das Spanische seinen **neutralen bestimmten Artikel** *lo* (→ 2.2.3.) vor das betreffende Adjektiv (6). Die Artikelform *lo* entspricht genau der deutschen Artikelform *das*.

(6) *Lo bueno es que no sabía nada.* 　 Das Gute ist, dass er nichts wusste.
Haré lo imposible por salvar nuestro matrimonio. 　 Ich werde alles unternehmen, um unsere Ehe zu retten.

3.1.5. Die Steigerung/Komparation des Adjektivs

Grundwissen: Adjektive können im Spanischen und im Deutschen in gleicher Weise gesteigert werden. Auch die Wortart Adverb (→ 4.) ist in beiden Sprachen steigerungsfähig.

Für die Wortart Adjektiv gibt es im Spanischen und im Deutschen bei der Steigerung drei Vorkommensweisen, wobei man bei der Höchststufe/Superlativ zwei Untergruppen unterscheidet, je nachdem, ob der Superlativ zur Beschreibung eines Vergleiches (= **relativer Superlativ**) dient oder eine Aussage darüber macht, dass der sehr hohe Grad einer Eigenschaft (= **absoluter Superlativ** oder **Elativ**) vorliegt. Der Ausdruck **Steigerung** oder **Komparation** bezieht sich auf die zweite und dritte Stufe.

Die Stufen des Adjektivs:

● Grundstufe oder Positiv: z. B. *schnell*

● Höherstufe/Mehrstufe oder Komparativ: z. B. *schneller*

● Höchststufe/Meiststufe oder Superlativ

– Relativer Superlativ: z. B. *der schnellste*

– Absoluter Superlativ/Elativ: z. B. sehr schnell

Vergleich der Steigerung im Spanischen und im Deutschen

Grundwissen: Trotz der grundsätzlichen Ähnlichkeiten und Übereinstimmungen lassen sich **zwei große Unterschiede** zwischen der Steigerung im Spanischen und im Deutschen beobachten.

1. Unterschied: Das Spanische steigert – der absolute Superlativ ausgenommen – in der Regel **analytisch,** während das Deutsche **synthetisch** steigert. Der Fachausdruck „analytisch" meint, dass grammatische Beziehungen nicht durch Formveränderung, sondern durch Hilfselemente (z. B. span. *más*) bezeichnet werden, während der Fachausdruck „synthetisch" meint, dass grammatische Beziehungen innerhalb der Wortform selbst durch Formveränderung – z. B. durch Endungen (deutsch: *-er*) – ausgedrückt werden.
Das Spanische kennzeichnet mit Hilfe des Steigerungswortes *más* seine Adjektive als Komparative oder Superlative (= analytische Steigerung), während das Deutsche in der Regel seine Adjektive durch Anfügung des Suffixes **-er** als Komparative (z. B. *schnell-er*) und durch Anfügen des Suffixes **-st** als Superlative (z. B. *schnell-ste*) kennzeichnet (= synthetische Steigerung) (1). Bei vielen Adjektiven – wie z. B. bei dem Adjektiv *groß* oder *lang* – kommt im Deutschen noch die Umlautung des Stammvokales hinzu: *größer, länger.*

| (1) | *Tu coche es más grande que el mío.* | *Dein Auto ist größer als meines.* |
| | *Tu coche es el más grande de todos.* | *Dein Auto ist das größte von allen.* |

2. Unterschied: Das Spanische besitzt im Gegensatz zum Deutschen eine formal gleich verlaufende Steigerung nach oben (z. B. *größer als*) und nach unten (z. B. *nicht so groß wie*), die man als *comparativo de superioridad* oder als *comparativo de inferioridad* bzw. als *superlativo de superioridad* oder als *superlativo de inferioridad* bezeichnet.

Der *comparativo de inferioridad* wird mit Hilfe des Wortes *menos* gebildet (1). Im *superlativo de inferioridad* tritt der bestimmte Artikel vor *menos* (2).

(1) **comparativo de superioridad:**

Tu coche es más grande
que el mío.

Dein Auto ist größer als meines.

comparativo de inferioridad:

Tu coche es menos grande
que el mío.

Dein Auto ist nicht so groß wie
meines.

(wörtlich: weniger groß als)

(2) **superlativo de superioridad:**

María es la más divertida
de las amigas.

Maria ist die lustigste von den
Freundinnen.

superlativo de inferioridad:

María es la menos divertida de las amigas.

Maria ist die am wenigsten
lustige von den Freundinnen.

3.1.5.1. Der Komparativ (Comparativo)

Grundwissen: Im Spanischen unterscheidet man – anders als im
Deutschen – zwei Komparative: einen **comparativo de superioridad** und
einen **comparativo de inferioridad.** Sowohl die prädikativ (→ 3.1.1.)
gebrauchten als auch die attributiv (→ 3.1.1.) gebrauchten Adjektive können in diesen beiden Komparativen stehen (1, 2).

(1) Prädikativ gebraucht:
Mi coche es más grande
que el tuyo.

Mein Auto ist größer als deines.

Attributiv gebraucht:
Vivo en una ciudad más
grande que vosotros.

Ich lebe in einer größeren Stadt
als ihr.

(2) Prädikativ gebraucht:
Mi coche es menos
grande que el tuyo.

Mein Auto ist nicht so groß wie
deines.

Attributiv gebraucht:
Tengo un coche menos
grande que el tuyo.

Ich habe ein Auto, das nicht so
groß ist wie deines.

Regel: Die Formen des regelmäßigen Komparativs bildet man, indem man dem Adjektiv das Steigerungswort *más* oder *menos* voranstellt. Die weiter oben (→ 3.1.1.) beschriebenen Übereinstimmungsregeln des prädikativen und attributiven Adjektivs gelten für alle Komparativformen (3). Was die Stellung des attributiven Adjektivs betrifft, so werden die Komparativformen in der Regel nach dem Nomen angeordnet (4).

(3)	*Tus libros son más intere-santes que los míos.*	Deine Bücher sind interessanter als meine.
	Mi casa es más hermosa que la casa de Paco.	Mein Haus ist schöner als das Haus von Paco.
	Eses alumnos son menos tontos de lo que parecía.	Diese Schüler da sind nicht so dumm, wie es den Anschein hatte.
	María es menos rápida que tú.	Maria ist nicht so schnell wie du.
(4)	*Necesito un diccionario más completo que éste.*	Ich brauche ein vollständigeres Wörterbuch als das hier.
	Quería leer una revista más interesante que ésa.	Ich möchte eine interessantere Zeitschrift lesen als die hier.

Regel: Die indefiniten Adjektive (→ 3.2.4.9.) **mucho** und **poco** bilden den Komparativ auf unregelmäßige Weise. Ihre Komparativformen sind unveränderlich (5, 6). Sie werden gleichzeitig als Steigerungswörter für die beiden Komparative und Superlative verwendet. Vgl. hierzu die Beispiele (1) bis (4) von weiter oben.

Unregelmäßige Komparativbildung

mucho	viel	>	**más**	mehr
poco	wenig	>	**menos**	weniger

(5)	*Yo tengo más caramelos que tú.*	Ich habe mehr Bonbons als du.
	No más discusiones, vamos al teatro.	Keine Diskussionen mehr, gehen wir ins Theater.
(6)	*Ahora tienen menos dinero que antes.*	Jetzt haben sie weniger Geld als vorher.
	Yo tengo menos revistas que tú.	Ich habe weniger Zeitschriften als du.

Hinweis: Dem deutschen Ausdruck *mehr als* bzw. *weniger als* entspricht im Spanischen *más de* bzw. *menos de* wenn eine Zahlenangabe folgt (7).

(7)	Hay menos de cincuenta personas.	Es sind weniger als fünfzig Personen hier.
	Trabajas más de catorce horas diarias.	Du arbeitest mehr als vierzehn Stunden täglich.

Sonderfall: Dem verneinten Ausdruck *no más que* oder *nada más que* entspricht im Deutschen *nur/bloß/lediglich* (8). In diesem Fall steht nach *más* und auch nach *menos* für deutsch „als" *que* trotz der nachfolgenden Zahlenangabe (9).

(8)	No tengo más que mil pesetas.	Ich habe nur tausend Peseten.
	Se gastó nada más que mil marcos.	Er gab nur tausend Mark aus.
(9)	Se gastó nada menos que mil marcos.	Er gab nicht weniger als tausend Mark aus.

Sonderfälle: Die Adjektive *bueno, malo, grande* und *pequeño* bilden die Komparativformen unregelmäßig:

Unregelmäßige Komparativbildung

bueno gut	>	**mejor**	besser	(10)
malo schlecht	>	**peor**	schlechter	(11)
grande groß	>	**mayor**	älter	(12)
pequeño klein	>	**menor**	kleiner	(13)

Beispiele:

(10)	Su coche es mejor que el mío.	Sein Auto ist besser als meines.
	Hoy hace mejor tiempo que ayer.	Heute ist es schöner als gestern.

Hinweis: Durch Voranstellen des neutralen Artikels *lo* (→ 2.2.3 und 3.1.4.) kann man auch Komparativformen substantivieren: z. B. *Lo hacemos lo mejor posible.* (Wir machen es so gut wie möglich).

Sonderfall: Wenn das Adjektiv ***bueno*** die Bedeutung „*moralisch gut*" hat, wird es regelmäßig gesteigert: *más bueno;* z. B. *Su madre es una mujer más buena.* (Ihre Mutter ist eine bessere Frau).

(11)	*Isabel es peor estudiante que María.*	*Isabel ist eine schlechtere Studentin als Maria.*
	Esa tela es peor que este otra.	*Der Stoff da ist schlechter als der andere hier.*

Hinweis: Die Komparativform *peor* kann man durch Voranstellen des bestimmten Artikels *lo* substantivieren (→ 2.2.3.; 3.1.4. und (10)). *Lo peor* kann auf Deutsch „das Schlimmste" und „das Schlimmere" bedeuten. Meist ist *lo peor* jedoch als relativer Superlativ wiederzugeben: z. B. *Eso no es lo peor.* (Das ist nicht das Schlimmste).

(12)	*Tu niña es mayor que la mía.*	*Dein Kind ist älter als meines.*
	Mi abuela es mayor.	*Meine Großmutter ist älter.*
	Este proyecto exige un esfuerzo mayor.	*Dieses Projekt erfordert eine größere Anstrengung.*

Hinweis: Neben dem unregelmäßigen Komparativ *mayor* gibt es für *grande* auch einen regelmäßig gebildeten Komparativ: *más grande.* Die Form *mayor* bezieht sich vorwiegend auf das Alter einer Person bzw. eines Lebewesens und ist daher im Deutschen mit *älter* wiederzugeben. Die Komparativform *mayor* verwendet man auch, wenn das Adjektiv „*groß*" im übertragenen Sinn gebraucht ist (12 a).

(12 a)	*La empresa hace esfuerzos mayores por renovar la maquinaria.*	*Das Unternehmen unternimmt größere Anstrengungen, um den Maschinenpark zu erneuern.*

Den regelmäßigen Komparativ *más grande* verwendet man vor allem, wenn *grande* in räumlicher Bedeutung gebraucht ist: z. B. *Necesitamos una casa más grande.* (Wir brauchen ein größeres Haus).

Die regelmäßige Komparativ- oder Superlativform *más grande* wird im Singular nicht apokopiert (→ 3.1.2.4.): z. B. *la más <u>grande</u> tormenta* (das größere/größte Gewitter).

Hinweis: Die unregelmäßig gebildeten Komparativformen von *grande* eignen sich zur Substantivierung (→ (10), (11) weiter oben): z. B. *Los mayores siempre hablan de sus problemas.* Die Älteren (Die älteren Menschen) sprechen immer über ihre Probleme.

(13)	*Mi tía es menor que mi madre.*	Meine Tante ist jünger als meine Mutter.
	El hermano menor estudia medicina.	Der jüngere/kleinere Bruder studiert Medizin.

Hinweis: Neben dem unregelmäßigen Komparativ *menor* hat das Adjektiv *pequeño* auch eine regelmäßig gebildete Komparativform: *más pequeña.* Für den Gebrauch der regelmäßigen Komparativform *más pequeño* gilt dasselbe wie für den Gebrauch von *más grande* (→ (12) weiter oben): Die regelmäßige Komparativform verwendet man, wenn sich das Adjektiv *„kleiner"* auf die räumliche Ausdehnung bezieht. Die unregelmäßige Form *menor* hingegen mit Bezug auf das Alter oder in übertragener Bedeutung.

Hinweis: Die Pluralform *menores* kann substantiviert werden: z. B. *Los menores de edad no pueden consumir alcohol en los bares.* Die Minderjährigen dürfen in den Bars keinen Alkohol konsumieren./Apta para menores. Geeignet für Minderjährige.

3.1.5.1.1. Die Anbindung des zweiten Vergleichselementes

Grundwissen: Die Anbindung des zweiten Vergleichselementes, das ein Nomen (1), Pronomen (2), Adjektiv (3), Adverb (4) oder Infinitiv (5) oder sogar eine ganze Wortgruppe (6) sein kann, erfolgt in der Regel mit Hilfe der Vergleichspartikel *que.* Im Deutschen entspricht dem *que* dabei jedes Mal *als.*

(1)	*Tengo más amigos que María.*	Ich habe mehr Freunde als Maria.
(2)	*Tengo más amigos que tú.*	Ich habe mehr Freunde als du.
(3)	*Este coche es más caro que bueno.*	Dieses Auto ist eher teuer als gut.
(4)	*Ahora tengo menos dinero que antes.*	Jetzt habe ich weniger Geld als vorher.

(5)   *Es mucho más difícil juz-*   *Es ist viel schwieriger, sich selbst*
        garse a sí mismo que juz-   *zu beurteilen als die anderen zu*
        gar a los demás.   *beurteilen.*

(6)   *El clima del Norte es peor*   *Das Klima des Nordens ist*
        que el del Sur.   *schlechter als das des Südens.*

Die Anbindung erfolgt anders, wenn das zweite Vergleichselement ein
ganzer Satz mit eigenem Verb ist (7). Während im Deutschen weiterhin
die Vergleichspartikel *als* den Satz anbindet, benutzt das Spanische in
diesem Fall ein relativ kompliziertes Anbindungsverfahren.

(7)   *Tengo más libros de los*   *Ich habe mehr Bücher als ich*
        que puedo leer.   *lesen kann.*

        Trabajan más/menos de lo   *Sie arbeiten mehr/weniger als wir*
        que creíamos.   *glaubten.*

Regel: Für einen ganzen Satz als zweites Vergleichselement einer kom-
parativischen Vergleichsstruktur gibt es zwei Möglichkeiten der
Anbindung:

● Wenn das gesteigerte Element ein Nomen oder eine nominale
Wortgruppe ist, wird dieses bzw. diese durch einen Relativsatz wieder
aufgenommen (8).

● Wenn das gesteigerte Element eine Aussage vom Typ *„Er ist intelligenter als ...“* oder vom Typ *„Er gibt mehr aus als ...“* ist, wird diese
durch einen mit *lo que* eingeleiteten Relativsatz wieder aufgenommen
(9).

Beispiele

(8)   *Tiene <u>menos suerte</u> de la*   *Er hat weniger Glück, als er*
        que se merece.   *verdient.*

        Tiene <u>más trabajo</u> del que   *Er hat mehr Arbeit, als er be-*
        puede realizar.   *wältigen kann.*

(9)   *Es <u>más inteligente</u> de lo*   *Er ist intelligenter, als es den*
        que parece.   *Anschein hat.*

        Es <u>más viejo</u> de lo que   *Er ist älter, als ich dachte.*
        pensaba.

3.1.5.2. Der Superlativ (Superlativo)

Grundwissen: Man unterscheidet zwei Superlative: einen **relativen Superlativ** und einen **absoluten Superlativ** oder **Elativ**.

Der relative Superlativ ist die höchste Steigerungsstufe und zeigt im Deutschen den höchsten Grad einer Eigenschaft zu mindestens drei Vergleichsgrößen an *(Peter ist der intelligenteste von euch allen)*. Der absolute Superlativ hingegen bezeichnet einen hohen Grad ohne Vergleich *(Peter ist sehr intelligent)*.

Das Spanische und das Deutsche besitzen beide Superlative. Wie sich weiter unten zeigen wird, besteht aber bei der Bildung und Verwendung der zwei Superlative nicht immer Übereinstimmung.

3.1.5.2.1. Der relative Superlativ *(Superlativo relativo)*

Grundwissen: Bei der Verwendung des relativen Superlativs zeigen sich gravierende Unterschiede zwischen dem Spanischen und Deutschen. Im Spanischen verwendet man unabhängig davon, ob zwei oder mehr als zwei Vergleichsgrößen vorliegen, immer die Abfolge bestimmter Artikel + Komparativform des Adjektivs (z. B. *la ciudad más bonita*). Im Deutschen hingegen verwendet man bei Vorliegen von zwei Vergleichsgrößen die Abfolge bestimmter Artikel + Komparativform (z. B. *die schönere Stadt*) und bei Vorliegen von mehr als zwei Vergleichsgrößen die Abfolge bestimmter Artikel + Superlativform (z. B. *die schönste Stadt)*. Aus dieser Gegenüberstellung wird ersichtlich, dass das Spanische nur eine relative Steigerungsstufe besitzt, nämlich nur einen relativen Komparativ. Diesem relativen Komparativ entspricht im Deutschen ein relativer Superlativ, sobald mehr als zwei Vergleichsgrößen vorliegen (1).

(1)   Bei zwei Vergleichsgrößen bedeutet:

        Paris es la ciudad más   *Paris ist die schönere Stadt.*
        bonita.

        Bei mehr als zwei Vergleichsgrößen bedeutet:

        Paris es la ciudad más   *Paris ist die schönste Stadt.*
        bonita.

Hinweis: Zur Klärung der Vergleichsgrößenzahl fügt man in der Regel eine Formulierung hinzu, die deutlich anzeigt, dass mehr als zwei Vergleichsgrößen vorliegen (2). In diesem Fall gebraucht das Deutsche einen relativen Superlativ, während das Spanische bei seiner einstufigen Vergleichsstruktur bleibt. Wenn besagte Formulierung fehlt, sind grundsätzlich zwei Wiedergaben ins Deutsche möglich (3).

(2)   *Es la novela más bonita*   *Das ist der schönste Roman, den*
         que he leído.   *ich gelesen habe.*

Der Relativsatz *que he leído* lässt annehmen, dass ich zumindest mehr als zwei Romane gelesen habe. Sollte ich wirklich nur zwei Romane gelesen haben, würde die deutsche Entsprechung lauten: *Das ist der schönere Roman, (von den zwei Romanen,) die ich gelesen habe.*

         Es el alumno más alto de   *Das ist der größte Schüler der*
         la clase.   *Klasse.*
         Es el mejor profesor del   *Das ist der beste Lehrer der*
         colegio.   *Schule.*
         Son los peores momentos   *Das sind die schlimmsten Au-*
         de su vida.   *genblicke seines Lebens.*

(3)   *Ha venido mi hermano*   *Mein jüngster/jüngerer Bruder*
         menor.   *ist gekommen.*

         Su hermano mayor se   *Sein ältester/älterer Bruder hat*
         casó el mes pasado.   *im vergangenen Monat gehei-*
                                        ratet.

         Es su mejor traje.   *Das ist sein bester/besserer An-*
                                        zug.

Hinweis: Die Beispiele unter (3) sind hinsichtlich der Frage, ob ein relativer Komparativ oder Superlativ vorliegt, grundsätzlich „zweideutig". Bei den ersten zwei Beispielen ist die komparativische Variante wahrscheinlicher, wenn man von den modernen Zwei-Kinder-Familien ausgeht. Beim dritten Beispiel hingegen dürften mehr als zwei Anzüge im Schrank hängen, wenn man von der modernen Wohlstandsgesellschaft ausgeht. Die Komparativ-Superlativ-Deutung würde genau umgekehrt ausfallen, wollte man ein halbes Jahrhundert zurückgehen. Dann gäbe es die Großfamilien mit mehreren älteren bzw. jüngeren Brüdern und vielleicht mit höchstens zwei Anzügen im Schrank.

Regel: Im Spanischen kann man auch einen relativen Superlativ nach unten *(de inferioridad)* bilden (4). Das weiter oben beschriebene Problem, ob ein relativer Komparativ oder Superlativ *de inferioridad* vorliegt, stellt sich hier nicht. Schwierig sind nur die Wiedergaben solcher Superlative ins Deutsche.

(4)   *Esta ocasión es la menos indicada para hablar.*   *Diese Gelegenheit ist zum Sprechen am allerungünstigsten.*

        Paco es el menos aficionado a la música.   *Paco gehört zu denen, die Musik überhaupt nicht mögen.*

        Estos ejercicios son los menos difíciles.   *Diese Übungen sind am einfachsten.*

3.1.5.2.2. Der absolute Superlativ *(Superlativo absoluto)*

Grundwissen: Der absolute Superlativ oder auch Elativ bezeichnet den hohen bzw. sehr hohen Grad einer Eigenschaft. Das Spanische hat eine Reihe von sprachlichen Mitteln zur Verfügung, um das Adjektiv bzw. Adverb (→ 4.) auf die Stufe des **absoluten Superlativs** zu bringen.

Die synthetische Superlativbildung auf -ísimo

Regel: Den absoluten Superlativ kann man bilden, indem man dem Adjektiv das Suffix *-ísimo* anhängt (1). Es ist interessant zu beobachten, dass hier – anders als man dies von der Komparativbildung her kennt (→ 3.1.5.) – das Spanische **synthetische** Mittel einsetzt, während das Deutsche zur **analytischen** Formenbildung greift.

(1)   *Es una película interesantísima.*   *Das ist ein sehr interessanter Film.*

        La velada fue divertidísima.   *Die Abendgesellschaft war sehr amüsant.*

        Estoy tristísimo.   *Ich bin sehr traurig.*

        Son problemas dificilísimos.   *Das sind sehr schwierige Probleme.*

Hinweis: Bei einigen Adjektiven ist bei der Anhängung von *-ísimo* eine orthographische Änderung nötig, damit die Aussprache erhalten bleibt (2). Bei *fuerte* kommt es zur Verschiebung der Betonung und dadurch zur lautlichen Änderung (3). Bei einigen Adjektiven greift man auf die lateinische Superlativbildung (Latinismus) zurück (4, 5).

(2)	*largo*	*(go > gui)*	>	*larguísimo*
	rico	*(co > qui)*	>	*riquísimo*
	feliz	*(-z > -c)*	>	*felicísimo*

(3)	*fuerte*		>	*fortísimo*

(4)	*acre schar*	>	*acérrimo*
	amable nett	>	*amabilísimo*
	antiguo alt	>	*antiquísimo*
	cruel grausam	>	*crudelísimo*
	fiel treu, getreu	>	*fidelísimo*
	pobre arm	>	*paupérrimo*

(5)	*No me gusta este licor, tiene un sabor acérrimo.*	Dieser Likör schmeckt mir nicht, er hat einen sehr scharfen Geschmack.
	Paula es una acérrima defensora de sus derechos.	Paula ist eine (ganz) erbitterte Verfechterin ihrer Rechte.

Hinweis: Die latinistische Superlativbildung *acérrimo* wird heute meist als normales nicht-superlativisches Adjektiv angesehen, weshalb es auch manchmal noch weiter gesteigert wird *(el más acérrimo)*. Nur in Verbindung mit *sabor* ist der absolute Superlativ von der Bedeutung her wirklich vorhanden.

países paupérrimos	sehr arme Länder
los paupérrimos resultados de nuestra gestión	die ganz armseligen Resultate unserer Geschäftsführung

Die analytische Bildung des absoluten Superlativs

Grundwissen: Zur Bildung des absoluten Superlativs stehen dem Spanischen – ähnlich wie dem Deutschen – eine Reihe von sprachlichen Mitteln zur Verfügung. Es handelt sich dabei um **adverbielle Umschreibungen,** die aus einem heraushebenden Adverb + Adjektiv bestehen. Das Adverb geht dem Adjektiv voraus und bestimmt es näher, indem es die vom Adjektiv ausgedrückte Eigenschaft in einen hohen Grad setzt. Bis hierher verläuft die Bildung der Formen des absoluten Superlativs im Spanischen und im Deutschen gleich. Ein Unterschied besteht allerdings hinsichtlich der Form des Adverbs. Im Spanischen muss das als Adverb fungierende Adjektiv eine Kennzeichnung – meist *-mente* – erhalten (→ 4.2.1.), während das Deutsche einfach unveränderliche Wörter als Adverbien (*sehr, äußerst, höchst, überaus* usw.) verwendet.

Regel: *mucho* kann als Adverb in Verbindung mit einem Adjektiv einen absoluten Superlativ bilden, muss aber dabei zu *muy* verkürzt werden (1).

(1)   *La casa es muy grande.*   Das Haus ist sehr groß.
        con muy buenas palabras   mit sehr guten Worten
        en voz muy baja   mit ganz leiser Stimme

Regel: Außer der Verbindung *muy* + Adjektiv steht dem Spanischen zur Bildung des absoluten Superlativs eine Reihe von Adverbien auf *-mente* (→ 4.2.1.) zur Verfügung: *sumamente, extraordinariamente, extremamente, extremadamente, enormemente, inmensamente, excepcionalmente* (2).

(2)   *Ese es un asunto extrema-*   Das ist eine äußerst komplizier-
        mente complicado.   te Angelegenheit.
        Eres extraordinariamente   Du bist außergewöhnlich groß.
        alto.
        Paco es un hombre inmen-   Paco ist ein unermesslich reicher
        samente rico.   Mann.
        un problema enormemente   ein ungeheuer kompliziertes Pro-
        complicado   blem

Hinweis: In verneinten Sätzen benutzt man zum Ausdruck des absoluten Superlativs gerne das Adverb *especialmente* (3).

(3)   *No es especialmente bo-*   Sie ist nicht sehr hübsch.
        nita.

Regel: In der gesprochenen Sprache hat man noch weitere Möglichkeiten, einen absoluten Superlativ zum Ausdruck zu bringen:

● Durch Wiederholung des Adjektivs (4)
● Durch Einsatz des Präfixes *re-, requete-* oder *archi-* (5)
● Durch Verwendung des Ausdruckes *es cantidad de* + Adjektiv (6)
● Durch Verwendung von *bien* + Adjektiv oder *todo/toda* + Adjektiv (7)
● Durch Verwendung des unveränderlichen Wortes *súper* (8)

● Durch Verwendung von Vergleichen und feststehenden
    Wendungen (9)

Beispiele

(4)   *una señorita guapa guapa*   *ein sehr hübsches Fräulein*

(5)   *una chica reguapa*   *ein sehr hübsches Mädchen*
        Inma ha sido siempre una   *Inma war immer ein recht molli-*
        chica regordeta.   *ges Mädchen.*

        una chica requeteguapa   *ein sehr hübsches Mädchen*
        un hombre archifamoso   *ein sehr bekannter Mann*
        un señor archisabido   *ein überaus gelehrter Herr*

(6)   *Es cantidad de agradable.*   *Das ist äußerst angenehm.*

(7)   *bien caliente*   *sehr heiß*
        Llegó todo mojado.   *Er kam ganz durchnässt an.*
        Llegó toda mojada.   *Sie kam ganz durchnässt an.*

(8)   *¿No lo conoces? Es súper*   *Kennst du ihn nicht? Er ist über-*
        simpático.   *aus sympathisch.*
        Es un autor súper intere-   *Das ist ein hochinteressanter*
        sante. Te lo aconsejo.   *Autor. Ich empfehle ihn dir.*

(9)   *pobre come una rata*   *bettelarm*
        más pobre que las ratas   *arm wie eine Kirchenmaus*

        Es guapa hasta la locura.   *Sie ist wahnsinnig hübsch.*
        Laura es descuidada hasta   *Laura ist so sehr nachlässig,*
        no poder más.   *dass man nicht nachlässiger sein*
                kann.

Übungen

1. Setzen Sie die passende Adjektivform ein:

   a. Estas mesas son ... (antiguo).
   b. Estas ciudades son ... (pequeño).
   c. Los zapatos son ... (bonito).
   d. Estos trabajos son mucho ... (mejor).
   e. La traducción era ... (facilísimo).
   f. Los espectáculos fueron ... (muy interesante).

2. Setzen Sie das Adjektiv in die richtige Stellung:

   a. Una ... revista ... (alemana), por favor.
   b. Un ... banquete ... (grande).
   c. Una ... fiesta ... (grande)
   d. Es la ... compra ... (mejor) que hemos hecho.
   e. El ... momento ... (bueno) económico ha elevado el nivel de vida.
   f. Hablamos sobre aquel ... tema ... (tan molesto)

3. Übersetzen Sie ins Spanische:

   a. Die Lage ist heute besser als gestern.
   b. Ich komme mit schlimmen Nachrichten.
   c. Er gibt mehr aus, als er verdient.
   d. Wir haben weniger, als wir glaubten.
   e. Das ist ein äußerst kompliziertes Problem.
   f. Paco ist ein unermesslich reicher Mann.

Lösungen

1. a. antiguas   b. pequeñas   c. bonitos   d. mejores
   e. facilísima   f. interesantes

2. a. revista alemana   b. gran banquete   c. gran fiesta
   d. mejor compra   e. buen momento   f. tema tan
                                                molesto

3. a. La situación es hoy mejor que ayer.
   b. Vengo con malas noticias.
   c. Gasta más de lo que gana.
   d. Tenemos menos de lo que pensábamos.
   e. Ese es un problema extremamente complicado.
   f. Paco es un hombre inmensamente rico.

3.2. Die determinierenden Adjektive *(Adjetivos determinativos)*

3.2.1. Das possessive Adjektiv *(Adjetivo posesivo)*

Grundwissen: Das spanische **Possessivum,** verstanden als Oberbegriff aller Formen, die einen possessiven Sachverhalt bezeichnen, umfasst adjektivische und pronominale Formen.
Die adjektivischen Formen werden hier in Entsprechung zur spanischen Bezeichnung als possessive Adjektive bezeichnet (1).
Die pronominalen Formen ebenfalls in Übereinstimmung mit der spanischen grammatischen Bezeichnung als Possessivpronomen bzw. Possessivpronomina (→ 5.1.) (2).

(1)   ***Mi*** *familia es grande.*   ***Meine*** *Familie ist groß.*

(2)   *Su familia está aquí, pero*   *Seine Familie ist hier, aber **meine***
         *la **mía** no.*   *nicht.*

Hinweis: Das possessive Adjektiv wird unter bestimmten Bedingungen (→ 3.2.1.1.) hinter das Nomen gestellt. In diesem Fall verwendet man die Formen des Possessivpronomens (→ 5.1.1.) ohne den bestimmten Artikel (3).

(3)   *No es culpa mía.*   *Das ist nicht meine Schuld.*

3.2.1.1. Die Formen des possessiven Adjektivs

Grundwissen: Bei den possessiven Adjektiven unterscheidet man im Spanischen zwischen **unbetonten** (1) und **betonten Formen** (2) des possessiven Adjektivs. Dabei werden die „normalen" und vorangestellten possessiven Adjektive als unbetonte Formen bezeichnet und die nachgestellten bzw. hervorhebenden possessiven Adjektive als betonte Formen.

Die Gruppe der unbetonten possessiven Adjektive ist weitaus wichtiger als die Gruppe der betonten. Daher spricht man normalerweise der Einfachheit halber nur von den „possessiven Adjektiven" und meint damit die unbetonten Formen.

(1) **Die Formen des unbetonten possessiven Adjektivs**

Singular:		Plural:	
maskulin	feminin	maskulin	feminin
mein	*mi*	*mi*	*mis*	*mis*
dein	*tu*	*tu*	*tus*	*tus*
sein	*su*	*su*	*sus*	*sus*
ihr	*su*	*su*	*sus*	*sus*
(ella)				
unser	*nuestro*	*nuestra*	*nuestros*	*nuestras*
euer	*vuestro*	*vuestra*	*vuestros*	*vuestras*
ihr	*su*	*su*	*sus*	*sus*
(ellos/ellas)				

(2) **Die Formen des betonten possessiven Adjektivs**

Singular:		Plural:	
maskulin	feminin	maskulin	feminin
mein	*mío*	*mía*	*míos*	*mías*
dein	*tuyo*	*tuya*	*tuyos*	*tuyas*
sein	*suyo*	*suya*	*suyos*	*suyas*
ihr	*suyo*	*suya*	*suyos*	*suyas*
(ella)				
unser	*nuestro*	*nuestra*	*nuestros*	*nuestras*
euer	*vuestro*	*vuestra*	*vuestros*	*vuestras*
ihr	*suyo*	*suya*	*suyos*	*suyas*
(ellos/ellas)				

3.2.1.1.1. Die unbetonten Formen des possessiven Adjektivs

Regel: Die unbetonten Formen des possessiven Adjektivs stehen immer <u>vor</u> dem Nomen, mit dem sie in Geschlecht und Zahl übereinzustimmen sind (1). Die unbetonten Formen können durch *propio* (eigen) verstärkt werden (2).

(1)
mi coche	mein Auto	mi casa	mein Haus
mis coches	meine Autos	mis casas	meine Häuser
tu coche	dein Auto	tu casa	dein Haus
tus coches	deine Autos	tus casas	deine Häuser
su coche	sein/ihr Auto	su casa	sein/ihr Haus
sus coches	seine/ihre Autos	sus casas	seine/ihre Häuser
nuestro coche	unser Auto	nuestra casa	unser Haus
nuestros coches	unsere Autos	nuestras casas	unsere Häuser
vuestro coche	euer Auto	vuestra casa	euer Haus
vuestros coches	eure Autos	vuestras casas	eure Häuser
su coche	ihr Auto	su casa	ihr Haus
sus coches	ihre Autos	sus casas	ihre Häuser

(2)
con mis propios ojos	mit (meinen) eigenen Augen
tu propia culpa	deine eigene Schuld

Hinweis: Die deutsche Unterscheidung zwischen dem possessiven Adjektiv *sein* und *ihr,* wobei sich *ihr* auf eine weibliche Person im Singular (z. B. *ihr Auto = Marias Auto*) oder auf die dritte Person Plural (z. B. *ihr Auto = das Auto der Freunde/Freundinnen*) beziehen kann, bildet im Spanischen kein Problem, weil die Formen des possessiven Adjektivs *su* in gleicher Weise für die dritte Person Singular und Plural verwendet werden (3). Die Form *su* kann sich auf *usted* (abgekürzt: Vd.) oder auf *ustedes* (abgekürzt: Vds.) beziehen (4).

(3)
su perro	sein Hund/ihr Hund (Maria)/ihr Hund (Gäste)
su amiga	seine Freundin/ihre Freundin (Maria) ihre Freundin (Gäste)
sus perros	seine Hunde/ihre Hunde (Maria) ihre Hunde (Gäste)
sus amigas	seine Freundinnen/ihre Freundinnen (Maria) ihre Freundinnen (Gäste)

(4)
su perro	Ihr Hund (Vd./Vds.)
sus perros	Ihre Hunde (Vd./Vds.)

Regel: Zur Verdeutlichung der Bedeutung von *su/sus:* Wenn aus dem Kontext nicht klar hervorgeht, auf wen sich das possessive Adjektiv *su/sus* bezieht, kann dem Nomen zur Verdeutlichung die Ersatzkonstruktion *de* + Personalpronomen nachgestellt werden (5).

(5)	su perro	=	el perro **de él**	sein Hund
	su perro	=	el perro **de ella**	ihr Hund
	su perro	=	el perro **de ellos**	ihr Hund
	su perro	=	el perro **de ellas**	ihr Hund
	su perro	=	el perro **de usted**	Ihr Hund
	su perro	=	el perro **de ustedes**	Ihr Hund

Hinweis: Wenn sich *su/sus* zweimal auf dasselbe Nomen bezieht, kann es nur mit Hilfe der Ersatzkonstruktion *de* + Personalpronomen bzw. Nomen wiedergegeben werden (6).

(6)	*Busco el libro de él, no el de ella.*	Ich suche sein, nicht ihr Buch.

3.2.1.1.2. Die betonten Formen des possessiven Adjektivs

Regel: Die betonten Formen des possessiven Adjektivs stehen immer <u>nach</u> dem Nomen. Sie sind ebenfalls mit ihrem Nomen in Geschlecht und Zahl übereingestimmt (1).

(1)	*un amigo **mío***	ein Freund von mir
	*algunas amigas **mías***	einige meiner Freundinnen

3.2.1.2. Der Gebrauch der Formen des possessiven Adjektivs

Regel: Zur Wiedergabe eines deutschen possessiven Adjektivs verwendet man im Spanischen in der Regel nur die unbetonten Formen. Sie gehen ihrem Nomen voraus und sind mit diesem in Geschlecht und Zahl übereingestimmt. Sie können dabei von Adjektiven und anderen adjektivischen Formen begleitet sein (1).

(1)	*mis otras objeciones*	meine anderen Einwände
	todas sus dudas	alle seine/ihre Zweifel
	mi segundo hijo	mein zweiter Sohn
	todo tu dinero	dein ganzes Geld
	mi querida suegra	meine liebe Schwiegermutter
	tus amables palabras	deine netten Worte

Regel: Die **betonten Formen** des possessiven Adjektivs verwendet man nur bei Vorliegen ganz bestimmter Voraussetzungen:

- Wenn das possessive Adjektiv hervorgehoben/betont werden soll (2).
- Wenn das possessive Adjektiv in einem Ausruf oder einer vokativischen Anrede vorkommt (3).
- Wenn vor dem Nomen ein unbestimmter Artikel, ein indefinites oder demonstratives Adjektiv oder Zahladjektiv steht (4).
- Wenn sich das possessive Adjektiv in einer festen Wendung findet (5).

Beispiele

(2)	*El coche tuyo no está preparado.*	<u>*Dein*</u> *Auto ist nicht fertig.*
	Los libros suyos los dejó en la clase.	<u>*Seine*</u> *Bücher ließ er in der Klasse.*
(3)	*¡Ay, madre mía!*	*Ach du meine Güte!*
	¡Ay, Dios mío!	*Oh mein Gott!*
	Hijo mío ten cuidado!	*Mein Sohn, gib acht!*
	Angel mío, protégeme!	*Schutzengel, beschütze mich!*
	Querido amigo mío!	*Mein lieber Freund!*
	Muy señor mío!	*Sehr geehrter Herr!*
	Muy señores nuestros!	*Sehr geehrte Herren!*
(4)	*algunos amigos míos*	*einige meiner Freunde*
	ninguna carta tuya	*kein Brief von dir*
	dos cartas tuyas	*zwei Briefe von dir*
	las tres casas tuyas	*deine drei Häuser*
	ese comportamiento tuyo	*dein Benehmen da*
	aquel amigo tuyo	*der Freund von dir da*
	una actitud muy suya	*eine typische Haltung von ihm/ von ihr*

Hinweis: Bei *algo* (etwas) und *nada* (nichts) ist nur die Verwendung der betonten Form möglich: *algo mío* (etwas von mir), *nada nuestro* (nichts von uns).

(5)	*No es culpa tuya.*	*Das ist nicht deine Schuld.*
	No es cosa mía.	*Das ist nicht meine Sache.*
	Hace mucho tiempo que no tengo noticias tuyas.	*Es ist sehr lange her, dass ich keine Nachricht(en) von dir habe.*

3.2.1.2.1. Unterschiedlicher Gebrauch des possessiven Adjektivs im Spanischen und im Deutschen

Grundwissen: Die Unterschiede bezüglich des Gebrauches des possessiven Adjektivs sind nicht sehr groß. Von gewissen Sonderfällen abgesehen, entspricht einem deutschen possessiven Adjektiv im Spanischen immer auch ein solches. Trotz dieser Übereinstimmungen lassen sich einige Unterschiede festmachen: Zum einen gibt es Fälle, wo das Spanische zum bestimmten Artikel greift, während das Deutsche das possessive Adjektiv benutzt. Zum anderen bevorzugt das Spanische das possessive Adjektiv und das Deutsche greift zum bestimmten Artikel.

Hinweis: Selbst bei einer so ausgefallenen Verwendung des possessiven Adjektivs, wie sie im nachfolgenden Beispiel vorliegt, gehen das Spanische und das Deutsche konform (1):

(1) *Ese coche debe de costar*   *Dieses Auto muss wohl **seine** drei*
     ***sus** tres millones de*   *Millionen Peseten kosten.*
     pesetas.

Regel: Wenn auf **Teile des Körpers** oder auf **Kleidungsstücke** Bezug genommen wird, vermeidet das Spanische in der Regel den Gebrauch des possessiven Adjektivs (2). Im Deutschen hingegen kann man das possessive Adjektiv oder den bestimmten Artikel gebrauchen. Das Spanische vermeidet auch in manchen Wendungen das possessive Adjektiv (3).

Beispiele

(2) *¡Lávate la cara!*   *Wasch dir dein/das Gesicht!*
     Él se tocó la oreja.   *Er berührte sein Ohr.*
     ¡Lávate los dientes!   *Putz deine Zähne!*
     Cierra los ojos.   *Er schließt seine/die Augen.*
     ¡No pongas los pies sobre *Leg deine/die Füße nicht auf den*
     la mesa!   *Tisch!*

     ¡Quítate el abrigo!   *Zieh deinen/den Mantel aus!*

(3) *ganarse la vida*   *seinen Lebensunterhalt verdienen*
     gastar la vida   *sein Leben zubringen*
     pasar la vida   *sein Leben zubringen*
     vender cara la vida   *sein Leben teuer verkaufen*

buscar(se) la vida	*für seinen Lebensunterhalt sorgen*
está con la vida en un hilo	*sein Leben hängt an einem seidenen Faden*
pasar las vacaciones en España	*seinen/den Urlaub in Spanien verbringen*

Regel: In einer Reihe von **Wendungen** verwendet umgekehrt das Spanische das possessive Adjektiv und das Deutsche den bestimmten Artikel (4).

(4)	*llamar a las cosas por su nombre*	*die Dinge beim/bei ihrem Namen nennen*
	tener el corazón en su sitio	*das Herz am rechten Fleck haben*
	tener una cosa sobre su conciencia	*etwas auf dem Gewissen haben*
	en sus mejores años	*in den besten Jahren*

Übungen

1. Setzen Sie die passende Form des possessiven Adjektivs ein:

   a. (yo) ... padre es médico.
   b. Juan y Pedro hablan de ... problemas.
   c. Juan habla de ... problemas.
   d. Ana habla de ... problemas.
   e. (vosotros) ... hijos son muy simpáticos.
   f. (María y yo) ... amigas estudian alemán.
   g. (tú) Ahí están ... cosas.
   h. (mis amigos) ... máquina de escribir no funciona.
   i. ¿Dónde está ... (vosotros) padre?
   j. Déme ... (Vd.) carné de conducir, por favor.
   k. Aquí tengo ... (yo) tarjeta de crédito.
   l. Pablo es ... (nosotros) amigo.
   m. ¿Cuál es ... (tú) número de teléfono?
   n. Pilar es ... (ella) compañera de clase.

2. Übersetzen Sie ins Spanische:

   a. Das Mädchen erinnerte sich an seine Mutter.
   b. Du wirst wegen deiner schlechten Laune (genio) kritisiert.
   c. Du bist aufdringlich mit deinen Fragen.
   d. Man spricht von deinem Misserfolg.
   e. Ihr sollt euch eure Hände vor den Mahlzeiten waschen.
   f. Deine Einstellung ist nicht klar.

Lösungen

1. a. mi   b. sus   c. sus   d. sus
   e. vuestros   f. nuestras   g. tus   h. su
   i. vuestro   j. su   k. mi   l. nuestro
   m. tu   n. su

2. a. La niña se acordaba de su madre.
   b. Eres criticado por tu mal genio.
   c. Eres pesado con tus preguntas.
   d. Se habla de tu fracaso.
   e. Os lavaréis las manos ante de las comidas.
   f. No está clara tu actitud.

3.2.2. Das demonstrative Adjektiv (Adjetivo demostrativo)

Grundwissen: Das spanische **Demonstrativum,** verstanden als Oberbegriff aller Formen, die eine hinweisende Funktion ausüben, umfasst **adjektivische** und **pronominale** Formen. Die adjektivischen Formen werden hier in Entsprechung zur Bezeichnung durch die Spanische Grammatik als demonstrative Adjektive bezeichnet, die pronominalen Formen als Demonstrativpronomen bzw. -pronomina (→ 5.2.).

3.2.2.1. Die demonstrativen Adjektive des Spanischen und des Deutschen im Vergleich

Grundwissen: Das Spanische verfügt insgesamt über mehr demonstrative Adjektive als das Deutsche. Während das Deutsche mit einer demonstrativen Zweiergruppe *(dieser, -e, -es und jener, -e, -es)* auskommt, gibt es im Spanischen eine Dreiergruppe demonstrativer Adjektive (1). Die Adjektive *el mismo* (derselbe) und *mismo* (selbst/selber), die man gewöhnlich ebenfalls zu den Demonstrativa rechnet, gibt es in beiden Sprachen (2).

(1)   ● die Formen von ***este*** = *dieser* usw./*der ... hier*

         ● die Formen von ***ese*** = *dieser (da)* usw./*der ... da*

         ● die Formen von ***aquel*** = *dieser (dort)* usw./*der ... dort* (*jener* usw.)

(2)   *Madre e hija tienen los*   *Mutter und Tochter haben die-* *mismos ojos.*   *selben Augen.*

         Carmen misma te lo dirá.   *Carmen selbst wird es dir sagen.*

Hinweis: Zu den Schwierigkeiten bei der beiderseitigen Entsprechung kommt hinzu, dass zumindest das gesprochene Deutsch von heute die *jener*-Gruppe aufgegeben und durch die Formen von *dieser, diese, dieses* ersetzt hat. Deutschsprachige haben somit große Schwierigkeiten bei der Wiedergabe spanischer demonstrativer Adjektive, weil in ihrer Sprache die passenden Entsprechungen fehlen bzw. mühevoll umschrieben werden müssen.

Beispiele zu (1)

Esta plaza es la Plaza Mayor.	*Dieser Platz ist die „Plaza Mayor".*
Ese hotel es muy caro.	*Dieses Hotel (da) ist sehr teuer.*
Aquellas torres son gó- ticas.	*Diese Türme dort (Die Türme dort) sind gotisch.*

Hinweis: Nicht wenige Verwendungen der spanischen demonstrativen Adjektive können im Deutschen nur mit Hilfe von Umschreibungen wiedergegeben werden. Diese Schwierigkeit zeigt sich besonders dann, wenn sich die spanischen demonstrativen Adjektive nicht auf den Raum, sondern auf die Zeit beziehen. In solchen Fällen gibt man beispielsweise die Formen von *aquel* am besten durch einen deutschen bestimmten Artikel wieder oder man umschreibt sie sinngemäß (3). Ähnliches gilt für die Wiedergabe der Formen von *ese* (4).

(3)	*Aquella película se rodó en nuestra ciudad.*	*Den Film hat man in unserer Stadt gedreht.*
	Aquellas palabras suyas levantaron un gran escándalo.	*Seine Worte von damals verursachten einen großen Skandal.*
(4)	*¿Cómo se llama ese café donde estuvimos ayer?*	*Wie heißt das Café, in dem wir gestern waren?*

3.2.2.1.1. Das demonstrative Adjektiv *este*

	maskulin	feminin
Singular	*este*	*esta*
Plural	*estos*	*estas*

este coche	*dieses Auto*
estos coches	*diese Autos*
esta casa	*dieses Haus*
estas casas	*diese Häuser*

3.2.2.1.2. Das demonstrative Adjektiv *ese*

	maskulin	feminin
Singular	**ese**	**esa**
Plural	**esos**	**esas**

ese coche	*dieses Auto da*
esos coches	*diese Autos da*
esa casa	*dieses Haus da*
esas casas	*diese Häuser da*

3.2.2.1.3. Das demonstrative Adjektiv *aquel*

	maskulin	feminin
Singular	**aquel**	**aquella**
Plural	**aquellos**	**aquellas**

aquel coche	*das Auto dort*
aquellos coches	*die Autos dort*
aquella casa	*das Haus dort*
aquellas casas	*die Häuser dort*

3.2.2.1.4. Das demonstrative Adjektiv *el mismo*

	maskulin	feminin
Singular	**el mismo**	**la misma**
Plural	**los mismos**	**las mismas**

el mismo coche	*dasselbe Auto*
los mismos coches	*dieselben Autos*
la misma casa	*dasselbe Haus*
las mismas casas	*dieselben Häuser*

Hinweis: Das demonstrative Adjektiv *el mismo* kann man wie im Deutschen auch ohne Artikel in der Bedeutung *selbst, selber* gebrauchen (1).

(1)   *El príncipe mismo lo dijo.*   Der Prinz selbst sagte es.
        aber:
        El mismo príncipe lo dijo.   Derselbe Prinz sagte es.

3.2.2.2. Übereinstimmung und Voranstellung als grammatische Eigenschaften der demonstrativen Adjektive

Regel: Alle demonstrativen Adjektive stimmen in Geschlecht und Zahl mit ihrem Nomen überein. Sie gehen außerdem in der Regel ihrem Nomen voraus (1). Zur Frage der Nachstellung der demonstrativen Adjektive → 3.2.2.3.1.

(1)   *aquellos chicos* die Jungen dort   *ese árbol* der Baum da
        estos trabajos diese Arbeiten   *esa casa* das Haus da
        la misma ciudad dieselbe Stadt   *el mismo perro* derselbe Hund

3.2.2.3. Der Gebrauch der demonstrativen Adjektive

Grundwissen: Die größte Schwierigkeit im Zusammenhang des Gebrauches der demonstrativen Adjektive bildet die Frage, welches demonstrative Adjektiv aus der Dreiergruppe *este-ese-aquel* auszuwählen ist. Mit dem demonstrativen Adjektiv *el mismo-mismo* hingegen hat der Deutschsprachige keine Schwierigkeiten.

Das Spanische besitzt anders als das Deutsche ein dreistufiges Hinweissystem. Bei der Wiedergabe spanischer demonstrativer Adjektive geht es vor allem darum, das **dreistufige Hinweissystem** des Spanischen in das **zweistufige System** des Deutschen überzuführen. Die dadurch entstehenden Schwierigkeiten lassen sich im Deutschen nur durch die Benützung von „Hilfswörtern" wie *„da, dort"* beheben.
Was für die demonstrativen Adjektive gilt, gilt übrigens auch für die weiter unten behandelten Demonstrativpronomina (→ 5.2.).

Regel: Die Auswahl aus der Dreiergruppe *este – ese – aquel* hat unter Berücksichtigung folgender Gesichtspunkte zu erfolgen:

● Das demonstrative Adjektiv *este* bezeichnet die räumliche, zeitliche, aber auch geistige Nähe zum Sprecher (1).

● Das demonstrative Adjektiv *ese* bezeichnet die räumliche, zeitliche, aber auch geistige Nähe zum Angesprochenen (2).

● Das demonstrative Adjektiv *aquel* bezeichnet die räumliche, zeitliche, aber auch geistige Ferne (eventuell auch relative Ferne) zum Sprecher und zum Angesprochenen (3).

(1)	**Esta** *revista que tengo en las manos ...*	**Diese** *Zeitschrift, die ich in meinen Händen halte, ...*
(2)	**Esa** *revista que estás leyendo, ...*	**Die** *Zeitschrift* **da,** *die du gerade liest, ...*
(3)	**Aquella** *revista que llevaba Juan ...*	**Die** *Zeitschrift* **(dort),** *die Juan mitbrachte, ...*

Hinweis: Wenn ein Hinweis auf zeitliche Ferne erfolgt, entspricht den Formen von **aquel** im Deutschen am besten der Gebrauch des bestimmten Artikels (4).

(4)	**Aquella** *revista que compré ayer ...*	**Die** *Zeitschrift, die ich gestern kaufte, ...*

Weitere Beispiele zu *este* (5)

(5)	**Este** *cuadro es el más bonito que jamás he visto.*	**Dieses** *Bild ist das schönste, das ich je gesehen habe.*
	Esta *visita fue muy breve.*	**Dieser** *Besuch war sehr kurz.*

Hinweis: Gewisse Verbindungen von *este* mit Zeitangaben haben eine besondere Entsprechung im Deutschen (6).

(6)	*esta mañana*	*heute Morgen*
	esta tarde	*heute Nachmittag*
		heute Abend
	esta noche	*heute Abend*
		heute Nacht

Weitere Beispiele zu *ese* (7)

(7)	*¿Me pasas* **esa** *revista?*	*Gibst du mir* **die** *Zeitschrift da?*
	¿Quién es **ese** *chico?*	*Wer ist* **der** *Junge da?*
	– No lo conozco.	*– Ich kenne ihn nicht.*

Ese coche no me gusta.	*Dieses/Das* Auto *da* gefällt mir
¿*Y a ti?*	nicht. Und dir?

Weitere Beispiele zu *aquel* (8)

(8)   ***Aquel*** *coche que está en*   ***Das*** *Auto* ***dort*** *am Straßenrand*
          la cuneta es mío.   *ist meines.*

          ¿*Dónde está* ***aquella*** *ciu-*   *Wo liegt* ***die*** *Stadt, von der du*
          dad de que me hablaste?   *mir erzählt hast?*

          ¿*Conoces a* ***aquellos*** *se-*   *Kennst du* ***die*** *Herren, die* ***dort***
          ñores que van por allí?   *langgehen?*

3.2.2.3.1. Die Nachstellung der demonstrativen Adjektive

Regel: Die demonstrativen Adjektive gehen in der Regel „ihrem" Nomen voraus (→ 3.2.2.2.). Man greift aber zur Möglichkeit der Nachstellung, wenn man dem demonstrativen Adjektiv einen ablehnenden oder abwertenden Sinn geben will (1). Im Fall der Nachstellung kommt vor das Nomen der bestimmte Artikel.
Im Deutschen lässt sich die Nachstellung in keiner Weise nachahmen, außer man greift zu Formulierungen wie *Die Waschmaschine, die ...*

(1)   *La lavadora* ***esta*** *funciona*   ***Diese*** *Waschmaschine funktio-*
          fatal, es un cacharro.   *niert überhaupt nicht, sie ist eine*
                                      alte Mühle.

          La carretera ***esa*** *es muy*   ***Die*** *Landstraße* ***da*** *ist sehr ge-*
          peligrosa.   *fährlich.*

Sonderfall: Eine abwertende Bedeutung kann manchmal auch das vorangestellte *ese* haben (2).

(2)   ¿*Qué dice* ***ese*** *tío?*   *Was sagt* ***der*** *Typ* ***da****?*

Regel: Zur Nachstellung des demonstrativen Adjektivs greift man gelegentlich auch, wenn das demonstrative Adjektiv hervorgehoben werden soll (3).

(3)   *Te ordenaron barrer el*   *Man hat dich beauftragt,* ***diesen***
          pasillo ***este****, no aquel.*   *Gang* ***hier*** *zu kehren, nicht den*
                                      dort.

3.2.2.3.2. Der Gebrauch des demonstrativen Adjektivs *el mismo* und *mismo*

Grundwissen: Trotz teilweiser Übereinstimmungen im Gebrauch des demonstrativen Adjektivs *el mismo* und *mismo* (→ 3.2.2.1.4.) und im Gebrauch von *derselbe* und *selbst* lassen sich wichtige Unterschiede erkennen. Das spanische demonstrative Adjektiv kann beispielsweise in Verbindung mit einem unbestimmten Artikel (1) oder mit einem anderen demonstrativen Adjektiv (2) vorkommen, was seiner deutschen Entsprechung unmöglich ist. Dies zeigt auch die Wiedergabe solcher Verbindungen im Deutschen (1, 2).

Selbst Verbindungen von *mismo* mit dem bestimmten Artikel und einem possessiven Adjektiv sind möglich (3).

(1)	*una **misma** palabra*	*ein und dasselbe Wort*
(2)	*Lo llevó hasta la **misma** puerta/hasta la puerta **misma**.*	*Er hat es genau bis vor die Tür gebracht.*
	*en **esta misma** calle*	*gleich hier in der Straße*
(3)	*Vivo en Madrid **mismo**/ en el **mismo** Madrid.*	*Ich lebe in Madrid selbst.*
	*Tiene el trabajo en **su misma** calle y aún se queja de que está lejos.*	*Seine Arbeit ist gleich hier in der Straße und immer noch beklagt er sich darüber, dass er weit weg ist.*

El mismo kann in Voran- und Nachstellung im Deutschen auch die Bedeutung „sogar" haben (4).

(4)	*Los profesores mismos/ Los mismos profesores le creen sincero.*	*Sogar die Lehrer halten ihn für ehrlich.*

Schließlich kann *mismo* als unveränderliche Form hinter Adverbien stehen (5).

(5)	*Nos vemos allí **mismo**.*	*Wir sehen uns genau dort.*
	*Vivo aquí **mismo**.*	*Ich wohne genau hier.*
	*Hoy **mismo** me traerán los muebles.*	*Noch heute wird man mir die Möbel bringen.*

Übungen

1. Setzen Sie das passende demonstrative Adjektiv ein:
   a. ¿Conoces a ... señores que van por allí?
   b. Recuerdo el primer día de junio, ... día partimos para Cuenca.
   c. ... coche que está en la cuneta es mío.
   d. ¿Dónde está ... ciudad de que me hablaste?
   e. En la puerta de ... casa hay un letrero que dice ...

2. Übersetzen Sie ins Spanische:
   a. Dieses Bild ist das schönste, das ich je gesehen habe.
   b. Diese Jungen da auf der anderen Straßenseite sind die Söhne unseres Lehrers.
   c. Gleich hier in der Straße gibt es ein Restaurant.
   d. Wir haben denselben Anzug.
   e. Den Film hat man in unserer Stadt gedreht.

Lösungen

1. a. aquellos   b. aquel   c. aquel   d. aquella   e. esa/esta
2. a. Este cuadro es el más bonito que jamás he visto.
   b. Aquellos chicos, al otro lado de la calle, son los hijos de nuestro profesor.
   c. En esta misma calle hay un restaurante.
   d. Tenemos el mismo traje.
   e. Aquella película se rodó en nuestra ciudad.

3.2.3. Das interrogative Adjektiv (Adjetivo interrogativo)

Grundwissen: Das spanische **Interrogativum** umfasst **adjektivische** und **pronominale** Formen. Die adjektivischen Formen werden hier in Entsprechung zur Bezeichnung durch die Spanische Grammatik als interrogative Adjektive (1) bezeichnet, die pronominalen Formen als Interrogativpronomen bzw. -pronomina (→ 5.3.).

Alle interrogativen Formen, die interrogativen Adjektive und die Interrogativpronomina, tragen einen Akzent, unabhängig davon, ob sie in einem direkten oder indirekten (abhängigen) Fragesatz stehen.

(1)	¿**Qué** talla tiene?	Welche Größe hat er?
	¿**Qué** palabras faltan?	Welche Wörter fehlen?
	¿**Qué** idiomas habla?	Welche Sprachen spricht er?
	¿**Cuántos** habitantes tiene Roma?	Wie viele Einwohner hat Rom?

3.2.3.1. Die Formen des interrogativen Adjektivs

Regel: Nur die unveränderliche Form *qué* und die Formen von *cuánto* können als interrogative Adjektive verwendet werden. Die Formen von *cuánto* werden mit ihrem Nomen in Geschlecht und Zahl übereingestimmt.

Die Formen von **qué** (1)

	maskulin		feminin	
Singular	**qué**	welcher	**qué**	welche
Plural	**qué**	welche	**qué**	welche

(1)	¿Qué libro estás leyendo?	Welches Buch liest du gerade?
	¿Qué libros estás leyendo?	Welche Bücher liest du gerade?
	¿Qué lengua estudia?	Welche Sprache lernt er?
	¿Qué lenguas estudia?	Welche Sprachen lernt er?

Die Formen von **cuánto** (2)

	maskulin		feminin	
Singular	**cuánto**	wie viel	**cuánta**	wie viel
Plural	**cuántos**	wie viele	**cuántas**	wie viele

(2)   ¿*Cuánto dinero tiene?*   *Wie viel Geld hat er?*
        ¿*Cuánta gente está aquí?*   *Wie viel Leute sind hier?*
        ¿*Cuántos problemas quie-*   *Wie viele Probleme willst du lö-*
        res resolver?   *sen?*
        ¿*Cuántas cartas tienes?*   *Wie viele Briefe hast du?*

3.2.3.2. Der Gebrauch des interrogativen Adjektivs in Ausrufesätzen

Grundwissen: Die interrogativen Adjektive *qué* und *cuánto* können ähnlich wie das Interrogativpronomen *quién* (→ 5.3.) und das Interrogativ-
adverb *cómo* in so genannten **Ausrufesätzen** verwendet werden. Die
interrogativen Formen übernehmen dabei – ähnlich wie im Deutschen –
eine exklamative Funktion. In beiden Sprachen verwendet man daher
anstelle des Fragezeichens ein Ausrufezeichen. Im Spanischen sogar am
Anfang und am Ende des Ausrufesatzes. In Ausrufesätzen finden sich vor
allem Verbindungen aus *qué/cuánto* + Nomen (1). Das interrogative
Adjektiv *qué* kann in Ausrufesätzen auch mit einem Adjektiv verbunden
werden (2). Im Deutschen entspricht in diesem Fall eine Verbindung des
Frageadeverbs *wie* mit einem Adjektiv.

(1)   ¡*Qué cantidad de coches!*   *Was für eine Menge Autos!*
        ¡*Cuánta gente!*   *Wie viele Leute!*
        ¡*Cuántos coches!*   *Wie viele Autos!*
        ¡*Qué vergüenza!*   *Was für eine Schande!/So eine*
                              Schande!

Hinweis: Wenn *qué* + Nomen ein Adjektiv folgt, setzt man gerne vor das
Adjektiv das steigernde *más*: z. B. ¡*Qué vino más maravilloso!* (Welch ein
herrlicher Wein!) ¡*Qué chica más guapa!* (Was für ein hübsches Mädchen!)

(2)   ¡*Qué bonita es la casa!*   *Wie hübsch das Haus ist!*
        ¡*Qué buenas (que) son!*   *Wie gut sie sind!*
        ¡*Qué cansado estoy!*   *Ich bin ja so müde!/Wie bin ich*
                                  müde!

3.2.4. Das indefinite Adjektiv (Adjetivo indefinido)

Grundwissen: Zu den spanischen **Indefinita**, verstanden als Oberbegriff
aller Formen, die eine indefinite Bedeutung zum Ausdruck bringen,
gehören sowohl adjektivische als auch pronominale Formen. Die adjektivischen Formen werden hier in Entsprechung zur Bezeichnung durch die

Spanische Grammatik als indefinite Adjektive bezeichnet, die pronominalen Formen als Indefinitpronomina (→ 5.4.).

Regel: Zu den indefiniten Adjektiven rechnet man in der Regel folgende
Formen:

Die indefiniten Adjektive

algún	*irgendein*
ningún	*kein*
cada	*jeder*
cierto	*gewisser*
cualquier	*irgendein*
demasiado	*zu viel*
bastante	*ziemlich viel, genügend*
harto	*reichlich*
otro	*anderer*
todo	*all-, jeder, ganz*
tanto	*so viel*
mucho	*viel*
poco	*wenig*
unos	*einige*
varios	*einige, manche*
demás	*die anderen, übrigen*
más	*mehr*
menos	*weniger*
tal	*solcher, derartiger*
ambos	*beide*
sendos	*je ein*

3.2.4.1. Das indefinite Adjektiv *algún*

Regel: Das indefinite Adjektiv *algún* hat im Singular die beiden Formen
algún (maskulin) und *alguna* (feminin) und im Plural *algunos* (maskulin)
und *algunas* (feminin). Es hat im Singular die Bedeutung *irgendein* und

im Plural die Bedeutung *einige*. In bejahten Sätzen steht *algún* vor dem Nomen (1). In verneinten Sätzen steht es nach dem Nomen und nimmt die Bedeutung *kein* an (2). In Nachstellung wird die maskuline Form *algún* zu *alguno*.

(1)	*¿Has tenido alguna noticia?*	*Hast du irgendeine Nachricht bekommen?*
	He recibido algunas cartas últimamente.	*Ich habe vor kurzem einige Briefe erhalten.*

Hinweis: In manchen Sätzen nimmt *algún* die Bedeutung *groß, ziemlich* an: z. B. *Le contó cosa de alguna importancia.* (Er erzählte ihm eine Sache von großer Bedeutung).

(2)	*No he visto a persona alguna.*	*Ich habe keinen Menschen gesehen.*
	No había en la calle taxi alguno.	*Auf der Straße gab es kein Taxi.*
	No hay problema alguno.	*Es gibt kein Problem.*

Hinweis: Nach der negativen Präposition *sin* (ohne) muss man *alguno* im Deutschen mit *jeder* wiedergeben (3).

(3)	*sin interés alguno*	*ohne jedes Interesse/ohne das geringste Interesse*
	sin duda alguna	*ohne jeden Zweifel*
	sin esperanza alguna	*ohne jede Hoffnung*

3.2.4.2. Das indefinite Adjektiv *ningún*

Regel: Das indefinite Adjektiv *ningún* hat im Singular die Formen *ningún* (maskulin) und *ninguna* (feminin). Im Plural kommt es nur selten vor. In der Regel steht *ningún* vor dem Nomen (1). In Nachstellung hat es die Bedeutung *gar kein* (2). Dabei wird die maskuline Form *ningún* zu *ninguno*. Nach der Präposition *sin* ist *ningún* im Deutschen mit der Bedeutung *jeder* wiederzugeben (3).

(1)	*Ninguna persona quiso ayudarle.*	*Kein Mensch wollte ihm helfen.*
	La noticia no es ninguna exageración.	*Die Nachricht ist keine Übertreibung.*

(2)   No hay problema ninguno.   Es gibt gar kein Problem.
       No tiene amiga ninguna   Er hat gar/überhaupt keine
       aquí.   Freundin hier.

(3)   sin ninguna duda   ohne jeden Zweifel

Hinweis: Wenn das indefinite Adjektiv *ningún* einem Komparativ folgt und
von *otro* begleitet ist, ist es im Deutschen mit dem Ausdruck *sonst irgendein* wiederzugeben (→ 7.2.) (4).

(4)   Este banco les concede   Diese Bank gewährt ihnen einen
       un mejor crédito que   besseren Kredit als sonst irgend-
       ningún otro banco.   eine Bank.

3.2.4.3. Das indefinite Adjektiv *cada*

Regel: Bei *cada* handelt es sich um ein unveränderliches indefinites
Adjektiv, das nur im Singular vorkommt und immer vor seinem Nomen
steht (1). In Verbindung mit einem Zahlwort bedeutet *cada* (alle) (2). *Cada*
bildet mit einer Reihe von Nomina feste Wendungen (3).

(1)   Hay un jefe de personal   In jeder Abteilung gibt es einen
       en cada departamento.   Personalchef.

       Cada miembro cobró cien   Jedes Mitglied bezog hunderttau-
       mil pesetas.   send Peseten.

(2)   Nos vemos cada dos   Wir sehen uns alle zwei Wochen/
       semanas/cada tres días/   alle drei Tage/alle sechs Monate.
       cada seis meses.

Hinweis: Im Deutschen kann man den Ausdruck *alle drei Tage* auch mit
jeden dritten Tag ausdrücken.

(3)   cada día   jeden Tag, täglich
       uno de cada diez   jeder zehnte
       cada vez más   immer mehr
       cada vez (que)   jedes Mal (wenn)
       cada cosa   alles Mögliche
       a cada paso   auf Schritt und Tritt

Hinweis: *Cada* bildet zusammen mit *cual* oder *uno* ein Indefinitpronomen
(→ 5.4.2.6.): z. B. *cada uno de nosotros* (jeder von uns).

3.2.4.4. Das indefinite Adjektiv *cierto*

Grundwissen: Das indefinite Adjektiv *cierto* bildet seine Formen auf reguläre Weise: *cierto* (maskulin) *cierta* (feminin); *ciertos* (maskulin) und *ciertas* (feminin). Im Singular hat *cierto* die Bedeutung *ein gewisser*. Für *cierto* gilt im Singular eine sehr wichtige Einschränkung (→ 2.1.2.): In der Regel steht vor *cierto* – im Gegensatz zu seiner Entsprechung im Deutschen – kein unbestimmter Artikel (1). Ein unbestimmter Artikel geht jedoch *cierto* voraus, wenn es vor einem Eigennamen steht (2). Im Plural hat *cierto* die Bedeutung *gewisse* oder *manche* (3). *Cierto* gehört gleichzeitig zu den Adjektiven (→ 3.1.3.3.1.), die in Voranstellung bzw. in Nachstellung verschiedene Bedeutung haben.

(1)	*Cierto principio reza que ante la ley todos los hombres son iguales.*	*Ein gewisser Grundsatz lautet, dass vor dem Gesetz alle Menschen gleich sind.*
	Esta es la cita de cierto político.	*Das ist das Zitat eines gewissen Politikers.*

Hinweis: Der Gebrauch des unbestimmten Artikels vor *cierto* ist nicht ganz ausgeschlossen: z. B. *una cierta cantidad de dinero eine gewisse Menge Geld*, *con (una) cierta desilusión mit einer gewissen Enttäuschung*.

(2)	*Ha llamado un cierto Rodríguez. (un tal R.)*	*Ein gewisser Rodríguez hat angerufen.*
(3)	*Hay ciertas cosas que no se pueden cambiar.*	*Es gibt gewisse Dinge, die man nicht ändern kann.*
	en ciertas situaciones	*in gewissen Situationen*

3.2.4.5. Das indefinite Adjektiv *cualquier*

Regel: Bei *cualquier* handelt es sich um ein Adjektiv, das im Singular für beide Geschlechter nur <u>eine</u> Form besitzt: Wenn es dem Nomen vorangeht, lautet die maskulin-feminine Form *cualquier* (1), und wenn es dem Nomen folgt *cualquiera* (2). Vor allem in verneinten Sätzen verwendet man *cualquier* in Nachstellung. Die Bedeutung *irgendein* muss manchmal zu *jeder beliebige* (auch: *x-beliebig*) abgeändert werden. In verneinten Sätzen zu *irgendein beliebiger*. *Cualquier* findet sich auch in feststehenden Wendungen (3).

Die Pluralformen *cualesquier* bzw. *cualesquiera* gehören der gehobenen Sprache an und sind ebenfalls bezüglich des Geschlechtes unveränderlich.

(1)	*¡Pregunta en cualquier tienda!*	*Frag in irgendeinem Geschäft!*
	¿Crees tú que cualquier error es disculpable?	*Glaubst du, dass jeder beliebige Fehler entschuldigt werden kann?*
	Comeremos cualquier cosa.	*Wir werden irgendetwas essen.*
(2)	*No me he comprado una camisa cualquiera.*	*Ich habe mir nicht irgendein beliebiges Hemd gekauft.*
	No eres un hombre cualquiera.	*Du bist nicht irgendein beliebiger Mensch.*
	un país cualquiera	*ein x-beliebiges Land*
(3)	*en cualquier parte*	*irgendwo*
	de cualquier modo que sea	*auf jede beliebige Art*
	de cualquier manera	*irgendwie*
	en cualquier momento	*jeden Moment*

3.2.4.6. Die indefiniten Adjektive *demasiado – bastante – harto*

Regel: Die drei indefiniten Adjektive bilden die Formen regelmäßig nach dem Muster der entsprechenden Adjektive auf *-o* bzw. auf *-e*. Während *demasiado* und *harto* in Voranstellung vorkommen (1, 2), ist *bastante* auch nachstellbar (3).

(1)	*Demasiada gente se quedó sin poder entrar.*	*Zu viele Leute hatten keine Möglichkeit einzutreten.*
	Cuesta demasiado dinero.	*Es kostet zu viel Geld.*

Hinweis: Der Bedeutung von *demasiado* entspricht im Deutschen sowohl die Bedeutung *„zu viel"* als auch *„viel zu viel"*. Vgl. dagegen: *demasiado poco „viel zu wenig"*.

(2)	*Necesitamos hartas pruebas para actuar contra él.*	*Wir brauchen zahlreiche Beweise, um gegen ihn vorgehen zu können.*
	Hartas ganas tengo.	*Ich habe riesige Lust.*

(3)	*Tengo bastante dinero, no te preocupes.*	*Ich habe genügend Geld, mach dir keine Sorgen.*

(3) *Tengo bastante dinero, no te preocupes.*   *Ich habe genügend Geld, mach dir keine Sorgen.*

Ya tengo bastantes problemas.   *Ich habe schon ziemlich viele Probleme.*

No he traído dinero bastante.   *Ich habe nicht genügend Geld mitgebracht.*

3.2.4.7. Das indefinite Adjektiv *otro*

Regel: Das indefinite Adjektiv *otro* bildet seine Formen regelmäßig nach dem Muster eines Adjektivs auf -*o*. *Otro* unterliegt einer sehr wichtigen Einschränkung: Vor *otro* kann – im Gegensatz zur deutschen Entsprechung – nie der unbestimmte Artikel stehen (→ 2.1.2.) (1). Bezüglich der Wiedergabe der Bedeutung gibt es im Deutschen die Entsprechungen *ein anderer, noch einmal, noch ein, weitere* usw.

(1) *No es para mí, es para otro señor.*   *Es ist nicht für mich, es ist für einen anderen Herrn.*
Necesita otra oportunidad.   *Er braucht eine andere Gelegenheit.*
Eso es otra cosa.   *Das ist eine andere Sache/etwas anderes.*

Wie im Deutschen kann auch der bestimmte Artikel vor *otro* stehen. Dabei zeigen sich jedoch nur Unterschiede bei der Wiedergabe ins Deutsche (2). Ähnliches gilt für die Pluralformen von *otro* unabhängig davon, ob ihnen der bestimmte Artikel vorausgeht oder ob sie artikellos sind (3).

(2) *¿Dónde está el otro coche?*   Wo ist das andere Auto?
El otro día le vi.   *Neulich habe ich ihn gesehen.*

(3) *Otras preguntas?*   *Weitere Fragen?*

Otro findet sich auch in zahlreichen feststehenden Wendungen (4).

(4) *al otro día*   *am nächsten Tag, am Tag darauf*
(el) otro día   *neulich*
en otra parte   *anderswo*
por otra parte   *andererseits, hingegen*
otra vez   *ein anderes Mal, noch einmal*
en otros tiempos   *in früheren Zeiten*

en otro lugar	anderswo
otro día	an einem anderen Tag, ein anderes Mal
de otra manera	sonst
hasta otro momento	bis zum nächsten Mal

Regel: Wenn die Formen *otros/otras* bei einem Zahlwort stehen, müssen sie diesem vorausgehen (5). Im Deutschen ist diese Abfolge meist umgekehrt, das Zahlwort steht in der Regel an erster Stelle.

(5)	*otras cuatro cartas*	*vier andere/weitere Briefe/noch vier Briefe*
		aber auch: andere vier Briefe/weitere vier Briefe

Hinweis: Bei *muchos/muchas* ist die spanische Abfolge umgekehrt zur deutschen: z. B. *otras muchas personas* viele andere Personen.

Sonderfälle: In der Formel *der eine ... der andere* wird im Spanischen vor *uno* kein bestimmter Artikel gebraucht: *uno ... el otro* (der eine ... der andere). In der Formel *einer nach dem anderen* fehlt im Spanischen der bestimmte Artikel vor *otro: Los invitados fueron llegando uno tras otro.* (Die Gäste kamen nach und nach an).

3.2.4.8. Das indefinite Adjektiv *todo*

Grundwissen: Das indefinite Adjektiv *todo* zusammen mit dem Indefinitpronomen (→ 5.4.1.4.) *todo* dürfte nicht nur zu den wichtigsten Indefinita gehören, es ist gleichzeitig eines der wichtigsten Wörter des Spanischen überhaupt. Die großen Schwierigkeiten, die es besonders deutschsprachigen Lernern bereitet, sind vor allem durch die Tatsache begründet, dass dem spanischen *todo* im Deutschen gleich drei verschiedene Formen bzw. Formengruppen entsprechen können (1).

(1)	**toda** la ciudad	die ganze Stadt
	todas las ciudades	alle Städte
	toda ciudad	jede Stadt

Hinweis: Wie die drei Beispiele unter (1) zeigen, können im Deutschen dem indefiniten Adjektiv *todo* gleich drei adjektivische Formen entsprechen (2). Je nach der syntaktischen Umgebung von *todo* ist eine der drei Formen auszuwählen.

(2) 1. das Adjektiv   **ganz**
      2. das indefinite Adjektiv   **alle**
      3. das indefinite Adjektiv   **jeder**

3.2.4.8.1. *todo* + bestimmter Artikel + Nomen

Regel: Wenn die Abfolge *todo* + bestimmter Artikel + Nomen im Singular steht, entspricht im Deutschen das Adjektiv *ganz* (1). Wenn diese Abfolge im Plural steht, entspricht im Deutschen das indefinite Adjektiv *alle* (2). Syntaktisch ist zu beachten, dass im Spanischen *todo* immer dem bestimmten Artikel vorausgeht, während im Deutschen die umgekehrte Abfolge vorliegt.

(1) *Viene toda la familia.*   Die ganze Familie kommt.
      Me gusta toda la casa.   Mir gefällt das ganze Haus.
      He leído todo el libro.   Ich habe das ganze Buch ge-
                                         lesen.

(2) *Todos los hombres son*   Alle Menschen sind sterblich.
      mortales.
      Quería resolver todos los   Er möchte alle Probleme lösen.
      problemas.

Hinweis: Anstelle des Nomens kann ein Zahlwort stehen: z. B. *todos los tres alle drei.*

Sonderfälle: Das indefinite Adjektiv *todo* kann seinem Nomen auch folgen. Damit wird *todo* hervorgehoben (3).

(3) *Las naciones todas*   Alle Nationen müssten den Frie-
      debían buscar la paz.   den suchen.

      el mundo todo   die ganze Welt
      statt: todo el mundo

Hinweis: In der Abfolge *todo* + bestimmter Artikel + Nomen können anstelle des bestimmten Artikels possessive und demonstrative Adjektive stehen (4).

(4) *Se ha inundado toda*   Das ganze Grundstück dort wur-
      aquella finca.   de überschwemmt.
      No le interesa todo este   Dieses ganze Problem interes-
      problema.   siert ihn nicht.

3.2.4.8.2. *todo* + Nomen

Regel: Der Verbindung *todo* + Nomen entspricht im Deutschen die Bedeutung *jeder (= cada)* (1).

(1)	Todo hombre es mortal.	Jeder Mensch ist sterblich.
	Toda guerra es injusta.	Jeder Krieg ist ungerecht.
	toda clase de	alle Art von
	toda precaución	jede/alle Vorsicht

Hinweis: Die Verbindung *todo/toda* + Ländername/Kontinentname verläuft nach demselben Muster, *todo* bedeutet aber in diesen Verbindungen *ganz:* z. B. *toda España* (ganz Spanien), *toda Europa* (ganz Europa).

Regel: Die Verbindung *todo* + Nomen mit vorausgehender Präposition findet sich in vielen feststehenden Ausdrücken und Wendungen (2).

(2)	Vino a todo correr.	Er kam mit Höchstgeschwindigkeit daher.
	a toda costa	um jeden Preis
	a todo costo	ohne Rücksicht auf die Kosten
	a toda velocidad	mit voller Geschwindigkeit
	a todas horas	zu jeder Uhrzeit
	a toda prisa	in voller Eile
	a todo momento	alle Augenblicke
	de todas formas	jedenfalls
	de todos modos	auf jeden Fall, auf alle Fälle
	de todo corazón	von ganzem Herzen
	por todas partes	überall
	en todas partes	überall

3.2.4.8.3. *todo* + unbestimmter Artikel + Nomen

Regel: Der Abfolge *todo* + unbestimmter Artikel + Nomen entspricht im Deutschen die teilweise umgekehrte Abfolge: unbestimmter Artikel + *ganz* + Nomen (1).

(1)	Va a los Estados Unidos para todo un año.	Er geht für ein ganzes Jahr in die Vereinigten Staaten.
	Pilar es toda una mujer.	Pilar ist eine ganze Frau.

3.2.4.9. Die indefiniten Adjektive *tanto/mucho/poco*

Regel: Die drei indefiniten Adjektive bilden ihre Formen regelmäßig nach dem Muster der Adjektive auf *-o*. Alle drei Adjektive finden sich nur in Voranstellung und sind mit ihrem Nomen in Geschlecht und Zahl übereingestimmt. Wie im Deutschen kann *mucho* und *poco* der bestimmte Artikel vorausgehen. Kleine Unterschiede zum Deutschen lassen sich nur bei der Wiedergabe von einzelnen Verbindungen feststellen (1, 2, 3).

(1)	*Tomó tanto café que no pudo dormir.*	*Er trank so viel Kaffee, dass er nicht schlafen konnte.*
	Tengo tantos años como tú.	*Ich bin genauso alt wie du.*
	Te lo he dicho ya tantas veces.	*Ich habe es dir schon so oft gesagt.*
(2)	*Hay mucha gente aquí.*	*Hier sind viele Leute.*
	¿Has esperado mucho tiempo?	*Hast du lange gewartet?*
	¡Muchas gracias!	*Vielen Dank!*
	Hace mucho calor.	*Es ist sehr warm.*
	tus muchas amigas	*deine vielen Freundinnen*
(3)	*Hoy hay poca gente.*	*Heute sind wenig Leute da.*
	Mi coche consuma poca gasolina.	*Mein Auto verbraucht wenig Benzin.*
	Le dieron pocos caramelos.	*Man gab ihm wenige Bonbons.*
	Es poca cosa.	*Es ist eine Kleinigkeit/Es ist nicht schlimm.*

3.2.4.10. Die indefiniten Adjektive *unos* und *varios*

Regel: Bei den indefiniten Adjektiven *unos* und *varios* handelt es sich um zwei Adjektive, die fast ausschließlich in den beiden Pluralformen *unos/unas* und *varios/varias* mit der unbestimmten Bedeutung *einige, manche, verschiedene, mehrere, etliche, gewisse, welche* vorkommen (→ 2.1.) (1, 2). *Vario* kann auch vor einem Nomen im Singular stehen, wenn dieses ein Kollektivbegriff wie z. B. *la gente* (die Leute) ist (3).

(1)	*Unas casas tienen garaje, otras no.*	*Einige Häuser haben eine Garage, andere nicht.*
	Había unos visitantes.	*Es waren einige Besucher da.*

(2)	*Nos quedamos varios días.*	Wir bleiben einige Tage.
	Les he visto varias veces.	Ich habe sie mehrere Male gesehen.
	Hay varias razones.	Es gibt verschiedene Gründe.
(3)	*Había varia gente.*	Es waren einige Leute da.

Sonderfälle: Wenn *unos* einem Zahlwort vorausgeht, nimmt es die Bedeutung *ungefähr, etwa* an (4). Die Verbindung von *unos/unas* mit *cuantos/cuantas* ergibt die noch stärker vermindernde Bedeutung *ein paar* (5).

(4)	*Faltarán unos cien kilómetros.*	Es sind noch ungefähr hundert Kilomter.
	Tiene unos 60 años.	Er ist etwa sechzig Jahre alt.
	unas cien personas	ungefähr hundert Leute
(5)	*Hoy sólo han venido unos cuantos clientes, que casi no han comprado nada.*	Heute sind nur ein paar Kunden gekommen, die fast nichts gekauft haben.

3.2.4.11. Das indefinite Adjektiv *demás*

Regel: Das unveränderliche *demás* kann man als indefinites Adjektiv gebrauchen, wenn man die entsprechenden Formen des bestimmten Artikels davor setzt (1). Anstelle des bestimmten Artikels kann auch ein possessives Adjektiv stehen (2). Ein Nomen im Singular ist in Verbindung mit *demás* nur möglich, wenn es sich um einen Kollektivbegriff handelt (3).

(1)	*Después saludó a las demás amigas.*	Nachher grüßte er die übrigen Freundinnen.
(2)	*Vendo mis demás vestidos.*	Ich verkaufe meine übrigen Kleider.
(3)	*La demás gente se fue a casa.*	Die übrigen Leute gingen nach Hause.

3.2.4.12. Die indefiniten Adjektive *más/menos*

Regel: Die beiden Formen *más* und *menos* sind zwar unveränderlich, können aber als Adjektive fungieren, wenn sie einem Nomen im Singular oder Plural vorausgehen (1, 2).

(1)   *Tengo más libros que tú.*   *Ich habe mehr Bücher als du.*

        Había más gente que ayer.   *Es waren mehr Leute da als gestern.*

(2)   *Ahora tiene menos dinero que antes.*   *Jetzt hat er weniger Geld als vorher.*

        Había mucho menos gente que el otro día.   *Es waren viel weniger Leute da als neulich.*

3.2.4.13. Das indefinite Adjektiv *tal*

Regel: Bei *tal* handelt es sich um ein indefinites Adjektiv, das nur je eine Singular- und Pluralform hat: *tal – tales.* Es wird in der Regel seinem Nomen vorangestellt. Der Deutschsprachige muss beachten, dass vor *tal* niemals ein unbestimmter Artikel steht, außer es handelt sich beim Nomen um einen Eigennamen (→ 2.1.2.) (1, 2).

(1)   *No comprendo tal comportamiento.*   *So ein/Ein solches Verhalten verstehe ich nicht.*

        ¿Qué haría Vd. en tal situación?   *Was würden Sie in einer solchen Situation tun?*

        No esperaba tales dificultades.   *Er erwartete nicht solche Schwierigkeiten.*

(2)   *Tu hermano vino con una tal María, cuyo apellido ignoro.*   *Dein Bruder kam mit einer gewissen María, deren Familiennamen ich nicht kenne.*

        ¿Conoces un tal Pablo?   *Kennst du einen gewissen Pablo?*

Regel: Um seine Bedeutung hervorzuheben, kann man *tal* auch seinem Nomen nachstellen (3). Auch in diesem Fall ist der Gebrauch eines unbestimmten Artikels ausgeschlossen.

(3)   *Habló con énfasis tal que todos quedaron entusiasmados.*   *Er sprach mit einer derartigen/ einer solchen Eindringlichkeit, dass alle begeistert waren.*

Sonderfall: Die Verbindung von *tal* mit *cosa* (wörtlich: *eine solche Sache*) entspricht der deutschen neutralen Verbindung *so etwas* (4).

(4)	No diría tal cosa.	Ich würde so etwas nicht sagen.

3.2.4.14. Das indefinite Adjektiv *ambos*

Regel: Das indefinite Adjektiv mit den beiden Pluralformen *ambos, ambas* geht dem Nomen, mit dem es in Geschlecht und Zahl übereinge- stimmt ist, voraus (1). Statt *ambos/ambas* kann man auch die zusam- mengesetzte Form *ambos a dos/ambas a dos* verwenden (2).

(1)	El negocio pertenece a ambos hermanos.	Das Geschäft gehört beiden Brüdern.
(2)	Ambas a dos son peligro- sas.	Beide sind gefährlich.

Hinweis: Ähnlich wie bei dem indefiniten Adjektiv *tal* (→ 3.2.4.13.) ent- spricht die Verbindung von *ambas* mit *cosas* dem deutschen neutralen Indefinitpronomen *beides* (3).

(3)	Me gustan ambas cosas, la miel y el azúcar.	Mir schmeckt beides (beide Sa- chen), der Honig und der Zucker.

Hinweis: In der gesprochenen Sprache ersetzt man *ambos/ambas* durch *los dos* bzw. *las dos* (4). Entsprechendes gilt auch für die „neutrale" Form *ambas cosas* (5). Schließlich ist noch zu beachten, dass die deutsche Abfolge *einer von beiden* bzw. *keiner von beiden* im Spanischen mit *uno de los dos* bzw. mit *ninguno de los dos* wiedergegeben wird. In der femi- ninen Form mit *una de las dos* bzw. *ninguna de las dos*.

(4)	Los dos son peligrosos.	Beide sind gefährlich.
	Las dos son peligrosas.	Beide sind gefährlich.
(5)	No puedes hacer las dos cosas.	Du kannst nicht beides machen.

3.2.4.15. Das indefinite Adjektiv *sendos*

Regel: Das indefinite Adjektiv mit den beiden Pluralformen *sendos* und *sendas* könnte man aufgrund seiner Bedeutung auch zu den so genannten Distributivzahlen (z. B. im Deutschen *je ein, je zwei* usw.) rechnen. *Sendos* geht seinem Nomen, mit dem es in Geschlecht und Zahl übereingestimmt ist, immer voraus (1). Anders als im Spanischen wird im Deutschen nach *je ein* der Singular verwendet.

(1)   *Los cinco excursionistas iban con sendas mochilas.*   *Die fünf Wanderer gingen mit je einem Rucksack.*

        Llegaron el presidente y el ministro en sendos coches.   *Der Präsident und der Minister kamen jeder in einem Auto.* (wörtlich: *in je einem Auto*)

3.2.5. Das Zahlwort – Die Zahladjektive

3.2.5.1. Die Grundzahlwörter

Grundwissen: Die Grundzahlwörter des Spanischen können wie die des Deutschen als Adjektive oder als Nomina gebraucht werden (1).

(1)   *Hoy tengo dos invitados a cenar.*   *Heute habe ich zwei Gäste zum Abendessen.*

        Comeremos a las dos.   *Wir werden um zwei Uhr essen.*

        Entraron los diez.   *Die zehn traten ein.*

Regel: Die Grundzahlen des Spanischen lauten:

0	*cero*	15	*quince*
1	*uno*	16	*dieciséis*
2	*dos*	17	*diecisiete*
3	*tres*	18	*dieciocho*
4	*cuatro*	19	*diecinueve*
5	*cinco*	20	*veinte*
6	*seis*	21	*veintiuno*
7	*siete*	22	*veintidós*
8	*ocho*	23	*veintitrés*
9	*nueve*	24	*veinticuatro*
10	*diez*	25	*veinticinco*
11	*once*	26	*veintiséis*
12	*doce*	27	*veintisiete*
13	*trece*	28	*veintiocho*
14	*catorce*	29	*veintinueve*

30	*treinta*	101	*ciento uno*
31	*treinta y uno*		
32	*treinta y dos*	200	*doscientos*
33	*treinta y tres*	300	*trescientos*
34	*treinta y cuatro*	400	*cuatrocientos*
35	*treinta y cinco*	500	*quinientos*
36	*treinta y seis*	600	*seiscientos*
37	*treinta y siete*	700	*setecientos*
38	*treinta y ocho*	800	*ochocientos*
39	*treinta y nueve*	900	*novecientos*
40	*cuarenta*	1000	*mil*
50	*cincuenta*	1001	*mil uno*
60	*sesenta*		
70	*setenta*	2000	*dos mil*
80	*ochenta*		
90	*noventa*	100.000	*cien mil*
		200.000	*doscientos mil*
100	*cien/ciento*		
		1.000.000	*un millón*
		2.000.000	*dos millones*
		1.000.000.000	*mil millones*

Regel: Die Zahl *uno* und die mit *uno* zusammengesetzten Zahlen werden vor einem maskulinen Nomen – ähnlich wie bestimmte Adjektive (→ 3.1.2.4.) – zu *un* verkürzt. Dabei erhält *-ún* in der Zahl 21 einen Akzent (1). Vor femininen Nomina verwendet man die dem Geschlecht nach übereingestimmte Form *una* (2). Die weiter oben (→ 2.1.1.) beschriebene Regelung zur Bildung der Artikelformen vor femininen Wörtern, die mit *a-* oder *ha-* beginnen, gilt auch für das Zahlwort *una:* es wird in diesem Fall zu *un* verkürzt (3).

(1)	*veintiún libros*	21 Bücher
	treinta y un libros	31 Bücher
(2)	*una página*	1 Seite
	veintiuna páginas	21 Seiten
(3)	*veintiún amas de casa*	21 Hausfrauen
	aber:	
	veintiuna alumnas	21 Schülerinnen

Regel: Für die Zahl *100* stehen zwei Formen zur Verfügung: *cien* und *ciento*. Die Kurzform *cien* verwendet man, wenn ein Nomen folgt oder ein anderes Zahlwort wie *mil* oder *millones* (4). Wenn die Zahl *100* allein steht, kann man *ciento* oder *cien* gebrauchen (5). Bei der Bildung der Zahlen von *101* bis *199* verwendet man immer die Form *ciento* (6)

(4)	*cien pesetas*	*100 Peseten*
	cien mil mujeres	*100.000 Frauen*
	cien millones	*100 Millionen*

(5)	*¿Cuántas mujeres estaban? – Cien/Ciento.*	*Wie viele Frauen waren da? – Hundert.*

(6)	*ciento veinticinco niños*	*125 Kinder*
	el episodio ciento sesenta y nueve	*die Episode 169*

Regel: Die Zahlen von *200* bis *900* werden immer mit dem nachfolgenden Nomen im Geschlecht übereingestimmt (7). Das ist auch der Fall bei den zusammengesetzten Zahlen zwischen 200 und 900 (8).

(7)	*doscientas mujeres*	*200 Frauen*
	quinientos participantes	*500 Teilnehmer*

(8)	*novecientas cuarenta y dos personas*	*942 Personen*
	mil quinientas sesenta y tres pesetas	*1562 Peseten*

Regel: Das Zahlwort für 1 Million ist ein maskulines Nomen, dem im Singular – wie im Deutschen – immer der unbestimmte Artikel vorausgeht: *un millón*. Das nachfolgende Nomen wird mit Hilfe der Präposition *de* angeschlossen (9). Der Anschluss mit *de* unterbleibt, wenn *un millón* bzw. *millones* den ersten Teil einer zusammengesetzten Zahl bildet (10).

(9)	*un millón de pesetas*	*1 Million Peseten*

(10)	*un millón doscientas mil pesetas*	*1.200.000 Peseten*
	aber:	
	mil millones de pesetas	*1 Milliarde Peseten*
	Se lo he dicho millones de veces.	*Ich habe es ihm Millionen Mal gesagt.*

Regel: Die Zahl *cero* (Null) verlangt immer ein Nomen im Plural (11).

(11)	*En caja tenemos cero pe-*	*In der Kasse haben wir Null*
	setas.	*Peseten.*
	cero grados	*Null Grad*

3.2.5.1.1. Der Gebrauch der Grundzahlen

Regel: Das Spanische verwendet – anders als das Deutsche – die Grundzahlen für die **Datumsangabe,** indem es den maskulinen bestimmten Artikel *el* vor das Grundzahlwort stellt und den Monatsnamen mit Hilfe der Präposition *de* anschließt (1). Die nachfolgende Jahreszahl wird ebenfalls mit *de* angeschlossen (2).

(1)	*Llegan el cinco de junio.*	*Sie kommen am 5. Juni an.*
	Hoy es el catorce de	*Heute ist der 14. Oktober.*
	octubre.	
(2)	*el once de junio de 1940*	*der/am 11. Juni 1940*
	el treinta de junio de 1937	*der/am 30. Juni 1937*

Hinweis: Für den ersten Tag des Monats gibt es zwei Möglichkeiten der Bezeichnung (3).

(3)	*el uno de octubre*	*der 1. Oktober*
	el primero de octubre	*der 1. Oktober*

Regel: Im Spanischen drückt man das **Jahrhundert** in der Regel mit Hilfe der Grundzahlen aus (4).

(4)	*en el siglo XXI (veintiuno)*	*im 21. Jahrhundert*
	el siglo X (diez)	*das 10. Jahrhundert*

Regel: Bei **Herrschernamen** und bei den **Päpsten** verwendet man ab der Zahl 11 die Grundzahlen (5).

(5)	*Luis XIV (Luis Catorce)*	*Ludwig XIV.*
	Alfonso XII (Alfonso Doce)	*Alfons XII.*
	el Papa Juan XXIII (veintitrés)	*Papst Johannes XXIII.*
	aber: *Pablo sexto*	*Paul VI.*
	Carlos quinto	*Karl V.*

3.2.5.2. Die Ordnungszahlwörter

Regel: Die Ordnungszahlwörter des Spanischen lauten:

1º	*primero*	40º	*cuadragésimo*
2º	*segundo*	50º	*quincuagésimo*
3º	*tercero*	60º	*sexagésimo*
4º	*cuarto*	70º	*septuagésimo*
5º	*quinto*	80º	*octogésimo*
6º	*sexto*	90º	*nonagésimo*
7º	*séptimo*		
8º	*octavo*	100º	*centésimo*
9º	*noveno*	101º	*centésimo primero*
10º	*décimo*		
11º	*undécimo*	200º	*ducentésimo*
12º	*duodécimo*	300º	*tricentésimo*
13º	*decimotercero*	400º	*cuadringentésimo*
14º	*decimocuarto*	500º	*quingentésimo*
15º	*decimoquinto*	600º	*sexcentésimo*
16º	*decimosexto*	700º	*septingentésimo*
17º	*decimoséptimo*	800º	*octingentésimo*
18º	*decimoctavo*	900º	*noningentésimo*
19º	*decimonoveno*		
		1000º	*milésimo*
20º	*vigésimo*	2000º	*dosmilésimo*
21º	*vigésimo primero*		
22º	*vigésimo segundo*	100.000º	*cienmilésimo*
30º	*trigésimo*	1.000.000º	*millonésimo*
31º	*trigésimo primero*		
32º	*trigésimo segundo*		

Hinweis: Bei den Ordnungszahlwörtern handelt es sich in erster Linie um Adjektive, die mit ihrem Nomen in Geschlecht und Zahl übereingestimmt werden (1). Die Ordnungszahlwörter *primero* und *tercero* werden vor einem maskulinen Nomen im Singular verkürzt zu *primer* und *tercer* (2).

(1)   *la tercera parte*   der dritte Teil

(2)   *El tercer ejemplo es inco-*   Das dritte Beispiel ist nicht kor-
        rrecto.   rekt.
        Vivo en el primer piso.   Ich wohne im ersten Stockwerk.

4. Das Adverb *(Adverbio)*

Grundwissen: Zur Wortart Adverb rechnet man in der herkömmlichen Grammatik des Spanischen und Deutschen ziemlich unterschiedliche sprachliche Elemente. Zum einen sind es die unveränderlichen Formen, denen man den Status eines Adverbs verleiht. Dabei werden so unterschiedliche Wörter wie *ahora* (jetzt), *aquí* (hier), *ayer* (gestern), *casi* (fast), *despacio* (langsam), *entonces* (dann), *gratis* (umsonst), *jamás* (nie), *luego* (nachher), *más* (mehr), *menos* (weniger), *siempre* (immer), *tarde* (spät) usw. zu den Adverbien gezählt. Diese sehr große Gruppe von Adverbien bezeichnet man als **ursprüngliche Adverbien.** Auf die Unterteilungen, die man gewöhnlich bei dieser Gruppe von Adverbien vornimmt (z. B. Adverbien des Ortes, der Zeit usw.) soll hier gar nicht erst eingegangen werden, weil sie für das Erlernen des Spanischen keine wichtige Rolle spielen.

Zum anderen rechnet man zu den Adverbien die so genannten **abgeleiteten Adverbien** oder die als Adverbien gebrauchten Adjektive, die ebenfalls ein recht verschiedenes Aussehen haben können (z. B. *felizmente* (glücklich), *excepcionalmente* (außerordentlich), *mejor* (besser), *temprano* (früh), *bastante* (genug), *muy* (sehr), *tan* (so), *recién* (frisch), *rápido* (schnell)).

Zu den Adverbien rechnet man in der Regel auch die so genannten **adverbialen Ausdrücke.** Unter dieser Bezeichnung versteht man mehr oder weniger fest gefügte Wortgruppen, die jeweils von einer Präposition eingeleitet werden (z. B. *en breve* (in Kürze), *de nuevo* (von neuem), *de improviso* (plötzlich)). Die adverbialen Ausdrücke bilden oftmals eine Alternative zu den abgeleiteten Adverbien (→ 4.5.1.).

4.1. Die abgeleiteten Adverbien: Unterschiede zwischen dem Spanischen und Deutschen

Grundwissen: Bei den abgeleiteten Adverbien handelt es sich um **Adjektive** (→ 3.1.), die auf besondere Weise, das heißt, als **Adverbien** verwendet werden. Wenn man Adjektive prädikativ oder attributiv verwendet (→ 3.1.1.), sind sie in Geschlecht und Zahl mit ihrem Nomen übereinzustimmen. Wenn man sie aber als Adverbien (= abgeleitete Adverbien) verwendet, fällt die Übereinstimmung weg und die Adjektive erhalten dafür eine adverbielle Kennzeichnung (→ 4.2.1.) wie z. B. die Endung *-mente*.

Im Deutschen werden Adjektive in adverbieller Verwendung – von einigen wenigen Ausnahmen abgesehen – in der Regel nicht gekennzeichnet.

Daher ist es die Aufgabe des Lerners, adverbiell verwendete Adjektive des Deutschen als solche zu erkennen und ihnen im Spanischen die richtige Kennzeichnung zuzuweisen (1). Man beachte, wie selten bzw. wie wenig das Deutsche – in der Gegenüberstellung (1) – das Adjektiv *glücklich* durch Merkmale der Übereinstimmung oder Kennzeichnung auszeichnet. Die adverbielle Verwendung von *glücklich* wird nur beim Satzadverb durch die Form *glücklicherweise* deutlich angezeigt.

Gegenüberstellung:

adjektivisch

(1) *Estoy feliz con mi nuevo trabajo.*
Estamos felices con nuestro nuevo trabajo.
Me has hecho feliz con esa noticia.
Nos has hecho felices con esa noticia.
Aquéllos fueron los años más felices de mi vida.

Ich bin glücklich mit meiner neuen Arbeit.
Wir sind glücklich mit unserer neuen Arbeit.
Mit dieser Nachricht hast du mich glücklich gemacht.
Mit dieser Nachricht hast du uns glücklich gemacht.
Jene waren die glücklichsten Jahre meines Lebens.

adverbial

Viven felizmente allí.
Todo aquello acabó felizmente.
Felizmente, no cumplió su amenaza.

Sie leben dort glücklich.
Alles das endete glücklich.
Glücklicherweise erfüllte er seine Drohung nicht.

4.2. Die abgeleiteten Adverbien als nähere Bestimmung verschiedener Wortarten

Grundwissen: Das Adverb – dies gilt auch für die unveränderlichen Formen und adverbialen Ausdrücke – ist eine Wortart, die immer im Dienste einer anderen Wortart steht. Dies zeigt sich darin, dass das Adverb die Wortart Verb (1), Adjektiv (2), Nomen (3) und sogar die „eigene" Wortart Adverb (4) näher bestimmen kann. Ja seine Bestimmungsmöglichkeiten gehen noch weiter: Als Satzadverb (5) kann es einen ganzen Satz näher bestimmen. (Die näher bestimmte Form ist in den nachfolgenden Beispielsätzen (1) bis (5) jeweils unterstrichen.)

(1)	*Hemos entendido perfecta-mente.*	*Wir haben vollkommen verstanden.*
(2)	*Se muestra enormemente prudente.*	*Er zeigt sich ungeheuer vernünftig.*
	Tras las inundaciones, las calles han quedado en un estado verdaderamente penoso.	*Nach den überschwemmungen befanden sich die Straßen in einem wirklich schlimmen Zustand.*
(3)	*Creo que éste es realmente el fin de las pruebas nucleares.*	*Ich glaube, dass das wirklich das Ende der Atomversuche ist.*
	La obra ha sido terminada precisamente por mi amigo.	*Das Werk wurde ausgerechnet durch meinen Freund zu Ende geführt.*
(4)	*Nos trataron excepcionalmente bien.*	*Sie behandelten uns außergewöhnlich gut.*
(5)	*Al día siguiente, afortunadamente, encontramos un taller abierto.*	*Am folgenden Tag fanden wir glücklicherweise einen offenen Betrieb.*
	Francamente, no me interesa.	*Ehrlich gesagt, das interessiert mich nicht.*

4.2.1. Die Kennzeichnung der abgeleiteten Adverbien

Grundwissen: Während das Deutsche nur Kennzeichnungen mit Hilfe der Endung *-weise* und *-lich* (glücklicherweise, sicherlich) kennt, besitzt das Spanische drei Arten der Adverbkennzeichnung:

Die Kennzeichnung der abgeleiteten Adverbien:

● Kennzeichnung durch die Endung *-mente* (1)

● Kennzeichnung durch die **neutrale Endung,** die mit der maskulinen Endung Singular identisch ist (2)

● Kennzeichnung durch unregelmäßig gebildete Adverbien (3)

Hinweis: Bei den nachfolgenden Beispielsätzen geht es nur darum, die verschiedenen Möglichkeiten der Adverbkennzeichnung aufzuzeigen. Die Bedingungen, unter denen die einzelnen Kennzeichnungen zu verwenden sind, werden erst weiter unten bei der Besprechung der einzelnen näher bestimmten Wortarten beschrieben.

(1)	*Me molesta constante-mente.*	*Er ärgert mich andauernd.*
	Lo hacemos rápidamente.	*Wir machen es schnell.*
(2)	*Salimos mañana temprano.*	*Wir fahren morgen früh ab.*
	Esperamos que vuelvas pronto.	*Wir hoffen, dass du bald wieder-kommst.*
	Había crecido mucho.	*Er war sehr gewachsen.*
	Llora fuerte.	*Er weint laut.*
	Llovía fuerte.	*Es regnete stark.*
(3)	*Se hizo un silencio muy grande.*	*Es wurde ganz still.*
	Veo mal.	*Ich sehe schlecht.*
	Todo saldrá bien.	*Es wird alles gut ausgehen.*

4.2.1.1. Bildung und Gebrauch der Adverbkennzeichnung *-mente*

Regel: Die Adverbien auf *-mente* bildet man, indem man die Endung bzw. das Suffix *-mente* an die **feminine Singularform** des Adjektivs anhängt (1). Bei Adjektiven, die einen Akzent tragen, bleibt dieser in der Adverbform erhalten, obwohl die Hauptbetonung auf *-mente* liegt (2). Wenn zwei oder mehr Adverbien auf *-mente* aufeinander folgen, setzt man das erste bzw. zweite Adjektiv bloß in die feminine Form, während das zweite bzw. letzte Adjektiv die Kennzeichnung *-mente* erhält (3).

(1)				
	cuidadoso	sorgfältig	→	**cuidadosamente**
	directo	direkt	→	**directamente**
	diario	täglich	→	**diariamente**
	constante	andauernd	→	**constantemente**
	natural	natürlich	→	**naturalmente**
	feliz	glücklich	→	**felizmente**
	especial	besonderer	→	**especialmente**

(2)   *rápido*   *schnell*   →   *rápidamente*
        cómodo   *bequem*   →   *cómodamente*
        difícil   *schwierig*   →   *difícilmente*
        cortés   *höflich*   →   *cortésmente*

(3)   *Hablan clara y distinta-*   Sie sprechen klar und deut-
        mente.   lich.
        política y económicamente   politisch und wirtschaftlich
        segura y perfectamente   sicher und perfekt
        pícara y bobamente   boshaft und dumm
        lenta pero sistemáticamente   langsam, aber systematisch
        ni física ni mentalmente   weder körperlich noch geistig

        política, social y moral-   politisch, sozial und moralisch
        mente
        callada, humilde, dedicada-   schweigend, demütig und er-
        mente   geben

Hinweis: Die Adverbendung *-mente* kann man auch an die Ordnungs-
zahlen *primero* (erster) und *tercero* (dritter) sowie an manche Partizipien
anhängen (4).

(4)   *primero*   *erster*   →   *primeramente* (erstens)
        tercero   *dritter*   →   *terceramente* (drittens)
        decidido   *entschlossen* →   *decididamente*
        acentuado   *deutlich*   →   *acentuadamente*
        reiterado   *wiederholt*   →   *reiteradamente*

Sonderfall: Eine Adverbform auf *-mente* darf einer anderen Adverbform
auf *-mente* nicht vorausgehen. Man darf beispielsweise <u>nicht</u> sagen: *„Nos
trataron excepcionalmente amablemente."* Sie behandelten uns außer-
gewöhnlich liebenswürdig. Der betreffende Satz müsste abgeändert werden zu: *Nos trataron excepcionalmente bien* oder *muy amablemente.*

Hinweis: In der modernen spanischen Sprache bildet man immer häufiger Adverbformen von Adjektiven, die bislang der Adverbbildung kaum
zugänglich waren. Gemeint sind Adjektive wie *económico* (wirtschaftlich),
político (politisch), *social* (sozial), *emocional* (emotional), *personal* (per-
sönlich) usw. Man könnte diese Adverbien als *„punto de vista-*Adverbien"
bezeichnen, weil sie durch die Formulierung *desde el punto de vista* +
Adjektiv umschreibbar sind (5).
Im Deutschen gibt man diese Adverbien mit Hilfe von *in* + Adjektiv +
Hinsicht oder mit Hilfe von Adjektiv + *gesehen/betrachtet* wieder.

(5) económicamente = desde el punto de vista económico
     políticamente = desde el punto de vista político

una respuesta económicamente válida
eine in wirtschaftlicher Hinsicht gültige Antwort
eine wirtschaftlich (gesehen) gültige Antwort

4.2.1.2. Bildung und Gebrauch der neutralen Adverbkennzeichnung

Regel: Eine Reihe von Adjektiven lässt die Adverbkennzeichnung **-mente** nicht zu. Bei diesen Adjektiven dient die **neutrale Form,** die mit der maskulinen Singularform identisch ist, als Adverbkennzeichnung (1).

(1) Su madre murió pronto.   Seine Mutter ist früh gestorben.

Los zapatos nuevos me   Die neuen Schuhe drückten sehr.
apretaban mucho.
No preguntes tanto.   Frag nicht so viel.

El corazón nos latía fuerte.   Unsere Herzen klopfen heftig.

Hay tormenta, llueve   Ein Gewitter ist losgebrochen,
grueso.   es regnet in Strömen.

Esos pájaros vuelan alto.   Diese Vögel da fliegen hoch.
Ese avión vuela bajo.   Dieses Flugzeug da fliegt tief.

El piso no me ha costado   Die Wohnung hat mich nicht
caro.   viel gekostet.
Has vendido caro.   Du hast es teuer verkauft.

En ese restaurante se come   In diesem Restaurant da isst man
bien y barato.   gut und billig.
Ese boxeador pega muy   Dieser Boxer da schlägt sehr hart.
duro.
Hay que estudiar duro.   Man muss hart büffeln.

4.2.1.3. Bildung und Gebrauch der unregelmäßig gebildeten Adverbien

Regel: Die Adjektive *bueno* und *malo* bilden das Adverb auf unregelmäßige Weise:

| **bueno** | gut | → | **bien** | (1) |
| **malo** | schlecht | → | **mal** | (2) |

(1) El secador no funciona **bien.**

Der Trockner funktioniert nicht gut.

Poco hablan **bien** dos idiomas.

Nur wenige sprechen zwei Sprachen gut.

(2) Pedro conduce **mal.**

Pedro fährt schlecht.

Aunque se esfuerza, sigue haciéndolo **mal.**

Obwohl er sich bemüht, macht er es weiter schlecht.

4.2.2. Die abgeleiteten Adverbien als nähere Bestimmung der Wortart Verb

Grundwissen: Zweifelsohne ist die nähere Bestimmung des Verbs die wichtigste Aufgabe der abgeleiteten Adverbien. Dies gilt zwar auch für das Deutsche, aber im Deutschen werden die näheren Bestimmungen des Verbs generell nicht gekennzeichnet.

Regel: Wenn ein spanisches Adjektiv ein Verb näher bestimmt, muss es mit einer adverbiellen Kennzeichnung (→ 4.2.1.) versehen werden. Je nach Adjektiv kommt eine der drei Kennzeichnungen zum Einsatz (1, 2, 3).

Von dieser Regelung ausgenommen sind jedoch die Verben ser und estar und einige weitere Verben. Im Kontext dieser Verben wird das Adjektiv mit dem Subjekt in Geschlecht und Zahl übereingestimmt (4).

(1) Hago deporte diariamente. Ich betreibe täglich Sport.

Los precios han aumentado considerablemente.

Die Preise sind beträchtlich gestiegen.

Se lo digo sinceramente. Ich sage Ihnen das ganz offen.

(2) Usted trabaja demasiado. Sie arbeiten zu viel.

Hablan siempre claro. Sie reden immer deutlich.

Me duelen mucho los pies. Mir tun die Füße furchtbar weh.

	Al día siguiente, volvió temprano.	Am folgenden Tag kam er früh.
	Lo hice rápido/rápidamente.	Er machte es schnell.
	Quiero que vengas rápido a casa.	Ich will, dass du schnell nach Hause kommst.
(3)	Olía mal.	Es roch schlecht.
	Olía bien.	Es roch gut.
(4)	Estaba tranquila.	Sie war ruhig.
	Tu amiga es simpática.	Deine Freundin ist sympathisch.
	Estaba rígido y frío.	Er war steif und kalt.
	Lucas se quedaba pensativo.	Lucas saß nachdenklich da.
	Sus males le parecían naturales.	Seine Missgeschicke erschienen ihm natürlich.
	Ella vive sola conmigo.	Sie lebt allein mit mir.
	Esta casa resulta pequeña.	Dieses Haus erweist sich als klein.
	Llegamos cansados.	Wir kamen müde an.

Hinweis: Die übereingestimmten Adjektive in den Beispielsätzen (4) beziehen sich vor allem auf den körperlichen oder seelischen Zustand von Personen.

4.2.3. Die abgeleiteten Adverbien als nähere Bestimmung der Wortart Adjektiv

Regel: Wenn ein Adjektiv ein anderes **Adjektiv** näher bestimmt, erhält es eine der drei Adverbkennzeichnungen (→ 4.2.1.) (1, 2, 3).

(1)	Eso es **totalmente** falso.	Das ist völlig falsch.
	Es **verdaderamente** penoso.	Es ist wirklich schmerzlich.
(2)	La fruta es **demasiado** cara.	Das Obst ist zu teuer.
	El hotel es **bastante** caro.	Das Hotel ist ziemlich teuer.

No me gusta la carne **medio** cruda.

Ich mag das Fleisch nicht halb roh.

Sonderfälle: Die neutral gekennzeichneten Formen *mucho, tanto* und *reciente* werden verkürzt, wenn sie ein Adjektiv näher bestimmen (2a).

(2a)

Un sombrero malva, de ala muy ancha.

Ein malvenfarbener Hut mit sehr breitem Rand.

Ella empezó a hablar en voz muy baja.

Mit sehr leiser Stimme fing sie an zu sprechen.

Tu amiga es muy simpática.

Deine Freundin ist sehr sympathisch.

Resbaló con tan mala fortuna que ...

Sie rutschte so unglücklich aus, dass ...

Allí en el cuarto tan frío ...

Dort in dem eiskalten Zimmer ...

No seas tan orgulloso.

Sei nicht so überheblich.

No tires tan fuerte.

Zieh doch nicht so.

Estamos recién casados.

Wir sind frisch verheiratet.

¿Has visto los recién llegados?

Hast du die Neuankömmlinge gesehen?

Pero aquel libro recién comprado ...

Aber jenes Buch, das kurz zuvor gekauft worden war, ...

(3)

Los pasteles eran bien malos.

Die Kuchen waren ganz schlecht.

La sopa bien caliente, por favor.

Die Suppe bitte ganz heiß.

4.2.4. Die abgeleiteten Adverbien als nähere Bestimmung der Wortart Adverb

Regel: Wenn ein Adjektiv ein Adverb näher bestimmt, erhält es eine der drei Adverbkennzeichnungen (→ 4.2.1.) (1, 2, 3).

(1)

Laura canta verdaderamente bien.

Laura singt wirklich gut.

Sonderfälle: Die neutral gekennzeichneten Formen *mucho* und *tanto* werden verkürzt, wenn sie ein Adverb näher bestimmen (→ (2)).

(2)

Pepe habla muy rápido.

Pepe spricht sehr schnell.

Le saludaron muy cordial- mente.	Sie begrüßten ihn sehr herzlich.
Allí se come muy mal/bien.	Dort isst man sehr schlecht/gut.
No esperaba hacer el exa- men tan bien.	Ich erwartete nicht, dass ich die Prüfung so gut machen würde.
Se lo diré tan pronto como lo sepa.	Ich werde es Ihnen sagen, so- bald ich es weiß.
Yo no podría relatarlo tan precisamente como él.	Ich könnte es nicht so genau erzählen wie er.

(3) Bien pronto te has can- Du bist sehr bald ermüdet.
sado.
Se acostó bien temprano. Er ging sehr früh ins Bett.

4.2.5. Die abgeleiteten Adverbien als nähere Bestimmung der Wortart Nomen

Grundwissen: Adjektive können auch ein Nomen oder besser gesagt eine Nominalgruppe näher bestimmen. Dem Nomen und der Nominalgruppe kann dabei eine Präposition vorausgehen.

Regel: Adjektive, die ein Nomen oder eine Nominalgruppe näher bestimmen, erhalten ausschließlich die Kennzeichnung -mente (1). Nur das neutral gekennzeichnete und mit Akzent versehene *sólo* (nur) kann ebenfalls Nomina und Nominalgruppen näher bestimmen (2).

(1) Es prácticamente lo mismo. Das ist im Grunde dasselbe.

¡Precisamente hoy! Ausgerechnet heute!

Dentro olía fuertemente a Drinnen roch es durchdringend
ganado. nach Vieh.

Precisamente esta Genau heute Vormittag.
mañana.
Precisamente por la ma- Genau am Vormittag.
ñana.

Hinweis: Mit *precisamente* könnte man auch einen Nebensatz näher bestimmen: z. B. *Precisamente porque estás tú aquí, no creo que venga.* (Gerade weil du hier bist, glaube ich nicht, dass er kommt).

(2)   *A este precio vendemos*   *Zu diesem Preis verkaufen wir*
        sólo hoy.   *nur heute.*
        Tiene que esperar sólo   *Sie müssen nur eine halbe Stunde*
        media hora.   *warten.*

4.2.6. Die abgeleiteten Adverbien als nähere Bestimmung eines ganzen Satzes

Regel: Adjektive, die als **Satzadverbien,** wie sie auch genannt werden, einen ganzen Satz näher bestimmen, erhalten gewöhnlich die Kennzeichnung *-mente* (1). Die an die Satzspitze gestellten Satzadverbien werden in der Regel durch ein Komma vom restlichen Satz getrennt. Eine Ausnahme bildet hierbei das Adverb *probablemente*, das man nicht durch Komma abtrennt.

(1)   **Afortunadamente,** *mi*   *Zum Glück war mein Vater dort*
        padre estaba allí conmigo.   *bei mir.*

        Seguramente, *tu hermano* *Sicherlich wird dein Bruder das*
        habrá perdido el avión.   *Flugzeug versäumt haben.*

        Probablemente *ese libro*   *Wahrscheinlich ist das Buch da*
        no sea el más completo.   *nicht das vollständigste.*

4.3. Die Steigerung des Adverbs

Grundwissen: Adverbien werden wie Adjektive gesteigert (→ 3.1.5.). Die Steigerung nach oben erfolgt mit Hilfe von *más,* nach unten mit Hilfe von *menos.*

Regel: Die unregelmäßig gebildeten Adverbien *bien* und *mal* bilden auch den Komparativ unregelmäßig (→ 4.2.1.3.). Dasselbe gilt für die neutral gekennzeichneten Adverbien *mucho* bzw. *muy* (→ 4.2.4.) und *poco.*

bien *gut*	→	**mejor** *besser*	(1)
mal *schlecht*	→	**peor** *schlechter*	(2)
mucho/muy *sehr*	→	**más** *mehr*	(3)
poco *wenig*	→	**menos** *weniger*	(4)

(1)   *Con estas gafas veo*   *Mit dieser Brille sehe ich besser.*
        mejor.

Habla mejor que escribe.	*Er spricht besser als er schreibt.*

(2) *Hoy ha dormido peor que la noche anterior.* — *Heute hat er schlechter geschlafen als die Nacht zuvor.*

Habla peor que escribe. — *Er spricht schlechter als er schreibt.*

(3) *Hoy lloverá más.* — *Heute wird es noch mehr regnen.*
A Elena le gustan más los deportes que los estudios. — *Helene gefällt der Sport mehr als das Studium.*

(4) *Por favor, habla menos y haz más.* — *Rede bitte weniger und tu mehr.*

Regel: Die Formen des absoluten Superlativs (→ 3.1.5.) erhalten die Endung *-mente,* wenn sie ein Verb näher bestimmen (5). Solche Formen werden aber nur selten verwendet.

(5) *Rarísimamente lo verás contento.* — *Nur sehr selten wirst du ihn zufrieden sehen.*

Hinweis: Gesteigerte Adverbformen finden sich in feststehenden Wendungen (6).

(6) *más o menos* — *mehr oder weniger*
ni más ni menos — *genau*
todo lo más — *höchstens*

Estudia a más no poder. — *Er lernt bis zum Gehtnichtmehr./ Er büffelt wie ein Blöder.*

por mejor decir — *besser gesagt*
mejor dicho — *genauer gesagt*
como mejor pudo — *so gut er konnte*

A lo mejor voy al cine. — *Vielleicht gehe ich ins Kino.*
por lo menos/cuando menos — *wenigstens*

4.3.1. Das Adverb im relativen Superlativ

Grundwissen: Dem Spanischen fehlen beim Adverb die Entsprechungen zum deutschen relativen Superlativ (z. B. *am schnellsten*) (→ 3.1.5.2.1.). Es benutzt in solchen Fällen eine Komparativkonstruktion mit Relativsatz (1).

(1)   *El que más come es Juan.*   Juan isst am meisten.
                                    (wörtlich: Derjenige, der mehr isst,
                                    ist Juan)
      El que conduce peor es   Am schlechtesten fährt Pedro.
      Pedro.

4.4. Die nähere Bestimmung eines Adverbs im Komparativ

Regel: Wenn *mucho* oder *tanto* ein im Komparativ stehendes Adverb
näher bestimmen, werden sie *nicht* verkürzt (1).

(1)   *Enrique trabaja* **mucho**   Enrique arbeitet viel besser
      mejor que su hermano.   als sein Bruder.
      Aquí trabajas **mucho**   Hier arbeitest du viel weniger.
      menos.

      Lo hizo **tanto** *mejor a*   Er machte es umso besser, je
      medida que fue relaján-   mehr er sich entspannte.
      dose.

4.5. Die Umschreibung der Adverbien

Grundwissen: Ähnlich wie im Deutschen können Adverbien umschrieben
werden. Manchmal ist dies notwendig, weil von bestimmten Adjektiven
keine Adverbformen gebildet werden können. Im Spanischen sind es vor
allem drei Verfahren, mit deren Hilfe man Adverbien ersetzen kann.

4.5.1. Adverbiale Ausdrücke anstelle von Adverbien

Regel: Viele Adverbien mit der Kennzeichnung *-mente* können durch
adverbiale Ausdrücke ersetzt werden (1).

(1)   *afortunadamente*   = *por fortuna*   glücklicherweise
      casualmente   = *por casualidad*   zufällig
      completamente   = *por completo*   völlig
      cortésmente   = *con cortesía*   höflich
      detalladamente   = *en detalle*   detailliert
      desgraciadamente   = *por desgracia*   unglücklicherweise
      exactamente   = *con exactitud*   genau
      finalmente   = *al fin/en fin*   endlich
      frecuentemente   = *con frecuencia*   oft, häufig

generalmente	=	en/por general	im Allgemeinen
improvisamente	=	de/al improviso	plötzlich
indudablemente	=	sin duda	zweifellos
inmediatamente	=	de inmediato	sofort
inoportunamente	=	a destiempo	ungelegen
nuevamente	=	de nuevo	von neuem
silenciosamente	=	en silencio	stillschweigend
vanamente	=	en vano	vergebens, umsonst

4.5.2. Umschreibungen vom Typ *de manera* + *Adjektiv*

Regel: Besonders bei Adjektiven, die keine Adverbbildung auf *-mente* zulassen, greift man zu einem Verfahren, mit dem man alle Adverben umschreiben kann (1). Gemeint sind damit die Präpositionalausdrücke *de manera* oder *en manera* bzw. *de modo* oder *en modo*, denen man das betreffende Adjektiv hinzufügt.

(1)	*de buena manera*	*anständig*
	de la manera siguiente	*folgendermaßen*
	de manera calculada y fría	*berechnend und kaltblütig*
	de muy distinta manera	*auf sehr unterschiedliche Weise*
	en gran manera	*in hohem Maße, hochgradig*
	de un modo increíble	*auf unglaubliche Weise*
	de un modo especial	*auf besondere Art*
	de modo confidencial	*vertraulich*
	en cierto modo	*gewissermaßen*

Hinweis: Für ähnliche Umschreibungen des Adverbs eignen sich auch Nomina wie *voz* (Stimme), *forma* (Form), *paso* (Schritt) und *tono* (Ton) (2).

(2)	*a media voz*	*halblaut, mit gedämpfter Stimme*
	en alta voz	*laut, mit lauter Stimme*
	en voz baja	*leise, mit leiser Stimme*
	de viva voz	*mündlich*
	en voz rápida y baja	*schnell und leise*
	con voz exaltada	*erregt, überspannt, mit erregter Stimme*
	en debida forma	*gebührend, in gehöriger Form*
	a paso muy lento	*sehr langsam*
	de mal tono	*ungehörig, geschmacklos*

4.5.3. Die verbale Umschreibung von Adverbien

Grundwissen: Das Spanische gibt deutsche Adverbien vielfach mit Hilfe von Verben wieder (→ 6.12.) (1).

(1)	*Prefiero quedarme en casa.*	*Ich bleibe lieber zu Hause.* (wörtlich: *Ich ziehe es vor, zu Hause zu bleiben*).

4.5.4. Adverbiale Wendungen anstelle von Adverbien

Grundwissen: Im Spanischen besteht auch die Möglichkeit, deutsche Adverbien mit Hilfe von adverbialen Wendungen wiederzugeben (1).

(1)	*aprender de memoria*	*auswendig lernen*
	llegar a tiempo	*rechtzeitig ankommen*
	pagar al contado	*bar bezahlen*
	fabricar en serie	*serienmäßig herstellen*

Übungen

1. Übersetzen Sie ins Spanische:
   a. Du bist sehr grob *(desagradable)* zu mir.
   b. Er fühlte sich sehr unglücklich *(desdichado)*.
   c. Ich bin wirklich kein großer Prinz.
   d. Ich bin so traurig!
   e. Sie benahmen sich normal *(corriente)*.
   f. Deine Erinnerungen sind richtig schön *(lindo)*.
   g. Es ist genau hier.
   h. Ich bin ein Sohn von ihm; folglich muss ich jünger sein.
   i. Er hat ungemein viel geschlafen.
   j. Ist sie die Schuldige? – Unbestritten *(indiscutible)*.
   k. Im Allgemeinen kommt er spät.
   l. Mit dieser Brille sehe ich weniger schlecht/besser.
   m. Wir gehen ins Kino und wenn ihr mitkommen wollt, umso besser.
   n. Auf diese Art wirst du es schwerlich erreichen.

Lösungen

1. a. Estás muy desagradable conmigo.
   b. Se sintió muy desdichado.
   c. Realmente no soy un gran príncipe.
   d. ¡Estoy tan triste!
   e. Se comportaban corrientemente.
   f. Tus recuerdos son bien lindos.
   g. Es exactamente aquí.
   h. Soy hijo suyo; consiguientemente, tengo que ser más joven.
   i. Ha dormido excesivamente.
   j. ¿Es ella la culpable? – Indiscutiblemente.
   k. Generalmente viene tarde.
   l. Con estas gafas veo menos mal/mejor.
   m. Nosotros vamos al cine y si queréis venir, tanto mejor.
   n. De ese modo, difícilmente lo conseguirás.

5. Die Pronomina *(Pronombres)*

Grundwissen: Die Wortart Pronomen untergliedert sich in zwei Gruppen von Pronomina. Die eine Gruppe kann sowohl adjektivisch als auch pronominal verwendet werden (1). Die andere Gruppe kann nur pronominal verwendet werden (2).

Zur **Gruppe (1)** gehören:

- Das **Possessivpronomen**
- Das **Demonstrativpronomen**
- Das **Interrogativpronomen**
- Das **Indefinitpronomen**

Zur **Gruppe (2)** gehören:

- Das **Personalpronomen**
- Das **Reflexivpronomen**
- Das **Relativpronomen**

5.1. Das Possessivpronomen *(Pronombre posesivo)*

Grundwissen: Unter **Possessivpronomen** versteht man in der Spanischen Grammatik die allein stehende (pronominale) Form des Possessivum (→ 3.2.1.). Von einem Possessivpronomen kann man also nur dann sprechen, wenn zu einer possessiven Form kein Nomen gehört, dem diese Form unmittelbar vorausgeht oder folgt (1). In der Verbindung possessive Form + Nomen bezeichnet man die possessive Form als possessives Adjektiv (→ 3.2.1.).

(1)	*El perro es **suyo**, cuídelo usted.*	*Der Hund gehört Ihnen, kümmern Sie sich um ihn.*
	*¿Es **suya** esa maleta?*	*Gehört Ihnen der Koffer da?*
	*– No, no es **mía**.*	*Nein, er gehört mir nicht.*

Hinweis: Die Possessivpronomen-Formen *suyo, suya* und *mía* stehen in den vorausgehenden Beispielen jeweils anstelle der Verbindung possessives Adjektiv + Nomen *(su perro/su maleta/mi maleta).*

5.1.1. Die Formen des Possessivpronomens

Regel: Die Formen des Possessivpronomens sind mit den Formen des betonten possessiven Adjektivs (→ 3.2.1.1.) identisch.

5.1.2. Der Gebrauch des Possessivpronomens

Regel: Die Verwendung eines Possessivpronomens anstelle der Verbindung possessives Adjektiv + Nomen gibt es im Spanischen und im Deutschen in gleicher Weise (1). Ein Unterschied ergibt sich jedoch darin, dass das Spanische für jedes Possessivpronomen spezielle Formen besitzt, während das Deutsche für das Possessivpronomen nur beim Singular maskulin und neutrum eine vom possessiven Adjektiv abweichende Form hat (z. B. *mein Vater = meiner* und *mein Kind = meines* im Gegensatz zu *meine Mutter = meine*). Ein weiterer Unterschied ist, dass das Spanische in der Regel den bestimmten Artikel vor das Possessivpronomen setzt, während das Deutsche das Possessivpronomen mit oder ohne bestimmten Artikel gebrauchen kann.

(1)	*Mi coche está estropeado.*	Mein Auto ist kaputt.
	– ¿Me dejas el tuyo?	*– Leihst du mir deines?*
	¿Qué coche vendemos?	Welches Auto verkaufen wir?
	¿El tuyo o el mío?	Das deine oder das meine?/
		Deines oder meines?
	Te presento a mi marido.	Ich stelle dich meinem Mann vor.
	– ¿Dónde está el tuyo?	*– Wo ist der deine/deiner?*

Regel: Das Possessivpronomen steht sehr oft in Verbindung mit *ser* (→ 6.2.4.). Nach *ser* kann vor dem Possessivpronomen der bestimmte Artikel stehen, er kann aber auch entfallen. Der Verbindung *ser* + (bestimmter Artikel) + Possessivpronomen entspricht im Deutschen meist das Verb *gehören*. Dieses Verb wird allerdings im Deutschen mit dem Dativ des Personalpronomens konstruiert. Dadurch wird die Gegenüberstellung erschwert (2). Um die possessiven Strukturen des Spanischen und Deutschen vergleichen zu können, muss man die deutsche Entsprechung zunächst wörtlich wiedergeben.

(2)	*¿De quién son estas cosas?*	Wem gehören diese Sachen?
	– Son mías.	*– Sie gehören mir.*
		(wörtlich: *Es sind meine/die meinen*)
	¿Son tuyos esos sellos?	Gehören die Briefmarken da dir?
		(wörtlich: *Sind die Briefmarken da deine/die deinigen?*)

¿De quién es este libro?	*Wem gehört das Buch da?* (wörtlich: *Von wem ist das Buch da?*)
– Es el mío, usted no lleva- ba el suyo.	*Es gehört mir (wörtlich: Es ist das meine/meines). Sie hatten das Ihre/Ihres nicht dabei.*

5.1.2.1. Die Verbindung *lo* + Possessivpronomen

Regel: Der neutrale Artikel *lo* steht sehr häufig vor einem Possessivpronomen. Im Deutschen entsprechen in der Regel Substantivierungen wie *das Meine, das Unsrige* usw., aber oft sind es auch Umschreibungen komplizierterer Art (1).

(1)	*Lo mío es la música.*	*Musik, das ist mein Ding.*
	Lo tuyo son los idiomas.	*Dein Steckenpferd sind die Sprachen.*
	Métete en lo tuyo, no en lo mío.	*Misch dich in deine Angelegenheiten ein, nicht in meine.*
	Cada uno debe ocuparse de lo suyo.	*Jeder muss sich um seine eigenen Angelegenheiten kümmern.*

5.1.2.2. Die Verbindung *los* + Possessivpronomen

Regel: Bei der Verbindung *los* + Possessivpronomen handelt es sich um eine Substantivierung des possessiven Adjektivs wie sie auch das Deutsche kennt: *die Meinen, meine Leute* usw. (1).

(1)	*Me esperan los míos para la cena.*	*Meine Leute erwarten mich zum Abendessen.*
	Es envidiable ver lo bien que te llevas con los tuyos.	*Es ist beneidenswert zu sehen, wie gut du dich mit deinen Angehörigen verstehst.*

5.1.2.3. Die Verbindung *la* + Possessivpronomen

Regel: Die Verbindungen von *la* mit dem übereingestimmten Possessivpronomen haben teilweise idiomatischen Charakter (1).

(1)   *Viene solo: ésta es la*   *Er kommt allein: das ist unsere*
    nuestra, le daremos un   *Chance; wir werden ihm einen*
    susto.   *Schrecken einjagen.*

    Si deseáis algo, ésta es   *Wenn ihr etwas wünscht, ist das*
    la vuestra: me encontráis   *eure Chance: ihr trefft mich gut*
    de buen humor.   *gelaunt an.*

    Manolo se salió con la   *Manolo setzte seinen Kopf durch,*
    suya sin reparar en el daño   *ohne den Schaden zu bemerken,*
    que hacía.   *den er machte.*

5.1.2.4. Die Verbindung *las* + Possessivpronomen

Regel: Die Verbindungen von *las* mit dem übereingestimmten Possessivpronomen kommen praktisch nur in feststehenden Wendungen vor (1).

(1)   *Esa respuesta es una de*   *Die Antwort da ist eine typische*
    las suyas.   *Antwort von ihm.*

    Cuando te cases te pre-   *Wenn du heiratest, werden wir*
    pararemos una de las   *dir einen unserer Streiche spie-*
    nuestras.   *len.*

5.2. Das Demonstrativpronomen *(Pronombre demostrativo)*

Grundwissen: Unter **Demonstrativpronomen** versteht man in der Spanischen Grammatik die allein stehende (pronominale) Form des Demonstrativum (→ 3.2.2.). Ein Demonstrativpronomen liegt also nur dann vor, wenn es kein Nomen gibt, zu dem die demonstrative Form gehört und mit dem sie in Geschlecht und Zahl übereingestimmt ist (1). In der Verbindung demonstrative Form + Nomen bezeichnet man die demonstrative Form als demonstratives Adjektiv (→ 3.2.2.).

(1)   *¿Cuál vino prefiere, éste o*   *Welchen Wein mögen Sie am*
    aquél?   *liebsten, den hier oder den dort?*

    Aquél fue el día más feliz   *Jener war der glücklichste Tag*
    de su vida.   *seines Lebens.*

Hinweis: Die Demonstrativpronomina in (1) sind zwar alle mit dem Nomen, auf das sie sich inhaltlich beziehen, in Geschlecht und Zahl übereingestimmt, aber dieses Nomen <u>steht nicht in ihrer Nähe.</u> Die Pronomina vertreten es: die demonstrativen Formen *éste* und *aquél* stehen demnach statt *este vino, aquel vino* und *aquel día.*

5.2.1. Die Formen des Demonstrativpronomens

Regel: Die Formen des Demonstrativpronomens lauten wie die Formen des demonstrativen Adjektivs (→ 3.2.2.1.1. – 3.2.2.1.3.) mit dem kleinen Unterschied, dass die maskulinen und femininen Formen des Demonstrativpronomens alle einen Akzent erhalten:

Die Formen des Demonstrativpronomens:

	maskulin		feminin
Singular	*éste*	*diese(r) hier*	*ésta*
Plural	*éstos*		*éstas*
Singular	*ése*	*diese(r) da*	*ésa*
Plural	*ésos*		*ésas*
Singular	*aquél*	*diese(r) dort*	*aquélla*
Plural	*aquéllos*		*aquéllas*

5.2.1.1. Die neutralen Formen des Demonstrativpronomens

Regel: Die weiter oben aufgeführten Formen der drei Demonstrativpronomina *éste, ése, aquél,* für die es jeweils ein demonstratives Adjektiv gibt, werden im Spanischen durch drei neutrale Demonstrativpronomina ergänzt, zu denen das entsprechende demonstrative Adjektiv fehlt, weil es eben im Spanischen keine Nomina neutralen Geschlechtes gibt. Außerdem haben die neutralen Demonstrativpronomina keinen Plural. Er fehlt auch ihren deutschen Entsprechungen (*das, dies, jenes* usw.). Weil *esto, eso* und *aquello* nur Pronomina sind, erhalten sie keinen Akzent.

Die Formen der drei **neutralen Demonstrativpronomina** lauten:

esto	*das, dies, dieses*
eso	*das da*
aquello	*das dort*

5.2.2. Die Übereinstimmung der Demonstrativpronomina

Regel: Für die drei neutralen Demonstrativpronomina gibt es aus verständlichen Gründen keine Regelung der Übereinstimmung. Die anderen Formen des Demonstrativpronomens sind immer in Geschlecht und Zahl mit dem Nomen übereinzustimmen, das sie ersetzen (1).

(1)   *Éstos son los **hombres***   ***Das** sind die **Menschen,** die wir*
          que necesitamos.   *brauchen.*

          *Éstas son las **casas** que*   ***Das** sind die **Häuser,** die wir*
          necesitamos.   *brauchen.*

Hinweis: In (1) steht *éstos* statt *estos hombres* und éstas statt *estas casas.* Daher wird die Form des Plural maskulin bzw. feminin gewählt. Bei Sätzen des Typs *„Das ist/sind ..."* bietet das Deutsche keinerlei Hilfe für die Übereinstimmung, weil es konstant und unabhängig von den Nomina, die mit *„das"* gemeint sind, nur die neutrale Form *das* benutzt.

Regel: Die maskulinen und femininen Formen des Demonstrativpronomens sind, wie bereits gesagt, immer mit ihrem Nomen in Geschlecht und Zahl übereinzustimmen. In manchen Sätzen aber ist dieses Nomen leicht zu erkennen (2), in anderen muss die Zahl des Nomens erst ermittelt werden (3).

(2)   *Ése es el coche del que te*   *Das ist das Auto, von dem ich dir*
          hablé.   *erzählt habe.*
          Ésa es la mujer del presi-   *Das ist die Frau des Präsidenten.*
          dente.
          Aquélla era la única solu-   *Das war die einzig mögliche*
          ción posible.   *Lösung.*
          ¿Aquél es tu novio?   *Ist dieser dort/der dort dein*
               Freund?

(3)   *Leeremos estas revistas*   *Wir werden diese Zeitschriften*
          mientras esperamos, lee   *hier lesen, während wir warten.*
          tú ésa.   *Lies du die da.*

          Me gustan todas las so-   *Mir schmecken alle Suppen, aber*
          pas pero ésta de modo   *diese hier ganz besonders.*
          especial.

Hinweis: Die neutralen Formen *esto, eso* und *aquello* benutzt auch das Spanische in Sätzen des genannten Typs, aber mit dem Unterschied, dass sich die neutralen Formen des Spanischen dabei nur auf den Inhalt eines ganzen Satzes oder auf ein neutrales Pronomen wie z. B. *¿qué?* beziehen (4).

(4)	*Mi amigo no aprobó el examen. Esto me inquieta mucho.*	*Mein Freund hat die Prüfung nicht bestanden. Das beunruhigt mich sehr.*
	Juan no aprobó el examen. – Eso me parece imposible.	*Juan hat die Prüfung nicht bestanden. – Das scheint mir unmöglich.*
	¿Qué es eso?	*Was ist das (da)?*
	¿Qué es aquello?	*Was ist das dort?*
	Esto no lo entiendo.	*Das verstehe ich nicht.*

5.2.3. Der Gebrauch der Demonstrativpronomina

Grundwissen: Die spanischen Demonstrativpronomina richtig zu gebrauchen, fällt dem Deutschsprachigen in der Regel nicht schwer, weil das weiter oben beschriebene Ersetzungsverfahren für beide Sprachen gültig ist. Was schwer fällt, ist die Auswahl der Form aus der Dreiergruppe *éste - ése - aquél.* Hier gelten allerdings dieselben Auswahlregeln, die bereits bei den demonstrativen Adjektiven (→ 3.2.2.3.) beschrieben wurden. Die Auswahlregeln gelten auch für die drei neutralen Demonstrativpronomina.

Regel: In Entsprechung zum Gebrauch von *letzterer – ersterer* im Deutschen benutzt das Spanische zuerst das Demonstrativpronomen *éste* und dann das Demonstrativpronomen *aquél* (1).

(1)	*Han llegado los invitados y los novios; éstos han dicho que todavía no se empiece a servir las comidas.*	*Die Gäste und die Freunde sind angekommen; letztere sagten, man solle noch nicht mit dem Servieren des Essens beginnen.*
	Primero le llamó su madre y luego el jefe. Éste quería invitarle a cenar y aquélla decirle que no estaría en casa por la noche.	*Zuerst rief ihn seine Mutter an und danach der Chef. Letzterer wollte ihn zum Abendessen einladen und erstere wollte ihm sagen, dass sie nachts nicht zu Hause sein würde.*

Regel: Die Demonstrativpronomina finden sich häufig in feststehenden Wendungen. Besonders die neutralen Demonstrativpronomina (2), aber auch einzelne Formen der maskulinen und femininen Demonstrativpronomina (3) haben in solchen Wendungen eine spezielle Bedeutung.

(2)	*Ayer hizo un día terrible. A todo esto, ¿cómo está tu madre?*	*Heute war ein schrecklicher Tag. Trotzdem, wie geht es deiner Mutter?*
	La película estaba a punto de acabar, pero en esto llegaron mis padres y nos tuvimos que ir a la cama.	*Der Film war kurz vor dem Ende, aber in diesem Augenblick kamen meine Eltern und wir mussten ins Bett gehen.*
	Eso de levantarse tan temprano lo lleva muy mal.	*Das frühe Aufstehen schafft er sehr schlecht.*
(3)	*Conozco a éstos.* *¿Crees que soy una de ésas?*	*Ich kenne diese Leute.* *Glaubst du, ich bin eine von diesen?*

5.3. Das Interrogativpronomen *(Pronombre interrogativo)*

Grundwissen: Unter Interrogativpronomen versteht man die allein stehende (pronominale) Form des Interrogativum (→ 3.2.3.). Also solche interrogative Formen, die nicht ein Nomen begleiten. Diejenigen interrogativen Formen, die ein Nomen begleiten, bezeichnet man als **interrogative Adjektive** (→ 3.2.3.).

Regel: Das Spanische verfügt über folgende Interrogativpronomina:

¿quién?	*wer?*
¿qué?	*was?*
¿cuál?	*welcher? welche? welches?*
¿cuánto?	*wie viel?*

Hinweis: Bezüglich des Gebrauches der Interrogativpronomina gibt es zwischen dem Spanischen und Deutschen keine besonderen Unterschiede. Unterschiede zeigen sich aber bei der Bildung der zusammengesetzten Fragewörter, wo es im Spanischen um den Gebrauch der Präposition und im Deutschen um den Gebrauch der *wo*-Wörter (z. B. *worüber, wovon* usw.) geht (→ 8.4.1. bis 8.4.3.). Von den genannten Interrogativpronomina bildet nur die Form ¿cuál? für Deutschsprachige eine gewisse Schwierigkeit.

Regel: Das Interrogativpronomen *cuál* hat für den Singular und Plural jeweils nur eine Form. Meist verweist die nachfolgende Präposition *de* auf die zur Auswahl stehenden Größen (1). Das Interrogativpronomen wird auch in abhängigen Fragesätzen verwendet (2). Fragesätze vom Typ *„Welches ist ...?/Welches sind ...?"* beginnen im Spanischen immer mit *¿Cuál es ...?* oder *¿Cuáles son ...?*, weil es für den Singular und Plural jeweils nur eine Form gibt. Das Deutsche hat die eigenartige Regelung, in dieser Formulierung – analog zum Satztyp *„Das ist ...Das sind ...?"* (→ 5.2.2.) – die neutrale Form des Interrogativpronomens zu verwenden (3). Nur im Plural kann man neben der Form *welches* auch die Form *welche* verwenden.

Beispiele

(1)   ¿Cuál de estas dos perso-   Welche der zwei Personen gefällt
       nas te gusta más?   dir mehr?

       ¿Cuál de los dos?   Welcher von den beiden?

(2)   No sé con cuál quedarme.   Ich weiß nicht, welches ich behal-
                                    ten soll.

       Me preguntaron cuáles   Man fragte mich, welche meine
       son mis amigos.   Freunde sind.

(3)   ¿Cuál es la capital de   Welches ist die Hauptstadt von
       España?   Spanien?

       ¿Cuáles son los cuadros   Welches/Welche sind die teuers-
       más caros?   ten Bilder?

Hinweis: Die Interrogativpronomina können auch in Ausrufesätzen mit exklamativer Funktion verwendet werden (4).

(4)   ¡Quién lo diría!   Wer hätte das gesagt!

       ¡Quién lo hubiera sabido!   Hätte man das doch nur ge-
                                    wusst!

5.4. Das Indefinitpronomen *(Pronombre indefinido)*

Grundwissen: Viele der in 3.2.4. beschriebenen indefiniten Adjektive können auch allein stehend, das heißt, als **Indefinitpronomina** gebraucht werden. Da der Gebrauch dieser indefiniten Adjektive als Indefinitpronomina für den Deutschsprachigen keine besonderen Schwierigkeiten bildet, wird hier nur am Rande auf diese Wörter eingegangen. Es handelt sich dabei um die Formen *cierto, bastante, harto, tanto, mucho, poco, unos, varios, más, menos, ambos* und *sendos*.

Es ist nur darauf hinzuweisen, dass die meisten der eben genannten Formen im Singular auch ein Neutrum haben, das genau dem deutschen Neutrum entspricht (1). Ein Unterschied zum Deutschen liegt bei den Pluralformen vor: Während es im Deutschen nur eine Pluralform gibt, können die spanischen Formen im Plural sowohl männliche als auch weibliche Personen speziell bezeichnen (2).

Beispiele

(1)	*Tengo tanto como tú.*	*Ich habe (eben)so viel wie du.*
	Comes mucho/poco/más/ menos.	*Du isst viel/wenig/mehr/weniger.*
	Mucho de esto vale poco o nada.	*Vieles davon ist wenig oder nichts wert.*
	No entiendo mucho de esas cosas.	*Ich verstehe nicht viel von den Dingen da.*
	Lo mucho que hace ...	*Das viele, das er tut ...*
(2)	*Pocas saben cantar como mi amiga.*	*Nur wenige können singen wie meine Freundin.*
	Muchos trabajan en casa.	*Viele arbeiten zu Hause.*
	Muchas trabajan en casa.	*Viele arbeiten zu Hause.*

5.4.1. Indefinite Adjektive als Indefinitpronomina

Grundwissen: Die nachfolgend aufgeführten Formen können sowohl als indefinite Adjektive wie auch als Indefinitpronomina gebraucht werden.

5.4.1.1. *demasiado* (→ 3.2.4.6.)

Regel: Die Form *demasiado* kann im Singular neutrum und im Plural als Indefinitpronomen fungieren (1).

(1)	*Mi hermana come demasiado.*	*Meine Schwester isst zu viel.*
	Demasiados no trabajan.	*Zu viele arbeiten nicht.*

Demasiadas no trabajan.	*Zu viele arbeiten nicht.*
Se presentaron a la entrevista demasiados.	*Zum Vorstellungsgespräch erschienen zu viele.*

5.4.1.2. *demás* (→ 3.2.4.11.)

Regel: Das unveränderliche *demás* kann durch Voranstellen der entsprechenden Artikelformen als neutrales Indefinitpronomen im Singular und ebenso als Indefinitpronomen im Plural gebraucht werden (1).

(1)	*Lo demás está claro.*	*Das Übrige ist klar.*
	Por lo demás estoy contento.	*Im Übrigen/Ansonsten bin ich zufrieden.*
	Los/Las demás no vienen.	*Die (restlichen) anderen kommen nicht.*

5.4.1.3. *otro* (→ 3.2.4.7.)

Regel: Die Form *otro* fungiert im Singular und im Plural als Indefinitpronomen (1). Zu beachten ist, dass *otro* nie vom unbestimmten Artikel begleitet ist.

(1)	*Que lo haga otro.*	*Das soll jemand anders tun.*
	Ésta es otra de sus hermanas.	*Das ist eine weitere/andere Schwester von ihm.*
	Unos llegan, otros se van y otros trabajan aquí.	*Einige kommen an, andere gehen weg und wieder andere arbeiten hier.*
	Los otros/Los otras no lo saben.	*Die anderen wissen das nicht.*

5.4.1.4. *todo* (→ 3.2.4.8.)

Regel: Das Infinitivpronomen *todo* besitzt eine neutrale Form im Singular mit der Bedeutung *alles* und eine maskuline bzw. feminine Form im Plural mit der Bedeutung *alle,* wobei im Spanischen mit Hilfe von *todos* und *todas* ein Unterschied zwischen männlichen und weiblichen Personen gemacht werden kann (1).

(1)   *Todo es hermoso en este*   *Alles ist schön in dieser Land-*
             paisaje.   *schaft.*
             Todo está bien.   *Alles ist in Ordnung.*
             Lo sabe todo.   *Er weiß alles.*
             0 todo o nada.   *Entweder alles oder nichts.*

             Vienen todos.   *Alle kommen.*
             Vienen todas.   *Alle kommen.*

             Es un señor que sabe de   *Das ist ein Herr, der von allem*
             todo un poco.   *ein wenig weiß.*

5.4.1.5. *tal* (→ 3.2.4.13.)

Regel: Die Form *tal* gebraucht man vor allem im Singular als Indefinitpronomen (1).

(1)   *Tal es mi opinión.*   *So ist meine Meinung.*
                                            (wörtlich: eine solche ...)
             Tales son los argumentos.   *So lauten die Argumente.*

             Había sido una tal antes   *Sie war so eine gewesen, bevor*
             de conocerle a él.   *sie ihn kennen lernte.*

Hinweis: Im letzten Beispiel hat *tal* eher die Bedeutung eines
Demonstrativpronomens. Statt *tal cosa* (so etwas) verwendet man auch
tal allein (2). Diese Form könnte man als neutrales Indefinitpronomen
betrachten.

(2)   *Nunca he afirmado tal.*   *Nie habe ich so etwas behauptet.*

5.4.1.6. *alguno* (→ 3.2.4.1.)

Regel: Das indefinite Adjektiv *algún* kann in allen Formen als
Indefinitpronomen gebraucht werden (1). Die Form des Singular maskulin lautet als Indefinitpronomen *alguno*. Im Deutschen können verschiedene Wörter entsprechen: im Singular *einer/eine* und *mancher/manche*;
im Plural *einige, manche*.

(1)   *alguno de mis amigos*   *einer meiner Freunde*
             alguna de mis amigas   *eine meiner Freundinnen*

Alguno/Alguna dirá que ...	*Mancher/Manche wird sagen, dass ...*
Tengo muchas tarjetas.	*Ich habe viele Postkarten.*
Algunas son de color.	*Einige/Manche sind farbig.*
Algunos creen que ...	*Einige/Manche glauben, dass ...*

5.4.1.7. *ninguno* (→ 3.2.4.2.)

Regel: Die Formen des indefiniten Adjektivs *ningún* können als Indefinitpronomen gebraucht werden. Die maskuline Singularform lautet dann *ninguno* (1). Die Pluralformen finden sich nur selten.

(1)	*ninguno de nosotros*	*keiner von uns*
	ninguna de mis amigas	*keine meiner Freundinnen*
	No ha venido ninguno.	*Keiner ist gekommen.*

5.4.2. Die Indefinitpronomina

Grundwissen: Die nachfolgend aufgeführten Formen werden nur als Indefinitpronomina gebraucht.

5.4.2.1. *algo*

Regel: Die Form *algo* dient als neutrales Indefinitpronomen (1). Sie kann auch ein attributives Adjektiv zu sich nehmen, das nachgestellt wird (2).

(1)	*¿Quieres comer algo?*	*Willst du etwas essen?*
	algo de comer	*etwas zu essen*
	algo de comida	*etwas Essen*
	Sirvió algo de vino, pero muy poco.	*Er servierte etwas Wein, aber sehr wenig.*
(2)	*Es algo interesante.*	*Das ist etwas Interessantes.*

5.4.2.2. *nada*

Regel: *Nada* ist ein neutrales Indefinitpronomen (1). Es kann ein attributives Adjektiv zu sich nehmen, das nachgestellt wird (2). Sätze, in denen *nada* Objekt ist, müssen doppelt verneint werden (→ 7.2.) (3).

(1)	*Nada es inútil.*		*Nichts ist unnütz.*
	Nada le satisface.		*Nichts stellt ihn zufrieden.*

(2)	*nada nuevo*		*nichts Neues*
	¿Ha visto usted nada semejante?		*Haben Sie etwas Ähnliches gesehen?*

(3)	*No veo nada.*		*Ich sehe nichts.*
	No has comido nada.		*Du hast nichts gegessen.*
	No he leído nada de ese autor.		*Ich habe von dem Autor da nichts gelesen.*

Hinweis: In verneinten Sätzen und nach einem Komparativ nimmt *nada* im Deutschen in der Regel die Bedeutung *etwas* an (4).

(4)	*sin nada decir*		*ohne etwas zu sagen*
	¡No le digas nada a nadie!		*Sage niemandem etwas!*
	Mi hijo no me dice nunca nada.		*Mein Sohn sagt mir nie etwas.*
	Eso me gusta más que nada.		*Das da gefällt mir mehr als sonst etwas.*

Regel: Nach *nada que* (nichts, was) steht das Verb des Relativsatzes (→ 6.9.2.3.) im Infinitiv (5).

(5)	*No tengo nada que comer.*		*Ich habe nichts zu essen/zum Essen.* (wörtlich: *nichts, was ich essen kann/könnte*)
	No hay nada que hacer.		*Da ist nichts, was man machen kann/Da ist nichts zu machen.*

5.4.2.3. *alguien*

Regel: *Alguien* mit der Bedeutung *jemand* ist ein maskulines Indefinitpronomen und steht nur in bejahten Sätzen oder in Fragesätzen (1). Es kann ein nachgestelltes attributives Adjektiv zu sich nehmen (2). *Alguien* findet sich auch in feststehenden Wendungen (3).

(1)	¿Ha llamado alguien? ¿Hay alguien aquí?	Hat jemand angerufen? Ist jemand hier?
	Alguien mi dijo que estabas fuera.	Jemand sagte mir, dass du außer Haus bist.
	Conozco a alguien que puede ayudarte.	Ich kenne jemand, der dir helfen kann.
(2)	Es alguien más listo que tú.	Das ist jemand, der schlauer ist als du.
(3)	creerse alguien	sich etwas auf sich einbilden
	ser alguien	jemand (= eine wichtige Person) sein
	Pareces alguien con ese traje.	Mit dem Anzug da scheinst du jemand wichtiger zu sein.

5.4.2.4. nadie

Regel: *Nadie* ist wie seine deutsche Entsprechung *niemand* ein maskulines Indefinitpronomen. Wenn *nadie* Subjekt des Satzes ist, zeigt sich kein Unterschied zum Gebrauch von *niemand* (1). Wenn es hingegen Objekt ist bzw. nach dem Verb steht, muss der Satz doppelt verneint werden (→ 7.2.) (2). In verneinten Sätzen, in Fragesätzen und nach einem Komparativ ist *nadie* im Deutschen mit *jemand* wiederzugeben (3).

(1)	Nadie lo sabe. Nadie me quiere. A nadie le gusta el libro.	Niemand weiß es. Niemand liebt mich. Niemand(em) gefällt das Buch.
(2)	No veo a nadie. No lo sabe nadie.	Ich sehe niemand. Niemand weiß es.
(3)	No me voy sin ver a nadie.	Ich gehe nicht weg, ohne jemand zu sehen.
	¿Qué sabe nadie lo que yo he sufrido?	Weiß jemand, was ich ertragen habe?
	La conoce mejor que nadie.	Er kennt sie besser als sonst jemand.

5.4.2.5. *cualquiera/quienquiera*

Regel: Das Indefinitpronomen *cualquiera* (→ 3.2.4.5.) kann man im Deutschen mit *irgendeiner* bzw. *jeder Beliebige* wiedergeben (1). Das etwas seltener gebrauchte Indefinitpronomen *quienquiera* mit *wer auch immer* (2).

(1)	*Cualquiera que lo vea pensará que es nuevo.*	*Jeder, der es sieht, wird meinen, dass es neu ist.*
	Lo puede hacer cualquiera.	*Das kann jeder (Beliebige) machen.*
(2)	*Quienquiera que lo desee, lo tendrá.*	*Wer auch immer es wünscht, wird es erhalten.*

5.4.2.6. *cada uno/cada cual*

Regel: Die maskulinen Indefinitpronomina *cada uno* und *cada cual* entsprechen dem deutschen Indefinitpronomen *jeder* (1).

(1)	*cada uno de nosotros*	*jeder (Einzelne) von uns*
	cada una de esas casas	*jedes (Einzelne) dieser Häuser*
	Cada cual tiene mucho que hacer.	*Jeder (Einzelne) hat viel zu tun.*

5.4.2.7. *fulano – mengano – perengano – zutano*

Regel: Das Spanische hat vier Möglichkeiten, das Indefinitpronomen *irgendjemand* mit einer Bedeutungsnuance zu versehen, die besagt, dass der Sprecher zu diesem *irgendjemand* ein nicht allzu gutes Verhältnis hat: Er kennt ihn nicht oder will seinen Namen nicht nennen, weil er ihm irgendwie suspekt ist.

Im Deutschen gibt es zwar auch Ausdrücke wie *Hinz und Kunz, Herr X, Herr Sowieso* usw., aber es bleiben trotzdem Schwierigkeiten, die „despektierlichen Indefinitpronomina" des Spanischen genau wiederzugeben (1).

(1)	*fulano y mengano*	*Herr Soundso/Herr Sowieso*
	Entraron tres fulanos en el bar.	*Es gingen drei Dahergelaufene in die Bar hinein.*

No quiero ver a nadie: ni a fulano ni a mengano ni a zutano ni a perengano.

Ich will niemand sehen: weder Herrn X noch Herrn Y, weder Herrn Sowieso noch Frau Sowieso.

5.5. Das Personalpronomen *(Pronombre personal)*

Grundwissen: Über Formen des Personalpronomens verfügen das Spanische und das Deutsche in gleicher Weise. Das heißt, beide Sprachen gehen in gleicher Weise vor, wenn sie ein Nomen oder eine Nominalgruppe durch ein Personalpronomen ersetzen. Trotz dieser Ähnlichkeiten beim Ersetzungsvorgang gibt es eine große Zahl von Unterschieden zwischen der Grammatik des spanischen und des deutschen Personalpronomens.

Hier soll zunächst nur auf drei große Unterschiede eingegangen werden. Diese liegen z. B. vor, wenn es darum geht, die Form des Personalpronomens auszuwählen (1) und sodann an der richtigen Stelle im Satz zu postieren (2). Ferner wenn Kombinationen von zwei Personalpronomina zu bilden sind (3).

(1)   **Auswahl des Personalpronomens:**

Me gusta la playa.   Der Strand gefällt mir.
A mí me gusta la playa.   Mir gefällt der Strand.

(2)   **Stellung des Personalpronomens:**

No le digas nada.   Sage ihm/ihr nichts.
Dígale que venga.   Sagen Sie ihm/ihr, er/sie soll
                            kommen.
No la conozco.   Ich kenne sie <u>nicht.</u>
No puedo verlo.   Ich kann es <u>nicht</u> sehen.
No lo puedo ver.   Ich kann es <u>nicht</u> sehen.

Hinweis: In den vorausgehenden Beispielsätzen ist auch die Verneinung **no** unterstrichen, da sie bei der Stellung des Personalpronomens (→ 5.5.2.) ebenfalls eine entscheidende Rolle spielt.

(3)   **Kombination von zwei Personalpronomina:**

Se lo da.   Er gibt es ihm/ihr.
Se lo da.   Er gibt es ihnen.

Hinweis: Zu Fragen der Kombinationsformen → 5.5.3.

5.5.1. *Die Formen des Personalpronomens*

Grundwissen: Das Spanische besitzt im Gegensatz zum Deutschen beim Personalpronomen ein doppeltes Formeninventar. Es besitzt für jede Person des Personalpronomens so genannte **betonte** *(formas tónicas)* und **unbetonte Formen** *(formas átonas)*, während das Deutsche pro Person nur über eine einzige Form verfügt (1).

(1)	El profesor me explica el problema.	Der Lehrer erklärt mir das Problem.
	El profesor no me ve.	Der Lehrer sieht mich nicht.
	Tiene un mensaje para mí.	Er hat eine Nachricht für mich.

Hinweis: Die Gegenüberstellung zeigt, dass den deutschen Formen *mir* und *mich* im Spanischen die Formen *me* und *mí* entsprechen können.

5.5.1.1. Die betonten Formen des Personalpronomens

Grundwissen: Beim Personalpronomen kennt das Spanische auch Fälle (→ 5.5.1.2.). Zumindest für die 1. und 2. Person Singular lassen sich zwei unterschiedliche Kasusformen unterscheiden. Die Formen *yo* und *mí* bzw. *tú* und *ti* werden nicht nur durch den Gebrauch der Präposition *a* auseinandergehalten, sondern stellen von sich aus unterschiedliche Kasusformen dar.

Man kann bei den betonten Formen des Personalpronomens – unter Bezugnahme auf das Deutsche – **drei Fälle** unterscheiden:

● einen **Nominativ** (1. Fall) oder **Subjektkasus**

● einen **Dativ** (3. Fall) oder **indirekten Objektkasus**

● einen **Akkusativ** (4. Fall) oder **direkten Objektkasus**

Hinweis: Die betonten und auch unbetonten (→ 5.5.1.2.) Formen des Personalpronomens werden je nach ihrer Kasuszugehörigkeit als **Subjektpronomina** oder **Objektpronomina** bezeichnet, wobei die Objektpronomina noch einmal untergliedert werden: in **direkte Objektpronomina** (= Akkusativformen) und in **indirekte Objektpronomina** (= Dativformen).

Regel: Die betonten Formen des spanischen Personalpronomens lauten für die drei Fälle **Nominativ, Dativ** und **Akkusativ** folgendermaßen:

(In der Tabelle bedeutet die Zahl **1** den Nominativ, die Zahl **3** den Dativ und die Zahl **4** den Akkusativ.)

Die betonten Formen:

1	*yo* ich	*tú* du	*él* er	*ella* sie
3	*a mí* mir	*a ti* dir	*a él* ihm	*a ella* ihr
4	*a mí* mich	*a ti* dich	*a él* ihn	*a ella* sie

1	*nosotros/-as* wir	*vosotros/-as* ihr	*ellos* sie *ellas* sie
3	*a nosotros/-as* uns	*a vosotros/-as* euch	*a ellos/ellas* ihnen
4	*a nosotros/-as* uns	*a vosotros/-as* euch	*a ellos/ellas* sie

Hinweis: Die Tatsache, dass alle Formen des direkten und indirekten Objekts gleichlauten, ist zunächst darauf zurückzuführen, dass das Spanische beim Dativ immer die Präposition *a* verwendet – eine Ausnahme bilden nur die Dativformen des unbetonten Personalpronomens (→ 5.5.1.2.) – (1). Andererseits kennt das Spanische den so genannten *präpositionalen Akkusativ* (→ 8.9.2.). Das heißt, dass vor Akkusative, die sich auf Personen beziehen, immer die Präposition *a* gesetzt werden muss. Die Personalpronomina der 1. und 2. Person beziehen sich aber immer auf Personen und die betonten Formen *él ella ellos ellas* zumindest sehr oft, sodass die Präposition *a* auch vor allen Akkusativformen zu stehen kommt (2).

(1)	*A mí me gusta la comida portuguesa.*	Mir schmeckt das portugiesische Essen.
	A Juan le gusta la comida portuguesa.	Juan schmeckt das portugiesische Essen.
	A los niños les gusta la comida portuguesa.	Den Kindern schmeckt das portugiesische Essen.
(2)	*A ella la veo en la clase.*	Sie sehe ich in der Vorlesung.
	A ti te veo en la clase.	Dich sehe ich in der Vorlesung.
	A Ana la veo en la clase.	Anna sehe ich in der Vorlesung.

Hinweis: Die Nominative der betonten Formen, die man auch als **Subjektpronomina** bezeichnet, weisen im Plural zwei Unterschiede zum

Deutschen auf. Dem deutschen *wir* und *ihr* entsprechen im Spanischen jeweils eine maskuline und feminine Form (3). Dasselbe gilt für die Formen des Dativs und Akkusativs.

Die ebenfalls dem Geschlecht nach unterschiedlichen Formen *ellos* und *ellas* haben im Deutschen nur die Entsprechung *sie* (4). Die beiden Formen sind auch im Dativ und Akkusativ vorhanden.

(3)   *Nosotras lo hemos dicho*   *Wir haben es vorher gesagt.*
           antes. (nosotras = nur Frauen)

           Tenéis que acabar el tra-   *Die Arbeit müsst ihr selbst zu*
           bajo vosotras mismas.   *zu Ende führen.*
           (vosotras = nur Frauen)

(4)   *Ellos no vienen solos.*   *Sie kommen nicht allein.*
           Ellas no vienen solas.   *Sie kommen nicht allein.*

5.5.1.1.1. Der Gebrauch der betonten Formen

Grundwissen: Bei der Frage nach dem Gebrauch der betonten Formen unterscheidet man gewöhnlich zwischen **Subjektpronomina** und **direkten** bzw. **indirekten Objektpronomina** (→ 5.5.1.1.).

5.5.1.1.1.1 Der Gebrauch der betonten Formen als Subjektpronomen

Regel: Im Spanischen wird das Subjektpronomen in der Regel **nicht** ausgedrückt, da die Person an der Endung der Verbform zu erkennen ist (1).

(1)   *No respondió a mi pre-*   *Er antwortete nicht auf meine*
           gunta.   *Frage.*
           Tienes un coche.   *Du hast ein Auto.*
           Somos de Madrid.   *Wir sind aus Madrid.*

Hinweis: Nur die Höflichkeitsform ***usted/ustedes*** (Sie) (→ 5.5.1.2.2.) gebraucht man häufiger als Subjektpronomen, sie ist aber durchaus auch weglassbar (2).

(2)   *Tiene (usted) mucha pa-*   *Sie haben viel Geduld.*
           ciencia.
           ¡Tome usted!   *Nehmen Sie!*
           ¿Qué decía usted?   *Was sagten Sie?*

Regel: Die betonten Formen sind unter folgenden Bedingungen als Subjektpronomen zu gebrauchen:

● Wenn das Subjektpronomen hervorgehoben/betont ist (3). Dies ist besonders bei Gegenüberstellungen der Fall (4).

(3)   *¿Cuántos años tienes?, y* | Wie alt bist du?, und ich sage
       ***yo** no digo nada.* | nichts.
       *– No sé. **Yo** me duermo.* | Ich weiß es nicht. Ich schlafe ein.

       ***Yo**, cerveza bebo mucha.* | Was mich betrifft, ich trinke viel Bier.

(4)   ***Él** es de Madrid, **ella** es de* | Er ist aus Madrid, sie aus
       Cuenca. | Cuenca.
       *¿Éres **tú**? – Sí, soy **yo**.* | Bist du es? – Ja, ich bin es.

● Wenn die Person des Subjekts an der Verbendung nicht klar zu erkennen ist (5). (Gleichheit der Verbformen in der 1. und 3. Person Singular: z. B. im Indikativ Imperfekt, *Subjuntivo* Präsens und *Subjuntivo* Imperfekt)

(5)   *Ana y Paco estudian tam-* | Anna und Paco lernen auch. Sie
       *bién. **Ella** estudia inglés y* | lernt Englisch und er lernt Fran-
       ***él** estudia francés.* | zösisch.
       *Mientras **ella** trabajaba, **yo*** | Während sie arbeitete, schlief ich.
       dormía.
       *Si **yo** hubiera sabido que ...* | Wenn ich gewusst hätte, dass ...

● Wenn kein Verb vorhanden ist (6).

(6)   *¿Quién llama? – **Él**.* | Wer ruft an? – Er.

       ¿Trabajáis en una oficina? | Arbeitet ihr in einem Büro?
       *– **Yo**, sí, pero **ella** no.* | – Ich ja, aber sie nicht.

● In Verbindung mit *mismo selbst* (7).

(7)   *No te preocupes. Lo haré* | Mach dir keine Sorgen. Ich werde
       ***yo** mismo.* | es selbst machen.

● In Verbindung mit einem Nomen (8).

(8)   *Mis amigos y **tú** ...* | Meine Freunde und du ...

5.5.1.1.1.2. Der Gebrauch der betonten Formen als Objektpronomen

Regel: Die betonten Formen werden unter folgenden Bedingungen als Objektpronomen verwendet:

● Wenn ihnen eine *Präposition* vorausgeht (1).

● Wenn das indirekte (2) oder direkte Objekt (3) *hervorgehoben* werden soll.

● Wenn durch die unbetonte Form nicht klar wird, welche Person gemeint ist (4).

● Bei einer kontrastiven Gegenüberstellung zweier Objektpronomina (5).

● In Verbindung mit *mismo* selbst (6).

● Wenn das Objektpronomen mit einem Nomen verbunden ist (7).

Beispiele

(1)   *Lo haré **para ti.***   *Ich werde es für dich tun.*

        *Habla **de vosotros.***   *Er spricht von euch.*

        ***Por mí** no te preocupes.*   *Mach dir meinetwegen keine Sorgen.*

Hinweis: Die Präposition *con* verschmilzt mit den betonten Formen *mí* und *ti: con + mí > conmigo* mit mir; *con + ti > contigo* mit dir (→ *consigo* 5.6.) (1a).

(1a)   *Quería hablar **contigo.***   *Ich möchte mit dir sprechen.*
        *¡Ven **conmigo!***   *Komm mit mir!*
        *Somos quince **conmigo.***   *Mit mir sind wir fünfzehn.*

Sonderfälle: Die Präpositionen *entre, excepto, menos* und *según* verlangen das betonte Subjektpronomen (1b).

(1b)   *No hay diferencia de suel-*   *Zwischen dir und mir gibt es*
        *do **entre tú** y **yo.***   *keinen Gehaltsunterschied.*

        ***Excepto tú,** irán todos.*   *Außer dir werden alle fahren.*
        *Vinieron todos **menos tú.***   *Außer dir kamen alle.*

Según tú, *yo soy el peor*   *Deiner Meinung nach bin ich der*
estudiante de la clase.   *schlechteste Schüler der Klasse.*

(2)   **A mí** *me gusta la playa.*   *Mir gefällt der Strand.*
   A él *no le gusta fumar.*   *Er raucht nicht gerne.*

   Si ves a Felipe y Ana, dile   *Wenn du Philipp und Anna siehst,*
   a él *que lo espero mañana*   *sag ihm, dass ich ihn morgen*
   en la oficina.   *im Büro erwarte.*

   Me preguntó **a mí.**   *Mich hat er gefragt.*

Hinweis: Die betonten Dativformen (indirekte Objektpronomina) müssen durch ein unbetontes Pronomen (→ 5.5.1.2.) wieder aufgenommen werden, wenn sie dem Verb vorausgehen. Wenn sie dem Verb folgen, können sie durch ein unbetontes Pronomen vorweggenommen werden. Obwohl die Vorwegnahme nicht obligatorisch ist, wird sie im Spanischen sehr häufig gemacht.

(3)   *¡Pero* **a ella** *francamente*   *Aber sie kann ich ehrlich gesagt*
   no la puedo ver!   *nicht sehen!*
   Yo, **a mí** *me encanta la*   *Ich trinke für mein Leben gerne*
   cerveza.   *Bier.*

Hinweis: Das im Hinweis zu (2) Gesagte gilt in gleicher Weise für die betonten Akkusativformen (direkte Objektpronomina). Auch sie müssen wieder aufgenommen werden und können vorweggenommen werden.

(4)   *Tengo que preguntarle* **a**   *Ich muss sie fragen.*
   ella.
   Tengo que preguntarle **a él.**   *Ich muss ihn fragen.*

   Tengo que enviarles **a ellos**   *Ich muss ihnen eine Postkarte*
   una postal.   *schicken.*
   Tengo que enviarles **a ellas**   *Ich muss ihnen eine Postkarte*
   una postal.   *schicken.*

(5)   *Me invita* **a mí** *y no* **a ti.**   *Er lädt mich ein und nicht dich.*

(6)   *Lo único que haces es*   *Das Einzige, was du tust, ist, dass*
   hacerte daño **a ti mismo.**   *du dir selbst Schaden zufügst.*

(7)   *Me escribieron* **a mí** *y a*   *Sie schrieben mir und meinem*
   mi padre.   *Vater.*

5.5.1.2. Die unbetonten Formen des Personalpronomens

Grundwissen: Wie schon weiter oben gesagt (→ 5.5.1.1.), spielen die unbetonten Formen des Personalpronomens im Spanischen eine weitaus wichtigere Rolle als die betonten Formen. Die unbetonten Formen bereiten dem deutschsprachigen Lerner auch viel mehr Probleme, weil sie einer komplizierteren grammatischen Regelung unterliegen als die betonten Formen und nicht zuletzt deswegen, weil sie der deutschen Grammatik unbekannt sind.

Regel: Bei den unbetonten Formen des Personalpronomens lassen sich **zwei Fälle** unterscheiden: ein **Dativ** (indirektes Objekt) und ein **Akkusativ** (direktes Objekt). Den Nominativ (→ 5.5.1.1.) gibt es bei den unbetonten Formen nicht.

Die unbetonten Formen:

3	*me* mir	*te* dir	*le* ihm	*le* ihr
4	*me* mich	*te* dich	*le/lo* ihn	*la* sie
3	*nos* uns	*os* euch	*les* ihnen	
4	*nos* uns	*os* euch	*les/los* sie	*las* sie

Hinweis: Bei den direkten Objektpronomina der 3. Person maskulin Singular und Plural liegen doppelte Formen vor. Die an sich für Personen und Sachen verwendbaren direkten Objektpronomina *lo la los las* gebraucht man vor allem, wenn ein Objekt mit dem Merkmal „Nicht-Person" ersetzt werden soll (1). Die direkten Objektpronomina *le* (ihn) und *les* (sie) verwendet man ausschließlich für männliche Personen (2).

(1) *¿Conoces este libro?*   Kennst du dieses Buch?
     *– Sí, **lo** conozco.*   – Ja, ich kenne es.

     ¿Has leído estos libros?   Hast du diese Bücher gelesen?
     *– Sí, **los** he leído.*   – Ja, ich habe sie gelesen.

(2) *¿Conoces a Juan?*   Kennst du Juan?
     *– Sí, **le** conozco.*   – Ja, ich kenne ihn.
     *(auch: **lo** conozco)*

     ¿Conoces a estos señores? Kennst du diese Herren?
     *– Sí, **les** conozco.*   – Ja, ich kenne sie.
     *(auch: **los** conozco)*

5.5.1.2.1. Das neutrale Personalpronomen

Grundwissen: Zur Tabelle der unbetonten Formen muss noch eine weitere Form hinzugefügt werden, die aus dem Deutschen wohl bekannt ist, die aber im Spanischen eine Sonderstellung einnimmt. Gemeint ist die als **neutrales Personalpronomen** bezeichnete Form *lo*, die das Spanische für seine neutralen Bezugswörter braucht (→ 5.7.1.1.1.) (1). Das neutrale *lo* darf man nicht mit dem maskulinen *lo* verwechseln (2).
Eine weitere wichtige Verwendung des neutralen Personalpronomens *lo* ist – ebenso wie die von *es* im Deutschen – seine Funktion als Pro-Form für einen ganzen Satz (3).

Beispiele

(1)   *Es **algo** interesante, pero*   *Das ist etwas Interessantes, aber*
           *no **lo** comprendo.*   *ich verstehe es nicht.*

           ***Lo** sabe **todo**.*   *Er weiß alles.*

Hinweis: Im letzten Beispielsatz nimmt das neutrale Personalpronomen *lo* das neutrale Indefinitpronomen *todo* vorweg.

(2)   *Yo te presto **el dinero**,*   *Ich leihe dir das Geld, aber du*
           *pero tú me **lo** pagarás*   *wirst es mir auf den Pfennig ge-*
           de todas todas.   *nau zurückgeben.*

(3)   *Pensaba castigarla, pero*   *Er hatte vor, sie zu bestrafen, tat*
           *no **lo** hizo.*   *es aber nicht.*

           –Yo soy muy modesto.   *– Ich bin sehr bescheiden.*
           *– Pues **lo** disimulas muy*   *– Dann verbirgst du es sehr gut.*
            bien.
           Parecen viejas, pero no   *Sie scheinen alt zu sein, aber sie*
           ***lo** son.*   *sind es nicht.*

           *Aunque no **lo** parezca,*   *Auch wenn es nicht so aussieht,*
           es el actual campeón.   *er ist zur Zeit Meister.*

5.5.1.2.2. Die Höflichkeitsformen *usted – ustedes* und das Personal-
                pronomen

Regel: Die Höflichkeitsformen *usted* bzw. *ustedes* gehören zum Personalpronomen der 3. Person Singular bzw. Plural (1).

(1) *Le enviaremos a usted* Wir werden Ihnen den Vertrag
     el contrato para que lo schicken, damit Sie ihn sich an-
     estudie. sehen können.

     Si a ustedes les parece Wenn Sie es gut finden, werden
     bien, nos veremos mañana. wir uns morgen sehen.

5.5.2. Die Stellung/Anordnung der unbetonten Formen

Grundwissen: Die unbetonten Formen des Personalpronomens gehören
eng zum Verb eines Satzes. Ganz anders als im Deutschen müssen diese
Formen immer in der Nähe des Verbs stehen. Grundsätzlich können sie
dabei dem Verb vorausgehen oder folgen. Wenn sie dem Verb folgen, werden sie diesem angefügt.

Regel: Die unbetonten Formen des Personalpronomens müssen konjugierten Verbformen bzw. finiten Formen immer vorausgehen. Bei zusammengesetzten Verbformen gehen sie auch den Formen des Hilfsverbs
voraus (1).

(1) *La conozco.* Ich kenne sie.
     Le veré mañana. Ich werde ihn morgen sehen.
     Te regalaron bombones. Man hat dir Pralinen geschenkt.

     Os envío la invitación. Ich schicke euch die Einladung.
     Yo no les he llamado. Ich habe sie nicht angerufen.
     No les des la invitación Gib ihnen die Einladung nicht.
     a ellas.

     No lo comprendemos. Wir verstehen es nicht.
     No los he leído. Ich habe sie nicht gelesen.

Regel: Die unbetonten Formen des Personalpronomens werden den
Formen des **Infinitivs** (2) und des **Gerundiums** (3) angehängt bzw. verschmelzen mit diesen. Dabei verschiebt sich beim Gerundium der Akzent
immer auf die drittletzte Silbe und muss daher geschrieben werden. Beim
Infinitiv kommt es erst so weit, wenn Pronominakombinationen angehängt
werden (→ 5.5.3.).

(2) *No puedo verlo.* Ich kann es nicht sehen.

     Tengo que darte una mala Ich muss dir eine schlechte Nach-
     noticia. richt mitteilen.

¿Qué hago, **visitarle** *o no* **visitarle**?	*Was mache ich? Soll ich ihn besuchen oder nicht?*
Quería **hablarte**.	*Ich möchte mit dir sprechen.*

Hinweis: Die unbetonten Formen des Personalpronomens können auch dem konjugierten Verb vorausgehen, das den Infinitiv auslöst (2a).

(2a)
No **lo** *puedo ver.*	*Ich kann es nicht sehen.*
Te *tengo que dar una mala noticia.*	*Ich muss dir eine schlechte Nachricht mitteilen.*
Te *quería hablar.*	*Ich möchte mit dir sprechen.*
Nos *debes avisar.*	*Du musst uns benachrichtigen.*

Sonderfälle: Wenn das den Infinitiv auslösende Verb ein Verb der Wahrnehmung (*oír, escuchar, ver* oder *dejar* bzw. *hacer*) ist, steht die unbetonte Form des Personalpronomens in der Regel vor dem konjugierten Verb (2b). Die Voranstellung ist auch bei der Infinitivkonstruktion *ir a* + Infinitiv sehr häufig (2c).

(2b)
La *veo llegar.*	*Ich sehe sie ankommen.*
Los *oímos gritar.*	*Wir hören sie schreien.*
Me *dejó ver su nueva casa.*	*Er ließ mich sein neues Haus sehen.*
La conciencia **nos** *hizo regresar.*	*Das Gewissen veranlasste uns zurückzukommen.*

(2c)
Me *voy a preparar.*	*Ich bereite mich gleich vor.*

(3)
Sólo **preparándote** *bien, ...*	*Nur wenn du dich gut vorbereitest, ...*
Duchándome *he pensado que ...*	*Als ich mich duschte/Beim Duschen überlegte ich, dass ...*
Escuchándolo *de nuevo, me di cuenta del error.*	*Als ich es noch einmal anhörte, bemerkte ich den Fehler.*

Hinweis: Bei der Verbalperiphrase *estar* + Gerundium (→ 6.12.2.1.) können die unbetonten Formen des Personalpronomens dem Gerundium folgen oder der Form von *estar* vorausgehen (4). Gleiches gilt für die anderen Verbalperiphrasen mit Gerundium. Die unbetonte Form des Reflexivpronomens *se* (→ 5.6.) unterliegt hinsichtlich ihrer Anordnung derselben Regelung (4a).

(4)   *Estoy **escribiéndole** una*   *Ich schreibe ihr gerade einen*
         carta.   *Brief.*
         ***Le** estoy escribiendo una*   *Ich schreibe ihr gerade einen*
         carta.   *Brief.*

(4a)   *La comida **se** está*   *Das Essen wird gerade gemacht.*
         haciendo.
         *La comida está **hacién-***   *Das Essen wird gerade gemacht.*
         ***dose**.*

Regel: Die unbetonten Formen des Personalpronomens werden den
Imperativen (→ 6.7.) angehängt (5). Dabei kommt es manchmal zu einer
Akzentverschiebung auf die drittletzte Silbe, so dass der Akzent geschrieben werden muss (6). Wenn der Imperativ jedoch verneint ist, kommen
die Objektpronomina vor den Imperativ (7).

(5)   *¡**Dime** la verdad!*   *Sag mir die Wahrheit!*
         *¡**Dame** el billete!*   *Gib mir die Fahrkarte!*
         *¡**Miralos**!*   *Sieh sie an!*

(6)   *¡**Pregúntale**!*   *Frag ihn/sie!*
         ¿Compro la revista?   *Soll ich die Zeitschrift kaufen?*
         *– Sí, **cómprala**!*   *– Ja, kauf sie!*

(7)   *¡No **me** digas la verdad!*   *Sag mir die Wahrheit nicht!*
         *¡No **me** des el billete!*   *Gib mir die Fahrkarte nicht!*
         *¡No **los** mires!*   *Sieh sie nicht an!*
         *¡No **le** preguntes!*   *Frag ihn/sie nicht!*

5.5.3. Die Kombination von unbetonten Formen

Regel: Wenn zwei unbetonte Formen im gleichen Satz stehen, so wird
das **indirekte Objekt** (= Dativform) immer **vor das direkte Objekt**
(= Akkusativform) gestellt (1). Im Deutschen ist die Reihung genau umgekehrt. Für die kombinierten unbetonten Formen gelten dieselben
Stellungsregeln, wie sie für die einfachen Formen gelten (2). Wenn sie
einem Infinitiv, Imperativ oder Gerundium angehängt werden, werden sie
zusammengeschrieben.

(1)   *¿Me has enviado ya el*   *Hast du mir das Buch schon ge-*
         libro?   *schickt?*
         *– Sí, **te** lo envié ayer.*   *– Ja, ich habe es dir gestern ge-*
                                            schickt.

Nos lo contó ayer.	Er erzählte es uns gestern.
Me lo explicó.	Er erklärte es mir.
No **os lo** aconsejo.	Ich rate es euch nicht.
Me encanta tu camisa.	Dein Hemd gefällt mir gut.
¿Sí? **Me la** regalaron el día de mi cumpleaños.	Ja? Man hat es mir zu meinem Geburtstag geschenkt.

(2)

No quiere **decírmelo**.	Er will es mir nicht sagen.
No **me lo** hizo decir dos veces.	Ich ließ es mir nicht zweimal sagen.
Tienes que **enviárnoslos**.	Du musst sie uns schicken.
¡**Envíanoslos** en seguida!	Schicke sie uns sofort
¡No **nos los** envíes!	Schicke sie uns nicht!
Prestándotelo ...	Wenn ich es dir leihe ...

Regel: Für die zwei indirekten Objektpronomina (= Dativformen) der 3. Person, die beide mit *l-* beginnen (*le – les*) gilt eine sehr wichtige Einschränkung: Die beiden Formen *le* und *les* dürfen niemals einer ebenfalls mit *l-* beginnenden Akkusativform (*le/lo – la; les/los – las*) vorausgehen. In diesem Fall werden die beiden indirekten Objektpronomina *le* und *les* zu *se* umgewandelt (3):

(3)

Se lo digo.	Ich sage es ihm/ihr/ihnen/Ihnen.
Se la vendo. (mi casa)	Ich verkaufe es ihm/ihr/ihnen/ Ihnen.

Hinweis: Durch die Tatsache, dass die Form **se** alle Dativformen der 3. Person Singular und Plural vertritt, hat eine Formulierung wie *„Se lo presto"* 6 mögliche Interpretationen (4).

(4)

Se lo presto (el coche).	Ich leihe es ihm (das Auto).

Die 6 Interpretationen der Kombination se lo:

● **Se lo** presto. (= a él)	Ich leihe es ihm.
● **Se lo** presto. (= a ella)	Ich leihe es ihr.
● **Se lo** presto. (= a ellos)	Ich leihe es ihnen.
● **Se lo** presto. (= a ellas)	Ich leihe es ihnen.
● **Se lo** presto. (= a usted)	Ich leihe es Ihnen.
● **Se lo** presto. (= a ustedes)	Ich leihe es Ihnen.

Hinweis: Wegen der sechsfachen Interpretationsmöglichkeit der kombinierten Formen *se lo/se la/se los/se las* fügt man gewöhnlich zur Klarstellung das betonte Objektpronomen hinzu (5).

(5) Se lo dije a él.   Ich sagte es ihm.
     Se lo expliqué a usted.   Ich erklärte es Ihnen.
     Se lo habíamos prometido   Wir hatten es ihr versprochen.
     a ella.

5.6. Das Reflexivpronomen *(Pronombre reflexivo)*

Grundwissen: Das Spanische und das Deutsche kennzeichnen einen
reflexiven Sachverhalt – ganz anders als beispielsweise das Englische –
nur in der 3. Person Singular und Plural. In den anderen Personen benüt-
zen die beiden Sprachen zur Wiedergabe eines reflexiven Sachverhaltes
das Personalpronomen. So gesehen bildet der Gebrauch des spanischen
Reflexivpronomens für den deutschsprachigen Lerner zunächst kein
Problem.
Die Probleme beginnen erst mit der Tatsache, dass das Spanische auch
beim Reflexivpronomen – genauso wie bei den Personalpronomina – eine
doppelte Form (1) besitzt und dass es die unbetonte Form bezüglich
Stellung (2) und Kombination mit anderen Formen (3) wie ein
Personalpronomen behandelt.

	Unbetonte Form:		Betonte Form:	
3	**se**	sich	**a sí**	sich
4	**se**	sich	**a sí**	sich
			consigo	mit sich

(1) Se lava las manos.   Er wäscht sich die Hände.
     Mi jefe me pone nervio-   Mein Chef macht mich nervös,
     so cuando empieza a ha-   wenn er mit sich selbst spricht.
     blar para sí.
     Miguel estaba enfadado   Miguel war über sich selbst ver-
     consigo mismo.   ärgert.

(2) Jorge se afeitó in dos   Jorge rasierte sich in zwei Mi-
     minutos.   nuten.
     Juan se lavó los dientes.   Juan putzte sich die Zähne.
     Pasaron la tarde jugán-   Sie verbrachten den Abend, in-
     dose el dinero a las   dem sie um Geld Karten spielten.
     cartas.
     Se alquilan bicicletas.   Man vermietet Fahrräder.
     ¿Quiere Vd. sentarse?   Wollen Sie sich setzen?

(3)   *Se les presenta.*   *Er stellt sich ihnen/Ihnen vor.*

Hinweis: Man darf das unbetonte Reflexivpronomen *se* nicht mit dem *se* verwechseln, das anstelle von *le* und *les* in kombinierten Formen steht (→ 5.5.3.).

5.7. Das Relativpronomen *(Pronombre relativo)*

Grundwissen: Das Relativpronomen hat im Spanischen und im Deutschen die Aufgabe, einen **Relativsatz** einzuleiten. In beiden Sprachen unterscheidet man bei den Relativsätzen zwischen einschränkenden und nichteinschränkenden Relativsätzen.

Dabei versteht man unter einem **einschränkenden Relativsatz** einen Relativsatz, der zum Verständnis des Hauptsatzes unbedingt notwendig ist, da er die Zahl der in Betracht kommenden Bezugsobjekte auf ganz bestimmte einschränkt: z. B. *Hier ist das Auto, das du suchst.*

Der **nichteinschränkende Relativsatz** hingegen fügt zu dem bereits identifizierten Bezugsobjekt eine weitere Information hinzu, die jederzeit auch weggelassen werden könnte: z. B. *Napoleon, der bekanntlich aus Korsika stammte, wurde nach Elba verbannt.*

Im Deutschen werden beide Arten von Relativsatz durch ein Komma vom Hauptsatz getrennt. Das Spanische hingegen setzt vor den einschränkenden Relativsatz niemals ein Komma, den nichteinschränkenden Relativsatz jedoch trennt es wie das Deutsche durch ein Komma vom Hauptsatz (1, 2).

(1)   *La casa en que vivimos*   *Das Haus, in dem wir wohnen,*
         es muy bonita.   *ist sehr hübsch.*

(2)   *El hijo de mi amiga, el*   *Der Sohn meiner Freundin, der*
         cual nos visitó ayer, es   *uns gestern besuchte, ist sehr*
         muy inteligente.   *intelligent.*

Hinweis: Dem deutschsprachigen Lerner muss man den Rat geben, im Zweifelsfall das Komma lieber wegzulassen, denn die nichteinschränkenden Relativsätze kommen weitaus seltener vor. Und es ist ein schlimmerer Fehler, vor einem einschränkenden Relativsatz ein Komma zu setzen, als vor einem nichteinschränkenden das Komma wegzulassen.

5.7.1. Die Relativpronomina des Spanischen

Grundwissen: Das Spanische besitzt mehr Relativpronomina als das Deutsche. Ein weiterer Unterschied, den Gebrauch der einzelnen Relativpronomina betreffend, kommt hinzu. Während nämlich das Deutsche mehr oder weniger beliebig die Relativpronomina der Formengruppe *der die das* oder *welcher welche welches* gebrauchen kann, unterliegt der Gebrauch der spanischen Relativpronomina einer strengen Regelung (→ weiter unten).

5.7.1.1. Das Relativpronomen *que*

Regel: Das Relativpronomen *que* kann man als Subjekt oder als direktes Objekt des Relativsatzes gebrauchen. Dabei kann sich *que* auf Personen oder Sachen beziehen (1, 2).

(1)	*El señor que está allí se llama Juan Olarieta.*	Der Herr, der dort steht, heißt Juan Olarieta.
	Éste es el coche que me gusta mucho.	Das ist das Auto, das mir sehr gefällt.
(2)	*Éste es el coche que quiere comprar mi padre.*	Das ist das Auto, das mein Vater kaufen will.
	Las chicas que ves allí son mis amigas.	Die Mädchen, die du dort siehst, sind meine Freundinnen.
	Me he encontrado con ese señor al que conocimos ayer.	Ich habe mich mit dem Herrn getroffen, den wir gestern kennengelernt haben.

Hinweis: Wenn sich *que* als direktes Objekt auf eine Person bezieht, muss man es in der Regel durch das Relativpronomen *el que* (→ 5.7.1.2.) ersetzen. In diesem Fall steht außerdem die Präposition *a* vor dem Relativpronomen.

Regel: Dem Relativpronomen *que* können einsilbige Präpositionen (z. B. *a, de, en, con*) vorausgehen (3).

(3)	*La ciudad en que vivo es muy bonita.*	Die Stadt, in der ich wohne, ist sehr schön.
	La comida a que me invitasteis me gustó mucho.	Das Essen, zu dem ihr mich eingeladen habt, schmeckte mir gut.

El dinero de que dispongo no es suficiente.	*Das Geld, über das ich verfüge, genügt nicht.*
Ése es el dinero con que pagó.	*Das da ist das Geld, mit dem er zahlte.*

Hinweis: In den Beispielsätzen unter (3) kann man auch die Relativpronomina *el que* (→ 5.7.1.2.) und *el cual* (→ 5.7.1.3.) verwenden.

Sonderfälle: Nach den einsilbigen Präpositionen *sin* (ohne)/*por* (wegen) verwendet man das Relativpronomen *el que* oder *el cual*.

5.7.1.1.1. Das Relativpronomen *que* mit neutralem Bezugswort

Regel: Nach den neutralen Bezugswörtern *lo, esto, eso, aquello* benutzt man als Relativpronomen *que* (1). Dasselbe gilt für die neutralen Bezugswörter *algo, nada* (2) und alle Substantivierungen von Adjektiven (→ 2.2.3. u. 3.1.4.) mit Hilfe des neutralen Artikel *lo* (3).
Im Deutschen verwendet man in diesem Fall das neutrale Relativpronomen *was*, gegebenenfalls auch *das, was*.

(1)	*No entiendo lo que me dices.*	*Ich verstehe nicht, was du mir sagst.*
	Me gustó lo que dijo.	*Mir gefiel (das), was er sagte.*
	No sé de lo que me hablas.	*Ich weiß nicht, worüber du mit mir sprichst.*

Hinweis: Wenn vor *lo que* eine Präposition steht (wie im letzten Beispiel: *de*), verwendet das Deutsche seine *wo*-Wörter, indem es die Präposition hinter das Relativpronomen stellt.

(2)	*Esto es algo que no comprendo.*	*Das ist etwas, was ich nicht verstehe.*
	No encontrarás nada que te guste.	*Du wirst nichts finden, was dir gefällt.*
(3)	*Lo único que podía negociarse en Washington era que ...*	*Das Einzige, worüber man in Washington verhandeln konnte, war, dass ...*
	Lo primero que yo le pido es que ...	*Das Erste, worum ich ihn bitte, ist, dass ...*

Regel: Zwischen dem neutralen *todo* bzw. *esto/eso/aquello* und dem Relativpronomen *que* muss immer ein *lo* eingefügt werden (4). Im Deutschen ist eine derartige Einfügung nicht nötig.

(4)		
	Es esto lo que no compren-do.	*Das ist das, was ich nicht ver-stehe.*
	Esto es todo lo que sé.	*Das ist alles, was ich weiß.*

Hinweis: Anstelle von *todo lo que* kann man auch *todo cuanto* (→ 5.7.1.5.) verwenden (5).

(5)		
	Me dan todo cuanto nece-sito.	*Man gibt mir alles, was ich brauche.*

5.7.1.2. Das Relativpronomen *el que*

Regel: Vom Relativpronomen *el que* gibt es wegen des veränderlichen bestimmten Artikels vier Formen. Je nach Bezugswort wird der bestimmte Artikel dem Geschlecht und der Zahl nach übereingestimmt.

	m	f
Singular	*el que*	*la que*
Plural	*los que*	*las que*

Regel: Das Relativpronomen *el que* verwendet man – oft anstelle des Relativpronomens *que* – unter folgenden Bedingungen:

● Wenn das Bezugswort verdeutlicht werden muss, weil bei Verwendung des Relativpronomens *que* weder das Geschlecht noch die Zahl des Bezugswortes zum Ausdruck kommt (1).

● Nach einsilbigen Präpositionen mit Bezug auf Personen oder Sachen anstelle von *que*, weil das Bezugswort verdeutlicht werden soll (2).

● Wenn sich das Relativpronomen auf eine Person bezieht und ein Dativ (indirektes Objekt) ist (3).

● Wenn das Bezugswort ein Demonstrativpronomen ist (4). Die Abfolge Demonstrativpronomen + Relativpronomen ist im Deutschen mit *derjenige, der* usw. oder *der, der* usw. wiederzugeben (→ 5.7.1.2.1.).

Hinweis: In den Fällen (1) bis (3) kann man auch das Relativpronomen *el cual* (→ 5.7.1.3.) verwenden.

(1)	*La amiga de Juan, el que me visitó ayer ...*	*Die Freundin von Juan, der mich gestern besuchte ...*
	La amiga de Juan, la que me visitó ayer ...	*Die Freundin von Juan, die mich gestern besuchte ...*
(2)	*La novela, de la que ya se han hecho dos ediciones, es estupenda.*	*Der Roman, von dem schon zwei Ausgaben vorliegen, ist groß- artig.*
	Vendrá con su madre, a la que aún no conozco.	*Sie wird mit ihrer Mutter kommen, die ich noch nicht kenne.*
	La pena a la que fue con- denada.	*Die Strafe, zu der sie verurteilt wurde.*
	El chico con el que salí ayer se llama Manuel.	*Der Junge, mit dem ich gestern ausging, heißt Manuel.*
	La ciudad en la que vivo es famosa.	*Die Stadt, in der ich wohne, ist berühmt.*
	La enfermedad de la que hablas es muy grave.	*Die Krankheit, von der du sprichst, ist sehr schwerwiegend.*
(3)	*Mis amigos, a los que he escrito hoy, se encuentran en el extranjero.*	*Meine Freunde, denen ich heute geschrieben habe, sind im Aus- land.*

Hinweis: In Sätzen wie (3), in denen sich das dativische Relativpronomen auf eine Person bzw. auf Personen bezieht, nimmt man sehr oft den Dativ des Relativpronomens durch die passende Form des Personalpronomens *le* oder *les* wieder auf (3a).

(3a)	*Mis amigos, a los que <u>les</u> he escrito hoy, ...*	*Meine Freunde, denen ich heute geschrieben habe, ...*
	Ésta es la señora a la que <u>le</u> enseñé la foto.	*Das ist die Frau, der ich das Foto zeigte.*
(4)	*Este libro es más intere- sante que el que me reco- mendaste.*	*Dieses Buch ist interessanter als dasjenige, das du mir em- pfohlen hast.*

Los mejores empleados son los que saben idiomas.	*Die besten Angestellten sind diejenigen, die Fremdsprachen beherrschen.*
Esta carta es la que me sorprendió.	*Dieser Brief ist der(jenige), der mich überraschte.*

5.7.1.2.1. Das Relativpronomen *el que* als verallgemeinerndes Relativpronomen

Grundwissen: Unter einem verallgemeinernden Relativpronomen versteht man ein Relativpronomen, dem ein **unbestimmtes Bezugswort** vorausgeht. Im Deutschen gelten *derjenige, der; der, der* oder *wer* als verallgemeinernde Relativpronomina.

Regel: Die Formen von *el que* können als verallgemeinerndes Relativpronomen verwendet werden (1). In dieser Verwendung kann *el que* durch die Formen von *quien* (→ 5.7.1.4.) ersetzt werden.

(1)	*Los que deseen participar pueden llamarme.*	*Diejenigen, die teilnehmen möchten, können mich anrufen.*
	El que rompió el vaso que lo diga.	*Wer das Glas zerbrochen hat, soll es sagen.*
	La que rompió el vaso que lo diga.	*Diejenige, die das Glas zerbrochen hat, soll es sagen.*
	El que diga eso, no tiene idea de nada.	*Wer das sagt, hat von nichts eine Ahnung.*
	Tú no eres de los que creen eso.	*Du gehörst nicht zu denen, die das glauben.*

5.7.1.2.2. Das neutrale Relativpronomen *lo que* mit Satzbezug

Regel: Das neutrale Relativpronomen *lo que* bezieht sich auf den Inhalt eines ganzen vorausgehenden Satzes, nicht bloß auf ein vorausgehendes Bezugswort (1).
Im Deutschen verwendet man das Relativpronomen *was* – oder etwas seltener *das, was* –, wenn man sich auf den Inhalt eines ganzen Satzes beziehen will. Das neutrale Relativpronomen ist im Spanischen immer durch ein Komma vom Hauptsatz getrennt. Dem Relativpronomen *lo que* kann auch eine Präposition vorausgehen (2). Das Deutsche benutzt in diesem Fall seine *wo*-Wörter (z. B. *worüber, wovon, wofür* usw.).

(1) Hoy han regresado mis amigos, lo que me ha alegrado mucho.

Heute sind meine Freunde zurückgekommen, was mich sehr gefreut hat.

Juan ya estaba en casa, lo que yo no sabía.

Juan war schon zu Hause, was ich nicht wusste.

(2) Mi hijo fuma, con lo que no estoy de acuerdo.

Mein Sohn raucht, womit ich nicht einverstanden bin.

Tuvimos que hacer cola, de lo que nos disgustamos mucho.

Wir mussten Schlange stehen, worüber wir uns sehr ärgerten.

Mi amigo quiere casarse, con lo que su madre no está de acuerdo.

Mein Freund will heiraten, womit seine Mutter nicht einverstanden ist.

Hinweis:
Wenn sich *lo que* auf den Inhalt eines ganzen Satzes bezieht, kann es immer durch *lo cual* (→ 5.7.1.3.) ersetzt werden. Eine weitere Ersetzungsmöglichkeit ist mit *cosa que* gegeben: z. B. *Juan dice que gana cinco mil marcos al mes, cosa que yo no puedo creer. Juan sagt, dass er 5000 Mark im Monat verdient, was ich nicht glauben kann.*

Hinweis:
Man muss das Relativpronomen mit Satzbezug von dem gleich lautenden Relativpronomen mit neutralem Bezugswort, das weiter oben in 5.7.1.1.1. beschrieben wurde, klar unterscheiden. Bei letzterem Relativpronomen handelt es sich um einschränkende Relativsätze, während das Relativpronomen mit Satzbezug nur in nichteinschränkenden Relativsätzen vorkommt, die immer durch ein Komma abgetrennt werden. Noch einmal zwei Beispielsätze zum Vergleich (3):

(3) **Relativpronomen mit Satzbezug:**

Juan quería dejar de fumar, lo que no es fácil.

Juan möchte mit dem Rauchen aufhören, was nicht leicht ist.

Relativpronomen mit neutralem Bezugswort:

Esto es lo que me interesa.

Das ist es (das), was mich interessiert.

5.7.1.3. Das Relativpronomen *el cual*

Regel: Das Relativpronomen *el cual* hat folgende Formen:

	m	f	n
Singular	*el cual*	*la cual*	*lo cual*
Plural	*los cuales*	*las cuales*	

Regel: Die Formen des Relativpronomens *el cual* verwendet man – vor allem in der geschriebenen Sprache –, wenn das Bezugswort dem Geschlecht und der Zahl nach verdeutlicht werden soll (1).

(1)	*Vi a su padre, el cual esta-* *ba sentado en el suelo.*	*Ich sah ihren Vater, der auf dem* *Fußboden saß.*
	La amiga de mi vecino, *la cual se casa hoy, es* *muy simpática.*	*Die Freundin meines Nachbarn,* *die heute heiratet, ist sehr sym-* *pathisch.*

Regel: Die Formen des Relativpronomens *el cual* verwendet man vor allem nach ein- oder mehrsilbigen Präpositionen (2).

(2)	*El editor para el cual* *escribo este libro es ex-* *tranjero.*	*Der Herausgeber, für den ich* *dieses Buch schreibe, ist Aus-* *länder.*
	El hombre al cual me *refiero.*	*Der Mann, auf den ich mich* *beziehe.*
	Juan es un hombre con el *cual yo me casaría.*	*Juan ist ein Mann, den ich hei-* *raten würde.*
	La casa delante de la cual *está tu coche es de mi tío.*	*Das Haus, vor dem dein Auto* *steht, gehört meinem Onkel.*

Regel: Die neutrale Form des Relativpronomens *lo cual* kann man wie *lo que* (→ 5.7.1.2.2.) als Relativpronomen mit Bezug auf den Inhalt eines ganzen Satzes verwenden (3). Man darf es aber nicht als Relativpronomen mit neutralem Bezugswort (→ 5.7.1.1.1.) einsetzen.

(3)	*Se enfadó mucho, lo cual* *no tenía sentido.*	*Sie ärgerte sich sehr, was ich* *nicht gemerkt hatte.*

Hinweis: Statt *lo cual* könnte man in (3) auch *lo que* oder *cosa que* verwenden.

5.7.1.4. Das Relativpronomen *quien*

Regel: Das Relativpronomen *quien* bezieht sich ausschließlich auf Personen. Es kann nie Subjekt eines einschränkenden Relativsatzes sein. Es wird in der Regel nach einsilbigen Präpositionen gebraucht. Da sich *quien* immer auf Personen bezieht, hat es als direktes Objekt des Relativsatzes die Präposition *a* vor sich (1).

(1)	*Este es aquel señor de quien te hablé.*	*Das ist der Herr, von dem ich dir erzählt habe.*
	El señor a quien saludé es mi profesor de francés.	*Der Herr, den ich grüßte, ist mein Französischlehrer.*
	Mi amigo con quien estuve en España me visitará mañana.	*Mein Freund, mit dem ich in Spanien war, wird mich morgen besuchen.*

Hinweis: Das Relativpronomen *quien* wird auch ohne Bezugswort gebraucht. In diesem Fall bildet es eine Alternative zum verallgemeinernden Relativpronomen *el que* (→ 5.7.1.2.1.) (2).
Diese Verwendung von *quien* findet sich besonders in Sprichwörtern und Wendungen.

(2)	*Que levante la mano quien está de acuerdo con mi proposición.*	*Wer mit meinem Vorschlag einverstanden ist, möge die Hand heben.*
	Hay quien dice que es verdad.	*Es gibt jemanden, der behauptet, dass es stimmt.*

Sonderfall: Das Relativpronomen *quien* kann nur in einem nichteinschränkenden Relativsatz Subjekt sein (3).
Relativsätze mit Bezug auf einen Eigennamen wie z. B. (3) sind immer nichteinschränkend.

(3)	*Ernesto, quien asistió a la reunión, me ha informado.*	*Ernesto, der an der Versammlung teilgenommen hat, hat mich informiert.*

5.7.1.5. Das Relativpronomen *cuanto*

Regel: Das Relativpronomen *cuanto* hat folgende Formen:

	m	f	n
Singular	**cuanto**	**cuanta**	**cuanto**
Plural	**cuantos**	**cuantas**	

Grundwissen: Das Relativpronomen *cuanto* ist eine Art „Doppelpronomen", weil es sozusagen sowohl das Bezugswort als auch das Relativpronomen gleichzeitig bezeichnet. Deshalb kann *cuanto* auch das verallgemeinernde Relativpronomen *el que* (→ 5.7.1.2.1.) in allen seinen Formen ersetzen (1). Analog dazu kann auch die neutrale Form *cuanto* das Relativpronomen *lo que* (→ 5.7.1.1.1.) ersetzen (2).

cuanto	=	**el que**	(1)
cuanta	=	**la que**	
cuantos	=	**los que**	
cuantas	=	**las que**	
cuanto	=	**lo que**	(2)

(1)   *Invitaba a cuantos querían venir.*   Er lud alle ein, die kommen wollten.

Preguntamos a cuantos pudimos preguntar.   Wir fragten alle, die wir fragen konnten.

Cuantas pruebas hicieron resultaron negativas.   Alle Nachweise, die sie machten, erwiesen sich als negativ.
Die Nachweise, die ...

(2)   *Decía cuanto sabía.*
Yo hice cuanto pude.   Er sagte (alles), was er wusste.
Ich tat (alles), was ich konnte.

Compra todo cuanto ve.   Sie kauft alles, was sie sieht.

Todo cuanto le decían le molestaba.   Alles, was man ihm sagte, ärgerte ihn.

5.7.1.6. Das relative Adjektiv *cuyo*

Grundwissen: Das relative Adjektiv *cuyo* hat in den deutschen Formen *dessen* oder *deren* eine genaue Entsprechung. Allerdings können die beiden deutschen Formen auch als Relativpronomen gebraucht werden (z. B. *die Hilfe, derer sie bedürfen*), was mit den Formen von *cuyo* nicht möglich ist. Im Spanischen greift man in diesem Fall auf das Relativpronomens *de quien* (→ 5.7.1.4.), *del que* (→ 5.7.1.2.) oder *del cual* (→ 5.7.1.3.) zurück.

Was den Gebrauch des relativen Adjektivs in den beiden Sprachen betrifft, so ist ein großer Unterschied bezüglich der Übereinstimmung der Formen von *cuyo* bzw. von *dessen/deren* festzuhalten. Während sich die deutschen Formen nach dem Geschlecht und der Zahl ihres Bezugswortes richten, müssen die spanischen Formen mit dem nachfolgenden Nomen übereingestimmt werden.

Regel: Das relative Adjektiv *cuyo* hat folgende Formen:

	m	f
Singular	*cuyo*	*cuya*
Plural	*cuyos*	*cuyas*

Regel: Die Formen des relativen Adjektivs *cuyo* werden mit dem Nomen, das sie näher bestimmen und das ihnen folgt, in Geschlecht und Zahl übereingestimmt (1, 2). Im Deutschen hingegen steuert das Bezugswort die Auswahl von *dessen/deren*.

(1) *Tengo un amigo cuyo padre es muy simpático.* — *Ich habe einen Freund, dessen Vater sehr sympathisch ist.*

Tengo un amigo cuya madre es muy simpática. — *Ich habe einen Freund, dessen Mutter sehr sympathisch ist.*

Tengo un amigo cuyos padres son muy simpáticos. — *Ich habe einen Freund, dessen Eltern sehr sympathisch sind.*

Tengo un amigo cuyas hermanas son muy simpáticas. — *Ich habe einen Freund, dessen Schwestern sehr sympathisch sind.*

(2) *Tengo una amiga cuyo padre es muy simpático.* — *Ich habe eine Freundin, deren Vater sehr sympathisch ist.*

Tengo una amiga cuya madre es muy simpática.	Ich habe eine Freundin, deren Mutter sehr sympathisch ist.
Tengo una amiga cuyos padres son muy simpáticos.	Ich habe eine Freundin, deren Eltern sehr sympathisch sind.
Tengo una amiga cuyas hermanas son muy simpáticas.	Ich habe eine Freundin, deren Schwestern sehr sympathisch sind.

Regel: Dem relativen Adjektiv *cuyo* können auch Präpositionen vorausgehen (3).

(3)	Han derribado la escuela en cuyas aulas aprendí las primeras letras.	Man hat das Schulgebäude abgerissen, in dessen Klassenzimmern ich die ersten Buchstaben lernte.
	El autor de cuya obra os voy a hablar es Antonio Machado.	Der Autor, über dessen Werk ich zu euch sprechen werde, ist Antonio Machado.

Hinweis: Besonders in der gesprochenen Sprache ersetzt man das hochsprachliche relative Adjektiv *cuyo* gern durch die Relativpronomina *de quien, del que* oder *del cual* (4).

(4)	Un amigo sin la ayuda del cual ...	Ein Freund, ohne dessen Hilfe ...
	Una amiga sin la ayuda de la cual ...	Eine Freundin, ohne deren Hilfe ...

5.7.1.7. Die Relativadverbien *donde* und *cuando*

Regel: Ebenso wie im Deutschen kann man anstelle der verschiedenen Relativpronomina die Relativadverbien *donde* und *cuando* verwenden, wenn das Bezugswort einen Ort bzw. eine Zeit bezeichnet (1, 2).

(1)	Me gusta la ciudad donde vivo.	Mir gefällt die Stadt, wo ich wohne.
	Ese es el pueblo donde comimos hace poco.	Das ist das Dorf, wo wir neulich gegessen haben.
(2)	Recuerdo ahora aquellos momentos cuando todo parecía difícil.	Ich erinnere mich noch jetzt an die Augenblicke, als alles schwierig zu sein schien.

6. Das Verb *(Verbo)*

Grundwissen: Insgesamt betrachtet unterscheidet sich das spanische Verb nicht allzu sehr vom deutschen Verb. In beiden Sprachen kennt man den Begriff der **Konjugation** als Bildungsschema für die so genannten finiten Verbformen (→ 6.1.1.1. – 6.1.1.3.). Ebenso unterscheidet man hier wie dort eine regelmäßige und unregelmäßige Formenbildung (→ 6.1.1. und 6.1.1.4.).
Die Konjugation ist in beiden Sprachen durch die Kategorien Person und Zahl bestimmt: Man unterscheidet drei Personen im Singular und drei Personen im Plural.

Ein wichtiger erster Unterschied zwischen den beiden Sprachen zeigt sich bei der Verwendung des Personalpronomens als Subjekt. Während im Deutschen das Subjekt-Personalpronomen immer verwendet werden muss, wird es im Spanischen in der Regel nicht ausgedrückt (1). Nur wenn es besonders hervorgehoben ist (→ 5.5.1.1.1.1.), verwendet man im Spanischen die so genannte **betonte Form** des Personalpronomens (2).

(1)		
	Hablo.	*Ich spreche.*
	Hablas.	*Du sprichst.*
	Habla.	*Er/Sie/Es spricht./Sie sprechen.*
	Hablamos.	*Wir sprechen.*
	Habláis.	*Ihr sprecht.*
	Hablan.	*Sie sprechen.*

(2)		
	Yo sé dónde están.	*Ich weiß, wo sie sind.*
	Tú eres el vendedor	*Du bist der Verkäufer und ich*
	y yo el comprador.	*der Käufer.*
	Nosotros pensamos	*Wir denken viel an dich.*
	mucho en ti.	

Hinweis: Neben dem genannten Unterschied bei der Verwendung des Subjekt-Personalpronomens gibt es noch eine Reihe weiterer Unterschiede zwischen dem spanischen und deutschen Verb, wie die nachfolgende Übersicht zeigt. Beispielsweise verfügt das Spanische über mehr Tempora der Vergangenheit als das Deutsche. Ebenso gibt es für das Gerundium (→ 6.10.) im Deutschen keine genaue Entsprechung. Diese und weitere Unterschiede werden in der nachfolgenden Besprechung der einzelnen spanischen Verbformen und ihres Gebrauchs deutlich werden.

6.1. Die Formen des Verbs – Übersicht

Grundwissen: Die Gesamtheit der Formen eines Verbs unterteilt man in finite und infinite Formen. Unter finiten Formen versteht man diejenigen Verbformen, die der Person und der Zahl nach bestimmt sind (1). Unter infiniten Verbformen diejenigen Formen, die der Person und Zahl nach unbestimmt sind (2).

Finite Formen des Verbs

(1)		
	escribo	*ich schreibe*
	escribiremos	*wir werden schreiben*
	escribieron	*sie schrieben*
	escribiríais	*ihr schriebet/würdet schreiben*
	habías escrito	*du hattest geschrieben*
	habría escrito	*er/sie/es hätte geschrieben*
	escribamos	*schreiben wir*

Infinite Formen des Verbs

(2)		
	escribir	*(zu) schreiben*
	haber escrito	*geschrieben (zu) haben*
	escrito	*geschrieben*
	escribiendo	*schreibend*

Übersicht zu den finiten und infiniten Verbformen

Das spanische Verb kennt vier finite und drei infinite Modi:

Finite Modi:
- *Indicativo* (Indikativ)
- *Subjuntivo* (Konjunktiv)
- *Condicional/Potencial* (Konditional)
- *Imperativo* (Imperativ)

Infinite Modi:
- *Infinitivo* (Infinitiv)
- *Participio* (Partizip)
- *Gerundio* (Gerundium)

Die finiten Modi

Indikativ *(Indicativo)*

Grundwissen: Zum Modus *Indicativo* gehören im Spanischen acht Tempora. Von diesen acht Tempora sind vier einfach (1) und vier zusammengesetzt gebildet (2).

(1) *Presente* (Präsens)   z. B. *hablo*

    Imperfecto (Imperfekt)   z. B. *hablaba*

    Pretérito indefinido (Einfaches Perfekt) z. B. *hablé*

    Futuro (Futur)   z. B. *hablaré*

(2) *Perfecto compuesto* (Zusammengesetztes Perfekt)
                               z. B. *he hablado*

    Pluscuamperfecto (Plusquamperfekt) z. B. *había hablado*

    Pretérito anterior   z. B. *hube hablado*

    Futuro perfecto (Futur exakt)   z. B. *habré hablado*

Hinweis: Den acht Tempora des *Indicativo* entsprechen im Deutschen sechs Tempora des Indikativs.

Konjunktiv *(Subjuntivo)*

Grundwissen: Zum Modus *Subjuntivo* gehören im Spanischen vier Tempora. Das *Presente* und *Imperfecto de subjuntivo* (1) sind einfach gebildet, das *Perfecto* und *Pluscuamperfecto de subjuntivo* (2) sind zusammengesetzt gebildet. Für das *Imperfecto de subjuntivo* und für das *Pluscuamperfecto de subjuntivo* stehen jeweils doppelte Formen zur Verfügung.

(1) *Presente* (Konjunktiv Präsens)   z. B. *hable*

    Imperfecto (Konjunktiv Imperfekt) z. B. *hablara*
                                    z. B. *hablase*

(2)   *Perfecto* (Konjunktiv Perfekt)   z. B. *haya hablado*

      Pluscuamperfecto (Konjunktiv   z. B. *hubiera hablado*
      Plusquamperfekt)   z. B. *hubiese hablado*

Hinweis: Den vier Tempora des Modus *Subjuntivo* entsprechen im Deutschen vier Tempora des Modus Konjunktiv.

Konditional *(Condicional)*

Grundwissen: Zum Modus *Condicional* gehören im Spanischen zwei Tempora. Das *Condicional simple* (1) wird einfach gebildet, das *Condicional compuesto* (2) zusammengesetzt.

(1)   **Condicional simple**   z. B. *hablaría*

(2)   **Condicional compuesto**   z. B. *habría hablado*

Hinweis: Dem Modus *Condicional* entsprechen im Deutschen die Formen des Konjunktiv Imperfekt (z. B. *ich bliebe*) oder die *würde*-Umschreibungen (z. B. *ich würde bleiben*).

Imperativ *(Imperativo)*

Grundwissen: Zwischen dem Modus *Imperativo* und dem deutschen Imperativ lassen sich keine Unterschiede feststellen. In beiden Sprachen gibt es für die 2. Person Singular und Plural spezielle Formen (1). Die Imperativformen der 3. Person Singular und Plural und der 1. Person Plural werden jeweils mit Hilfe des *Subjuntivo* bzw. Konjunktivs gebildet (2). Unterschiede zwischen den beiden Sprachen zeigen sich jedoch bei den verneinten Imperativen (→ 6.7.2.).

(1)   *Imperativo*   2. Person Singular   z. B. *habla*
      Imperativo   2. Person Plural   z. B. *hablad*

(2)   *Imperativo*   1. Person Plural   z. B. *hablemos*
      Imperativo   3. Person Singular   z. B. *hable*
      Imperativo   3. Person Plural   z. B. *hablen*

Hinweis: Bei negierten Imperativen werden im Spanischen im Gegensatz zum Deutschen nur *Subjuntivo*-Formen verwendet (→ 6.7.2.) ¡*No hables*! (Sprich nicht!).

Die infiniten Modi

Infinitiv *(Infinitivo)*

Grundwissen: Im Spanischen gibt es ebenso wie im Deutschen zwei Tempora des Infinitivs: den einfach gebildeten *Infinitivo presente* (1) und den zusammengesetzten *Infinitivo pasado* (2).

(1)   *Infinitivo presente*   z. B. *hablar*

(2)   *Infinitivo pasado*   z. B. *haber hablado*

Partizip (Participio)

Grundwissen: Im heutigen Spanisch spielt nur mehr das *Participio pasado* eine Rolle (→ 6.11.). Dem deutschen Partizip Präsens (z. B. *schreiend*) entspricht im Spanischen sehr oft die betreffende Gerundium-Form (→ 6.10.).

Gerundium *(Gerundio)*

Grundwissen: Das *Gerundio* kommt in zwei Tempora vor: im einfachen *Gerundio presente* (1) und im zusammengesetzten *Gerundio pasado* (2). Dem Deutschen fehlt eine genau entsprechende infinite Verbform.

(1)   ***Gerundio presente***   z. B. *hablando*

(2)   ***Gerundio pasado***   z. B. *habiendo hablado*

6.1.1. Die regelmäßigen Verben

Grundwissen: Die regelmäßigen Verben des Spanischen lassen sich drei Konjugationsklassen zuordnen, die man als Erste Konjugation, Zweite Konjugation und Dritte Konjugation bezeichnet.

Erste Konjugation: Musterbeispiel   *tomar*

Zweite Konjugation: Musterbeispiel   *comer*

Dritte Konjugation: Musterbeispiel   *partir*

6.1.1.1. Erste Konjugation: Musterbeispiel *tomar* (nehmen)

Indicativo

Presente	Imperfecto	Pretérito indefinido
tomo	tomaba	tomé
tomas	tomabas	tomaste
toma	tomaba	tomó
tomamos	tomábamos	tomamos
tomáis	tomabais	tomasteis
toman	tomaban	tomaron

Perfecto compuesto	Pluscuamperfecto	Pretérito anterior
he tomado	había tomado	hube tomado
has tomado	habías tomado	hubiste tomado
ha tomado	había tomado	hubo tomado
hemos tomado	habíamos tomado	hubimos tomado
habéis tomado	habíais tomado	hubisteis tomado
han tomado	habían tomado	hubieron tomado

Futuro	Futuro perfecto
tomaré	habré tomado
tomarás	habrás tomado
tomará	habrá tomado
tomaremos	habremos tomado
tomaréis	habréis tomado
tomarán	habrán tomado

Condicional

Condicional simple	Condicional compuesto
tomaría	habría tomado
tomarías	habrías tomado
tomaría	habría tomado
tomaríamos	habríamos tomado
tomaríais	habríais tomado
tomarían	habrían tomado

Subjuntivo

Presente	Imperfecto	
tome	tomara	tomase
tomes	tomaras	tomases
tome	tomara	tomase
tomemos	tomáramos	tomásemos
toméis	tomarais	tomaseis
tomen	tomaran	tomasen

Perfecto	Pluscuamperfecto	
haya tomado	hubiera tomado	hubiese tomado
hayas tomado	hubieras tomado	hubieses tomado
haya tomado	hubiera tomado	hubiese tomado
hayamos tomado	hubiéramos tomado	hubiésemos tomado
hayáis tomado	hubierais tomado	hubieseis tomado
hayan tomado	hubieran tomado	hubiesen tomado

Imperativo

toma
tome
tomemos
tomad
tomen

Infinitivo

Presente	Pasado
tomar	haber tomado

Gerundio

Presente	Pasado
tomando	habiendo tomado

Participio pasado

tomado

6.1.1.1.1. Die Gruppenverben der Ersten Konjugation

Eine Reihe von Verben weicht in bestimmten Formen vom regelmäßigen Schema der Ersten Konjugation ab. Die meisten dieser Verben lassen sich in Gruppen mit gleichen Unregelmäßigkeiten zusammenfassen, weswegen man sie auch als „Gruppenverben" bezeichnet.

6.1.1.1.1.1. Das Gruppenverb *pensar* (denken)

Regel: Wenn die Betonung auf den Stammvokal *e* fällt, wird dieser durch den Diphthong *ie* ersetzt. Zu dieser Ersetzung kommt es bei den Formen des *Indicativo Presente*, des *Subjuntivo Presente* und des *Imperativo*:

Presente de indicativo	Presente de subjuntivo	Imperativo
pienso	**piense**	
piensas	**pienses**	**piensa**
piensa	**piense**	**piense**
pensamos	pensemos	pensemos
pensáis	penséis	pensad
piensan	**piensen**	**piensen**

Nach dem Muster von *pensar* werden folgende Verben der Ersten Konjugation konjugiert:

acertar	*alentar*	*apretar*
arrendar	*atravesar*	*calentar*
cegar	*cerrar*	*comenzar*
concertar	*confesar*	*desalentar*
desenterrar	*deshelar*	*desplegar*
desterrar	*empedrar*	*empezar*
encerrar	*enterrar*	*escarmentar*
fregar	*gobernar*	*helar*
manifestar	*mentar*	*negar*
nevar	*plegar*	*quebrar*
recomendar	*regar*	*remendar*
reventar	*segar*	*sembrar*
sentarse	*serrar*	*temblar*
tentar	*tropezar*	

Hinweis: Die Konjugation der Verben auf -car, -gar, -guar und -zar weist orthographische Veränderungen auf (→ 6.1.1.1.1.5). Für das Verb errar (irren) gilt eine zusätzliche orthographische Sonderregelung:

Presente de indicativo	Presente de subjuntivo	Imperativo
yerro	**yerre**	
yerras	**yerres**	**yerra**
yerra	**yerre**	**yerre**
erramos	erremos	erremos
erráis	erréis	errad
yerran	**yerren**	**yerren**

6.1.1.1.1.2. Das Gruppenverb *mostrar* (zeigen)

Regel: Wenn die Betonung auf den Stammvokal *o* fällt, wird dieser durch den Diphthong *ue* ersetzt. Zu dieser Ersetzung kommt es bei den Formen des *Indicativo Presente*, des *Subjuntivo Presente* und des *Imperativo*:

Presente de indicativo	Presente de subjuntivo	Imperativo
muestro	**muestre**	
muestras	**muestres**	**muestra**
muestra	**muestre**	**muestre**
mostramos	mostremos	mostremos
mostráis	mostréis	mostrad
muestran	**muestren**	**muestren**

Nach dem Muster von *mostrar* werden folgende Verben der Ersten Konjugation konjugiert:

acordar	acostarse	almorzar
apostar	aprobar	avergonzarse
colgar	comprobar	concordar
consolar	contar	costar
demostrar	descontar	desolar
despoblar	encontrar	esforzarse
forzar	probar	recordar
reforzar	renovar	resonar
rodar	rogar	soldar
soltar	sonar	soñar
tostar	trocar	tronar
volar	volcar	

Hinweis: Die Konjugation der Verben auf -car, -gar, -guar und -zar weist orthographische Veränderungen auf (→ 6.1.1.1.1.5). Das Verb jugar (spielen) schließt sich der Konjugation von mostrar an, indem es den Stammvokal u durch den Diphthong ue ersetzt:

Presente de indicativo	Presente de subjuntivo	Imperativo
juego	**juegue**	
juegas	**juegues**	**juega**
juega	**juegue**	**juegue**
jugamos	juguemos	juguemos
jugáis	juguéis	jugad
juegan	**jueguen**	**jueguen**

6.1.1.1.1.3. Das Gruppenverb enviar (schicken)

Regel: Zahlreiche Verben auf -iar erhalten in den stammbetonten Formen einen Akzent auf dem i. Dadurch wird angedeutet, dass das Stamm -i mit dem Endungsvokal keinen Diphthong bildet, wie dies bei vielen anderen Verben der Fall ist (z. B. cambiar: cambio, cambias, cambia usw.).

Presente de indicativo	Presente de subjuntivo	Imperativo
envío	**envíe**	
envías	**envíes**	**envía**
envía	**envíe**	**envíe**
enviamos	enviemos	enviemos
enviáis	enviéis	enviad
envían	**envíen**	**envíen**

Nach dem Muster von **enviar** werden folgende Verben der Ersten Konjugation konjugiert:

ampliar	ansiar	ataviar
averiar	confiar	criar
desafiar	desviar	enfriar
espiar	esquiar	expiar
extasiarse	extraviar	fiarse
gloriar	guiar	inventariar
liar	repatriarse	resfriarse
rociar	telegrafiar	triar
vaciar	variar	

6.1.1.1.1.4. Das Gruppenverb *continuar* (fortsetzen)

Regel: In den stammbetonten Formen bildet das Stamm-*u* von *continuar* keinen Diphthong mit dem Endungsvokal. Es wird daher betont und erhält in der Schreibung einen Akzent.

Presente de indicativo	Presente de subjuntivo	Imperativo
continúo	**continúe**	
continúas	**continúes**	**continúa**
continúa	**continúe**	**continúe**
continuamos	continuemos	continuemos
continuáis	continuéis	continuad
continúan	**continúen**	**continúen**

Nach dem Muster von *continuar* werden die meisten Verben auf -*uar* konjugiert. Eine Ausnahme bilden die Verben auf -*guar* (z. B. *fraguar schmieden: fraguo, fraguas, fragua* usw.), bei denen das *u* mit dem Endungsvokal einen Diphthong bildet (→ 6.1.1.1.1.5.).

6.1.1.1.1.5. Verben mit orthographischen Besonderheiten

Regel: Bei den Verben der Ersten Konjugation auf -*car*, -*gar*, -*guar* und -*zar* wird die Schreibung der Aussprache angepasst. Dabei kommt es zu verschiedenen orthographischen Veränderungen. Betroffen sind die 1. Person des *Pretérito indefinido*, alle Personen des *Presente de subjuntivo* und die 3. Person Singular und Plural bzw. die 1. Person Plural des *Imperativo*.

	Pretérito indefinido	Presente de subjuntivo	Imperativo
explicar:	**expliqué**	**explique**	
(erklä-	explicaste	**expliques**	explica
ren)	usw.	**explique**	**explique**
		expliquemos	**expliquemos**
		expliquéis	explicad
		expliquen	**expliquen**
negar:	**negué**	**niegue**	
(vernei-	negaste	**niegues**	niega
nen)	usw.	**niegue**	**niegue**
		neguemos	**neguemos**
		neguéis	negad
		nieguen	**nieguen**

averiguar:	**averigüé**	**averigüe**	
(untersu-	averiguaste	**averigües**	averigua
chen)	usw.	**averigüe**	**averigüe**
		averigüemos	**averigüemos**
		averigüéis	averiguad
		averigüen	**averigüen**
avanzar:	**avancé**	**avance**	
(vorrü-	avanzaste	**avances**	avanza
cken)	usw.	**avance**	**avance**
		avancemos	**avancemos**
		avancéis	avanzad
		avancen	**avancen**

6.1.1.2. Zweite Konjugation: Musterbeispiel *comer* (essen)

Indicativo

Presente	Imperfecto	Pretérito indefinido
como	comía	comí
comes	comías	comiste
come	comía	comió
comemos	comíamos	comimos
coméis	comíais	comisteis
comen	comían	comieron

Perfecto compuesto	Pluscuamperfecto	Pretérito anterior
he comido	había comido	hube comido
has comido	habías comido	hubiste comido
ha comido	había comido	hubo comido
hemos comido	habíamos comido	hubimos comido
habéis comido	habíais comido	hubisteis comido
han comido	habían comido	hubieron comido

Futuro	Futuro perfecto
comeré	habré comido
comerás	habrás comido
comerá	habrá comido
comeremos	habremos comido
comeréis	habréis comido
comerán	habrán comido

Condicional

Condicional simple	Condicional compuesto
comería	habría comido
comerías	habrías comido
comería	habría comido
comeríamos	habríamos comido
comeríais	habríais comido
comerían	habrían comido

Subjuntivo

Presente	Imperfecto	
coma	comiera	comiese
comas	comieras	comieses
coma	comiera	comiese
comamos	comiéramos	comiésemos
comáis	comierais	comieseis
coman	comieran	comiesen

Perfecto	Pluscuamperfecto	
haya comido	hubiera comido	hubiese comido
hayas comido	hubieras comido	hubieses comido
haya comido	hubiera comido	hubiese comido
hayamos comido	hubiéramos comido	hubiésemos comido
hayáis comido	hubierais comido	hubieseis comido
hayan comido	hubieran comido	hubiesen comido

Imperativo

come
coma
comamos
comed
coman

Infinitivo

Presente	Pasado
comer	haber comido

Gerundio

Presente	Pasado
comiendo	habiendo comido

Participio pasado

comido

6.1.1.2.1. Die Gruppenverben der Zweiten Konjugation

Eine Reihe von Verben weicht in bestimmten Formen vom regelmäßigen Schema der Zweiten Konjugation ab. In der Zweiten Konjugation lassen sich folgende Gruppenverben (→ 6.1.1.1.1.) unterscheiden:

6.1.1.2.1.1. Das Gruppenverb *entender* (verstehen)

Regel: Wenn die Betonung auf den Stammvokal *e* fällt, wird dieser durch den Diphthong *ie* ersetzt.
Zu dieser Ersetzung kommt es bei den Formen des *Indicativo presente*, des *Subjuntivo Presente* und des *Imperativo*:

Presente de indicativo	Presente de subjuntivo	Imperativo
entiendo	**entienda**	
entiendes	**entiendas**	**entiende**
entiende	**entienda**	**entienda**
entendemos	entendamos	entendamos
entendéis	entendáis	entended
entienden	**entiendan**	**entiendan**

Nach dem Muster von **entender** werden folgende Verben der Zweiten Konjugation konjugiert:

ascender	*atender*	*defender*
desatender	*descender*	*desentenderse*
encender	*extender*	*heder*
hender	*perder*	*reverter*
tender	*trascender*	*verter*

6.1.1.2.1.2. Das Gruppenverb *volver* (zurückkehren)

Regel: Wenn die Betonung auf den Stammvokal *o* fällt, wird dieser durch den Diphthong *ue* ersetzt. Zu dieser Ersetzung kommt es bei den Formen des *Indicativo presente*, des *Subjuntivo presente* und des *Imperativo*.

Presente de indicativo	Presente de subjuntivo	Imperativo
vuelvo	**vuelva**	
vuelves	**vuelvas**	**vuelve**
vuelve	**vuelva**	**vuelva**
volvemos	volvamos	volvamos
volvéis	volváis	volved
vuelven	**vuelvan**	**vuelvan**

Nach dem Muster von *volver* werden folgende Verben der Zweiten Konjugation konjugiert:

absolver	*cocer*	*conmover*
desenvolver(se)	*devolver*	*disolver*
doler	*envolver*	*llover*
moler	*mover*	*morder*
oler	*remover*	*resolver*
retorcer	*revolver*	*soler*
torcer	*volverse*	

6.1.1.2.1.3. Verben mit orthographischen Besonderheiten

Regel: Bei den Verben der Zweiten Konjugation auf *-acer, -ecer* und *-ocer* wird die Schreibung der Aussprache angepasst. Dabei kommt es zu orthographischen Veränderungen bei der Bildung der 1. Person Singular des *Presente de indicativo* und bei der Bildung aller Personen des *Presente de subjuntivo* und der davon abgeleiteten Imperativformen.

Presente de indicativo		Presente de subjuntivo	Imperativo
nacer:	**nazco**	**nazca**	
(gebo-	naces usw.	**nazcas**	nace
ren		**nazca**	**nazca**
werden)		**nazcamos**	**nazcamos**
		nazcáis	naced
		nazcan	**nazcan**
crecer:	**crezco**	**crezca**	
(wach-	creces usw.	**crezcas**	crece
sen)		**crezca**	**crezca**
		crezcamos	**crezcamos**
		crezcáis	creced
		crezcan	**crezcan**

conocer:	conozco	conozca	
(kennen)	conoces usw.	conozcas	conoce
		conozca	conozca
		conozcamos	conozcamos
		conozcáis	conoced
		conozcan	conozcan

Hinweis: Zu ähnlichen Anpassungen der Schreibung an die Aussprache kommt es auch bei den Verben auf -cer (1) und -ger (2). Das Verb oler weist die Besonderheit auf, dass den diphthongierten Formen ein h vorangestellt wird (3). Wenn den Verben auf -er ein Vokal vorausgeht, wird in der 3. Person Singular und Plural des Pretérito indefinido ein y eingeschoben (4). Ebenso in allen Formen des Imperfecto de subjuntivo.

(1)	vencer:	venzo	vences usw.
	(besiegen)	venza	venzas usw.
(2)	coger:	cojo	coges usw.
	(ergreifen)	coja	cojas usw.
(3)	oler:	huelo	hueles usw.
	(riechen)	huela	huelas usw.
(4)	leer:	leyó	leyeron
	(lesen)	leyera usw.	leyese usw.

6.1.1.3. Dritte Konjugation: Musterbeispiel *partir* (abreisen)

Indicativo

Presente	Imperfecto	Pretérito indefinido
parto	partía	partí
partes	partías	partiste
parte	partía	partió
partimos	partíamos	partimos
partís	partíais	partisteis
parten	partían	partieron

Perfecto compuesto	Pluscuamperfecto	Pretérito anterior
he partido	había partido	hube partido
has partido	habías partido	hubiste partido
ha partido	había partido	hubo partido
hemos partido	habíamos partido	hubimos partido
habéis partido	habíais partido	hubisteis partido
han partido	habían partido	hubieron partido

Futuro	Futuro perfecto
partiré	habré partido
partirás	habrás partido
partirá	habrá partido
partiremos	habremos partido
partiréis	habréis partido
partirán	habrán partido

Condicional

Condicional simple	Condicional compuesto
partiría	habría partido
partirías	habrías partido
partiría	habría partido
partiríamos	habríamos partido
partiríais	habríais partido
partirían	habrían partido

Subjuntivo

Presente	Imperfecto	
parta	partiera	partiese
partas	partieras	partieses
parta	partiera	partiese
partamos	partiéramos	partiésemos
partáis	partierais	partieseis
partan	partieran	partiesen

Perfecto	Pluscuamperfecto	
haya partido	hubiera partido	hubiese partido
hayas partido	hubieras partido	hubieses partido
haya partido	hubiera partido	hubiese partido
hayamos partido	hubiéramos partido	hubiésemos partido
hayáis partido	hubierais partido	hubieseis partido
hayan partido	hubieran partido	hubiesen partido

Imperativo

parte
parta
partamos
partid
partan

Infinitivo

Presente	Pasado
partir	haber partido

Gerundio

Presente	Pasado
partiendo	habiendo partido

Participio pasado

partido

6.1.1.3.1. Die Gruppenverben der Dritten Konjugation

Eine Reihe von Verben weicht in bestimmten Formen vom regelmäßigen Schema der Dritten Konjugation ab. In der Dritten Konjugation lassen sich folgende Gruppenverben (→ 6.1.1.1.1.) unterscheiden:

6.1.1.3.1.1. Das Gruppenverb *sentir* (fühlen)

Regel: Wenn die Betonung auf den Stammvokal *e* fällt, wird dieser durch den Diphthong *ie* ersetzt. Zu dieser Ersetzung kommt es bei den Formen des *Indicativo presente*, des *Subjuntivo presente* und des *Imperativo*. In der 3. Person Singular und Plural des *Pretérito indefinido*, in der 1. und 2. Person Plural des *Presente de subjuntivo*, in allen Formen des *Imperfecto de subjuntivo* und im *Gerundio* wird außerdem das unbetonte Stamm-*e* zu *i* verändert.

Presente de indicativo	Presente de subjuntivo		Imperativo
siento	**sienta**		
sientes	**sientas**	**siente**	
siente	**sienta**	**sienta**	
sentimos	**sintamos**	**sintamos**	
sentís	**sintáis**	sentid	
sienten	**sientan**	**sientan**	

Pretérito indefinido	Imperfecto de subjuntivo		Gerundio
sentí	**sintiera**	**sintiese**	**sintiendo**
sentiste	**sintieras**	**sintieses**	
sintió	**sintiera**	**sintiese**	
sentimos	**sintiéramos**	**sintiésemos**	
sentisteis	**sintierais**	**sintieseis**	
sintieron	**sintieran**	**sintiesen**	

Nach dem Muster von *sentir* werden folgende Verben der Dritten Konjugation konjugiert:

adherirse	*advertir*	*arrepentirse*
asentir	*conferir*	*consentir*
convertir	*desmentir*	*diferir*
digerir	*disentir*	*divertir(se)*
herir	*hervir*	*inferir(se)*
invertir	*mentir*	*pervertir*
preferir	*presentir*	*referir(se)*
requerir	*resentirse*	*sugerir*

Hinweis: Dem Muster von *sentir* schließen sich auch die Verben *adquirir*(1) und *erguir*an. Für *erguir*kommen Besonderheiten in der Schreibung hinzu (2).

(1)   *adquirir* (erwerben):
        adquiero, adquieres, adquiere, adquirimos, adquirís,
        adquieren
        adquiera, adquieras, adquiera, adquiramos, adquiráis,
        adquieran
        adquiriera/adquiriese usw., *adquiriendo*

(2)   *erguir* (aufrichten):
        yergo/irgo, yergues/irgues, yergue/irgue, erguimos, erguís,
        yerguen/irguen
        yerga/irga usw., *irguiera/irguiese* usw., *irguiendo*

6.1.1.3.1.2. Das Gruppenverb *dormir* (schlafen)

Regel: In den stammbetonten Formen von *dormir* wird das *o* durch den Diphthong *ue* ersetzt. Von dieser Ersetzung betroffen sind bestimmte Formen des *Presente de indicativo*, des *Presente de subjuntivo* und des *Imperativo*. Zusätzlich wird das unbetonte *o* zu *u* verändert in der 3. Person Singular und Plural des *Pretérito indefinido*, in der 1. und 2. Person Plural des *Presente de subjuntivo*, in allen Formen des *Imperfecto de subjuntivo* und im *Gerundio*.

Presente de indicativo	Presente de subjuntivo	Imperativo
duermo	**duerma**	
duermes	**duermas**	**duerme**
duerme	**duerma**	**duerma**
dormimos	**durmamos**	**durmamos**
dormís	**durmáis**	dormid
duermen	**duerman**	**duerman**

Pretérito indefinido	Imperfecto de subjuntivo		Gerundio
dormí	**durmiera**	**durmiese**	**durmiendo**
dormiste	**durmieras**	**durmieses**	
durmió	**durmiera**	**durmiese**	
dormimos	**durmiéramos**	**durmiésemos**	
dormisteis	**durmierais**	**durmieseis**	
durmieron	**durmieran**	**durmiesen**	

Nach dem Muster von *dormir* wird das Verb *morir(se)* (sterben) konjugiert.

6.1.1.3.1.3. Das Gruppenverb *pedir* (bitten)

Regel: In den stammbetonten Formen von *pedir* wird das *e* durch *i* ersetzt. Von dieser Ersetzung betroffen sind bestimmte Formen des *Presente de indicativo*, des *Presente de subjuntivo* und des *Imperativo*. Zusätzlich wird das unbetonte *e* zu *i* verändert in der 3. Person Singular und Plural des *Pretérito indefinido*, in der 1. und 2. Person Plural des *Presente de subjuntivo*, in allen Formen des *Imperfecto de subjuntivo* und im *Gerundio*.

Presente de indicativo	Presente de subjuntivo		Imperativo
pido	**pida**		
pides	**pidas**		**pide**
pide	**pida**		**pida**
pedimos	**pidamos**		**pidamos**
pedís	**pidáis**		pedid
piden	**pidan**		**pidan**

Pretérito indefinido	Imperfecto de subjuntivo		Gerundio
pedí	**pidiera**	**pidiese**	**pidiendo**
pediste	**pidieras**	**pidieses**	
pidió	**pidiera**	**pidiese**	
pedimos	**pidiéramos**	**pidiésemos**	
pedisteis	**pidierais**	**pidieseis**	
pidieron	**pidieran**	**pidiesen**	

Nach dem Muster von *pedir* werden folgende Verben der Dritten Konjugation konjugiert:

colegir	*competir*	*concebir*
conseguir	*corregir*	*derretir*
despedir(se)	*elegir*	*embestir*
expedir	*freír*	*gemir*
impedir	*medir*	*perseguir*
proseguir	*reír(se)*	*regir*
rendir(se)	*reñir*	*repetir*
revestir	*seguir*	*servir*
sonreír	*teñir*	*vestir(se)*

6.1.1.3.1.4. Das Gruppenverb *construir* (bauen)

Regel: Vor den Endungen, die nicht mit *i* beginnen, wird ein *y* eingeschoben. Von dieser Veränderung sind bestimmte Formen des *Presente
de indicativo*, des *Prétérito indefinido*, des *Imperativo* und alle Formen
des *Presente de subjuntivo* sowie des *Imperfecto de subjuntivo* betroffen.

Presente de indicativo Imperativo		Presente de subjuntivo
construyo	construya	
construyes	construyas	construye
construye	construya	construya
construimos	construyamos	construyamos
construís	construyáis	construid
construyen	construyan	construyan

Pretérito indefinido	Imperfecto de subjuntivo		Gerundio
construí	construyera	construyese	construyendo
construiste	construyeras	construyeses	
construyó	construyera	construyese	
construimos	construyéramos	construyésemos	
construisteis	construyerais	construyeseis	
construyeron	construyeran	construyesen	

Nach dem Muster von *construir* werden folgende Verben der Dritten
Konjugation konjugiert:

afluir	*argüir*	*atribuir*
concluir	*confluir*	*constituir*
contribuir	*destituir*	*destruir*
disminuir	*distribuir*	*excluir*
fluir	*huir*	*imbuir*
incluir	*influir*	*instituir*
instruir	*obstruir*	*refluir*
restituir	*retribuir*	*sustituir*

6.1.1.3.1.5. Das Gruppenverb *conducir* (führen)

Regel: Die Verben der Dritten Konjugation auf *-ducir* (z. B. *conducir, de-
ducir, inducir*) bilden die 1. Person des *Presente de indicativo* auf

-*zco*. Auf gleiche Weise das *Presente de subjuntivo* auf -*zca* (1). Völlig unregelmäßig verhält sich das Verb *asir* bei den entsprechenden Formen (2).

(1)　　　**conducir** (führen):
　　　　　conduzco, *conduces, conduce usw.*
　　　　　conduzca, conduzcas, conduzca, conduzcamos,
　　　　　conduzcáis, conduzcan

(2)　　　**asir** (ergreifen):
　　　　　asgo, *ases, ase usw.*
　　　　　asga, asgas, asga, asgamos, asgáis, asgan

6.1.1.3.1.6. Verben mit orthographischen Besonderheiten

Regel: Bei den Verben auf -*gir*, -*guir* und -*quir* muss vor der Endung *o* und *a* die Schreibung der Aussprache angepasst werden. Deshalb wird *g* zu *j*, *gu* zu *g* und *qu* zu *c* (1). Bei Verben wie *bullir* und *reñir* entfällt das *i* in der Endung der 3. Person Singular und Plural des *Pretérito indefinido* (2). Das Verb *reunir* erhält in bestimmten Formen einen Akzent (3).

(1)　　　**dirigir** *(leiten):*
　　　　　dirijo, *direges, dirige usw.*
　　　　　dirija, dirijas, dirija *usw.*

　　　　　distinguir *(unterscheiden):*
　　　　　distingo, *distingues, distingue usw.*
　　　　　distinga, distingas, distinga *usw.*

　　　　　delinquir *(sich vergehen):*
　　　　　delinco, *delinques, delinque usw.*
　　　　　delinca, delincas, delinca *usw.*

(2)　　　**bullir** *(sieden):*
　　　　　bulló bulleron

　　　　　reñir *(streiten):*
　　　　　riñó riñeron

(3)　　　**reunir** *vereinigen:*
　　　　　reúno, reúnes, réune, *reunimos, reunís,*
　　　　　reúnen
　　　　　reúna, reúnas, reúna, *reunamos, reunáis,*
　　　　　reúnan

6.1.2. Die unregelmäßigen Verben

6.1.2.1. Konjugation von *ser* (sein)

Indicativo

Presente	Imperfecto	Pretérito indefinido
soy	era	fui
eres	eras	fuiste
es	era	fue
somos	éramos	fuimos
sois	erais	fuisteis
son	eran	fueron

Perfecto compuesto	Pluscuamperfecto	Pretérito anterior
he sido	había sido	hube sido
has sido	habías sido	hubiste sido
ha sido	había sido	hubo sido
hemos sido	habíamos sido	hubimos sido
habéis sido	habíais sido	hubisteis sido
han sido	habían sido	hubieron sido

Futuro	Futuro perfecto
seré	habré sido
serás	habrás sido
será	habrá sido
seremos	habremos sido
seréis	habréis sido
serán	habrán sido

Condicional

Condicional simple	Condicional compuesto
sería	habría sido
serías	habrías sido
sería	habría sido
seríamos	habríamos sido
seríais	habríais sido
serían	habrían sido

Subjuntivo

Presente	Imperfecto	
sea	fuera	fuese
seas	fueras	fueses
sea	fuera	fuese
seamos	fuéramos	fuésemos
seáis	fuerais	fueseis
sean	fueran	fuesen

Perfecto	Pluscuamperfecto	
haya sido	hubiera sido	hubiese sido
hayas sido	hubieras sido	hubieses sido
haya sido	hubiera sido	hubiese sido
hayamos sido	hubiéramos sido	hubiésemos sido
hayáis sido	hubierais sido	hubieseis sido
hayan sido	hubieran sido	hubiesen sido

Imperativo

sé
sea
seamos
sed
sean

Infinitivo

Presente	Pasado
ser	haber sido

Gerundio

Presente	Pasado
siendo	habiendo sido

Participio pasado

sido

6.1.2.2. Konjugation von *estar* (sein, sich befinden)

Indicativo

Presente	Imperfecto	Pretérito indefinido
estoy	estaba	estuve
estás	estabas	estuviste
está	estaba	estuvo
estamos	estábamos	estuvimos
estáis	estabais	estuvisteis
están	estaban	estuvieron

Perfecto compuesto	Pluscuamperfecto	Pretérito anterior
he estado	había estado	hube estado
has estado	habías estado	hubiste estado
ha estado	había estado	hubo estado
hemos estado	habíamos estado	hubimos estado
habéis estado	habíais estado	hubisteis estado
han estado	habían estado	hubieron estado

Futuro	Futuro perfecto
estaré	habré estado
estarás	habrás estado
estará	habrá estado
estaremos	habremos estado
estaréis	habréis estado
estarán	habrán estado

Condicional

Condicional simple	Condicional compuesto
estaría	habría estado
estarías	habrías estado
estaría	habría estado
estaríamos	habríamos estado
estaríais	habríais estado
estarían	habrían estado

Subjuntivo

Presente	Imperfecto	
esté	estuviera	estuviese
estés	estuvieras	estuvieses
esté	estuviera	estuviese
estemos	estuviéramos	estuviésemos
estéis	estuvierais	estuvieseis
estén	estuvieran	estuviesen

Perfecto	Pluscuamperfecto	
haya estado	hubiera estado	hubiese estado
hayas estado	hubieras estado	hubieses estado
haya estado	hubiera estado	hubiese estado
hayamos estado	hubiéramos estado	hubiésemos estado
hayáis estado	hubierais estado	hubieseis estado
hayan estado	hubieran estado	hubiesen estado

Imperativo

está
esté
estemos
estad
estén

Infinitivo

Presente	Pasado
estar	haber estado

Gerundio

Presente	Pasado
estando	habiendo estado

Participio pasado

estado

6.1.2.3. Konjugation von *haber* (haben, sein)

Indicativo

Presente	Imperfecto	Pretérito indefinido
he	había	hube
has	habías	hubiste
ha	había	hubo
hemos	habíamos	hubimos
habéis	habíais	hubisteis
han	habían	hubieron

Perfecto compuesto	Pluscuamperfecto	Pretérito anterior
he habido	había habido	hube habido
has habido	habías habido	hubiste habido
ha habido	había habido	hubo habido
hemos habido	habíamos habido	hubimos habido
habéis habido	habíais habido	hubisteis habido
han habido	habían habido	hubieron habido

Futuro	Futuro perfecto
habré	habré habido
habrás	habrás habido
habrá	habrá habido
habremos	habremos habido
habréis habido	habréis habido
habrán habido	habrán habido

Condicional

Condicional simple	Condicional compuesto
habría	habría habido
habrías	habrías habido
habría	habría habido
habríamos	habríamos habido
habríais	habríais habido
habrían	habrían habido

Subjuntivo

Presente	Imperfecto	
haya	hubiera	hubiese
hayas	hubieras	hubieses
haya	hubiera	hubiese
hayamos	hubiéramos	hubiésemos
hayáis	hubierais	hubieseis
hayan	hubieran	hubiesen

Perfecto	Pluscuamperfecto	
haya habido	hubiera habido	hubiese habido
hayas habido	hubieras habido	hubieses habido
haya habido	hubiera habido	hubiese habido
hayamos habido	hubiéramos habido	hubiésemos habido
hayáis habido	hubierais habido	hubieseis habido
hayan habido	hubieran habido	hubiesen habido

Imperativo

hé
haya
hayamos
habed
hayan

Infinitivo

Presente	Pasado
haber	haber habido

Gerundio

Presente	Pasado
habiendo	habiendo habido

Participio pasado

habido

6.1.2.4. Konjugation von *andar* (gehen)

Indicativo

Presente	Imperfecto	Pretérito indefinido
ando	andaba	anduve
andas	andabas	anduviste
anda	andaba	anduvo
andamos	andábamos	anduvimos
andáis	andabais	anduvisteis
andan	andaban	anduvieron

Perfecto compuesto	Pluscuamperfecto	Pretérito anterior
he andado	había andado	hube andado
has andado	habías andado	hubiste andado
ha andado	había andado	hubo andado
hemos andado	habíamos andado	hubimos andado
habéis andado	habíais andado	hubisteis andado
han andado	habían andado	hubieron andado

Futuro	Futuro perfecto
andaré	habré andado
andarás	habrás andado
andará	habrá andado
andaremos	habremos andado
andaréis	habréis andado
andarán	habrán andado

Condicional

Condicional simple	Condicional compuesto
andaría	habría andado
andarías	habrías andado
andaría	habría andado
andaríamos	habríamos andado
andaríais	habríais andado
andarían	habrían andado

Subjuntivo

Presente	Imperfecto	
ande	anduviera	anduviese
andes	anduvieras	anduvieses
ande	anduviera	anduviese
andemos	anduviéramos	anduviésemos
andéis	anduvierais	anduvieseis
anden	anduvieran	anduviesen

Perfecto	Pluscuamperfecto	
haya andado	hubiera andado	hubiese andado
hayas andado	hubieras andado	hubieses andado
haya andado	hubiera andado	hubiese andado
hayamos andado	hubiéramos andado	hubiésemos andado
hayáis andado	hubierais andado	hubieseis andado
hayan andado	hubieran andado	hubiesen andado

Imperativo

anda
ande
andemos
andad
anden

Infinitivo

Presente	Pasado
andar	haber andado

Gerundio

Presente	Pasado
andando	habiendo andado

Participio pasado

andado

6.1.2.5. Konjugation von *caber* (Platz haben)

Indicativo

Presente	Imperfecto	Pretérito indefinido
quepo	cabía	cupe
cabes	cabías	cupiste
cabe	cabía	cupo
cabemos	cabíamos	cupimos
cabéis	cabíais	cupisteis
caben	cabían	cupieron

Perfecto compuesto	Pluscuamperfecto	Pretérito anterior
he cabido	había cabido	hube cabido
has cabido	habías cabido	hubiste cabido
ha cabido	había cabido	hubo cabido
hemos cabido	habíamos cabido	hubimos cabido
habéis cabido	habíais cabido	hubisteis cabido
han cabido	habían cabido	hubieron cabido

Futuro	Futuro perfecto
cabré	habré cabido
cabrás	habrás cabido
cabrá	habrá cabido
cabremos	habremos cabido
cabréis	habréis cabido
cabrán	habrán cabido

Condicional

Condicional simple	Condicional compuesto
cabría	habría cabido
cabrías	habrías cabido
cabría	habría cabido
cabríamos	habríamos cabido
cabríais	habríais cabido
cabrían	habrían cabido

Subjuntivo

Presente	Imperfecto	
quepa	cupiera	cupiese
quepas	cupieras	cupieses
quepa	cupiera	cupiese
quepamos	cupiéramos	cupiésemos
quepáis	cupierais	cupieseis
quepan	cupieran	cupiesen

Perfecto	Pluscuamperfecto	
haya cabido	hubiera cabido	hubiese cabido
hayas cabido	hubieras cabido	hubieses cabido
haya cabido	hubiera cabido	hubiese cabido
hayamos cabido	hubiéramos cabido	hubiésemos cabido
hayáis cabido	hubierais cabido	hubieseis cabido
hayan cabido	hubieran cabido	hubiesen cabido

Imperativo

cabe
quepa
quepamos
cabed
quepan

Infinitivo

Presente	Pasado
caber	haber cabido

Gerundio

Presente	Pasado
cabiendo	habiendo cabido

Participio pasado

cabido

6.1.2.6. Konjugation von *caer* (fallen)

Indicativo

Presente	Imperfecto	Pretérito indefinido
caigo	caía	caí
caes	caías	caíste
cae	caía	cayó
caemos	caíamos	caímos
caéis	caíais	caísteis
caen	caían	cayeron

Perfecto compuesto	Pluscuamperfecto	Pretérito anterior
he caído	había caído	hube caído
has caído	habías caído	hubiste caído
ha caído	había caído	hubo caído
hemos caído	habíamos caído	hubimos caído
habéis caído	habíais caído	hubisteis caído
han caído	habían caído	hubieron caído

Futuro	Futuro perfecto
caeré	habré caído
caerás	habrás caído
caerá	habrá caído
caeremos	habremos caído
caeréis	habréis caído
caerán	habrán caído

Condicional

Condicional simple	Condicional compuesto
caería	habría caído
caerías	habrías caído
caería	habría caído
caeríamos	habríamos caído
caeríais	habríais caído
caerían	habrían caído

Subjuntivo

Presente	Imperfecto	
caiga	cayera	cayese
caigas	cayeras	cayeses
caiga	cayera	cayese
caigamos	cayéramos	cayésemos
caigáis	cayerais	cayeseis
caigan	cayeran	cayesen

Perfecto	Pluscuamperfecto	
haya caído	hubiera caído	hubiese caído
hayas caído	hubieras caído	hubieses caído
haya caído	hubiera caído	hubiese caído
hayamos caído	hubiéramos caído	hubiésemos caído
hayáis caído	hubierais caído	hubieseis caído
hayan caído	hubieran caído	hubiesen caído

Imperativo

cae
caiga
caigamos
caed
caigan

Infinitivo

Presente	Pasado
caer	haber caído

Gerundio

Presente	Pasado
cayendo	habiendo caído

Participio pasado

caído

6.1.2.7. Konjugation von *conducir* (führen)

Indicativo

Presente	Imperfecto	Pretérito indefinido
conduzco	conducía	conduje
conduces	conducías	condujiste
conduce	conducía	condujo
conducimos	conducíamos	condujimos
conducís	conducíais	condujisteis
conducen	conducían	condujeron

Perfecto compuesto	Pluscuamperfecto	Pretérito anterior
he conducido	había conducido	hube conducido
has conducido	habías conducido	hubiste conducido
ha conducido	había conducido	hubo conducido
hemos conducido	habíamos conducido	hubimos conducido
habéis conducido	habíais conducido	hubisteis conducido
han conducido	habían conducido	hubieron conducido

Futuro	Futuro perfecto
conduciré	habré conducido
conducirás	habrás conducido
conducirá	habrá conducido
conduciremos	habremos conducido
conduciréis	habréis conducido
conducirán	habrán conducido

Condicional

Condicional simple	Condicional compuesto
conduciría	habría conducido
conducirías	habrías conducido
conduciría	habría conducido
conduciríamos	habríamos conducido
conduciríais	habríais conducido
conducirían	habrían conducido

Subjuntivo

Presente	Imperfecto	
conduzca	condujera	condujese
conduzcas	condujeras	condujeses
conduzca	condujera	condujese
conduzcamos	condujéramos	condujésemos
conduzcáis	condujerais	condujeseis
conduzcan	condujeran	condujesen

Perfecto	Pluscuamperfecto	
haya conducido	hubiera conducido	hubiese conducido
hayas conducido	hubieras conducido	hubieses conducido
haya conducido	hubiera conducido	hubiese conducido
hayamos conducido	hubiéramos conducido	hubiésemos conducido
hayáis conducido	hubierais conducido	hubieseis conducido
hayan conducido	hubieran conducido	hubiesen conducido

Imperativo

conduce
conduzca
conduzcamos
conducid
conduzcan

Infinitivo

Presente	Pasado
conducir	haber conducido

Gerundio

Presente	Pasado
conduciendo	habiendo conducido

Participio pasado

conducido

6.1.2.8. Konjugation von *dar* (geben)

Indicativo

Presente	Imperfecto	Pretérito indefinido
doy	daba	dí
das	dabas	diste
da	daba	dio
damos	dábamos	dimos
dais	dabais	disteis
dan	daban	dieron

Perfecto compuesto	Pluscuamperfecto	Pretérito anterior
he dado	había dado	hube dado
has dado	habías dado	hubiste dado
ha dado	había dado	hubo dado
hemos dado	habíamos dado	hubimos dado
habéis dado	habíais dado	hubisteis dado
han dado	habían dado	hubieron dado

Futuro	Futuro perfecto
daré	habré dado
darás	habrás dado
dará	habrá dado
daremos	habremos dado
daréis	habréis dado
darán	habrán dado

Condicional

Condicional simple	Condicional compuesto
daría	habría dado
darías	habrías dado
daría	habría dado
daríamos	habríamos dado
daríais	habríais dado
darían	habrían dado

Subjuntivo

Presente	Imperfecto	
dé	diera	diese
des	dieras	dieses
dé	diera	diese
demos	diéramos	diésemos
deis	dierais	dieseis
den	dieran	diesen

Perfecto	Pluscuamperfecto	
haya dado	hubiera dado	hubiese dado
hayas dado	hubieras dado	hubieses dado
haya dado	hubiera dado	hubiese dado
hayamos dado	hubiéramos dado	hubiésemos dado
hayáis dado	hubierais dado	hubieseis dado
hayan dado	hubieran dado	hubiesen dado

Imperativo

da
dé
demos
dad
den

Infinitivo

Presente	Pasado
dar	haber dado

Gerundio

Presente	Pasado
dando	habiendo dado

Participio pasado

dado

6.1.2.9. Konjugation von *decir* (sagen)

Indicativo

Presente	Imperfecto	Pretérito indefinido
digo	decía	dije
dices	decías	dijiste
dice	decía	dijo
decimos	decíamos	dijimos
decís	decíais	dijisteis
dicen	decían	dijeron

Perfecto compuesto	Pluscuamperfecto	Pretérito anterior
he dicho	había dicho	hube dicho
has dicho	habías dicho	hubiste dicho
ha dicho	había dicho	hubo dicho
hemos dicho	habíamos dicho	hubimos dicho
habéis dicho	habíais dicho	hubisteis dicho
han dicho	habían dicho	hubieron dicho

Futuro	Futuro perfecto
diré	habré dicho
dirás	habrás dicho
dirá	habrá dicho
diremos	habremos dicho
diréis	habréis dicho
dirán	habrán dicho

Condicional

Condicional simple	Condicional compuesto
diría	habría dicho
dirías	habrías dicho
diría	habría dicho
diríamos	habríamos dicho
diríais	habríais dicho
dirían	habrían dicho

Subjuntivo

Presente	Imperfecto	
diga	dijera	dijese
digas	dijeras	dijeses
diga	dijera	dijese
digamos	dijéramos	dijésemos
digáis	dijerais	dijeseis
digan	dijeran	dijesen

Perfect	Pluscuamperfecto	
haya dicho	hubiera dicho	hubiese dicho
hayas dicho	hubieras dicho	hubieses dicho
haya dicho	hubiera dicho	hubiese dicho
hayamos dicho	hubiéramos dicho	hubiésemos dicho
hayáis dicho	hubierais dicho	hubieseis dicho
hayan dicho	hubieran dicho	hubiesen dicho

Imperativo

di
diga
digamos
decid
digan

Infinitivo

Presente	Pasado
decir	haber dicho

Gerundio

Presente	Pasado
diciendo	habiendo dicho

Participio pasado

dicho

6.1.2.10. Konjugation von *hacer* (machen, tun)

Indicativo

Presente	Imperfecto	Pretérito indefinido
hago	hacía	hice
haces	hacías	hiciste
hace	hacía	hizo
hacemos	hacíamos	hicimos
hacéis	hacíais	hicisteis
hacen	hacían	hicieron

Perfecto compuesto	Pluscuamperfecto	Pretérito anterior
he hecho	había hecho	hube hecho
has hecho	habías hecho	hubiste hecho
ha hecho	había hecho	hubo hecho
hemos hecho	habíamos hecho	hubimos hecho
habéis hecho	habíais hecho	hubisteis hecho
han hecho	habían hecho	hubieron hecho

Futuro	Futuro perfecto
haré	habré hecho
harás	habrás hecho
hará	habrá hecho
haremos	habremos hecho
haréis	habréis hecho
harán	habrán hecho

Condicional

Condicional simple	Condicional compuesto
haría	habría hecho
harías	habrías hecho
haría	habría hecho
haríamos	habríamos hecho
haríais	habríais hecho
harían	habrían hecho

Subjuntivo

Presente	Imperfecto	
haga	hiciera	hiciese
hagas	hicieras	hicieses
haga	hiciera	hiciese
hagamos	hiciéramos	hiciésemos
hagáis	hicierais	hicieseis
hagan	hicieran	hiciesen

Perfecto	Pluscuamperfecto	
haya hecho	hubiera hecho	hubiese hecho
hayas hecho	hubieras hecho	hubieses hecho
haya hecho	hubiera hecho	hubiese hecho
hayamos hecho	hubiéramos hecho	hubiésemos hecho
hayáis hecho	hubierais hecho	hubieseis hecho
hayan hecho	hubieran hecho	hubiesen hecho

Imperativo

haz
haga
hagamos
haced
hagan

Infinitivo

Presente	Pasado
hacer	haber hecho

Gerundio

Presente	Pasado
haciendo	habiendo hecho

Participio pasado

hecho

6.1.2.11. Konjugation von *ir* (gehen, fahren)

Indicativo

Presente	Imperfecto	Pretérito indefinido
voy	iba	fui
vas	ibas	fuiste
va	iba	fue
vamos	íbamos	fuimos
vais	ibais	fuisteis
van	iban	fueron

Perfecto	Pluscuamperfecto	Pretérito anterior
he ido	había ido	hube ido
has ido	habías ido	hubiste ido
ha ido	había ido	hubo ido
hemos ido	habíamos ido	hubimos ido
habéis ido	habíais ido	hubisteis ido
han ido	habían ido	hubieron ido

Futuro	Futuro perfecto
iré	habré ido
irás	habrás ido
irá	habrá ido
iremos	habremos ido
iréis	habréis ido
irán	habrán ido

Condicional

Condicional simple	Condicional compuesto
iría	habría ido
irías	habrías ido
iría	habría ido
iríamos	habríamos ido
iríais	habríais ido
irían	habrían ido

Subjuntivo

Presente	Imperfecto	
vaya	fuera	fuese
vayas	fueras	fueses
vaya	fuera	fuese
vayamos	fuéramos	fuésemos
vayáis	fuerais	fueseis
vayan	fueran	fuesen

Perfecto	Pluscuamperfecto	
haya ido	hubiera ido	hubiese ido
hayas ido	hubieras ido	hubieses ido
haya ido	hubiera ido	hubiese ido
hayamos ido	hubiéramos ido	hubiésemos ido
hayáis ido	hubierais ido	hubieseis ido
hayan ido	hubieran ido	hubiesen ido

Imperativo

ve
vaya
vamos
id
vayan

Infinitivo

Presente	Pasado
ir	haber ido

Gerundio

Presente	Pasado
yendo	habiendo ido

Participio pasado

ido

6.1.2.12. Konjugation von *oír* (hören)

Indicativo

Presente	Imperfecto	Pretérito indefinido
oigo	oía	oí
oyes	oías	oíste
oye	oía	oyó
oímos	oíamos	oímos
oís	oíais	oísteis
oyen	oían	oyeron

Perfecto compuesto	Pluscuamperfecto	Pretérito anterior
he oído	había oído	hube oído
has oído	habías oído	hubiste oído
ha oído	había oído	hubo oído
hemos oído	habíamos oído	hubimos oído
habéis oído	habíais oído	hubisteis oído
han oído	habían oído	hubieron oído

Futuro	Futuro perfecto
oiré	habré oído
oirás	habrás oído
oirá	habrá oído
oiremos	habremos oído
oiréis	habréis oído
oirán	habrán oído

Condicional

Condicional simple	Condicional compuesto
oiría	habría oído
oirías	habrías oído
oiría	habría oído
oiríamos	habríamos oído
oiríais	habríais oído
oirían	habrían oído

Subjuntivo

Presente	Imperfecto	
oiga	oyera	oyese
oigas	oyeras	oyeses
oiga	oyera	oyese
oigamos	oyéramos	oyésemos
oigáis	oyerais	oyeseis
oigan	oyeran	oyesen

Perfecto	Pluscuamperfecto	
haya oído	hubiera oído	hubiese oído
hayas oído	hubieras oído	hubieses oído
haya oído	hubiera oído	hubiese oído
hayamos oído	hubiéramos oído	hubiésemos oído
hayáis oído	hubierais oído	hubieseis oído
hayan oído	hubieran oído	hubiesen oído

Imperativo

oye
oiga
oigamos
oíd
oigan

Infinitivo

Presente	Pasado
oír	haber oído

Gerundio

Presente	Pasado
oyendo	habiendo oído

Participio pasado

oído

6.1.2.13. Konjugation von *poder* (können)

Indicativo

Presente	Imperfecto	Pretérito indefinido
puedo	podía	pude
puedes	podías	pudiste
puede	podía	pudo
podemos	podíamos	pudimos
podéis	podíais	pudisteis
pueden	podían	pudieron

Perfecto compuesto	Pluscuamperfecto	Pretérito anterior
he podido	había podido	hube podido
has podido	habías podido	hubiste podido
ha podido	había podido	hubo podido
hemos podido	habíamos podido	hubimos podido
habéis podido	habíais podido	hubisteis podido
han podido	habían podido	hubieron podido

Futuro	Futuro perfecto
podré	habré podido
podrás	habrás podido
podrá	habrá podido
podremos	habremos podido
podréis	habréis podido
podrán	habrán podido

Condicional

Condicional simple	Condicional compuesto
podría	habría podido
podrías	habrías podido
podría	habría podido
podríamos	habríamos podido
podríais	habríais podido
podrían	habrían podido

Subjuntivo

Presente	Imperfecto	
pueda	pudiera	pudiese
puedas	pudieras	pudieses
pueda	pudiera	pudiese
podamos	pudiéramos	pudiésemos
podáis	pudierais	pudieseis
puedan	pudieran	pudiesen

Perfecto	Pluscuamperfecto	
haya podido	hubiera podido	hubiese podido
hayas podido	hubieras podido	hubieses podido
haya podido	hubiera podido	hubiese podido
hayamos podido	hubiéramos podido	hubiésemos podido
hayáis podido	hubierais podido	hubieseis podido
hayan podido	hubieran podido	hubiesen podido

Imperativo

puede
pueda
podamos
poded
puedan

Infinitivo

Presente	Pasado
poder	haber podido

Gerundio

Presente	Pasado
pudiendo	habiendo podido

Participio

podido

6.1.2.14. Konjugation von *poner* (setzen, legen, stellen)

Indicativo

Presente	Imperfecto	Pretérito indefinido
pongo	ponía	puse
pones	ponías	pusiste
pone	ponía	puso
ponemos	poníamos	pusimos
ponéis	poníais	pusisteis
ponen	ponían	pusieron

Perfecto compuesto	Pluscuamperfecto	Pretérito anterior
he puesto	había puesto	hube puesto
has puesto	habías puesto	hubiste puesto
ha puesto	había puesto	hubo puesto
hemos puesto	habíamos puesto	hubimos puesto
habéis puesto	habíais puesto	hubisteis puesto
han puesto	habían puesto	hubieron puesto

Futuro	Futuro perfecto
pondré	habré puesto
pondrás	habrás puesto
pondrá	habrá puesto
pondremos	habremos puesto
pondréis	habréis puesto
pondrán	habrán puesto

Condicional

Condicional simple	Condicional compuesto
pondría	habría puesto
pondrías	habrías puesto
pondría	habría puesto
pondríamos	habríamos puesto
pondríais	habríais puesto
pondrían	habrían puesto

Subjuntivo

Presente	Imperfecto	
ponga	pusiera	pusiese
pongas	pusieras	pusieses
ponga	pusiera	pusiese
pongamos	pusiéramos	pusiésemos
pongáis	pusierais	pusieseis
pongan	pusieran	pusiesen

Perfecto	Pluscuamperfecto	
haya puesto	hubiera puesto	hubiese puesto
hayas puesto	hubieras puesto	hubieses puesto
haya puesto	hubiera puesto	hubiese puesto
hayamos puesto	hubiéramos puesto	hubiésemos puesto
hayáis puesto	hubierais puesto	hubieseis puesto
hayan puesto	hubieran puesto	hubiesen puesto

Imperativo

pon
ponga
pongamos
poned
pongan

Infinitivo

Presente	Pasado
poner	haber puesto

Gerundio

Presente	Pasado
poniendo	habiendo puesto

Participio pasado

puesto

6.1.2.15. Konjugation von *querer* (wollen, lieben)

Indicativo

Presente	Imperfecto	Pretérito indefinido
quiero	quería	quise
quieres	querías	quisiste
quiere	quería	quiso
queremos	queríamos	quisimos
queréis	queríais	quisisteis
quieren	querían	quisieron

Perfecto compuesto	Pluscuamperfecto	Pretérito anterior
he querido	había querido	hube querido
has querido	habías querido	hubiste querido
ha querido	había querido	hubo querido
hemos querido	habíamos querido	hubimos querido
habéis querido	habíais querido	hubisteis querido
han querido	habían querido	hubieron querido

Futuro	Futuro perfecto
querré	habré querido
querrás	habrás querido
querrá	habrá querido
querremos	habremos querido
querréis	habréis querido
querrán	habrán querido

Condicional

Condicional simple	Condicional compuesto
querría	habría querido
querrías	habrías querido
querría	habría querido
querríamos	habríamos querido
querríais	habríais querido
querrían	habrían querido

Subjuntivo

Presente	Imperfecto	
quiera	quisiera	quisiese
quieras	quisieras	quisieses
quiera	quisiera	quisiese
queramos	quisiéramos	quisiésemos
queráis	quisierais	quisieseis
quieran	quisieran	quisiesen

Perfecto	Pluscuamperfecto	
haya querido	hubiera querido	hubiese querido
hayas querido	hubieras querido	hubieses querido
haya querido	hubiera querido	hubiese querido
hayamos querido	hubiéramos querido	hubiésemos querido
hayáis querido	hubierais querido	hubieseis querido
hayan querido	hubieran querido	hubiesen querido

Imperativo

quiere
quiera
queramos
quered
quieran

Infinitivo

Presente	Pasado
querer	haber querido

Gerundio

Presente	Pasado
queriendo	habiendo querido

Participio pasado

querido

6.1.2.16. Konjugation von *saber* (wissen, können)

Indicativo

Presente	Imperfecto	Pretérito indefinido
sé	sabía	supe
sabes	sabías	supiste
sabe	sabía	supo
sabemos	sabíamos	supimos
sabéis	sabíais	supisteis
saben	sabían	supieron

Perfecto compuesto	Pluscuamperfecto	Pretérito anterior
he sabido	había sabido	hube sabido
has sabido	habías sabido	hubiste sabido
ha sabido	había sabido	hubo sabido
hemos sabido	habíamos sabido	hubimos sabido
habéis sabido	habíais sabido	hubisteis sabido
han sabido	habían sabido	hubieron sabido

Futuro	Futuro perfecto
sabré	habré sabido
sabrás	habrás sabido
sabrá	habrá sabido
sabremos	habremos sabido
sabréis	habréis sabido
sabrán	habrán sabido

Condicional

Condicional simple	Condicional compuesto
sabría	habría sabido
sabrías	habrías sabido
sabría	habría sabido
sabríamos	habríamos sabido
sabríais	habríais sabido
sabrían	habrían sabido

Subjuntivo

Presente	Imperfecto	
sepa	supiera	supiese
sepas	supieras	supieses
sepa	supiera	supiese
sepamos	supiéramos	supiésemos
sepáis	supierais	supieseis
sepan	supieran	supiesen

Perfecto	Pluscuamperfecto	
haya sabido	hubiera sabido	hubiese sabido
hayas sabido	hubieras sabido	hubieses sabido
haya sabido	hubiera sabido	hubiese sabido
hayamos sabido	hubiéramos sabido	hubiésemos sabido
hayáis sabido	hubierais sabido	hubieseis sabido
hayan sabido	hubieran sabido	hubiesen sabido

Imperativo

sabe
sepa
sepamos
sabed
sepan

Infinitivo

Presente	Pasado
saber	haber sabido

Gerundio

Presente	Pasado
sabiendo	habiendo sabido

Participio pasado

sabido

6.1.2.17. Konjugation von *salir* ((hin)ausgehen, abreisen)

Indicativo

Presente	Imperfecto	Pretérito indefinido
salgo	salía	salí
sales	salías	saliste
sale	salía	salió
salimos	salíamos	salimos
salís	salíais	salisteis
salen	salían	salieron

Perfecto compuesto	Pluscuamperfecto	Pretérito anterior
he salido	había salido	hube salido
has salido	habías salido	hubiste salido
ha salido	había salido	hubo salido
hemos salido	habíamos salido	hubimos salido
habéis salido	habíais salido	hubisteis salido
han salido	habían salido	hubieron salido

Futuro	Futuro perfecto
saldré	habré salido
saldrás	habrás salido
saldrá	habrá salido
saldremos	habremos salido
saldréis	habréis salido
saldrán	habrán salido

Condicional

Condicional simple	Condicional compuesto
saldría	habría salido
saldrías	habrías salido
saldría	habría salido
saldríamos	habríamos salido
saldríais	habríais salido
saldrían	habrían salido

Subjuntivo

Presente	Imperfecto	
salga	saliera	saliese
salgas	salieras	salieses
salga	saliera	saliese
salgamos	saliéramos	saliésemos
salgáis	salierais	salieseis
salgan	salieran	saliesen

Perfecto	Pluscuamperfecto	
haya salido	hubiera salido	hubiese salido
hayas salido	hubieras salido	hubieses salido
haya salido	hubiera salido	hubiese salido
hayamos salido	hubiéramos salido	hubiésemos salido
hayáis salido	hubierais salido	hubieseis salido
hayan salido	hubieran salido	hubiesen salido

Imperativo

sal
salga
salgamos
salid
salgan

Infinitivo

Presente	Pasado
salir	haber salido

Gerundio

Presente	Pasado
saliendo	habiendo salido

Participio pasado

salido

6.1.2.18. Konjugation von *tener* (haben, halten)

Indicativo

Presente	Imperfecto	Pretérito indefinido
tengo	tenía	tuve
tienes	tenías	tuviste
tiene	tenía	tuvo
tenemos	teníamos	tuvimos
tenéis	teníais	tuvisteis
tienen	tenían	tuvieron

Perfecto compuesto	Pluscuamperfecto	Pretérito anterior
he tenido	había tenido	hube tenido
has tenido	habías tenido	hubiste tenido
ha tenido	había tenido	hubo tenido
hemos tenido	habíamos tenido	hubimos tenido
habéis tenido	habíais tenido	hubisteis tenido
han tenido	habían tenido	hubieron tenido

Futuro	Futuro perfecto
tendré	habré tenido
tendrás	habrás tenido
tendrá	habrá tenido
tendremos	habremos tenido
tendréis	habréis tenido
tendrán	habrán tenido

Condicional

Condicional simple	Condicional compuesto
tendría	habría tenido
tendrías	habrías tenido
tendría	habría tenido
tendríamos	habríamos tenido
tendríais	habríais tenido
tendrían	habrían tenido

Subjuntivo

Presente	Imperfecto	
tenga	tuviera	tuviese
tengas	tuvieras	tuvieses
tenga	tuviera	tuviese
tengamos	tuviéramos	tuviésemos
tengáis	tuvierais	tuvieseis
tengan	tuvieran	tuviesen

Perfecto	Pluscuamperfecto	
haya tenido	hubiera tenido	hubiese tenido
hayas tenido	hubieras tenido	hubieses tenido
haya tenido	hubiera tenido	hubiese tenido
hayamos tenido	hubiéramos tenido	hubiésemos tenido
hayáis tenido	hubierais tenido	hubieseis tenido
hayan tenido	hubieran tenido	hubiesen tenido

Imperativo

ten
tenga
tengamos
tened
tengan

Infinitivo

Presente	Pasado
tener	haber tenido

Gerundio

Presente	Pasado
teniendo	habiendo tenido

Participio pasado

tenido

6.1.2.19. Konjugation von *traducir* (übersetzen)

Indicativo

Presente	Imperfecto	Pretérito indefinido
traduzco	traducía	traduje
traduces	traducías	tradujiste
traduce	traducía	tradujo
traducimos	traducíamos	tradujimos
traducís	traducíais	tradujisteis
traducen	traducían	tradujeron

Perfecto compuesto	Pluscuamperfect	Pretérito anterior
he traducido	había traducido	hube traducido
has traducido	habías traducido	hubiste traducido
ha traducido	había traducido	hubo traducido
hemos traducido	habíamos traducido	hubimos traducido
habéis traducido	habíais traducido	hubisteis traducido
han traducido	habían traducido	hubieron traducido

Futuro	Futuro perfecto
traduciré	habré traducido
traducirás	habrás traducido
traducirá	habrá traducido
traduciremos	habremos traducido
traduciréis	habréis traducido
traducirán	habrán traducido

Condicional

Condicional simple	Condicional compuesto
traduciría	habría traducido
traducirías	habrías traducido
traduciría	habría traducido
traduciríamos	habríamos traducido
traduciríais	habríais traducido
traducirían	habrían traducido

Subjuntivo

Presente	Imperfecto	
traduzca	tradujera	tradujese
traduzcas	tradujeras	tradujeses
traduzca	tradujera	tradujese
traduzcamos	tradujéramos	tradujésemos
traduzcáis	tradujerais	tradujeseis
traduzcan	tradujeran	tradujesen

Perfecto	Pluscuamperfecto	
haya traducio	hubiera traducido	hubiese traducido
hayas traducido	hubieras traducido	hubieses traducido
haya traducido	hubiera traducido	hubiese traducido
hayamos traducido	hubiéramos traducido	hubiésemos traducido
hayáis traducido	hubierais traducido	hubieseis traducido
hayan traducido	hubieran traducido	hubiesen traducido

Imperativo

traduce
traduzca
traduzcamos
traducid
traduzcan

Infinitivo

Presente	Pasado
traducir	haber traducido

Gerundio

Presente	Pasado
traduciendo	habiendo traducido

Participio pasado

traducido

6.1.2.20. Konjugation von *traer* ((her)bringen)

Indicativo

Presente	Imperfecto	Pretérito indefinido
traigo	traía	traje
traes	traías	trajiste
trae	traía	trajo
traemos	traíamos	trajimos
traéis	traíais	trajisteis
traen	traían	trajeron

Perfecto compuesto	Pluscuamperfecto	Pretérito anterior
he traído	había traído	hube traído
has traído	habías traído	hubiste traído
ha traído	había traído	hubo traído
hemos traído	habíamos traído	hubimos traído
habéis traído	habíais traído	hubisteis traído
han traído	habían traído	hubieron traído

Futuro	Futuro perfecto
traeré	habré traído
traerás	habrás traído
traerá	habrá traído
traeremos	habremos traído
traeréis	habréis traído
traerán	habrán traído

Condicional

Condicional simple	Condicional compuesto
traería	habría traído
traerías	habrías traído
traería	habría traído
traeríamos	habríamos traído
traeríais	habríais traído
traerían	habrían traído

Subjuntivo

Presente	Imperfecto	
traiga	trajera	trajese
traigas	trajeras	trajeses
traiga	trajera	trajese
traigamos	trajéramos	trajésemos
traigáis	trajerais	trajeseis
traigan	trajeran	trajesen

Perfecto	Pluscuamperfecto	
haya traído	hubiera traído	hubiese traído
hayas traído	hubieras traído	hubieses traído
haya traído	hubiera traído	hubiese traído
hayamos traído	hubiéramos traído	hubiésemos traído
hayáis traído	hubierais traído	hubieseis traído
hayan traído	hubieran traído	hubiesen traído

Imperativo

trae
traiga
traigamos
traed
traigan

Infinitivo

Presente	Pasado
traer	haber traído

Gerundio

Presente	Pasado
trayendo	habiendo traído

Participio pasado

traído

6.1.2.21. Konjugation von *venir* (kommen)

Indicativo

Presente	Imperfecto	Pretérito indefinido
vengo	venía	vine
vienes	venías	viniste
viene	venía	vino
venimos	veníamos	vinimos
venís	veníais	vinisteis
vienen	venían	vinieron

Perfecto compuesto	Pluscuamperfecto	Pretérito anterior
he venido	había venido	hube venido
has venido	habías venido	hubiste venido
ha venido	había venido	hubo venido
hemos venido	habíamos venido	hubimos venido
habéis venido	habíais venido	hubisteis venido
han venido	habían venido	hubieron venido

Futuro	Futuro perfecto
vendré	habré venido
vendrás	habrás venido
vendrá	habrá venido
vendremos	habremos venido
vendréis	habréis venido
vendrán	habrán venido

Condicional

Condicional simple	Condicional compuesto
vendría	habría venido
vendrías	habrías venido
vendría	habría venido
vendríamos	habríamos venido
vendríais	habríais venido
vendrían	habrían venido

Subjuntivo

Presente	Imperfecto	
venga	viniera	viniese
vengas	vinieras	vinieses
venga	viniera	viniese
vengamos	viniéramos	viniésemos
vengáis	vinierais	vinieseis
vengan	vinieran	viniesen

Perfecto	Pluscuamperfecto	
haya venido	hubiera venido	hubiese venido
hayas venido	hubieras venido	hubieses venido
haya venido	hubiera venido	hubiese venido
hayamos venido	hubiéramos venido	hubiésemos venido
hayáis venido	hubierais venido	hubieseis venido
hayan venido	hubieran venido	hubiesen venido

Imperativo

ven
venga
vengamos
venid
vengan

Infinitivo

Presente	Pasado
venir	haber venido

Gerundio

Presente	Pasado
viniendo	habiendo venido

Participio pasado

venido

6.1.2.22. Konjugation von *ver* (sehen)

Indicativo

Presente	Imperfecto	Pretérito indefinido
veo	veía	vi
ves	veías	viste
ve	veía	vio
vemos	veíamos	vimos
veis	veíais	visteis
ven	veían	vieron

Perfecto compuesto	Pluscuamperfecto	Pretérito anterior
he visto	había visto	hube visto
has visto	habías visto	hubiste visto
ha visto	había visto	hubo visto
hemos visto	habíamos visto	hubimos visto
habéis visto	habíais visto	hubisteis visto
han visto	habían visto	hubieron visto

Futuro	Futuro perfecto
veré	habré visto
verás	habrás visto
verá	habrá visto
veremos	habremos visto
veréis	habréis visto
verán	habrán visto

Condicional

Condicional simple	Condicional compuesto
vería	habría visto
verías	habrías visto
vería	habría visto
veríamos	habríamos visto
veríais	habríais visto
verían	habrían visto

Subjuntivo

Presente	Imperfecto	
vea	viera	viese
veas	vieras	vieses
vea	viera	viese
veamos	viéramos	viésemos
veáis	vierais	vieseis
vean	vieran	viesen

Perfecto	Pluscuamperfecto	
haya visto	hubiera visto	hubiese visto
hayas visto	hubieras visto	hubieses visto
haya visto	hubiera visto	hubiese visto
hayamos visto	hubiéramos visto	hubiésemos visto
hayáis visto	hubierais visto	hubieseis visto
hayan visto	hubieran visto	hubiesen visto

Imperativo

ve
vea
veamos
ved
vean

Infinitivo

Presente	Pasado
ver	haber visto

Gerundio

Presente	Pasado
viendo	habiendo visto

Participio pasado

visto

6.1.2.23. Konjugation von *vestirse* (sich anziehen)

Indicativo

Presente	Imperfecto	Preterido indefinido
me visto	me vestía	me vestí
te vistes	te vestías	te vestiste
se viste	se vestía	se vistió
nos vestimos	nos vestíamos	nos vestimos
os vestís	os vestíais	os vestisteis
se visten	se vestían	se vistieron

Perfecto compuesto	Pluscuamperfecto	Pretérito anterior
me he vestido	me había vestido	me hube vestido
te has vestido	te habías vestido	te hubiste vestido
se ha vestido	se había vestido	se hubo vestido
nos hemos vestido	nos habíamos vestido	nos hubimos vestido
os habéis vestido	os habíais vestido	os hubisteis vestido
se han vestido	se habían vestido	se hubieron vestido

Futuro	Futuro perfecto
me vestiré	me habré vestido
te vestirás	te habrás vestido
se vestirá	se habrá vestido
nos vestiremos	nos habremos vestido
os vestiréis	os habréis vestido
se vestirán	se habrán vestido

Condicional

Condicional simple	Condicional compuesto
me vestiría	me habría vestido
te vestirías	te habrías vestido
se vestiría	se habría vestido
nos vestiríamos	nos habríamos vestido
os vestiríais	os habríais vestido
se vestirían	se habrían vestido

Subjuntivo

Presente	Imperfecto	
me vista	me vistiera	me vistiese
te vistas	te vistieras	te vistieses
se vista	se vistiera	se vistiese
nos vistamos	nos vistiéramos	nos vistiésemos
os vistáis	os vistierais	os vistieseis
se vistan	se vistieran	se vistiesen

Perfecto	Pluscuamperfecto	
me haya vestido	me hubiera vestido	me hubiese vestido
te hayas vestido	te hubieras vestido	te hubieses vestido
se haya vestido	se hubiera vestido	se hubiese vestido
nos hayamos vestido	nos hubiéramos vestido	nos hubiésemos vestido
os hayáis vestido	os hubierais vestido	os hubieseis vestido
se hayan vestido	se hubieran vestido	se hubiesen vestido

Imperativo

vístete
vístase
vistámonos
vestíos
vístanse

Infinitivo

Presente	Pasado
vestirse	haberse vestido

Gerundio

Presente	Pasado
vistiéndose	habiéndose vestido

Participio pasado

vestido

6.1.2.24. Konjugation von *volver* (zurückkehren)

Indicativo

Presente	Imperfecto	Pretérito indefinido
vuelvo	volvía	volví
vuelves	volvías	volviste
vuelve	volvía	volvió
volvemos	volvíamos	volvimos
volvéis	volvíais	volvisteis
vuelven	volvían	volvieron

Perfecto compuesto	Pluscuamperfecto	Pretérito anterior
he vuelto	había vuelto	hube vuelto
has vuelto	habías vuelto	hubiste vuelto
ha vuelto	había vuelto	hubo vuelto
hemos vuelto	habíamos vuelto	hubimos vuelto
habéis vuelto	habíais vuelto	hubisteis vuelto
han vuelto	habían vuelto	hubieron vuelto

Futuro	Futuro perfecto
volveré	habré vuelto
volverás	habrás vuelto
volverá	habrá vuelto
volveremos	habremos vuelto
volveréis	habréis vuelto
volverán	habrán vuelto

Condicional

Condicional simple	Condicional compuesto
volvería	habría vuelto
volverías	habrías vuelto
volvería	habría vuelto
volveríamos	habríamos vuelto
volveríais	habríais vuelto
volverían	habrían vuelto

Subjuntivo

Presente	Imperfecto	
vuelva	volviera	volviese
vuelvas	volvieras	volvieses
vuelva	volviera	volviese
volvamos	volviéramos	volviésemos
volváis	volvierais	volvieseis
vuelvan	volvieran	volviesen

Perfecto	Pluscuamperfecto	
haya vuelto	hubiera vuelto	hubiese vuelto
hayas vuelto	hubieras vuelto	hubieses vuelto
haya vuelto	hubiera vuelto	hubiese vuelto
hayamos vuelto	hubiéramos vuelto	hubiésemos vuelto
hayáis vuelto	hubierais vuelto	hubieseis vuelto
hayan vuelto	hubieran vuelto	hubiesen vuelto

Imperativo

vuelve
vuelva
volvamos
volved
vuelvan

Infinitivo

Presente	Pasado
volver	haber vuelto

Gerundio

Presente	Pasado
volviendo	habiendo vuelto

Participio pasado

vuelto

6.2. Die Hilfsverben des Spanischen

Grundwissen: Das Spanische verfügt über drei Verben, die es als Hilfsverben zur Bildung der verschiedenen Verbformen benützt.

● **haber**   *haben, sein*

● **ser**   *sein, werden*

● **estar**   *sein*

Hinweis: Da das Spanische für die Bildung der zusammengesetzten Verbformen nur das Hilfsverb *haber* benützt, kann im Deutschen auch eine Form des Verbs *sein* entsprechen: z. B. *he sido* (ich bin gewesen).

6.2.1. Das Hilfsverb *haber*

Regel: Das Hilfsverb *haber* wird zur Bildung aller zusammengesetzten Verbformen benützt. Zusammengesetzte Verbformen gibt es bei den Tempora (1), den Modi (2) und beim Passiv (3). Hinzu kommen noch die zusammengesetzten Infinitive (4) und Gerundia (5).

(1)	**he** dado	*ich habe gegeben*
	había dado	*ich hatte gegeben*
	hube dado	*ich hatte gegeben*
	habré dado	*ich werde gegeben haben*
(2)	que **haya** dado	*dass ich gegeben habe*
	que **hubiera** dado	*dass ich gegeben hatte*
	que **hubiese** dado	*dass ich gegeben hatte*
	habría dado	*ich hätte gegeben*
(3)	**he sido** visto	*ich bin gesehen worden*
	había sido visto	*ich war gesehen worden*
	hube sido visto	*ich war gesehen worden*
	habré sido visto	*ich werde gesehen worden sein*
	que **haya sido** visto	*dass ich gesehen worden bin*
	que **hubiera sido** visto	*dass ich gesehen worden war*
	que **hubiese sido** visto	*dass ich gesehen worden war*
	habría sido visto	*ich wäre gesehen worden*

(4)   **haber** dado   gegeben (zu) haben

(5)   **habiendo** dado   (da ich) gegeben habe

6.2.2. Das Hilfsverb *ser*

Regel: Das Hilfsverb *ser* dient zur Bildung der Passivformen (→ 6.8.).
Damit entsprechen im Deutschen die Formen des Hilfsverbs *werden* (1).

(1)   **soy** acompañado   ich werde begleitet
      era acompañado   ich wurde begleitet
      fui acompañado   ich wurde begleitet
      he sido acompañado   ich bin begleitet worden
      había sido acompañado   ich war begleitet worden
      hube sido acompañado   ich war begleitet worden
      seré acompañado   ich werde begleitet werden
      habré sido acompañado   ich werde begleitet worden sein

      que **sea** acompañado   dass ich begleitet werde
      que **haya sido** acompañado   dass ich begleitet worden bin
      que **fuera** acompañado   dass ich begleitet wurde
      que **fuese** acompañado   dass ich begleitet wurde

      que **hubiese sido**   dass ich begleitet worden war
      acompañado
      que **hubiera sido**   dass ich begleitet worden war
      acompañado

      sería acompañado   ich würde begleitet werden

      habría sido acompañado   ich wäre begleitet worden

6.2.3. Das Hilfsverb *estar*

Regel: Das Hilfsverb *estar* benützt man zur Bildung der Verbalperiphrase *estar* + Gerundium (→ 6.12.2.1.) (1) und zur Bildung des so
genannten Zustandspassivs (→ 6.8.2.1.) (2).

(1)   ¿Qué haces?   Was machst du?
      – Estoy comiendo.   – Ich esse gerade.

(2)   El coche ya está reparado.   Das Auto ist schon repariert.

6.2.4. Die Kopulaverben *ser* und *estar*

Grundwissen: Dem deutschen Hilfsverb „sein" entsprechen im Spanischen zwei Verben:

● *ser*   *sein*
● *estar*   *sein*

Das Vorhandensein von zwei so genannten „Kopulaverben" bereitet dem deutschsprachigen Lerner große Probleme. Er muss lernen zu entscheiden, welches der beiden Verben jeweils zum Einsatz kommt.

6.2.4.1. Der Gebrauch von *ser*

Regel: Das Verb *ser* gebraucht man in der Verbindung mit einem Nomen oder Adjektiv, wenn das Nomen oder Adjektiv eine **wesentliche Eigenschaft** des Subjektes bezeichnet. Auf eine wesentliche Eigenschaft, deren Dauer und Veränderlichkeit aber nicht ausschlaggebend ist, wird unter folgenden Bedingungen Bezug genommen:

● Wenn das Nomen einen Beruf bezeichnet (1)

● Wenn das Nomen ein Verwandtschaftsverhältnis bezeichnet (2)

● Wenn das Nomen oder Adjektiv eine Staatsangehörigkeit bezeichnet (3)

● Wenn das Nomen oder Adjektiv eine Religionszugehörigkeit bezeichnet (4)

● Wenn das Nomen oder Adjektiv das Aussehen oder den Charakter beschreibt (5)

● Wenn das Adjektiv eine Farbe oder Form beschreibt (6)

● Wenn *ser* in Verbindung mit einer Zahlenangabe vorkommt (7)

(1)   *Mi amigo es pintor.*   *Mein Freund ist Maler.*

(2)   *Ana es mi tía.*   *Anna ist meine Tante.*
      Manuel es mi hijo.   *Manuel ist mein Sohn.*

(3)   *Wilfried es alemán.*   *Wilfried ist Deutscher.*

(4)   *Mi amiga es católica.*   *Meine Freundin ist katholisch.*
       No somos protestantes.   *Wir sind nicht protestantisch.*

(5)   *María es muy simpática.*   *Maria ist sehr sympathisch.*
       La niña es guapa.   *Das Mädchen ist hübsch.*
       El zorro es muy astuto.   *Der Fuchs ist sehr schlau.*
       Mis amigos son inteligentes.   *Meine Freunde sind intelligent.*

       Mi compañero es ciego.   *Mein Kollege ist blind.*
       Pepe es muy alto.   *Pepe ist sehr groß.*
       Juan es aburrido.   *Juan ist langweilig.*

(6)   *La habitación es cuadrada.*   *Die Wohnung ist quadratisch.*
       El coche es rojo.   *Das Auto ist rot.*

(7)   *Somos cinco en la clase de*   *Wir sind fünf im Französisch-*
       francés.   *unterricht.*

Regel: Auf die Frage *¿Quién es?* oder *¿Qué es?* antwortet man immer, indem man ebenfalls eine Form von *ser* gebraucht (8). Dasselbe gilt natürlich auch für andere Frageformulierungen (9).

(8)   *¿Qué es? – Es un libro.*   *Was ist das? – Es ist ein Buch.*

       ¿Quién es? – Es el Sr. Ola-   *Wer ist das? – Es ist Herr Olarieta.*
       rieta.

(9)   *¿De qué es? – Es de madera.*   *Woraus ist das? – Es ist aus Holz.*

Regel: Das Verb *ser* verwendet man, wenn es um die Bezeichnung von Herkunft, Besitz oder Material geht (10).

(10)   *Mi amigo es de Francia.*   *Mein Freund ist aus Frankreich.*
       Es de Cuenca.   *Er kommt aus Cuenca.*

       ¿De quién es el coche?   *Wem gehört das Auto?*
       - Es de nosotros.   *Es gehört uns.*

       Esos platos son de plás-   *Die Teller da sind aus Kunststoff.*
       tico.

Regel: Das Verb *ser* verwendet man in sehr vielen unpersönlichen Ausdrücken (11). Hier entspricht im Deutschen immer die Abfolge *Es ist* + Adjektiv.

(11) *Es fácil.*	*Es ist leicht.*
Es difícil.	*Es ist schwierig.*
Es útil.	*Es ist nützlich.*
Es necesario.	*Es ist notwendig.*
Es imposible.	*Es ist unmöglich.*

Regel: Das Verb *ser* gebraucht man bei Zeitangaben (Uhrzeit, Wochentage, Festtage, Jahreszeiten) (12).

(12) *Son las dos.*	*Es ist zwei Uhr.*
Hoy es lunes.	*Heute ist Montag.*
¿Qué hora es?	*Wie viel Uhr ist es?*
Es invierno.	*Es ist Winter.*
Es Navidad.	*Es ist Weihnachten.*

Regel: Bei Preisangaben verwendet man *ser* mit der Bedeutung „kosten" (13).

(13) *¿Cuánto es? – Son 1000 pe-*	*Wie viel macht das? – Das macht*
setas.	*1000 Peseten.*

Regel: Das deutsche Verb *„stattfinden"* gibt man oft mit Hilfe von *ser* wieder (14).

(14) *¿Cuándo es la reunión?*	*Wann findet das Treffen statt?*

Sonderfälle: Die Adjektive *rico* (reich), *pobre* (arm) und *feliz* (glücklich) werden in der Regel mit *ser* verbunden (15). Eine Ausnahme bildet nur *rico* in Bezug auf Speisen (16). Mit der Bedeutung *„sympathisch"* verwendet man ebenfalls *estar* (17).

(15) *Luis es rico/pobre.*	*Luis ist reich/arm.*
Ana es feliz.	*Anna ist glücklich.*
(16) *¡Qué rica está la sopa!*	*Wie gut die Suppe schmeckt!*
(17) *Tu niño está muy rico.*	*Dein Kind ist sehr süß.*

6.2.4.2. Der Gebrauch von *estar*

Regel: Durch den Gebrauch von *estar* kommt zum Ausdruck, dass das mit *estar* verbundene Adjektiv auf Zustände Bezug nimmt, die **veränderlich** sind und die sich nur vorübergehend bemerkbar machen (1).

(1) ¿Cómo está Vd.?   Wie geht es Ihnen?
     – Estoy enfermo.   – Ich bin krank.

     Hoy está muy nerviosa.   Heute ist sie sehr nervös.
     Ana está hoy muy contenta.   Anna ist heute sehr glücklich.

     Están cansados.   Sie sind müde.
     La sopa está caliente.   Die Suppe ist heiß.
     Estoy sin dinero.   Ich habe kein Geld.

     Pilar estaba muy tranquila.   Pilar war sehr ruhig.
     Mi padre está de viaje.   Mein Vater ist verreist.

     Estoy en casa.   Ich bin zu Hause.
     Estuvimos sin agua tres   Wir waren drei Tage ohne Wasser.
     días.

Hinweis: Eine Reihe von Adjektiven muss mit *estar* verbunden werden,
weil ihre Bedeutung auf eine **vorübergehende Eigenschaft** verweist (2).
Dasselbe gilt auch für viele Partizipien Perfekt (3).

(2) borracho   betrunken   descalzo   barfuß
     desnudo   nackt   dispuesto   bereit
     furioso   wütend   harto   überdrüssig
     indispuesto   unwohl   lleno   voll
     perplejo   bestürzt   solo   allein
     sucio   schmutzig   vacío   leer

(3) abierto   offen   asustado   erschrocken
     cerrado   geschlossen   consternado   bestürzt
     convencido   überzeugt   decepcionado enttäuscht
     desesperado   verzweifelt   enamorado   verliebt
     estropeado   kaputt   excitado   aufgeregt
     herido   verletzt   mojado   nass
     paralizado   gelähmt   preocupado   besorgt
     situado   gelegen   prohibido   verboten

Regel: Durch den Gebrauch von *estar* kann man zum Ausdruck bringen,
dass sich jemand oder etwas zu einem bestimmten Zeitpunkt an einem
bestimmten Ort befindet (4). Der Ort kann auch im übertragenen Sinn verstanden werden (5).

(4) ¿Está el jefe?   Ist der Chef da?
     – Sí, está.   Ja, er ist da.

La llave está en la cerradura.	Der Schlüssel steckt im Schloss.
Han estado en París.	Sie waren in Paris.
Está de camarero en un bar.	Er arbeitet als Barkellner.

(5)   El secreto está en que ...   Das Geheimnis besteht darin, dass ...

Ayer estábamos a cinco grados bajo cero.   Gestern hatten wir fünf Grad unter Null.

Ayer estábamos a martes.   Gestern war Dienstag.

El jamón está a cinco mil pesetas.   Der Schinken kommt auf 5000 Peseten.

Estamos a 11 de junio.   Heute ist der 11. Juni.

No estoy para bromas.   Ich bin nicht zum Scherzen aufgelegt.

6.2.4.3. *Ser* oder *estar* + Adjektiv

Regel: Viele Adjektive eignen sich aufgrund ihrer Bedeutung sowohl für eine Verbindung mit *ser* als auch für eine Verbindung mit *estar*. In der einen Verwendung wird die Bedeutung des Adjektivs als eine wesentliche Eigenschaft, in der anderen als eine vorübergehende Eigenschaft angesehen (1). Im Deutschen entsprechen ihnen sehr oft zwei verschiedene Verben.

(1)   *ser agrio*   sauer sein (von Natur aus)
       estar agrio   sauer schmecken.

       ser blanco   weiß sein
       estar blanco   blass sein (vor Schreck)

       ser bueno   gut sein
       estar bueno   gesund sein

       ser ciego   blind sein (von Geburt an)
       estar ciego   verblendet sein

       ser consciente   gewissenhaft sein
       estar consciente   bei Bewusstsein sein

       ser decente   anständig sein
       estar decente   anständig aussehen

ser despierto	*aufgeweckt sein*
estar despierto	*wach sein*
ser fuerte	*stark sein*
estar fuerte	(auf einem Gebiet) *gut sein*
ser gris	*grau sein*
estar gris	*grau sein* (Himmel)
ser guapo	*hübsch sein*
estar guapo	*hübsch aussehen*
ser joven	*jung sein*
estar joven	*jung aussehen*
ser listo	*schlau sein*
estar listo	*fertig sein*
ser nuevo	*neu sein*
estar nuevo	*wie neu sein/aussehen*
ser oscuro	*dunkel sein* (ein Raum)
estar oscuro	*dunkel sein* (ohne Sonne)
ser orgulloso	*stolz sein*
estar orgulloso	*stolz sein auf etwas*
ser perezoso	*faul sein* (von Natur aus)
estar perezoso	*faul sein* (bei bestimmter Gelegenheit)
ser rico	*reich sein*
estar rico	*köstlich schmecken*
ser rojo	*rot sein*
estar rojo	*rot sein* (vor Scham)
ser soltero	*ledig sein*
estar soltero	*noch ledig sein*
ser verde	*grün/schlüpfrig sein*
estar verde	*unreif sein*

ser viejo	*alt sein*
estar viejo	*älter aussehen/wirken*
ser vivo	*schlau sein/gerissen sein*
estar vivo	*lebendig sein/am Leben sein*

Hinweis: Für den Gebrauch sowohl in Verbindung mit *ser* als auch in Verbindung mit *estar* eignen sich auch viele **Partizipien** aufgrund ihrer Bedeutung (2).

(2)
ser abierto	*aufgeschlossen sein*
estar abierto	*geöffnet sein*
ser aburrido	*langweilig sein*
estar aburrido	*sich langweilen*
ser callado	*schweigsam sein*
estar callado	*nichts sagen*
ser cansado	*ermüdend sein*
estar cansado	*müde sein*
ser considerado	*rücksichtsvoll sein*
estar considerado	*angesehen sein*
ser decidido	*energisch sein*
estar decidido	*entschlossen sein zu*
ser despistado	*zerstreut sein* (von Natur aus)
estar despistado	*zerstreut sein* (bei einer bestimmten Gelegenheit)
ser divertido	*unterhaltsam sein*
estar divertido	*in guter Stimmung sein*
ser interesado	*selbstsüchtig sein*
estar interesado	*an etwas interessiert sein*
ser parado	*schüchtern sein*
estar parado	*arbeitslos sein*

Übungen zu *ser* und *estar*

1. Setzen Sie in den nachfolgenden Sätzen die passende Form von *ser* oder *estar* ein:

   a. Me engaño diciéndome que _____ soltero.
   b. La fiesta _____ aburrida, porque había demasiadas parejas.
   c. Deberías _____ un poco más ahorrativo (*sparsam*).
   d „Casucha" _____ despectivo de „casa".
   e. _____ un vijae muy cansado. (Perfecto compuesto)
   f. El niño _____ muy cansado, _____ dificil aguantarlo toda la tarde.
   g. En primavera el campo _____ muy bonito.
   i. Esta falda _____ demasiado larga, la llevo arrastrando.
   j. Tengo que acortar estos pantalones, me _____ muy largos.
   k. ¡Qué largo _____, cómo has crecido!
   l. A la larga, no sé si _____ muy interesante.
   m. ¿Qué mejor para invertir en bolsa: los fondos o las acciones?
   n. Además, la situación económica _____ peligrosa.
   o. _____ (él) tan enfaenado (= concentrado) que no se dio cuenta de que nos íbamos.
   p. _____ (yo) orgullosa de mí misma porque he conseguido lo que quería a fuerza de luchar mucho.
   r. El nuevo director no resulta simpático porque _____ un orgulloso y un arrogante.
   s. Creo que la misíon del escritor _____ precisamente ésa.
   t. No _____ (yo) acostumbrada.

2. Übersetzen Sie ins Spanische:

   a. Sie ist so schwach!
   b. Das kann nicht sein.
   c. Er ist nicht im Dorf.
   d. Was ist das für eine Station?
   e. Das Spanische ist eine schwierige Sprache.
   f. Das Gerücht ist wahr.
   g. Die Kinder sind sehr müde.
   h. Das ist die Wahrheit.
   i. Der Tormann ist wütend, weil man das Spiel verloren hat.
   j. Seine Tochter ist ein sehr zorniges Kind.
   k. Paco ist ein rabiater Mensch (un rabioso). Man kann mit ihm nicht diskutieren.
   l. Mein Großvater wirkt (ist) jung für sein Alter.
   m. Das Fleisch ist von schlechter Qualität (ist schlecht).

n. Das Fleisch ist schlecht (verdorben).
o. Der Lehrer ist gut/schlecht.
p. Dem Lehrer geht es gut/schlecht.
q. Das Wasser ist rein.
r. Das Meereswasser ist klar.
s. Er ist ein sauberes Kind.
t. Das Gebäude ist vom Bauschutt gesäubert (limpio).
u. Seine Geschäfte sind sauber.
v. Sein Gewissen ist rein.

Lösungen

1. a. era   b. fue   c. ser   d. es
   e. ha sido   f. es, es   g. estoy   h. está
   i. es   j. están   k. estás   l. será
   m. es   n. es   o. estaba   p. es
   q. estoy   r. es   s. es   t. estoy

2. a. ¡Está tan débil!
   b. Esto no puede ser.
   c. No está en el pueblo.
   d. ¿Qué estación es ésta?
   e. El español es una lengua difícil.
   f. El rumor es cierto.
   g. Los niños están muy cansados.
   h. Eso es la verdad.
   i. El portero está rabioso porque han perdido el partido.
   j. Su hija es una nina muy rabiosa.
   k. Paco es un rabioso. No se puede discutir con él.
   l. Mi abuelo está mala.
   n. La carne es mala.
   o. El profesor es bueno/malo.
   p. El profesor está bueno/malo.
   q. El agua está limpia.
   r. El agua del mar es limpia.
   s. Es un chico muy limpio.
   t. El edifico está limpio de escombros.
   u. Sus negocios son limpios.
   v. Su conciencia está limpia.

6.3. Die Tempora des Indikativs und ihr Gebrauch

Grundwissen: Der spanische Indikativ verfügt über mehr Tempora als der Indikativ des Deutschen (→ 6.). Aufgrund dieser Tatsache gibt es zwischen den Tempora des Spanischen und des Deutschen keine 1:1 Entsprechung. Hinzu kommt, dass selbst diejenigen Tempora des Spanischen, die eine Entsprechung bei den deutschen Tempora hätten, einen unterschiedlichen Gebrauch aufweisen.

6.3.1. Gebrauch des *Presente* (Präsens)

Regel: Die Verwendung des *Presente* deckt sich im Großen und Ganzen mit der Verwendung des Präsens im Deutschen. In beiden Sprachen bezeichnet man mit diesem Tempus Geschehnisse der Gegenwart. In beiden Sprachen kann man sich mit dem *Presente* bzw. Präsens auch auf künftige Ereignisse beziehen (1). Sowohl das Spanische als auch das Deutsche kann das *Presente* bzw. Präsens im Sinne eines *Presente histórico* (Historisches Präsens) verwenden (2).

(1) *Mañana vamos a España.* *Morgen fahren wir nach Spanien.*

(2) *La guerra civil comienza* *Der Bürgerkrieg beginnt im Jahr*
     en 1936 y termina en 1939. *1936 und endet 1939.*

Regel: Das spanische *Presente* wird auch in Fällen verwendet, wo das Deutsche auf ein anderes Tempus bzw. auf andere Formulierungen ausweichen muss. Ein *Presente* im direkten Fragesatz muss im Deutschen oftmals mit dem Verb *sollen* + Infinitiv wiedergegeben werden (3). Die Verbindung von *por poco* oder *casi* mit einem *Presente* verlangt im Deutschen den Gebrauch des Konjunktiv Plusquamperfekt (4).

(3) *¿Abro las ventanas?* *Soll ich die Fenster öffnen?*

(4) *Por poco me toca la lo-* *Beinahe hätte ich im Lotto gewon-*
     tería. *nen.*
     Con el susto, por poco *Vor Schrecken wäre er beinahe*
     se desmaya. *ohnmächtig geworden.*
     Tropezó y casi se cae. *Er stolperte und wäre beinahe*
     gefallen.

Hinweis: Ein besonderer Gebrauch des *Presente* liegt vor, wenn das Verb *estar* zusammen mit einem *Gerundio* (→ 6.12.2.1.) vorkommt (5).

(5) *¡Ya estás fumando otra vez!* *Schon wieder rauchst du!*

Übungen

1. Übersetzen Sie ins Spanische:

    a. Beinahe wäre ich von zu Hause weggegangen.
    b. Soll ich dir die Wahrheit sagen?
    c. Soll ich weggehen?
    d. Er wäre beinahe gefallen.
    e. Morgen sage ich es dir.
    f. In diesem Moment stach mich eine Biene; und ich erschrak so sehr, dass wir fast einen Unfall gehabt hätten.

Lösungen

1. a. Casi me voy de casa.
    b. ¿Te digo la verdad?
    c. ¿Me voy?
    d. Por poco se cae.
    e. Mañana te lo digo.
    f. En ese momento, me picó una abeja; y me asusté tanto que por poco no tenemos un accidente.

6.3.2. Gebrauch der Tempora der Vergangenheit

Grundwissen: Vergangene Geschehnisse können im Spanischen grundsätzlich mit Hilfe von drei Tempora wiedergegeben werden: mit Hilfe des **Pretérito indefinido** (1), des **Imperfecto** (2) und des **Perfecto compuesto** (3). Dem Deutschen stehen für die Darstellung vergangener Geschehnisse nur zwei Tempora zur Verfügung: das Imperfekt oder Präteritum und das Perfekt. Anders als die drei spanischen Tempora der Vergangenheit können die beiden Vergangenheitstempora des Deutschen grundsätzlich ausgetauscht werden, ohne dass sich – wie im Spanischen – ein Bedeutungsunterschied ergibt.

(1)	*Me **tomó** de la mano.*	*Er nahm mich bei der Hand.*
	***Mostré** mi dibujo a las personas mayores.*	*Ich zeigte meine Zeichnung den Erwachsenen.*
(2)	*Le **hablaba** de bridge, de golf y de política.*	*Ich redete mit ihm über Bridge, Golf und Politik.*
	*Pero siempre me **respondía**: „Es un sombrero".*	*Aber immer antwortete er mir: „Es ist ein Hut".*
(3)	***Viví** mucho con personas mayores. Les **he visto** muy de cerca. No **he mejorado** excesivamente mi opinión.*	*Ich lebte viel mit Erwachsenen zusammen. Ich sah sie ganz aus der Nähe. Ich verbesserte meine Meinung nicht übermäßig.*
	*Es verdad. Siempre **he amado** el desierto.*	*Es ist wahr. Ich liebte immer die Wüste.*

Hinweis: Die drei spanischen Tempora der Vergangenheit wurden bei der Übersetzung der vorausgehenden Beispiele ins Deutsche jeweils mit einem Imperfekt/Präteritum wiedergegeben. Man könnte alle spanischen Beispiele ebenso gut mit einem deutschen Perfekt wiedergeben. Eine Alternative, die für die spanischen Beispielsätze nur bei gleichzeitiger Änderung der Satzbedeutung möglich wäre.

6.3.2.1. Gebrauch des *Pretérito indefinido*

Regel: Aufgrund der Häufigkeit seines Vorkommens kann man das *Pretérito indefinido* als das wichtigste Tempus der Vergangenheit bezeichnen. Das *Pretérito indefinido* kann daher als eine Art fester Punkt in dem

Sinn betrachtet werden, dass es immer dann zu verwenden ist, wenn bei der Beschreibung vergangener Geschehnisse diejenigen Bedingungen nicht gegeben sind, die den Gebrauch der beiden anderen Vergangenheitstempora, nämlich des *Imperfecto* (→ 6.3.2.2.) oder des *Perfecto compuesto* (→ 6.3.2.3.) notwendig machen (1). Für das *Pretérito indefinido* gibt es im Deutschen keine Entsprechung.

(1)   *Juan **abandonó** la aldea y*   *Juan verließ das Dorf und mach-*
       ***se dirigió** al castillo, a*   *te sich auf den Weg zur Burg,*
       *cuyas puertas **llegó** cuando*   *bei deren Toren er ankam, als*
       apenas <u>clareaba</u> el día.   *eben der Morgen graute.*

Hinweis: Im vorausgehenden Beispielsatz folgt auf drei Vorkommen des *Pretérito indefinido* ein *Imperfecto (clareaba)*, das aufgrund des Vorliegens bestimmter Momente (→ 6.3.2.2.) hier verwendet werden muss. Bei einigen Verben (z. B. *saber, conocer, tener*) ändert sich die Bedeutung, je nachdem ob sie im *Pretérito indefinido* oder *Imperfecto* stehen (→ weiter unten).

6.3.2.2. Gebrauch des *Imperfecto*

Regel: Vergangene Geschehnisse werden mit Hilfe des *Imperfecto* beschrieben, wenn es sich um gewohnheitsmäßig wiederholte Geschehnisse handelt (1). Sehr oft sind die ***Imperfecto**-*Formen von entsprechenden adverbiellen Ausdrücken (z. B. *todos los días, siempre, una vez por semana* usw.) begleitet.

(1)   *En aquella época **iba***   *Damals fuhr ich immer mit der*
       siempre en metro.   *Metro.*

       *Mi padre **veía** el tele-*   *Mein Vater sah sich jeden Tag*
       diario todos los días.   *die Nachrichten an.*

       ***Comía** siempre pescado*   *Er aß freitags immer Fisch.*
       los viernes.

Regel: Wenn eine in der Vergangenheit andauernde Handlung durch eine andere Handlung plötzlich unterbrochen wurde, steht die andauernde Handlung im *Imperfecto*, die unterbrechende bzw. neu einsetzende Handlung im *Pretérito indefinido* (2).

(2)   *Yo **estaba** en casa cuando*   *Ich war zu Hause, als Juan an-*
       <u>llegó</u> Juan.   *ankam.*

Nevaba mucho cuando <u>llegaron</u> a la montaña	Es schneite sehr, als sie in den Bergen ankamen.
Yo **dormía** cuando <u>llegó</u> mi hermano.	Ich schlief gerade, als mein Bru-Bruder ankam.

Hinweis: Das Andauern einer Handlung wird besonders unterstrichen, wenn man die Verbalperiphrase *estar* + *Gerundio* im *Imperfecto* (3) gebraucht (→ 6.12.2.1.).

(3)	**Estábamos comiendo** cuando <u>sonó</u> el teléfono.	Wir aßen gerade, als das Telefon klingelte.

Regel: Das *Imperfecto* kann auch als „Tempus der Beschreibung" bezeichnet werden, sofern es um die Beschreibung vergangener Ereignisse oder Erlebnisse geht (4). Alle Ereignisse innerhalb des Beschreibungsrahmens stehen im *Imperfecto*. Das Ende der Beschreibung wird durch Tempuswechsel markiert. Der zusammenhängende Text wird im *Pretérito indefinido* weitergeführt.

(4)	La joven <u>descorrió</u> la cortina. El edificio de la estación **era** viejo y tenía un abandono triste. A un lado **estaban** los retretes, y al otro un tingladillo, que **servía** para almacenar las mercancías.	Das junge Mädchen zog den Vorhang zur Seite. Das Bahnhofsgebäude war alt und sah trostlos und verwahrlost aus. Auf einer Seite waren die Toiletten, auf der anderen eine kleine Hütte, die als Güterschuppen diente.
	El jefe de estación se **pa-seaba** por el andén; **domi-naba** y **tutelaba** como un gallo ...	Der Stationsvorsteher spazierte auf dem Bahnsteig hin und her; wie ein Hahn herrschte und re-gierte er, ...
	Los ocupantes del depar-tamento <u>volvieron</u> las ca-bezas.	Die Reisenden im Abteil drehten die Köpfe.

Hinweis: Die vorausgehende Beschreibung des Bahnhofsgebäudes und des Lebens auf dem Bahnhof wird durch ein *Pretérito indefinido* eingeleitet (*descorrió*) und durch das gleiche Tempus (*volvieron*) abgeschlossen. In der Beschreibung selbst finden sich nur *Imperfectos*.

Regel: Das *Imperfecto* verwendet man gerne in Nebensätzen verschiedener Art, die eine **erklärende Stellungnahme** zu einem Geschehen in der Vergangenheit abgeben (5). Besonders wichtig sind in diesem Zusammenhang die Relativsätze (6).

(5) *Tuvimos que perder dos tranvías porque ya **traían** gente y no **podía** pasar ella, tan grande **resultaba** su sombrero.*

Wir mussten zwei Straßenbahnen vorbeifahren lassen, denn sie waren schon voll und sie kam nicht hinein, so groß war ihr Hut.

*Como el silencio **era** muy grande, ella cada vez **hablaba** en voz más queda.*

Weil es mäuschenstill war, sprach sie jedes Mal leiser.

*Es una pena porque en los últimos tiempos las cosas **iban** mejor.*

Schade, denn in der letzten Zeit gingen die Dinge besser.

*Hasta hoy no se ha sabido que **estaba** enfermo.*

Bis heute hat man nicht gewusst, dass ich krank war.

(6) *La joven hizo un mohín, que **podía** ser de disgusto o simplemente un reflejo de coquetería.*

Das junge Mädchen verzog den Mund, was ebenso gut Missvergnügen wie einfach Koketterie bedeuten konnte.

*Don Bartolomé acompañó a la mujer, que **iba** sonriente, hasta la puerta.*

Don Bartolomé begleitete die Frau, die lächelnd ging, bis zur Tür.

Regel: Gleichzeitig verlaufende Ereignisse oder Handlungen der Vergangenheit werden mit Hilfe des *Imperfecto* ausgedrückt (7).

(7) *Mientras ella **hacía** la comida, él se **ocupaba** del bebé.*

Während sie das Essen zubereitete, beschäftigte er sich mit dem Baby.

*Yo **tenía** entonces dieciocho años; un día **iba** por la calle; **llovía**; **hacía** un viento terrible ...*

Ich war damals achtzehn; eines Tages war ich auf der Straße unterwegs; es regnete; es blies ein furchtbarer Wind ...

Regel: Einige wichtige Verben eignen sich aufgrund ihrer Bedeutung besonders für den Gebrauch im *Imperfecto: saber* (wissen) (8), *conocer* (kennen) (9), *tener* (haben, halten) (10), *querer* (wollen) (11), *parecer* (scheinen) (12).

(8)	*¿**Sabía** usted que ...?*	*Wussten Sie, dass ...?*
	*Yo ya no **sabía** qué hacer.*	*Ich wusste nicht mehr, was ich tun sollte.*
(9)	*Lo **conocía** de oídas.*	*Ich kannte ihn vom Hörensagen.*
	*Ya se **conocían** desde hace mucho tiempo.*	*Sie kannten sich schon seit langer Zeit.*
(10)	*Se **tenía** por muy inteligente.*	*Er hielt sich für sehr intelligent.*
	*La cartera no **tenía** dinero.*	*Die Brieftasche enthielt kein Geld.*
(11)	*Juan **quería** subir a lo más alto del monte.*	*Juan wollte auf die höchste Stelle des Berges hinaufsteigen.*
	*Sí, **quería** ir, pero al final no pude.*	*Ja, er wollte gehen, jedoch am Ende konnte er nicht.*
(12)	*Me **parecía** que a estas horas ya no recibían visitas.*	*Es schien mir, dass man um diese Zeit keine Besuche mehr empfängt.*

Hinweis: Die Verben *saber, conocer* und *tener* sind, wenn sie im *Pretérito indefinido* stehen, im Deutschen mit einer anderen Bedeutung wiederzugeben (13).

(13)	*Ese día **supe** muchas cosas.*	*An jenem Tag **erfuhr** ich viele Dinge.*
	*Anoche **conocí** a una chica que trabaja contigo.*	*Gestern Abend **lernte** ich ein Mädchen **kennen,** das mit dir arbeitet.*
	*Le **conocí** por la voz.*	*Ich **erkannte** ihn an der Stimme.*
	*Tu amigo **tuvo** lo que quería.*	*Dein Freund **bekam,** was er wollte.*

Regel: Abweichend vom Deutschen gebraucht man das *Imperfecto* in abhängigen Sätzen der indirekten Rede. Im Spanischen wird nach den

Regeln der so genannten *Zeitenfolge* jedes *Presente* zu einem *Imperfecto*, wenn das Verb des Hauptsatzes in einem Tempus der Vergangenheit steht (14): z. B. *Juan **dice** que **tiene** fiebre*. (Juan sagt, dass er Fieber hat). ⇒ *Juan **dijo** que **tenía** fiebre*. (Juan sagte, dass er Fieber **habe**).

(14)   *A mí me dijo que estaba*   *Mir sagte er, dass er zu Hause*
      en casa.   *sei.*

      Me preguntó si le podíamos   *Er fragte mich, ob wir ihm hel-*
      ayudar.   *fen könnten.*

      No sabía que estabas aquí.   *Ich wusste nicht, dass du hier*
                                             bist.

Hinweis: Das Deutsche kann die Tempusverschiebung des Spanischen nicht nachvollziehen. Es verwendet stattdessen lieber einen Konjunktiv Präsens (z. B. *habe*) oder Imperfekt (z. B. *könnten*). Wenn der Nebensatz eine Zukunft in Bezug auf einen Zeitpunkt der Vergangenheit bezeichnet, weicht das Deutsche auf die *würde*-Umschreibung aus (15). Die Tempusverschiebung unterbleibt auch im Spanischen, wenn der *que*-Satz eine allgemein gültige Aussage enthält (16).

(15)   *Juan dijo que **venía** a las seis.*   *Juan sagte, dass er um sechs*
                                             Uhr kommen würde.

(16)   *¿Quién afirmó por primera*   *Wer behauptete zum ersten Mal,*
      *vez que la Tierra **gira** alre-*   *dass sich die Erde um die Sonne*
      dedor del Sol?   *dreht?*

Regel: Ein vom Deutschen völlig abweichender Gebrauch des **Imperfecto** liegt vor, wenn man über fiktive Situationen spricht. Beispielsweise, wenn Kinder über ein Spiel reden und zuvor die Rollen verteilen (17) oder wenn man von einem Traum berichtet (18).

(17)   *Yo **era** el papá, y tú **eras***   *Ich bin der Papa und du bist die*
      *la mamá. **Vivíamos** en un*   *Mama. Wir leben in einem fernen*
      país lejano.   *Land.*

(18)   *Soñé que **estaba** enfermo.*   *Ich träumte, dass ich krank **bin**.*

Regel: Das *Imperfecto* wird auch dazu benützt, eine Äußerung auf höfliche Art vorzubringen (*Imperfecto de cortesía*). Das Deutsche kann dies nur mit dem Verb *wollen* (19), mit anderen Verben verwendet man im Deutschen das Präsens (20).

(19) *Quería* decirle que hoy no puedo venir.   Ich wollte Ihnen sagen, dass ich heute nicht kommen kann.

(20) ¿Qué *deseaba*? – *Buscaba* un libro de texto.   Was wünschen Sie? – Ich suche ein Schulbuch.

    Venía a decirte que estoy contento con mi nuevo trabajo.   Ich komme, um dir zu sagen, dass ich mit meiner neuen Arbeit zufrieden bin.

6.3.2.2.1. *Imperfecto* statt Konditional

Regel: Besonders in der gesprochenen Sprache verwendet man bei den Modalverben *deber* (müssen), *poder* (können), *querer* (wollen) und *tener que* (müssen) gerne das *Imperfecto* anstelle des *Condicional simple* (1) oder des *Condicional compuesto* (2). Dieselbe Ersetzung des Konditionals ist auch im Hauptsatz der hypothetischen Periode (→ 6.6.) und im *si*-Satz möglich (3).

(1) *Debías* estudiar un poco más, ¿no crees?   Du müsstest ein wenig mehr lernen, meinst du nicht?
    Podía trabajar más.   Er könnte mehr arbeiten.
    Juan *quería* saber qué pasó.   Juan möchte wissen, was geschehen ist.
    Tenían que estar aquí a las diez.   Sie müssten um 10 Uhr hier sein.

(2) *Podía* haber dicho algo.   Er hätte etwas sagen können.
    Debías haberme informado.   Du hättest mich informieren müssen.
    Tenía que haber llovido pronto.   Es hätte bald regnen müssen.

(3) Si me tocara la lotería, *dejaba* de trabajar.   Wenn ich im Lotto gewinnen würde, würde ich aufhören zu arbeiten.
    Te lo *decía*, si lo supiera.   Ich würde es dir sagen, wenn ich es wüsste.
    Si *ganaba* más, ahora no estaba aquí.   Wenn ich mehr verdienen würde, wäre ich jetzt nicht hier.

Hinweis: Ein *Imperfecto* statt eines Konditionals findet sich auch in der Wendung ¡no faltaba más! (= faltaría) (Das fehlte gerade noch! Das wäre ja noch schöner! Keine Rede!) (4).

(4)　No puedes salir a estas　　Du kannst um diese Zeit nicht aus-
　　　horas; ¡no faltaba más!　　gehen; das fehlte gerade noch!

6.3.2.3. Gebrauch des *Perfecto compuesto*

Regel: Vergangene Geschehnisse werden mit Hilfe des ***Perfecto compuesto*** beschrieben, wenn in irgendeiner Form ein inhaltlicher Bezug zur Gegenwart besteht. Dieser Bezug zur Gegenwart kann dadurch gegeben sein, dass das vergangene Geschehen in unmittelbarer Nähe zur Gegenwart steht (1) oder durch seine Folgen und Auswirkungen bis in die Gegenwart hereinreicht (2). Der Gegenwartsbezug wird oft durch zeitliche oder örtliche Angaben (z. B. *ahora, hoy, esta semana, todavía no, aquí* usw.) oder durch die Verwendung der 1. und 2. Person Singular bzw. Plural des Verbs unterstrichen.

(1)　La policía **ha desarticu-**　Die Polizei hat eine Schmuggler-
　　　lado una banda de con-　bande zerschlagen.
　　　trabandistas.

　　　¿Qué buscas? – Mi abri-　Was suchst du? – Meinen Man-
　　　go, no sé dónde lo **he de-**　tel; ich weiß nicht, wo ich ihn ge-
　　　jado.　gelassen habe.

(2)　¿**Has leído** el Quijote?　Hast du Don Quijote gelesen?
　　　– Sí, claro. Lo **hei leído**　– Ja, klar. Ich habe ihn dreimal
　　　tres veces.　gelesen.
　　　Hoy no **he tenido** buen　Heute hatte ich keinen guten
　　　día.　Tag.

　　　¿Qué te **ha pasado**?　Was ist mit dir geschehen?
　　　– **Ho tenido** un accidente　– Ich hatte einen Unfall mit dem
　　　con la moto.　Motorrad.

Hinweis: Die Konstruktion *acabar de* + Infinitiv bildet manchmal eine Alternative zur Verwendung des *Perfecto compuesto*, weil sie ebenfalls anzeigt, dass etwas unmittelbar zuvor geschehen ist (3). In der deutschen Entsprechung fügt man die Wörter *soeben, gerade* zum Tempus der Vergangenheit hinzu.

(3)　***Acabo de llegar*** a casa.　Ich bin gerade nach Hause ge-
　　　　　　　　　　　　　　　　kommen.
　　　El libro **acaba de publi-**　Das Buch ist soeben erschienen.
　　　carse.

6.3.2.4. Gegenüberstellung der Tempora der Vergangenheit

Grundwissen: Die drei Tempora der Vergangenheit *Pretérito indefinido, Imperfecto* und *Perfecto compuesto* lassen sich grundsätzlich nicht austauschen. Wenn ein Austausch möglich ist, dann nur mit der Folge, dass sich die Bedeutung ändert.

6.3.2.4.1. Gegenüberstellung von *Pretérito indefinido* und *Perfecto compuesto*

Regel: Der Sprecher hat manchmal die Möglichkeit, Geschehnisse der Vergangenheit distanziert zu betrachten oder kundzutun, dass für ihn ein vergangenes Ereignis noch immer von Bedeutung ist. Bei distanzierter Betrachtung verwendet er das **Pretérito indefinido** (1); im anderen Fall das **Perfecto compuesto** (2).

(1) *Mi padre **murió** hace dos años.*   Mein Vater starb vor zwei Jahren.

(2) *Mi padre **ha muerto** hace dos años.*   Mein Vater starb vor zwei Jahren.

6.3.2.4.2. Gegenüberstellung von *Pretérito indefinido, Imperfecto* und *Perfecto compuesto*

Regel: Der deutsche Satz „*Wir besichtigten den Escorial*" lässt sich im Spanischen in allen drei Tempora der Vergangenheit ausdrücken. Allerdings muss hierfür der Kontext jedes Mal entsprechend geändert werden (1).

(1) <u>*Ayer*</u> ***visitamos*** *El Escorial.*   Gestern besuchten wir den Escorial.

<u>*Cada día*</u> ***visitábamos*** *El Escorial.*   Jeden Tag besuchten wir den Escorial.

<u>*Hoy*</u> ***hemos visitado*** *El Escorial.*   Heute besuchten wir den Escorial.

Übungen

1. Setzen Sie je nach dem Sinn des Satzes eines der drei Tempora der Vergangenheit ein:

    a. (dejar) el coche en el aparcamiento mientras (hacer) las compras.
    b. (Aparcar) el coche en la esquina de mi calle.
    c. Conozco de oídas el documento, pero no lo (poder) leer.
    d. En algunas culturas se (sacrificar) a los jóvenes más bellas como ofrenda a los dioses.
    e. Le (explicar) que la (querer) desde el mismo momento en que la (conocer).
    f. Los faros de su coche (ofuscar) a todos los conductores con los que se (cruzar).

2. Übersetzen Sie ins Spanische:

    a. Er wartete auf einen Telefonanruf und las inzwischen ein Buch.
    b. Wir haben diskutiert, aber das bedeutet nicht, dass wir uns ärgerten. (sich ärgern = enfadarse)
    c. Ich habe seinen Geburtstag vergessen.
    d. Ich habe den Mann schon vergessen, der mir so viel Verdruss bereitet hat.
    e. Juan hat alle schlechten Behandlungen, die er erfahren hat, vergessen.
    f. Ich habe die Brieftasche im Auto vergessen.

3. *Pretérito indefinido, Imperfecto* oder *Perfecto compuesto*? Setzen Sie die passende Tempusform ein:

Text: – Antes (ser) ... peor – (explicar) ... el hombre sentado junto a la puerta. – Antes, los asientos (ser) ... de madera y (revenirse) ... el pintado. Antes (echar) ... uno hasta la capital cuatro horas largas, si no (traer) ... retraso. Antes, igual no (encontrar) ... usted asiento y (tener) ... que ir en el pasillo con los cestos. Ya (cambiar) ... las cosas, gracias a Dios. Y en la guerra ... En la guerra (tener) ... que haber visto usted este tren. A cada legua le (dar) ... el parón y todo el mundo abajo. En la guerra ... (quedarse) ... un instante suspenso. (sonar) ... los frenos del tren y (ser) ... como un encontronazo.

Lösungen

1. a. dejó, hacía   b. he aparcado   c. he podido
   d. sacrificaban   e. explicó, quería,   f. ofuscaban, cruzaba
                         conoció

2. a. Esperaba una llamada telefónica, y entretanto leía un libro.
   b. Hemos discutido, pero eso no implica que nos hayamos enfadado.
   c. Me olvidé de su cumpleaños.
   d. Ya he olvidado a aquel hombre que tantos disgustos me dio.
   e. Juan se olvidó de todos los malos tratos recibidos.
   f. Olvidé la cartera en el coche.

3. Text:

era	explicó	eran	se revenía
echaba	traía	encontraba	tenía
han cambiado	tenía	daba	se quedó
sonaron	fue		

6.3.3. Die relativen Tempora Plusquamperfekt und *Pretérito anterior*

Grundwissen: Die beiden zusammengesetzten Tempora *Pluscuamperfecto* und *Pretérito anterior* gehören an sich zu den Tempora der Vergangenheit, unterscheiden sich aber von den weiter oben behandelten Tempora der Vergangenheit dadurch, dass sie eine Zeitstufen-Beziehung zu einem anderen vergangenen Geschehen zum Ausdruck bringen. Das heißt, sie zeigen an, dass das von ihnen beschriebene Geschehen einem anderen Geschehen vorausgeht. Deshalb bezeichnet man die beiden Tempora auch als *relative Tempora*. Dem Deutschen fehlt eine Entsprechung zum *Pretérito anterior* (→ 6.3.3.2.).

6.3.3.1. Gebrauch des *Pluscuamperfecto* (Plusquamperfekt)

Regel: Das *Pluscuamperfecto* bildet man mit Hilfe der *Imperfecto*-Formen von *haber* und des Partizip Perfekt. Sein Gebrauch deckt sich weitgehend mit dem Gebrauch des deutschen Plusquamperfekts und braucht daher hier nicht weiter erläutert zu werden (1).

(1) *Aquel día estaba muy cansado porque no **había dormido** en toda la noche.*   *An jenem Tag war ich sehr müde de, weil ich die ganze Nacht nicht geschlafen hatte.*

Hinweis: Das Plusquamperfekt wird vielfach durch das *Pretérito indefinido* ersetzt (2).

(2) *Nunca antes **estuvimos** allí.*   *Nie zuvor waren wir dort gewesen.*

Regel: Besonders in der gesprochenen Sprache verwendet man das *Pluscuamperfecto* oft anstelle eines *Condicional compuesto* (3) (→ 6.5.) oder eines *Pluscuamperfecto de subjuntivo* (4) (→ 6.4.). Wenn die Plusquamperfekt-Formen von Adverbien wie *seguramente, tal vez, aproximadamente* usw. begleitet sind, stehen sie ebenfalls oft anstelle von Formen des *Condicional compuesto* (5). Im Deutschen findet man die Entsprechung in der Verbindung von *sollen* + Infinitiv Perfekt.

(3) ***Habías tenido** que esperar.*   *Du hättest warten müssen.*
     (habías = habrías)

(4)   Si **habían contestado** todas   Wenn sie alle Fragen beant-
      las preguntas, habrían   wortet hätten, hätten sie die
      aprobado el examen.   Prüfung bestanden.
      (habían = hubieran)

(5)   **Habían asistido** a la re-   An der Versammlung sollen etwa
      unión <u>aproximadamente</u>   500 Personen teilgenommen
      500 personas.   haben.
      (habían = habrían)

6.3.3.2. Gebrauch des *Pretérito anterior*

Regel: Das *Pretérito anterior* bildet man mit Hilfe der Formen des *Pretérito indefinido* von *haber* und des Partizip Perfekt. Im Deutschen gibt es für dieses Tempus keine Entsprechung. Es gehört im Spanischen der geschriebenen Sprache an und kommt auch dort nur selten vor. Auslöser des *Pretérito anterior* sind bestimmte Konjunktionen wie *cuando* (als), *apenas* (kaum), *luego que* (sobald), *no bien* (kaum), *así que* (sobald), *tan pronto como* (sobald), *después de que* (nachdem) (1). Das *Pretérito anterior* wird meist durch das *Pretérito indefinido* oder das Plusquamperfekt ersetzt (2).

(1)   <u>Cuando</u> **hubo acabado**,   Als er fertig geworden war, rief
      llamó un taxi y se fue al   er ein Taxi und fuhr zum Flug-
      aeropuerto.   hafen.

(2)   <u>Apenas</u> lo **vio**, se echó   Kaum sah er ihn, fing er an zu
      a llorar.   weinen.

Übungen

1. Übersetzen Sie ins Spanische:

   a. Kaum hatten sie sich gesehen, verliebten sie sich unsterblich.
      (unsterblich = perdidamente)
   b. Sobald er den Brief beendet hatte, setzte er sich hin, um zu lesen.
   c. Als ich zu Hause angekommen war, war mein Vater schon aus-
      gegangen.
   d. – Ah! Ah! rief er schon von weit weg, kaum hatte er uns gesehen.
   e. Er war kein Knabe mehr. Er war sehr gewachsen.
   f. Sie gab alles Geld aus, das sie in der Lotterie gewonnen hatte.

g. Kaum waren sie aus dem Flughafen herausgekommen, stiegen sie in ein Taxi und verschwanden.
h. Sobald er zu Abend gegessen hatte, ging er ins Bett.
i. Kaum hatte er zu sprechen aufgehört, wurde er ohnmächtig.
j. Kaum hatte sie das Haus verlassen, fing es an zu regnen.
k. Kaum hatte die Unterhaltung begonnen, begann man mich aus-zupfeifen.
l. Gestern sagte man mir, dass mich meine Mutter gesucht hatte.
m. Als ich zu dir nach Hause kam, warst du schon ausgegangen.

Lösungen

1. a. Apenas se vieron, se enamoraron perdidamente.
   b. Luego que terminó la carta, se sentó a leer.
   c. Cuando llegué a casa, mi padre ya había salido.
   d. -¡Ah! ¡Ah! -exclamó desde lejos no bien nos vio.
   e. Ya no era un muchacho. Había crecido mucho.
   f. Gastó todo el dinero que había ganado en la lotería.
   g. Apenas salieron/habían salido del aeropuerto montaron enun taxi y desaparecieron.
   h. Apenas hubo cenado, se acostó.
   i. No bien hubo terminado de hablar, se desmayó.
   j. No bien salió/había salido, empezó a llover.
   k. Apenas había comenzado la charla cuando comenzaron a silbar-me.
   l. Ayer mi dijeron que mi madre me había buscado.
   m. Cuando llegué a tu casa, ya habías salido.

6.3.4. Gebrauch des Futurs *(Futuro)*

Regel: Das Tempus *Futuro* dient in erster Linie dazu, Geschehnisse der Zukunft zu beschreiben (1). Bezüglich der Verwendung des Futurs bestehen keine großen Unterschiede zwischen dem Spanischen und Deutschen, wenn man davon absieht, dass im geschriebenen Spanisch das Futur grundsätzlich häufiger zur Anwendung kommt (2). In beiden Sprachen ist es auch möglich, das Präsens im Sinne eines Futurs zu verwenden (3).

(1)   *Lo **haremos** mañana.*   *Wir werden es morgen tun.*
      *Esta noche **conduciré***   *Heute Abend werde ich fahren.*
      yo.

(2)   *Así **podremos** ir más*   *So können wir schneller zu mei-*
      deprisa a casa de mi   *ner Schwester kommen.*
      hermana.

(3)   *Lo **hacemos** mañana.*   *Wir tun es morgen.*
      *Mi hermano **llega** ma-*   *Mein Bruder kommt morgen an.*
      ñana.

Hinweis: In der gesprochenen Sprache wird das Futur häufig durch die Konstruktion *ir + a +* Infinitiv (→ 6.12.1.1.) ersetzt (4).

(4)   *¿No **irás a decirme** que*   *Du wirst mir doch nicht sagen,*
      ya te vas?   *dass du schon gehst?*

Regel: Das Futur wird im Spanischen und auch im Deutschen dazu benützt, eine Vermutung zum Ausdruck zu bringen (5). Im Deutschen fügt man dabei oft das Wörtchen *wohl* ein. In diesem Zusammenhang ist besonders die Formel *será que/será porque* wichtig (6).

(5)   ***Serán** las ocho y media.*   *Es wird wohl halb neun sein.*
      ***Habrá** mil personas en la*   *Es werden wohl tausend Perso-*
      sala.   *nen im Saal sein.*
      *¿Cuánto dinero **ganará**?*   *Wie viel Geld wird er wohl ver-*
           dienen?

(6)   *Será que no tiene dinero.*   *Er hat wohl kein Geld.*

Hinweis: Das eine Vermutung bezeichnende Futur kann von verschiedenen Adverbien (z. B. *seguramente, a lo mejor, tal vez* usw.) begleitet sein (7). Das Futur kann im Spanischen jeweils auch durch ein Präsens ersetzt werden. Im Deutschen ist als Entsprechung oft nur das Präsens möglich (8).

(7)　　_Seguramente_ **vivirá** aquí.　　Sicherlich wird er hier wohnen.
　　　　(**vive**)
　　　　A lo mejor no **vendrá**.　　　Er wird vielleicht nicht kommen.
　　　　(**viene**)

(8)　　_Tal vez_ **serán** parientes.　　Vielleicht sind sie verwandt.
　　　　(**son**)

Regel: Gebote oder Verbote drückt man im Spanischen oft mit dem _Futuro_ aus (9). Im Deutsch verwendet man in diesem Fall das Modalverb _sollen_ + Infinitiv.

(9)　　¡No **matarás**!　　　　　　Du sollst nicht töten!
　　　　Os **lavaréis** las manos　　Ihr sollt euch vor dem Essen die
　　　　antes de las comidas.　　　Hände waschen.

Regel: Das _Futuro_ findet sich auch in verurteilenden Ausrufen (10). Im Deutschen entspricht das _Präsens_ in Verbindung mit bestimmten Adverbien (z. B. _vielleicht, doch wohl_).

(10)　　¡**Seréis** tontos!　　　　　Ihr seid vielleicht dumm!
　　　　¡No **estarás** enfermo!　　Du wirst doch wohl nicht krank
　　　　　　　　　　　　　　　　　　sein!

Sonderfälle: In einem Nebensatz, der von _si_ (wenn) oder _cuando_ (wenn, wann) eingeleitet ist, darf kein **Futuro** verwendet werden (11). Nach _cuando_ steht in diesem Fall der _Subjuntivo_ (→ 6.4.1.2.1.).

(11)　　Si te das prisa, podremos　　Wenn du dich beeilst, können
　　　　ir al cine esta tarde.　　　　wir heute Nachmittag ins Kino
　　　　　　　　　　　　　　　　　　gehen.
　　　　Cuando **vaya** de compras,　Wenn ich einkaufen gehe, werde
　　　　me gastaré mucho dinero.　ich viel Geld ausgeben.

6.3.5. Gebrauch des _Futuro perfecto_ (Vorzukunft)

Regel: Das zusammengesetzte **_Futuro perfecto_** bildet man mit Hilfe der Futur-Formen von _haber_ und des _Partizip Perfekt_. In beiden Sprachen bezeichnet dieses Tempus ein Geschehen, das beendet sein wird, bevor ein anderes beginnt (1). Im Deutschen fügt man zur Vorzukunft gerne das

Wörtchen *wohl* hinzu, sehr oft wird aber die Vorzukunft durch das Perfekt ersetzt.

(1) *Cuando vengáis a París,*   *Wenn ihr nach Paris kommt,*
  *ya **habremos partido** para*   *werden wir schon nach Spanien*
  España.   *abgereist sein.*

Regel: Mit Hilfe des *Futuro perfecto* bzw. der Vorzukunft lassen sich im Spanischen und im Deutschen auch Vermutungen zum Ausdruck bringen (2). Das Deutsche fügt auch hier meist das Wörtchen *wohl* ein.

(2) *Lo **habrá hecho**.*   *Er wird es wohl gemacht haben.*
  ***Habrá perdido** el tren.*   *Er wird wohl den Zug versäumt*
      haben.

Übungen

1. *Futuro* oder *Futuro perfecto*? Setzen Sie die passende Tempusform ein:
   a. ¿Quién (ser) ... a la puerta?
   b. ¿Ya (llegar) ... ? Sí, seguramente a estas horas ya (estar) ... en Madrid.
   c. Juan (estar) ... enfermo.
   d. (tener) ... mucho dinero, pero mira cómo anda vestido.

2. Ersetzen Sie die Konstruktion *ir + a* + Infinitiv durch ein Futur:

   a. Voy a escribir una carta, mientras te arreglas.
   b. Voy a explicar el tema.
   c. Va a bailar a una discoteca.
   d. Vamos a cenar a un restaurante italiano.

3. Übersetzen Sie ins Spanische:

   a. Wer wird wohl an der Tür sein?
   b. Sie sind wahrscheinlich schon angekommen? – Ja, sie werden um diese Zeit schon in Madrid sein.
   c. Juan ist wohl krank.
   d. Er hat wohl viel Geld, aber schau, wie er gekleidet ist.
   e. Wir werden in einem italienischen Restaurant zu Abend essen.
   f. Wo ist Miguel? – Er wird wohl im Büro sein.
   g. Was mag Roberto wohl machen? – Er wird als Sekretär in einem Büro arbeiten.

h. Wo ist Paco gewesen? – Er wird im Büro gewesen sein.
i. Warum ist er gestern nicht gekommen? – Er wird es vergessen haben.
j. José muss schon angekommen sein.
k. Maria wird morgen ankommen und ich werde meine Arbeit beendet haben.
l. Morgen werden wir einen Ausflug in die Berge machen.
m. Ich werde in dieser Wohnung wohnen, bis man mich hinauswirft.
n. Wenn du ankommst, werde ich mit der Reinigung des Hauses schon fertig sein.
o. Nächsten Samstag werde ich mein ganzes Gehalt bekommen haben.

Lösungen

1. a. será   b. habrán llegado, estarán   c. estará.
   d. tendrá

2. a. escribiré b. explicaré   c. bailaré   d. cenaremos

3. a. ¿Quién será a la puerta?
  b. ¿Ya habrán llegado? - Sí, seguramente a estas horas ya estarán en Madrid.
  c. Juan estará enfermo.
  d. Tendrá mucho dinero, pero mira cómo anda vestido.
  e. Cenaremos a un restaurante italiano.
  f. ¿Dónde está Miguel? - Estará en la oficina.
  g. ¿Qué hará Roberto? - Trabajará de secretario en una oficina.
  h. ¿Dónde ha estado Paco? - Habrá estado en la oficina.
  i. ¿Por qué no vino ayer? - Lo habrá olvidado.
  j. José habrá llegado.
  k. María llegará mañana y yo habré terminado mi trabajo.
  l. Mañana iremos de excursión a la montaña.
  m. Viviré en este piso hasta que me echen.
  n. Cuando llegues, ya habré acabado de limpiar la casa.
  o. El sábado próximo habré cobrado todo mi sueldo.

6.4. Der Konjunktiv *(Subjuntivo)*

Grundwissen: Zwischen dem spanischen Modus *Subjuntivo* und dem deutschen Modus Konjunktiv (Möglichkeitsform) bestehen große Unterschiede. Während der Konjunktiv im Deutschen nur eine Nebenrolle spielt – man verwendet ihn fast nur in der indirekten Rede – ist der *Subjuntivo* für die geschriebene und gesprochene spanische Sprache von großer Bedeutung.

Subjuntivo-Formen gibt es für 4 Tempora:

– *Presente de subjuntivo:*	z. B. *hable, hables, hable* usw.
– *Imperfecto de subjuntivo:*	z. B. *hablara, hablaras, hablara* usw.
	oder z. B. *hablase, hablases, hablase* usw.
– *Perfecto de subjuntivo:*	z. B. *haya hablado* usw.
– *Pluscuamperfecto de subjuntivo:*	z. B. *hubiera hablado* usw.
	oder z. B. *hubiese hablado* usw.

6.4.1. Der Gebrauch des *Subjuntivo*

Grundwissen: Der *Subjuntivo* findet sich im Hauptsatz (1) und im Nebensatz. Unter den Nebensätzen mit *Subjuntivo* sind besonders der *que*-Satz (2) und der Relativsatz (3) wichtig.

(1)	*Camarero, ¡déme una cerveza!*	Herr Ober, geben Sie mir ein Bier!
(2)	*Te pido que estudies la lección.*	Ich bitte dich, die Lektion zu lernen. (wörtlich: *dass du ... lernst*)
(3)	*Busco una casa que no sea demasiado cara.*	Ich suche ein Haus, das nicht zu teuer ist.
	No hay quien te pregunte.	Es gibt niemanden, der dich fragt.

6.4.1.1. Der *Subjuntivo* im Hauptsatz

Regel: Im *Subjuntivo* stehen Hauptsätze, deren Verb ein so genannter **höflicher Imperativ** oder ein Imperativ der 1. Person Plural (→ 6.7.) ist (1). Verneinte Imperative (→ 6.7.) stehen ebenfalls immer im *Subjuntivo* (2). Im *Subjuntivo* stehen auch Hauptsätze, die von der Konjunktion *que* (dass) (3) (→ 6.4.1.2.3. Hinweis) oder von der Interjektion *ojalá* (hoffentlich) bzw. dem etwa gleichbedeutenden *así* eingeleitet werden (4). Mit *así* kann man jemandem auch Schlechtes wünschen.

(1)	*¡Venga mañana!*	*Kommen Sie morgen!*
	¡No venga mañana!	*Kommen Sie morgen nicht!*
	¡Corra usted!	*Laufen Sie!*
	¡Comamos!	*Essen wir!*
(2)	*¡No vengas mañana!*	*Komme morgen nicht!*
	¡No te vayas!	*Geh nicht weg!*
(3)	*¡Que Dios se lo pague!*	*Gott möge es Ihnen lohnen!*
		(wörtlich: Dass es Ihnen Gott lohnt!)
	¡Que venga!	*Er möge kommen!*
(4)	*¡Ojalá haga buen tiempo mañana!*	*Hoffentlich ist morgen schönes Wetter!*
	¡Así Dios te ayude!	*Gott möge dir beistehen!*

Regel: Die Adverbien *quizá(s)*, *acaso* und *tal vez*, die alle im Deutschen mit *vielleicht* wiederzugeben sind, werden in der Regel mit dem *Subjuntivo* konstruiert, wenn sie dem Verb vorausgehen (5). Dasselbe gilt für die beiden Adverbien *posiblemente* (möglicherweise) und *probablemente* (wahrscheinlich) (6).

(5)	<u>*Quizá(s)*</u> *lo haga.*	*Vielleicht macht er es.*
	<u>*Acaso*</u> *sintiera miedo.*	*Vielleicht hatte er Angst.*
	<u>*Tal vez*</u> *vaya mañana.*	*Vielleicht kommt er morgen.*
(6)	<u>*Probablemente*</u> *tus amigas hayan ido al cine.*	*Wahrscheinlich sind deine Freundinnen ins Kino gegangen.*
	<u>*Posiblemente*</u> *venga sola.*	*Möglicherweise kommt sie allein.*

Hinweis: Nach den eben genannten Adverbien kann auch der Indikativ stehen (7). Vor allem dann, wenn die Adverbien nicht an der Satzspitze stehen oder wenn sie einen größeren Grad von „Sicherheit" zum Ausdruck bringen sollen.

(7) *Ese libro no es el más com-*   *Dieses Buch ist wahrscheinlich*
     pleto, probablemente.   *nicht das vollständigste.*

     Estos planos son, posible-   *Diese Stadtpläne sind möglicher-*
     mente, los mejores.   *weise die besten.*

     Si acaso cambias de idea,   *Wenn du vielleicht deine Mei-*
     llámame.   *nung änderst, rufe mich an.*

Regel: Im spanischen Hauptsatz ist – ebenso wie im deutschen Hauptsatz – der Gebrauch des *Subjuntivo* möglich, ohne dass ein Auslöserwort nach dem Muster von *quizá* usw. vorliegt (8). Im Deutschen gebraucht man in diesem Fall ebenfalls den Konjunktiv oder die Umschreibung des Konjunktivs mit Hilfe von *mögen* oder *sollen*.

(8) *¡Sea usted bienvenido!*   *Seien Sie willkommen!*
     ¡Viva el Rey!   *Es lebe der König!*
     Diga lo que diga, no ce-   *Sage er, was er wolle, ich werde*
     deré.   *nicht nachgeben.*

Hinweis: Die Verwendung des *Subjuntivo* im letzten Beispielsatz hat fast formelhaften Charakter: Das im *Subjuntivo* stehende Verb (= *diga*) wird gewöhnlich wiederholt (9).

(9) *Te seguiremos, vayas don-*   *Wir werden dir folgen, wohin du*
     de vayas.   *auch gehst.*

Regel: Im Spanischen benutzt man für Hauptsätze im ***Subjuntivo*** sehr oft die Konjunktion *que* als Einleitewort (→ 6.4.1.2.3.). Damit wird der Hauptsatz eigentlich zu einem Nebensatz. Weil aber das Deutsche Hauptsätze mit Hilfe von *dass* nicht eröffnen kann und den Status des Hauptsatzes somit nicht ändert, seien diese Vorkommen des *Subjuntivo* auch hier aufgeführt: *¡Que descanses!* (Du sollst ausruhen!) *¡Que aproveche!* (Guten Appetit!) (eigentlich: *Sie sollen/mögen ausnutzen!*)

6.4.1.2. Der *Subjuntivo* im Nebensatz

Grundwissen: Der Gebrauch des *Subjuntivo* im Nebensatz spielt im Spanischen eine weitaus wichtigere Rolle als der eben beschriebene

Gebrauch im Hauptsatz (→ 6.4.1.1.). Im Zusammenhang dieser Frage lassen sich drei Bereiche unterscheiden:

1. Der *Subjuntivo* nach bestimmten Konjunktionen (1)

2. Der *Subjuntivo* im Relativsatz (2)

3. Der *Subjuntivo* im *que*-Satz (3)
   a. Der *Subjuntivo* im vorangestellten *que*-Satz (4)
   b. Der *Subjuntivo* im nachgestellten *que*-Satz

(1) *Antes que José **comunicara** la noticia, ya lo sabía toda la ciudad.* Bevor José die Nachricht mitteilte, wusste es schon die ganze Stadt.

(2) *Nadie que **conozca** su pasado puede hablar mal de ella.* Niemand, der ihre Vergangenheit kennt, kann schlecht von ihr reden.

(3) *Quiero que me **quieras**.* Ich will, dass du mich liebst.

(4) *Que no **coincidamos** en todo no es razón para litigar.* Dass wir nicht in allem der gleichen Meinung sind, ist kein Grund zu streiten.

6.4.1.2.1. Der *Subjuntivo* nach bestimmten Konjunktionen

Grundwissen: Die Konjunktionen, die den ***Subjuntivo*** verlangen, lassen sich in zwei Gruppen einteilen:

1. Gruppe: Konjunktionen, die immer den *Subjuntivo* verlangen
2. Gruppe: Konjunktionen, die sowohl mit dem *Subjuntivo* als auch mit dem Indikativ konstruiert werden

Hinweis: Die einen Nebensatz einleitenden Konjunktionen stehen in Konkurrenz zu den ***Infinitivkonstruktionen*** (→ 6.9.5.). Die Konjunktionen sind nur dann zu verwenden, wenn das Subjekt des übergeordneten Satzes (Hauptsatzes) und des Nebensatzes verschieden ist (1). Bei Subjektgleichheit kommen die Infinitivkonstruktionen zum Einsatz.

(1) *Antes de que **vuelvan** los niños, **tenemos** que ordenar la casa.* Bevor die Kinder zurückkehren, müssen wir das Haus aufräumen.

aber: _Antes de cerrar_ la puerta   _Bevor_ ich die Tür abschließe,
compruebo si he cogido   überprüfe ich, ob ich die Schlüs-
las llaves.   sel an mich genommen habe.

Die Konjunktionen der 1. Gruppe

Regel: Zu den Konjunktionen, die immer den _Subjuntivo_ verlangen,
gehören alle finalen Konjunktionen (2), die temporale Konjunktion _antes
de que_ (bevor, ehe) (3) und die Konjunktion _sin que_ (ohne dass) (4).

(2)   **Finale Konjunktionen:**

para que   _por que/porque_
a fin de que   _con la intención de que_
a que   _con el objeto de que_
que   _con el fin de que_
                         con la idea de que
                         con vistas a que

Hinweis: Im Deutschen entspricht den finalen Konjunktionen des
Spanischen immer die Konjunktion _damit, dass_ oder eine gleichbedeutende Umschreibung wie z. B. _mit der Absicht, dass_ usw.

Beispiele

(2)   _Te indicaré el camino_   Ich werde dir den Weg zeigen,
      para que no te **pierdas**.   damit du dich nicht verläufst.

      Llámale, porque no **crea**   Ruf ihn an, damit er nicht
      que te has olvidado de él.   glaubt, du hättest ihn vergessen.

(3)   **Die Konjunktion _antes de que_**

      Antes de que **llegue** el   Bevor der Chef ankommt, musst
      jefe, tienes que terminar   du den Bericht fertigstellen.
      el informe.

(4)   **Die Konjunktion _sin que_**

      El muchacho salió sin   Der Junge ging hinaus, ohne
      que lo **vieran**.   dass man ihn sah.

Die Konjunktionen der 2. Gruppe

Regel: Die Zahl der Konjunktionen, die mit Indikativ oder *Subjuntivo* konstruiert werden können, ist relativ groß. Es handelt sich dabei um konditionale, konzessive, konsekutive, temporale, kausale und modale Konjunktionen. Während aber nach konditionalen und konzessiven Konjunktionen sehr oft der *Subjuntivo* steht, ist dies bei den anderen Konjunktionen weitaus seltener der Fall.

Die Verpflichtung, den *Subjuntivo* nach einer Konjunktion zu verwenden, besteht immer dann, wenn es sich bei dem vom Nebensatz bezeichneten Geschehen um ein zukünftiges Geschehen handelt. Ein solches liegt besonders dann vor, wenn das Verb des übergeordneten Satzes (Hauptsatzes) im Futur, im *Condicional simple* oder im Präsens mit futurischer Bedeutung steht.

Die nachfolgenden Beispielsätze beziehen sich natürlich nur auf Fälle, in denen die aufgeführten Konjunktionen den *Subjuntivo* verlangen.

Für den Gebrauch des Indikativs nach diesen Konjunktionen (→ 9.2.)

(1)   Die konditionalen Konjunktionen

si/como	wenn
como si	als ob
por si	wenn etwa
a no ser que	sofern nicht; es sei denn, dass
a menos que	sofern nicht; es sei denn, dass
con tal de que	vorausgesetzt, dass
sólo con que	wenn nur
con que	wenn nur
salvo que	es sei denn, dass
excepto que	es sei denn, dass
siempre que	unter der Bedingung, dass
siempre y cuando	nur wenn
a nada que	wenn auch noch so wenig
a poco que	wenn auch noch so wenig
según que	je nachdem
en (el) caso de que	für den Fall, dass
en el supuesto de que	für den Fall, dass
a condición de que	unter der Bedingung, dass
con la condición de que	unter der Bedingung, das
a cambio de que	dafür dass

Beispiele zu (1)

<u>Si</u> **vinieras,** te invitaría a cenar.	Wenn du kämest, würde ich dich zum Abendessen einladen.
<u>Como</u> no **vengas** pronto, te quedas sin helado.	Wenn du nicht schnell kommst, kriegst du kein Eis.
Juan me trataba <u>como si</u> yo **fuese** su hijo.	Juan behandelte mich, als ob ich sein Sohn wäre.
No puedo quedarme en casa sin hacer nada, <u>a menos que</u> **esté** cansado.	Ich kann nicht zu Hause bleiben, ohne etwas zu tun, es sei denn, dass ich müde bin.
<u>Con tal de que</u> **vengas** a verme una vez por semana, te prestaré el dinero.	Vorausgesetzt, dass du mich einmal pro Woche besuchst, werde ich dir das Geld leihen.
Te prestaré el dinero <u>siempre y cuando</u> me lo **devuelvas**.	Ich werde dir das Geld leihen, nur wenn du es mir zurückgibst.
<u>En caso de que</u> **llueva** esta tarde, no salgo.	Für den Fall, dass es heute Nachmittag regnet, gehe ich nicht aus.
Te regalo el libro, <u>a condición de que/con la condición de que</u> lo **leas**.	Ich schenke dir das Buch unter der Bedingung, dass du es liest.

(2) Die konzessiven Konjunktionen

aunque	obwohl
a pesar de que	auch wenn
así	wenn auch
a riesgo de que	auf die Gefahr hin, dass

por más/mucho + Nomen + que
so sehr auch, so viel auch

por (muy) + Adjektiv/Adverb + que
wie + Adjektiv/Adverb + auch

Beispiele zu (2)

*Aunque me **obliguen**, no hablaré.*

Obwohl man mich zwingt, werde ich nicht sprechen.

*Se casará con ella <u>a pesar de que</u> sus padres se **opongan**.*

Er wird sie heiraten, obwohl seine Eltern dagegen sind.

*<u>Así</u> lo **mates**, no cederá.*

Auch wenn du ihn totschlägst, wird er dir nicht nachgeben.

*<u>Por más que</u> **haga**, no lo conseguirá.*

So sehr er sich auch bemüht, er er wird es doch nicht erreichen.

*<u>Por mucho dinero que</u> **tenga**, lo despilfarrará.*

So viel Geld er auch haben mag, er wird es verschwenden.

*<u>Por muy joven que</u> **sea**, ya tiene arrugas en la cara.*

Wie jung sie auch sein mag, sie hat schon Falten im Gesicht.

*<u>Por muy bien que</u> te **portes**, no te lo agradecerán.*

Wie gut du dich auch benimmst, man wird es dir nicht danken.

*<u>Por listos que</u> **sean**, no me engañarán.*

Wie schlau sie auch sein mögen, sie werden mich nicht betrügen.

(3)   **Die konsekutiven Konjunktionen**

que	dass
de ahí que	daher kommt es, dass
de aquí (es) que	daher kommt es, dass

Beispiele zu (3)

*Jamás ganarás tanto dinero <u>que</u> **puedas** dejar de trabajar.*

Niemals wirst du so viel Geld verdienen, dass du aufhören kannst zu arbeiten.

*Ha estado todo el día lloviendo; <u>de ahí que</u> no te **haya llamado** para ir a la playa.*

Es hat den ganzen Tag geregnet; daher kommt es, dass ich dich nicht angerufen habe, um an den Strand zu gehen.

(4) Die temporalen Konjunktionen

cuando	*wenn*
cada vez que	*jedes Mal wenn*
en cuanto	*sowie, sobald*
hasta que	*bis (dass)*
una vez que	*wenn erst einmal, sobald*

Hinweis: Die temporalen Konjunktionen verlangen den *Subjuntivo*, wenn der Temporalsatz ein **zukünftiges Geschehen** bezeichnet.

<u>*Cuando*</u> **llegue** *mi madre, nos preparará una tarta muy rica.*	*Wenn meine Mutter ankommt, wird sie uns eine sehr köstliche Torte zubereiten.*
<u>*Cada vez que*</u> *te* **pida** *dinero, niégaselo.*	*Jedes Mal wenn er dich um Geld bittet, verweigere es ihm.*
<u>*En cuanto*</u> **llegues** *al hotel, me llamas.*	*Sobald du im Hotel ankommst, rufst du mich an.*
<u>*Hasta que no*</u> **vengas**, *no me moveré de casa.*	*Bis du kommst, werde ich nicht aus dem Haus gehen.*
<u>*Una vez que*</u> **resolvamos** *el problema, nos quedaremos tranquilos.*	*Wenn wir erst einmal das Problem lösen, werden wir beruhigt sein.*

Hinweis: Nach *hasta que* fügt man oft ein *no* ein, das im Deutschen unübersetzt bleibt.

(5) Die kausalen Konjunktionen

Hinweis: Die kausalen Konjunktionen regieren generell den Indikativ. Nur wenn die Konjunktion *porque* verneint ist, gebraucht man – vor allem in der geschriebenen Sprache – den *Subjuntivo*.

<u>*No porque*</u> *tú me lo* **pidas** *voy a hacerle ese favor.*	*Nicht weil du mich darum bittest, werde ich ihr diesen Gefallen tun.*

(6) Die modalen Konjunktionen

Hinweis: Die modalen Konjunktionen *como* und *según* werden in der Regel mit dem Indikativ verbunden. Nur wenn das vom Modalsatz bezeichnete Geschehen als zukünftig zu betrachten ist, verlangen die beiden Konjunktionen den *Subjuntivo*.

Lo haremos como tú   *Wir werden es machen, wie du*
quieras.   *es willst.*
A la ceremonia habrá que   *Zur Zeremonie müssen wir so*
*ir vestidos según nos **digan**.* *gekleidet gehen, wie man es uns*
                              sagt.

6.4.1.2.2. Der *Subjuntivo* im Relativsatz

Grundwissen: Das Verb des spanischen Relativsatzes steht normalerweise im Indikativ. Dies gilt auch für das Verb des deutschen Relativsatzes.
Im Gegensatz zum Deutschen hat aber das Spanische die Möglichkeit,
durch Verwendung des *Subjuntivo* dem Relativsatz zusätzliche
Bedeutungsnuancen hinzuzufügen. Das Deutsche kann in solchen Fällen
eventuell auf das Modalverb *sollen* zurückgreifen, besitzt aber meistens
keine genaue Entsprechung, so dass der *Subjuntivo* einfach mit dem
Indikativ wiederzugeben ist (1).

Bei den Relativsätzen im *Subjuntivo* handelt es sich immer um so genannte einschränkende Relativsätze (→ 5.7.). Deshalb wird der
Relativsatz nicht durch ein Komma vom übergeordneten Satz (Hauptsatz)
getrennt.

(1) *Busco una secretaria que*   *Ich suche eine Sekretärin, die*
     sepa *inglés.*   *Englisch kann/können soll.*
     Todavía no he conocido a   *Ich habe noch keinen Menschen*
     ningún hombre al que no   *kennen gelernt, dem Fußball nicht*
     *le **guste** el fútbol.*   *gefällt.*

Regel: Wenn der übergeordnete Satz (Hauptsatz) verneint ist, muss man
im nachfolgenden Relativsatz den *Subjuntivo* verwenden (2).

(2) *No hay nadie que **co-***   *Es gibt niemand, der meine Ver-*
     ***nozca** mi pasado.*   *gangenheit kennt.*
     En los últimos meses no   *In den letzten Monaten haben wir*
     hemos leído ningún libro   *kein Buch gelesen, das uns ge-*
     *que nos **haya gustado**.*   *fallen hat.*
     *No hay nada que me **guste*** *Es gibt nichts, was mir mehr ge-*
     más que eso.   *fällt als das.*
     No tengo libro que me   *Ich habe kein Buch, das mir bes-*
     ***guste** más.*   *ser gefällt.*

Hinweis: Das Vorkommen von Wörtern wie *apenas* (kaum) oder *poco*
(wenig) im übergeordneten Satz (Hauptsatz) ist wie eine Verneinung zu

bewerten (3). Dasselbe gilt für die Präposition *sin* (ohne) (4) und *algo* (etwas) in einem Fragesatz mit erwarteter negativer Antwort (5). Auch ein der Bedeutung nach negatives Verb wie *faltar* (fehlen) (= nicht vorhanden sein) löst im nachfolgenden Relativsatz den *Subjuntivo* aus (6).

(3)   <u>Apenas</u> *conocemos gente*   *Wir kennen kaum Leute, die wis-*
      *que **sepa** lo que tiene que*   *sen, was sie tun müssen.*
      hacer.
      Conozco <u>pocas</u> personas   *Ich kenne nur wenige Leute, die*
      *que no **tengan** que trabajar.* *nicht arbeiten müssen.*

(4)   <u>Sin</u> *amigos que la **ayuda-***   *Ohne Freunde, die ihr halfen,*
      ***ran**, desperaba.*   *verzweifelte sie.*

(5)   *¿Hay <u>algo</u> que **sea** más*   *Gibt es etwas, was interessanter*
      interesante?   *ist?*

(6)   <u>Falta</u> *un intérprete que*   *Es fehlt ein Dolmetscher, der uns*
      *nos **explique** todo.*   *alles erklärt.*

Regel: Im Relativsatz ist der *Subjuntivo* zu verwenden, wenn die Aussage des Relativsatzes nicht als Tatsache, sondern als Wunsch oder Forderung betrachtet wird (7).

(7)   *Buscamos a alguien que*   *Wir suchen jemand, der uns die-*
      ***pueda** explicarnos ese*   *ses Problem erklären kann.*
      problema.
      Necesitamos un gobierno   *Wir brauchen eine Regierung,*
      *que **sea** capaz de resolver*   *die fähig ist, diesen Konflikt zu*
      ese conflicto.   *lösen.*
      Necesito/Busco una secre-   *Ich brauche/suche eine Sekre-*
      *taria que **hable** alemán.*   *tärin, die Deutsch spricht.*

Regel: Wörter wie *ojalá, quizá(s), acaso* und *tal vez* (→ 6.4.1.1.) lösen den *Subjuntivo* aus, wenn sie im Relativsatz stehen. Diese Wörter machen den einschränkenden Relativsatz zu einem nichteinschränkenden (→ 5.7.). Deshalb steht vor solchen Relativsätzen ein Komma (8).

(8)   *Su madre, que <u>quizá</u> **estu-*** *Seine Mutter, die vielleicht krank*
      ***viera** enferma, no vino.*   *war, ist nicht gekommen.*

Regel: Relativsätze, denen ein unbestimmtes Bezugswort (z. B. *el que*) vorausgeht, stehen in der Regel im *Subjuntivo*. Das Verb des übergeordneten Satzes steht meist ebenfalls im *Subjuntivo* oder im Futur (9).

(9)   *El que* **sepa** *la respuesta,*   *Wer die Antwort weiß, soll sie*
      que la diga.   *sagen.*
      Los que **hayan acabado**,   *Diejenigen, die fertig sind, kön-*
      pueden irse.   *nen gehen.*

Hinweis: Das Relativpronomen *quien*, das als „Doppelpronomen"
(→ 5.7.1.4.) kein Bezugswort braucht, löst im Relativsatz ebenfalls den
Subjuntivo aus (10). In diesem Zusammenhang sind die formelhaften
Wiederholungen des *Subjuntivo* besonders wichtig (11).

(10) *Quien* **haya roto** *el reloj*   *Wer die Uhr kaputtgemacht hat,*
      que pague la reparación.   *soll die Reparatur bezahlen.*

(11) *Venga* **quien** **venga**, *lo*   *Komme, wer da komme, ich wer-*
      haré.   *de es tun.*
      No me interesa, lo diga   *Es interessiert mich nicht, wer*
      quien *lo* **diga**.   *immer es auch sagt/sagen mag.*

Regel: Nach den Indefinitpronomina bzw. indefiniten Adjektiven (→ 5.4.
bzw. 3.2.4.) *quienquiera*, *cualquiera* und *comoquiera* als Bezugswörtern steht im Relativsatz der *Subjuntivo* (12).

(12) *Quienquiera* *que lo* **desee**,   *Wer auch immer es wünscht,*
      lo tendrá.   *wird es erhalten.*
      Cualquiera *que* **sea** *tu*   *Was auch immer deine Meinung*
      opinión, tendrás que ha-   *ist, du wirst es tun müssen.*
      cerlo.

Regel: Der Relativsatz steht in der Regel im *Subjuntivo*, wenn das Verb
des übergeordneten Satzes (Hauptsatzes) im Futur oder im Imperativ
steht (13).

(13) *Haz lo que* **quieras**.   *Tu, was du willst.*
      Haré todo lo que **digas**.   *Ich werde alles tun, was du sagst.*
      Llévate cuantos libros   *Nimm alle Bücher, die du lesen*
      puedas *leer.*   *kannst, mit.*

Hinweis: Aus dem eben beschriebenen Gebrauch des *Subjuntivo* haben
sich feststehende Wendungen gebildet (14):

(14) **Que yo vea**, ...   *So viel ich sehe, ...*
      Que yo sepa, ...   *So viel ich weiß, ...*
      Lo que quiera.   *Wie Sie wollen.*
      Como quiera.   *Wie Sie wollen.*

Regel: Relativsätze, die sich auf einen Superlativ (→ 3.1.5.2.) oder auf eine Ordinalzahl (→ 3.2.5.2.) beziehen, stehen in der geschriebenen Sprache gerne im *Subjuntivo* (15).

(15) *Es <u>la persona más ambi-ciosa</u> que **haya conocido** en mi vida.*	*Er/Sie ist die ehrgeizigste Person, die ich in meinem Leben kennen-gelernt habe.*
*Tráeme <u>el libro más ba-rato</u> que **encuentres**.*	*Bringe mir das billigste Buch, das du findest.*
*Preguntaré a <u>la primera mujer</u> que **vea**.*	*Ich werde die erste Frau fragen, die ich sehe.*

Hinweis: In der gesprochenen Sprache würde man den *Subjuntivo* der vorausgehenden Beispielsätze durch den Indikativ ersetzen (16).

(16) *Es la persona más ambiciosa que **he conocido** en mi vida.*
*Tráeme el libro más barato que **encuentras**.*
*Preguntaré a la primera mujer que **veo**.*

6.4.1.2.3. Der *Subjuntivo* im *que*-Satz

Grundwissen: Der spanische *que*-Satz bzw. der deutsche *dass*-Satz folgen in der Regel dem übergeordneten Satz (Hauptsatz). In beiden Sprachen ist es aber auch möglich, den betreffenden Nebensatz an den Satzanfang zu stellen. Im Spanischen hat diese Umstellung – anders als im Deutschen – Folgen für den Gebrauch des Modus: Im vorangestellten *que*-Satz darf nur der *Subjuntivo* stehen (1). Weitaus komplizierter ist der Gebrauch des Modus im „normalen", das heißt, im nachgestellten *que*-Satz geregelt. (Vgl. weiter unten.)

(1) *Es evidente que tu hijo **fuma**.*	*Es ist klar, dass dein Sohn <u>raucht</u>.*
*Que tu hijo **fume**, es evidente.*	*Dass dein Sohn <u>raucht</u>, ist klar.*

Der *Subjuntivo* im vorangestellten *que*-Satz

Regel: Der vorangestellte *que*-Satz kann auch von Ausdrücken wie *el hecho de que* (2), *el peligro de que* (3) usw. oder nur von *el que* (4) eingeleitet werden. Er steht immer im *Subjuntivo*.

(2) _(El hecho de) Que_ **comas**
poco te ayuda a no engor-
dar.

(Die Tatsache,) Dass du wenig
isst, hilft dir, nicht zuzunehmen.

(3) _El peligro de que_ el fuego
se extendiera hizo retro-
ceder los bomberos.

Die Gefahr, dass sich das Feuer
ausdehnt, veranlasste die Feuer-
wehrmänner zum Rückzug.

(4) _El que_ la gente **diga** lo
contrario, me importa
un rábano.

Die Tatsache, dass die Leute
das Gegenteil sagen, ist mir
schnuppe.

Hinweis: Als vorangestellte _que_-Sätze lassen sich die im Spanischen
sehr gebräuchlichen Aufforderungssätze vom Typ _que_ + _Presente de sub-
juntivo_ deuten, die im Deutschen mit Hilfe von _sollen_ oder _mögen_ bzw. mit
dem Konjunktiv Präsens wiedergegeben werden (5).

(5) ¡_Que_ **entre**!
¡_Que_ se **siente** todo el mundo!
Los que sepan la respuesta,
que la **digan**.

Er soll eintreten!
Alle sollen/mögen sich setzen!

Diejenigen, die die Antwort wissen, sollen sie sagen.

Der _Subjuntivo_ im nachgestellten _que_-Satz

Grundwissen: Während im vorangestellten _que_-Satz immer der
Subjuntivo zu gebrauchen ist, unterliegt die Frage des Modusgebrauches
im nachgestellten _que_-Satz einer relativ komplizierten Regelung. Die
Frage, ob der Indikativ oder der _Subjuntivo_ zu verwenden ist, hängt zum
einen von der Bedeutung des Verbs im übergeordneten Satz (Hauptsatz)
ab (1). Zum anderen ist entscheidend, ob der übergeordnete Satz verneint
ist (2).

(1) _Me gusta_ que nos **visites**.

Es gefällt mir, dass du uns besuchst.

Me preocupa que **haya**
muchos problemas.

Es beunruhigt mich, dass es
viele Probleme gibt.

(2) _No creo_ que **haya** muchos
problemas.
No dicen que **haya** muchos
problemas.

Ich glaube nicht, dass es viele
Probleme gibt.
Man sagt nicht, dass es viele
Probleme gibt.

Hinweis: Ohne die betreffenden Beispiele noch einmal aufzuführen, sei festgestellt, dass die Beispielsätze unter (1), die im *que*-Satz bereits einen *Subjuntivo* haben, diesen bei Negierung des übergeordneten Satzes beibehalten.

Sonderfälle: Verben wie *pensar, creer, observar, olvidar, decir* usw., die normalerweise im *que*-Satz den Indikativ verlangen, bei Negierung aber den *Subjuntivo* auslösen, werden wieder mit dem Indikativ konstruiert, wenn sie negiert in einem Fragesatz oder Befehlssatz stehen:

¿<u>No</u> <u>crees</u> que ya **es** muy tarde para ir al cine?	Glaubst du nicht, dass es schon sehr spät ist, um ins Kino zu gehen?
<u>No pienses</u> que yo **voy** a quedar aquí todo el día.	Glaube nicht, dass ich den ganzen Tag hier bleiben werde.
<u>No creas</u> que **estoy** loco por ti.	Glaube nicht, dass ich verrückt bin nach dir.

Die Tatsache, dass der übergeordnete Satz ein Fragesatz ist, kann ebenfalls Auslöser des *Subjuntivo* sein (3). Schließlich spielt für den Gebrauch des *Subjuntivo* eine Rolle, ob der Inhalt des *que*-Satzes bereits „Thema" des vorausgehenden Textes war. Mit anderen Worten: Ob das, was im *que*-Satz mitgeteilt wird, schon vorher in irgendeiner Form besprochen wurde. Wenn ja, ist im *que*-Satz der *Subjuntivo* zu verwenden (4).

(3)	¿Dicen que **haya** muchos problemas?	Sagt man, dass es viele Probleme gibt?
	¿Te soprende que **estemos** aquí?	Überrascht es dich, dass wir hier sind?
(4)	Es necesario que **sigas** las instrucciones.	Es ist notwendig, dass du die Anweisungen befolgst.

Hinweis: Beispielsatz (4) setzt voraus, dass jemand zuvor geäußert hat, dass er irgendwelche Anweisungen nicht befolgen will. Erst dann erfolgt der Hinweis „*Es necesario que ...*".

Regel zum Gebrauch des *Subjuntivo* im nachgestellten *que*-Satz

Wie weiter oben gezeigt wurde, hängt die Verwendung des **Subjuntivo** von mehreren Faktoren ab: von der Bedeutung des Verbs im übergeordneten Satz, von der Verneinung bzw. dem Fragesatz-Status des übergeordneten Satzes und von der Frage, ob der Inhalt des *que*-Satzes vorher bereits besprochen wurde. Um alle diese entscheidenden Faktoren in den Griff zu bekommen, ist es erforderlich, an den *que*-Satz **zwei Fragen** zu richten, die mit Ja oder Nein zu beantworten sind:

1. Frage: Wird der Inhalt des *que*-Satzes bzw. *dass*-Satzes als Tatsache behauptet?

2. Frage: Ist der Inhalt des *que*-Satzes bzw. *dass*-Satzes die wichtigere Mitteilung gegenüber dem übergeordneten Satz (Hauptsatz)?

Die nachfolgende Tabelle zu den Möglichkeiten der Antwort mit Ja bzw. Nein zeigt, dass für die Auslösung des *Subjuntivo* eine einzige Nein-Antwort genügt:

1. Frage:	2. Frage:		
Ja	Ja	→	**Indikativ**
Ja	Nein	→	***Subjuntivo***
Nein	Ja	→	***Subjuntivo***
Nein	Nein	→	***Subjuntivo***

Regel: Im nachgestellten *que*-Satz ist der *Subjuntivo* nach den Regeln der *Modusfolge* (→ 6.4.2.) zu gebrauchen, wenn eine bzw. beide Fragen mit Nein beantwortet werden. Mit dieser einfachen *Subjuntivo*-Regel kann man sich die endlosen Verblisten ersparen, die man gewöhnlich in diesem Zusammenhang vorführt.

Anwendung der „*Subjuntivo*-Regel"

Grundwissen: Da für die Auslösung des *Subjuntivo* ein einziges Nein genügt, empfiehlt es sich, mit der Nein-Antwort auf die 1. Frage zu beginnen. Wird die 1. Frage mit Nein beantwortet, braucht die 2. Frage erst gar nicht mehr gestellt zu werden.

Die Antwort auf die 1. Frage

Die 1. Frage ist, ob der Inhalt des *que*-Satzes bzw. *dass*-Satzes eine Tatsachenbehauptung darstellt. In den nachfolgenden Beispielsätzen ist diese Frage jeweils zu verneinen und daher jedes Mal der *Subjuntivo* zu verwenden. Dies erfolgt unabhängig davon, ob das Verb des übergeordneten Satzes (Hauptsatzes) ein Verb wie *querer* (1) oder ein so genannter unpersönlicher Ausdruck wie *es difícil* (2) ist.

(1) *Quiere que todos **trabajen**.*   Er will, dass alle arbeiten.
     *Teme que no le **renueven***   Er fürchtet, dass man ihm den
     el contrato.   Vertrag nicht erneuert.
     *Le ruego que me lo **mande**.*   Ich bitte ihn, dass er es mir
     schickt.

(2) *Es difícil que mi padre*   Es ist unwahrscheinlich, dass
     ***cambie** de opinión.*   mein Vater seine Meinung ändert.
     *Es urgente que **llames** al*   Du musst dringend den Arzt
     médico.   rufen.
     *Es mejor que lo **hagamos***   Es ist besser, dass wir es mor-
     mañana.   gen machen.
     *Es necesario que lo **hagas**.*   Es ist notwendig, dass du es tust.

Die Antwort auf die 2. Frage

Die 2. Frage muss nur dann gestellt werden, wenn die Antwort auf die 1.
Frage positiv ausfällt. Sollte auch die 2. Frage positiv beantwortet werden,
ist der Indikativ zu verwenden (3). Fällt die Antwort aber negativ aus, muss
man den ***Subjuntivo*** verwenden (4).

(3) *Te digo que ella lo **sabe**.*   Ich sage dir, dass sie es weiß.
     *Dice que María **tiene***   Er sagt, dass Maria viel Geld
     mucho dinero.   hat/habe.

(4) *Es injusto que **hayan des-***   Es ist ungerecht, dass man Car-
     ***pedido** a Carlos.*   los entlassen hat.
     Es una vergüenza que no   Es ist eine Schande, dass man
     *le **hayan pagado** la factura.*   ihm die Rechnung nicht bezahlt
     hat.
     Es extraño que esa pelí-   Es ist seltsam, dass dieser Film
     *cula **haya tenido** un gran*   einen großen Erfolg gehabt hat.
     éxito.
     *Es triste que no **tenga** tra-*   Es ist traurig, dass er keine Ar-
     bajo.   beit hat.
     *Es una lástima que no **pue-***   Es ist schade, dass sie nicht kom-
     ***dan** venir.*   men können.

Hinweis: Für alle Beispielsätze unter (4) ist die 1. Frage mit Ja zu beantworten, da der Inhalt des *que*-Satzes jeweils als Tatsache der Vergangenheit oder der Gegenwart behauptet wird. Die Beantwortung der 2. Frage
bereitet zunächst Schwierigkeiten, weil es sich bei den Beispielsätzen
unter (4) um isolierte Einzelsätze handelt. Man muss sich aber klar

machen, dass die betreffenden Sätze in einem bestimmten Kontext geäußert werden. Das heißt beispielsweise für den ersten Satz unter (4), dass die Äußerung *Es injusto que* ... erst dann gemacht wird, wenn vorher schon die Rede davon war, dass man Carlos entlassen hat.

Der Inhalt des *que*-Satzes bzw. die Mitteilung (4) von Carlos' Entlassung war also schon Thema und ist damit nicht so wichtig wie die Aussage *Es injusto que* .... Diese Tatsache hat zur Folge, dass man die 2. Frage mit Nein beantworten muss, was wiederum die Verwendung des *Subjuntivo* verlangt.

Bei der Beantwortung der 2. Frage ist zu beachten, dass ein verneinter oder als Frage formulierter Satzteil immer automatisch die wichtigere Information enthält. Damit fällt die Antwort auf die zweite Frage negativ aus und der *Subjuntivo* ist zu gebrauchen (5). Eine Ausnahme bilden in diesem Zusammenhang nur die weiter oben aufgeführten Sonderfälle von den Verben *pensar, creer, observar, olvidar, decir.*

(5)	*No creo que **venga**.*	*Ich glaube nicht, dass er kommt.*
	*¿Dices que **haya** problemas?*	*Sagst du, dass es Probleme gibt?*

6.4.2. Die Modusfolge oder die Auswahl des *Subjuntivo*

Grundwissen: Wie weiter oben (→ 6.4.) beschrieben wurde, kennt das Spanische *Subjuntivo*-Formen für vier Tempora, wobei der *Imperfecto de subjuntivo* und der *Pluscuamperfecto de subjuntivo* jeweils sogar doppelte Formen besitzt.
Die ***Subjuntivo***-Auswahl ist im Spanischen durch die **Modusfolge** *(consecutio modorum)* geregelt. Das Deutsche kann keine Hilfe bieten, da es vergleichbare Regelungen der Modusabfolge nicht kennt.

Modusfolge: Die Auswahl des *Subjuntivo* richtet sich nach zwei Kriterien:

1. Nach dem Tempus, in dem das Verb des übergeordneten Satzes steht.

2. Nach dem Zeitverhältnis, das zwischen der Handlung des übergeordneten Satzes und des Nebensatzes besteht. Zwei Zeitverhältnisse sind dabei entscheidend:

    a. Das Zeitverhältnis der **Gleichzeitigkeit**
    b. Das Zeitverhältnis der **Vorzeitigkeit**

Einteilung der Tempora in zwei Gruppen

Grundwissen: Für die Darstellung der Modusfolge ist es nötig, die spanischen Tempora in zwei Gruppen zu teilen:

Gruppe A umfasst die Tempora:
Presente
Pretérito compuesto
Futuro
Futuro perfecto
Imperativo

Gruppe B umfasst die Tempora:
Imperfecto
Pretérito indefinido
Condicional simple
Pluscuamperfecto
Condicional compuesto

Hinweis: Wenn das Verb des übergeordneten Satzes (Hauptsatzes) in einem *Subjuntivo* steht, gilt das mit dem *Subjuntivo* gekoppelte Tempus: Der *Subjuntivo Presente* und *Perfecto* gehört zur Gruppe A, der *Subjuntivo Imperfecto* und *Pluscuamperfecto* gehört zur Gruppe B.

Regel 1: Wenn das Verb des übergeordneten Satzes zur Gruppe A gehört und Gleichzeitigkeit vorliegt, wird der **Subjuntivo Presente** verwendet (1). Wenn das Verb des übergeordneten Satzes zur Gruppe B gehört und Gleichzeitigkeit vorliegt, wird der **Subjuntivo Imperfecto** verwendet (2).

(1) <u>Quiero</u> que te **den** un premio.
Ich will, dass man dir einen Preis gibt.

<u>He sugerido</u> que te **den** un premio.
Ich habe vorgeschlagen, dass man dir einen Preis gibt.

<u>Recomendaré</u> que te **den** un premio.
Ich werde empfehlen, dass man dir einen Preis gibt.

(2) <u>Quería</u> que te **dieran** un premio.
Ich wollte, dass man dir einen Preis gibt.

<u>Sugerí</u> que te **dieran** un premio.
Ich habe vorgeschlagen, dass man dir einen Preis gibt.

<u>Sugeriría</u> que te **dieran** un premio.
Ich würde vorschlagen, dass man dir einen Preis gibt.

Regel 2: Wenn das Verb des übergeordneten Satzes zur Gruppe A gehört und Vorzeitigkeit vorliegt, wird der **Subjuntivo Perfecto** verwendet (3). Wenn das Verb des übergeordneten Satzes zur Gruppe B gehört und

Vorzeitigkeit vorliegt, wird der **Subjuntivo Pluscuamperfecto** verwendet (4).

(3)	<u>Deseo</u> que **hayas aprobado** el examen.	*Ich wünsche, dass du die Prüfung bestanden hast.*
	Me <u>ha gustado</u> que **hayas aprobado** el examen.	*Es hat mich gefreut, dass du die Prüfung bestanden hast.*
	Les <u>habrá gustado</u> que **hayas aprobado** el examen.	*Es wird ihnen wohl gefallen haben, dass du die Prüfung bestanden hast.*
(4)	<u>Quería</u> que **hubieras aprobado** el examen.	*Ich möchte, dass du die Prüfung bestanden hast.*
	Me <u>gustó</u> que **hubieras aprobado** el examen.	*Es gefiel mir, dass du die Prüfung bestanden hast.*
	Me <u>gustaría</u> que **hubieras aprobado** el examen.	*Es würde mir gefallen, dass du die Prüfung bestanden hast.*
	Me <u>había gustado</u> que **hubieras aprobado** el examen.	*Es hatte mir gefallen, dass du die Prüfung bestanden hast.*

Hinweis: Wenn doppelte *Subjuntivo*-Formen vorliegen, kann immer auch die zweite Formengruppe verwendet werden (5).

(5)	<u>Querían</u> que te **diesen** un premio.	*Ich wollte, dass man dir einen Preis gibt.*
	<u>Quería</u> que **hubieses aprobado** el examen.	*Ich möchte, dass du die Prü-- fung bestanden hast.*

6.5. Das Konditional *(Condicional)*

Grundwissen: Unter Konditional versteht man – ebenso wie unter Indikativ und Konjunktiv – einen Modus des Verbs. Charakteristisch für den Modus Konditional ist, dass er ein Geschehen oder eine Handlung als bedingt kennzeichnet (z. B. *Es wäre angenehm. Ich würde fragen.*). Während das Spanische über ein komplettes Formensystem des Konditionals in zwei Tempora (= **condicional simple** und **condicional compuesto**) verfügt, fehlen dem Deutschen die speziellen Konditionalformen. Um die Bedeutungen des spanischen Konditionals ausdrücken zu können, muss das Deutsche auf die Formen des Konjunktiv Imperfekt (z. B. *ich ginge*) oder auf die so genannte *würde*-Umschreibung (z. B. *ich* *würde gehen*) zurückgreifen (1). Dem ***Condicional compuesto*** entsprechen im Deutschen die Formen des Konjunktiv Imperfekt von *sein* oder *haben* in Verbindung mit dem Partizip Perfekt (2).

(1)		
	iría	*ich ginge, ich würde gehen*
	irías	*du gingest, du würdest gehen*
	iría	*er ginge, er würde gehen*
	iríamos	*wir gingen, wir würden gehen*
	iríais	*ihr ginget, ihr würdet gehen*
	irían	*sie gingen, sie würden gehen*

(2)		
	habría ido	*ich wäre gegangen*
	habrías ido	*du wärst gegangen*
	habría ido	*er wäre gegangen*
	habríamos ido	*wir wären gegangen*
	habríais ido	*ihr wäret gegangen*
	habrían ido	*sie wären gegangen*

	habría hablado	*ich hätte gesprochen*
	habrías hablado	*du hättest gesprochen*
	habría hablado	*er hätte gesprochen*
	habríamos hablado	*wir hätten gesprochen*
	habríais hablado	*ihr hättet gesprochen*
	habrían hablado	*sie hätten gesprochen*

Hinweis: Der deutschsprachige Lerner des Spanischen hat die Schwierigkeit, klären zu müssen, ob eine bestimmte Form des deutschen Konjunktiv Imperfekt einem spanischen Konditional entspricht oder nicht. Es geht hierbei vor allem um die Konjunktiv Imperfekt-Formen der Hilfsverben *sein* und *haben* und der Modalverben *können, müssen, dürfen, sollen, mögen*.

6.5.1. Gebrauch des *Condicional simple*

Regel: Einer deutschen *würde*-Umschreibung entspricht im Spanischen immer ein *Condicional simple*, außer die Umschreibung findet sich in einem *wenn*-Satz (→ 6.6.) (1). Einer deutschen Konjunktiv Imperfekt-Form entspricht im Spanischen immer ein *Condicional simple*, wenn sich die betreffende Form im Deutschen auch mit Hilfe von *würde* + Infinitiv umschreiben lässt („*würde*-Test") (2).

(1) *Was würdest du sagen?* → *¿Qué dirías tú?*

(2) *Was tätest du? = Was würdest du tun?* → *¿Qué harías tú?*

Sonderfall: Anstelle der Konditionalform *querría* (ich möchte) verwendet man meist die Konjunktivform *quisiera* oder die Imperfektform *quería*.

Regel: Mit Hilfe des *Condicional simple* kann man eine Vermutung gegenüber einem vergangenen Geschehen zum Ausdruck bringen (3). Das Deutsche greift in diesem Fall auf verschiedene Umschreibungen zurück (→ 6.3.5.).

(3) *¿Quién **sería**?*   Wer mag es gewesen sein?
     ***Estaría** enfermo.*   Er war vielleicht krank.

     ***Tendría** entonces cuarenta*   Er dürfte damals vierzig Jahre
     años.   alt gewesen sein.
     ***Tendría** mucho dinero.*   Er dürfte viel Geld gehabt haben.

Regel: Das *Condicional simple* wird besonders in *que*-Sätzen verwendet, wenn das Verb des übergeordneten Satzes in einem Tempus der Vergangenheit steht und die Handlung des *que*-Satzes zur Handlung des Hauptsatzes nachzeitig ist (4). Man bezeichnet diesen *que*-Satz auch als „Nebensatz der indirekten Rede".

(4) *Dijo que **vendría** mañana.*   Er sagte, dass er morgen kom-
                                     men würde/werde.
     *Creía que no **llegaríamos***   Er glaubte, wir würden nicht
     a tiempo.   rechtzeitig ankommen.
     *Pensaba que no **sucedería***   Er meinte, dass nichts geschehen
     nada.   würde/werde.

Hinweis: Im spanischen Konditionalsatz (*wenn*-Satz) (→ 6.6.) darf niemals ein Konditional stehen; weder das *Condicional simple* noch das *Condicional compuesto*. Man beachte jedoch, dass in deutschen *wenn*-Sätzen die *würde*-Umschreibung manchmal unumgänglich ist (5).

(5) *Si le **viera**, se lo diría.*   Wenn ich ihn sehen würde, wür-
                                     de ich es ihm sagen.
     *Si **trabajaras**, ganarías*   Wenn du arbeiten würdest, wür-
     dinero.   dest du Geld verdienen.

Hinweis: Als Ersatz für das *Condicional simple* kann man auch die Verbalperiphrase *iba a* + Infinitiv verwenden (→ 6.12.1.1.).

6.5.2. Gebrauch des *Condicional compuesto*

Regel: Das *Condicional compuesto* ist immer dann zu verwenden, wenn im Deutschen eine Zusammensetzung aus *ich wäre* oder *ich hätte* und ein Partizip Perfekt vorliegt (1). Von dieser Regel ist jedoch der Konditionalsatz (→ 6.6.) ausgenommen (2).

(1) *Was **hättest** du **gesagt**?* → *¿Qué **habrías dicho**?*

*Ich **wäre** mit meinem neuen* → ***Habría estado** contento*
*Auto zufrieden **gewesen**.* *con mi nuevo coche.*

(2) *Wenn ich Zeit **hätte**,* → *Si **tuviera** tiempo, te*
hätte ich dich begleitet. *habría acompañado.*

*Wenn ich ein Auto **gehabt*** → *Si **hubiera tenido** un coche,*
***hätte**, wäre ich zufrieden ge-* *habría estado contento.*
wesen.

Regel: Mit Hilfe des *Condicional compuesto* kann man eine Vermutung gegenüber einem vergangenen Geschehen zum Ausdruck bringen, das zur Aussage des Ausgangssatzes (z. B. *contestó*) im Zeitverhältnis der Vorzeitigkeit steht (3). Im Deutschen entsprechen diesem verschiedene Umschreibungen.

(3) *¿Por qué no contestó al* *Warum ging er nicht ans Telefon?*
teléfono?
*– Se **habría dormido**.* *Er ist wohl eingeschlafen./Er*
muss wohl eingeschlafen sein.

Eran las once y no habían *Es war elf Uhr und sie waren*
llegado. *nicht angekommen.*

***Habrían perdido** el treno.* *Sie haben vielleicht/wohl den*
Zug versäumt.

Regel: Das *Condicional compuesto* wird in *que*-Sätzen verwendet, wenn das Verb des übergeordneten Satzes in einem Tempus der Vergangenheit steht und die Aussage des *que*-Satzes einem anderen nachzeitigen Geschehen vorausgeht (4).

(4) *Decía que cuando llegaran,* *Er sagte, dass wir (schon) ge-*
***habríamos desayunado**.* *frühstückt hätten, wenn sie an-*
kommen würden.

Regel: In Zeitungsmeldungen wird oft zur Wiedergabe von Nachrichten, deren Wahrheitsgehalt nicht überprüfbar ist, das *Condicional compuesto* verwendet (5). Im Deutschen verwendet man in diesem Fall *sollen* in Verbindung mit einem Infinitiv Perfekt.

(5)	*La oposición* **habría lanzado** *duros ataques contra el ministro.*

Die Opposition soll harte Attacken gegen den Minister geritten haben.

Regel: Für die Verben *poder* und *deber* gibt es zwei Möglichkeiten, die Formen des *Condicional compuesto* zu bilden. Neben der regulären Bildung *habría podido/debido* + Infinitiv gibt es die häufig verwendete Bildung *podría* oder *podía* bzw. *debería* oder *debía* + Infinitiv Perfekt (6).

(6) **Podría/Podía** *haber preguntado.*
Ich hätte fragen können.

Debería/Debía *haber preguntado.*
Ich hätte fragen sollen/müssen.

Debías *habérmelo dicho.*
Du hättest es mir sagen sollen/müssen.

Hinweis: In Verbindung mit einem *si*-Satz wird das *Condicional compuesto* sehr häufig durch einen Konjunktiv Plusquamperfekt (→ 6.6.) ersetzt (7).

(7) *Yo lo* **hubiera hecho** *si me lo hubieras pedido.*
(habría hecho)

Ich hätte es getan, wenn du mich darum gebeten hättest.

Übungen

1. Übersetzen Sie ins Spanische:

    a. Wie viel Geld verdient er wohl?
    b. Von wo sind sie wohl?
    c. Es dürften tausend Personen im Konzert gewesen sein.
    d. Wo werden sie wohl um diese Zeit sein?
    e. Es mochte halb neun sein.
    f. Er versprach, dass er es schnell tun würde/werde.
    g. Sie versicherten, dass sie bei Tagesanbruch zu Hause sein würden.
    h. Sie sollen Geschwister sein.
    i. Maria hatte gesagt, sie würde morgen kommen.
    j. Ich würde nach Spanien fahren, wenn ich Geld hätte.
    k. Er schien sehr müde zu sein. Er hat wohl viel gearbeitet.
    l. Die Bücher könnte ich zu Hause lesen.
    m. Du müsstest mehr lernen.
    n. Du sagtest mir, dass du kommen würdest.
    o. Es müsste fünf Uhr gewesen sein, als sie abfuhren.
    p. Wer sollte es gewesen sein?
    q. Könntest du uns ein Restaurant empfehlen?
    r. Hättest du der Polizei die Wahrheit gesagt?
    s. Wir hätten das Museum besucht, aber es wurde gerade hergerichtet.
    t. Man hätte uns verständigt.

Lösungen

1. a. ¿Cuánto dinero ganaría?
   b. ¿De dónde serían?
   c. Habría mil personas en el concierto.
   d. ¿Dónde estarían a esas horas?
   e. Serían las ocho y media.
   f. Prometí que lo haría rápidamente.
   g. Aseguraron que estarían en casa al amanecer.
   h. Serían hermanos.
   i. María había dicho que vendría mañana.
   j. Iría a España, si tuviera dinero.
   k. Parecía muy cansado. Habría trabajado mucho.
   l. Los libros los podría leer en casa.
   m. Deberías estudiar más.
   n. Me dijiste que vendrías.
   o. Habrían sido las cinco cuando salieron.
   p. ¿Quién habría sido?
   q. ¿Podrías recomendarnos un restaurante?
   r. ¿Habrías dicho la verdad a la policía?
   s. Habríamos visitado el museo, pero estaban arreglándolo.
   t. Nos habrían avisado.

6.6. Das konditionale Satzgefüge *(Oraciones condicionales)*

Grundwissen: Unter einem konditionalen Satzgefüge versteht man zusammengesetzte Sätze, die aus einem Hauptsatz und einem von der Konjunktion *si* oder einer anderen konditionalen Konjunktion (z. B. *a condición de que*) eingeleiteten Nebensatz bestehen. Im konditionalen Satzgefüge gelten besondere Regeln für die Verwendung von Tempus und Modus beim Haupt- und Nebensatzverb. Diese Regeln haben für das Spanische und Deutsche in gleicher Weise Gültigkeit, wenn das Verb des *si*-Satzes bzw. *wenn*-Satzes im Indikativ steht (1). Unterschiede gibt es, wenn das Nebensatzverb nicht im Indikativ steht (2).

(1)   *Si te **portas** bien, te compraré el coche.*   *Wenn du dich gut **beträgst**, werde ich dir das Auto kaufen.*

(2)   *Si te **portaras** bien, te compraría el coche.*   *Wenn du dich gut betragen **würdest**, würde ich dir das Auto kaufen.*

Hinweis: In beiden Sprachen ist es möglich, den *si*-Satz und Hauptsatz umzustellen (3). Im Spanischen kann aber die Konjunktion *si* nicht weggelassen werden, wenn der *si*-Satz am Anfang steht (4).

(3)   *Te compraré el coche, si te portas bien.*   *Ich werde dir das Auto kaufen, wenn du dich gut beträgst.*

      Te compraría el coche, si te portaras bien.   *Ich würde dir das Auto kaufen, wenn du dich gut betragen würdest.*

(4)   *Si tuviera tiempo, iría al cine.*   *Hätte ich Zeit, würde ich ins Kino gehen.*

6.6.1. Der *si*-Satz im Indikativ

Regel: Wenn der *si*-Satz im Indikativ steht, kann das Verb des Hauptsatzes in allen Tempora des Indikativs, im Imperativ oder im *Condicional simple* stehen (5). Diese Regelung gilt auch für das Deutsche.

(5)   *Si él lo **dice**, es verdad.*   *Wenn er es **sagt**, ist es wahr.*
      *Si **llega** pronto, iremos al cine.*   *Wenn er bald **ankommt**, werden wir ins Kino gehen.*

Hinweis: Im spanischen *si*-Satz darf weder ein *Futuro* noch ein *Futuro perfecto* stehen, was beispielsweise für den deutschen *wenn*-Satz nicht ganz ausgeschlossen ist (6). Das *Futuro* nach *si* ist jedoch möglich, wenn *si* ob bedeutet (7).

(6) *Si **vienes** a verme, ...* <u>Wenn</u> du mich **besuchen wirst**, ...
     *Si mañana **hace** buen*   <u>Wenn</u> morgen schönes Wetter
     tiempo, ...   **sein wird**, ...

(7) *Todavía no sé <u>si</u> **iré**.* Ich weiß noch nicht, <u>ob</u> ich hin-
                                 gehen werde.

6.6.2. Der *si*-Satz im *Subjuntivo*

Regel: Bei Vorliegen eines so genannten „irrealen Sachverhaltes" verwendet man im spanischen *si*-Satz entweder den Konjunktiv Imperfekt *(Imperfecto de subjuntivo)* oder den Konjunktiv Plusquamperfekt *(Pluscuamperfecto de subjuntivo)* (8). Im Hauptsatz verwendet man entsprechend das *Condicional simple* oder *compuesto*.

(8) *Si **tuviera** tiempo, **iría***   Wenn ich Zeit hätte, würde ich
     al cine.   ins Kino gehen.

     *Si **hubiera tenido** tiempo,*   Wenn ich Zeit gehabt hätte,
     ***habría ido** al cine.*   wäre ich ins Kino gegangen.

Hinweis: Der Konjunktiv Imperfekt des *si*-Satzes kann auch mit einem *Condicional compuesto* im Hauptsatz verbunden sein (9). Ebenso der Konjunktiv Plusquamperfekt des *si*-Satzes mit einem *Condicional simple* im Hauptsatz (10).

(9) *Si **tuviera** una bicicleta, te*   Wenn ich ein Fahrrad hätte,
     *la **habría prestado**.*   hätte ich es dir geliehen.

(10) *Si **hubiera leído** el libro,*   Wenn ich das Buch gelesen
     *te lo **prestaría**.*   hätte, würde ich es dir leihen.

Sonderfälle: Für den Konjunktiv Imperfekt oder Plusquamperfekt stehen jeweils **doppelte Formen** zur Verfügung: Formen auf *-ra* und auf *-se* (11).

(11) *Si **tuviera/tuviese** tiempo ...*   Wenn ich Zeit hätte ...
     *Si **hubiera/hubiese tenido***   Wenn ich Zeit gehabt hätte ...
     tiempo ...

6.6.2.1. Der irreale *si*-Satz im Indikativ

Regel: In der gesprochenen Sprache wird der Konjunktiv Imperfekt oder Plusquamperfekt im *si*-Satz häufig durch den Indikativ Imperfekt (→ 6.3.2.2.1.) oder Plusquamperfekt ersetzt (→ 6.3.3.1.) (1). Dieselbe Ersetzung kann man auch mit dem *Condicional simple* oder *compuesto* (→ 6.3.2.2.1.) vornehmen.

(1)   *Si **tenía** tiempo después*   *Wenn ich nach der Arbeit Zeit*
     *del trabajo, **leía** libros.*   *hätte, würde ich Bücher lesen.*

     *Si yo lo **sabía**, te lo **decía**.*   *Wenn ich es wüsste, würde ich*
                           es dir sagen.

     *Si **habían contestado** todas*   *Wenn sie alle Fragen beant-*
     *las preguntas, **habían apro-***   *wortet hätten, hätten sie die*
     ***bado** el examen.*   *Prüfung bestanden.*

Hinweis: Beide Konditionale können auch im Hauptsatz durch den Konjunktiv Imperfekt oder Plusquamperfekt ersetzt werden. Für diese Ersetzung eignen sich aber nur die Konjunktivformen auf *-ra* (2). Für die Infinitivkonstruktion <u>de haberlo sabido</u> als Ersatz für den *si*-Satz (→ 6.6.3.).

(2)   *Si hubieran llegado a tiem-*   *Wenn sie rechtzeitig angekom-*
     *po, **hubieran evitado** el in-*   *men wären, hätten sie den Brand*
     cendio.   *verhindert.*

     De haberlo sabido, no   *Wenn ich es gewusst hätte, wäre*
     ***hubiera venido**.*   *ich nicht gekommen.*
     (hubiera = habría)

6.6.3. Konditionale Satzgefüge ohne *si*-Satz

Grundwissen: Der *si*-Satz ist im Spanischen zweifelsohne das wichtigste sprachliche Mittel zum Ausdruck einer Bedingung. Neben *si* gibt es aber im Spanischen zahlreiche andere Konjunktionen, die *si* im konditionalen Satzgefüge ersetzen können. Die meisten dieser Konjunktionen verlangen allerdings immer den *Subjuntivo* (→ 6.4.1.2.1.) (1). Bestimmte Infinitivkonstruktionen (→ 6.9.5.4.) können ebenfalls eine Alternative zum *si*-Satz bilden (2). Schließlich kann man auch mit Hilfe des Gerundium (→ 6.10.4.1.) und des Partizip Perfekt (→ 6.11.2.) Bedingungen zum Ausdruck bringen (3).

(1)   *No me puedo ir de vaca-*   *Ich kann nicht in die Ferien*
       ciones, <u>a menos que</u> me   *fahren, wenn man mir nicht*
       den *una paga extra.*   *ein Extragehalt zahlt.*

       *<u>En caso de que</u> **llueva***   *Wenn es heute Nachmittag reg-*
       esta tarde, no salgo.   *net, gehe ich nicht aus.*

       *<u>Con que</u> **hagas** un poco*   *Wenn du ein wenig Sport be-*
       de deporte te sentirás   *treibst, wirst du dich besser*
       mejor.   *fühlen.*

(2)   **De haber querido** *ir al*   *Wenn ich ins Kino hätte gehen*
       cine, te lo habría dicho.   *wollen, hätte ich es dir gesagt.*
       De haberlo sabido, *no*   *Wenn ich es gewusst hätte, wäre*
       habría venido.   *ich nicht gekommen.*

       Con hacer *un poco de*   *Wenn du ein wenig Sport be-*
       deporte es suficiente   *treibst, genügt es, um in Form*
       para estar en forma.   *zu sein.*

(3)   **Teniendo trabajo**, *está*   *Wenn er Arbeit hat, ist er zu-*
       contento.   *frieden.*

       Una vez dado ese paso,   *Wenn dieser Schritt erst ein-*
       todo resultaría mucho   *mal getan worden wäre, würde*
       más fácil.   *sich alles als viel leichter erwei-*
                               sen.

Übungen

1. Setzen Sie im *si*-Satz die Verbform ein, die zum Verb des Hauptsatzes
   passt:

     a. Si ella (pensar) ... en mí, es porque me quiere.
     b. Si (tú, mandarme) ... tu tarjeta, yo te enviaré la mía.
     c. ¿Qué harías si (tú, tener) ... mucho dinero?

2. Setzen Sie das konditionale Satzgefüge in die Vergangenheit, indem
   Sie die Verbformen im *si*-Satz und Hauptsatz ändern:

     a. Si mi pidiera ayuda, se la daría.
     b. Si tuviera mucho dinero, me compraría una casa en el campo.
     c. Si cantara mejor, podría ser artista.

3. Übersetzen Sie ins Spanische und verwenden Sie dabei die in Klammer angegebene Konstruktion:

a. Wenn du mir erlaubst, deine Aufzeichnungen zu kopieren, werde ich dir dafür die Bücher leihen, die der Lehrer empfohlen hat. [a cambio de que]

b. Sie überließen ihm ihr Haus zum Wohnen, wenn er dafür die Stromkosten bezahlte. [a cambio de que]

c. Ich werde dir mein Auto überlassen, vorausgesetzt dass du nicht sehr schnell fährst. [siempre que]

d. Heute Abend gehen wir tanzen, vorausgesetzt dass du nicht müde bist. [a no ser que]

e. Wenn du auch noch so wenig arbeitest, wirst du ein ordentliches Gehalt zum Leben bekommen. [a poco que]

f. Falls wir ins Kino gehen, werden wir dich benachrichtigen. [en caso de que]

g. Wenn er mich anruft, sage ihm, dass ich nicht da bin. [en el caso de que]

h. Du wirst gut aufgenommen werden, wann immer du zu uns nach Hause kommst. [siempre que]

i. Wir werden dich ins Kino mitnehmen, wenn du mit dem Lernen fertig bist. [siempre que]

j. Ich werde Überstunden machen, vorausgesetzt dass man sie mir zahlt. [siempre y cuando]

k. Vorausgesetzt dass du zu deinen Freunden ein wenig netter bist, wirst du dich (gleich) besser fühlen. [sólo con que]

l. Wenn sie rechtzeitig angekommen wären, hätten sie den Brand vermieden. [de + Infinitiv Perfekt]

m. Wenn ich ein Haus kaufe, wird es auf dem Land sein. [de + Infinitiv Präsens]

n. Wenn ich es gewußt hätte, hätte ich sein Arbeitsangebot akzeptiert. [de + Infinitiv Perfekt]

o. Wenn ich dort gewesen wäre, hätte ich dem Kongress beigewohnt. [de + Infinitiv Perfekt]

p. Wenn du auf meine Ratschläge gehört hättest, hättest du nicht diese Probleme gehabt. [de + Infinitiv Perfekt]

q. Das Auto ist ein sehr teurer Luxus, wenn man von denen absieht, die es zur Arbeit (um zu arbeiten) brauchen. [Gerundio]

r. Wenn du dieses Buch liest, wirst du sehr interessante Dinge lernen. [Gerundio]

s. Wenn er auf Reisen geht, steht Paco früh auf. [Gerundio]

t. Nur wenn du dich gut vorbereitest, könntest du einen Preis erhalten. [sólo + Gerundio]

u. Wenn du genug Geld hast, kannst du dieses Auto kaufen.
   [Gerundio]

Lösungen

1. a. piensa   b. me mandas   c. tuvieras

2. a. Si me hubiera pedido ayuda, se la habría (hubiera) dado.
   b. Si hubiera tenido mucho dinero, me habría (hubiera) comprado una
      casa en el campo.
   c. Si hubiera cantado mejor, habría (hubiera) podido ser artista.

3. a. A cambio de que me permitas fotocopiar tus apuntes, te prestaré
      los libros que ha recomendado el profesor.
   b. Le dejaron su casa para vivir a cambio de que pagara los gastos
      de luz.
   c. Te dejaré mi coche siempre que no vayas a mucha velocidad.
   d. Esta noche nos vamos a bailar, a no ser que estés cansado.
   e. A poco que trabajes, tendrás un sueldo decente para vivir.
   f. En caso de que vayamos al cine, te avisaremos.
   g. En el caso de que me llame por teléfono, dile que no estoy.
   h. Serás bien recibido siempre que vengas a nuestra casa.
   i. Te llevaremos con nosotros al cine siempre que hayas terminado
      de estudiar.
   j. Trabajaré horas extraordinarias siempre y cuando me las paguen.
   k. Sólo con que seas un poco más amable con tus amigos, te sen-
      tirás mejor.
   l. De haber llegado a tiempo, hubieran evitado el incendio.
   m. De comprar una casa, será en el campo.
   n. De haberlo sabido, habría aceptado su oferta de trabajo.
   o. De haber estado allí, habría asistido al congreso.
   p. De haber escuchado mis consejos, no habrías tenido esos pro-
      blemas.
   q. El coche, exceptuando los que lo necesitan para trabajar, es un
      lujo muy caro.
   r. Leyendo este libro, aprenderás cosas muy interesantes.
   s. Saliendo de viaje, Paco se levanta temprano.
   t. Sólo preparándote bien, podrías obtener un premio.
   u. Teniendo bastante dinero, puedes comprar este coche.

6.7. Der Imperativ *(Imperativo)*

Grundwissen: Die Imperativformen des Spanischen und Deutschen lassen sich in drei Formengruppen einteilen. Die erste Gruppe umfasst die eigentlichen Imperative der 2. Person (Singular: *tú*; Plural: *vosotros,-as*) (1). Zur zweiten Gruppe gehören die so genannten „höflichen" Imperative der 3. Person (Singular: *usted*; Plural: *ustedes*), für die es im Deutschen nur eine einzige Entsprechung in der Form der 3. Person Plural gibt (2). Die dritte Gruppe bildet die Imperativform der 1. Person Plural (nosotros,-as) (3). Hinsichtlich des Gebrauchs der Imperativformen besteht grundsätzlich kein Unterschied zwischen dem Spanischen und Deutschen. Einen Unterschied gibt es jedoch bei der Zeichensetzung. Das Spanische beginnt den Imperativsatz mit einem „verkehrten" Ausrufezeichen „¡".

(1)   *¡Habla!*   *Sprich!*   *¡Hablad!*   *Sprecht!*

(2)   *¡Hable!*   *Sprechen Sie!*   *¡Hablen!*   *Sprechen Sie!*

(3)   *¡Hablemos!*   *Sprechen wir!*

Hinweis: Die Subjektpronomina werden beim Imperativ normalerweise nicht verwendet, obwohl sie der Klarheit wegen hinzugefügt werden können (z. B. *¡Toma tú!*). Nur die Formen *usted* und *ustedes* setzt man öfter zu den Imperativformen.

Regel: Für die Imperativformen der 2. Person gibt es im Spanischen eigene Formen. Der Imperativ der 2. Person Singular lautet immer – von wenigen Ausnahmen abgesehen – wie die 3. Person Singular Präsens (4). Der Imperativ der 2. Person Plural, der im Spanischen im Gegensatz zum Deutschen eine spezielle Form hat, lautet je nach Konjugationszugehörigkeit auf - *ad*, - *ed* oder - *id* (5). Diese Formen erhält man, indem man das auslautende -*r* des Infinitivs durch -*d* ersetzt (z. B. *hablar (hablad)*, *comer (comed)*, *escribir (escribid)*.

(4)   *¡Toma!*   *Nimm!*   *¡Baila!*   *Tanze!*
        ¡Come!   *Iss!*   *¡Agradece!*   *Danke!*
        ¡Duerme!   *Schlaf!*   *¡Repite!*   *Wiederhole!*

(5)   *¡Tomad!*   *Nehmt!*   *¡Bailad!*   *Tanzt!*
        ¡Comed!   *Esst!*   *¡Agradeced!*   *Dankt!*
        ¡Dormid!   *Schlaft!*   *¡Repetid!*   *Wiederholt!*

Sonderfälle: Folgende Verben bilden den Imperativ der 2. Person Singular unregelmäßig:

1. *decir* (sagen): *¡Di! Sag!* 2. *hacer* (machen): *¡Haz! Mach!*

3. *ir* (gehen): *¡Ve! Geh!* 4. *poner* (stellen): *¡Pon! Stelle!*

5. *salir* (ausgehen): *¡Sal! Geh' aus!* 6. *ser* (sein): *¡Sé! Sei!*

7. *tener* (haben): *¡Ten! Habe!* 8. *venir* (kommen): *¡Ven! Komm!*

Regel: Die höflichen Imperativformen der 3. Person Singular bzw. Plural bildet man mit Hilfe der Formen des *Subjuntivo Präsente* (6).

(6) *¡Hable!* *Sprechen Sie!* *¡Hablen!* *Sprechen Sie!*
   ¡Coma! *Essen Sie!* *¡Coman!* *Essen Sie!*
   ¡Escriba! *Schreiben Sie!* *¡Escriban!* *Schreiben Sie!*

Regel: Die Imperativform der 1. Person Plural wird ebenfalls mit Hilfe des *Subjuntivo Präsente* gebildet (7). Im Spanischen fällt das Personalpronomen *nosotros wir* in der Regel weg.

(7) *¡Hablemos!* *Sprechen wir!*
   ¡Comamos! *Essen wir!*
   ¡Escribamos! *Schreiben wir!*

Hinweis: Der Imperativ der 1. Person Plural wird häufig durch die Verbindung *vamos + a +* Infinitiv ersetzt (8). Die Form *vamos* selbst ist unregelmäßig gebildet, denn die *Subjuntivo-Form* lautet *vayamos*.

(8) *¡Vamos a comprar un* *Kaufen wir ein Auto!*
   coche!
   statt: *¡Compremos ...!*

   ¡No nos vamos a enfadar! *Ärgern wir uns nicht!*
   statt: *¡No nos enfademos!*

6.7.1. Anordnung der Pronomina beim Imperativ

Regel: Die unbetonten Formen des Personal- und Reflexivpronomens (→ 5.5.2.) werden im Spanischen den Imperativformen angehängt (1). Diese Regelung gilt auch für Abfolgen von Pronomina (2). Die Anordnung wird jedoch geändert, wenn der Imperativ verneint ist (→ 6.7.2.). Durch die

Anhängung des Pronomens wird es bei den auf der vorletzten Silbe betonten Imperativformen notwendig, die Betonung durch einen Akzent zu markieren. Die einsilbigen Imperativformen (z. B. *di, haz, pon*) erhalten erst einen Akzent, wenn zwei Pronomina angehängt sind.

(1)	*¡Escríbeme!*	Schreib mir!	*¡Escribidme!*	Schreibt mir!
	¡Tómalo!	Nimm es!	*¡Tomadlo!*	Nehmt es!
	¡Dilo!	Sag es!	*¡Decidlo!*	Sagt es!
	¡Siéntese!	Setzen Sie sich!	*¡Siéntense!*	Setzen Sie sich!
	¡Hagámoslo!	Tun wir es!	*¡Comámoslo!*	Essen wir es!
(2)	*¡Tómatelo!*	Nimm es dir!	*¡Escribíd-noslo!*	Schreibt es uns!
	¡Hacédmelo!	Macht es mir!	*¡Dímelo!*	Sag es mir!
	¡Dígamelo!	Sagen Sie es mir!	*¡Escríban-selo!*	Schreiben Sie es ihm!

Hinweis: Bei den Imperativformen der 2. Person Plural fällt das auslautende *-d* weg, wenn das Pronomen *os* folgt (3), bei den Imperativformen der 1. Person Plural das auslautende *-s*, wenn das Pronomen *nos* folgt (4).

(3)	*¡Sentaos!*	Setzt euch!	*¡Lavaos!*	Wascht euch!
	¡Atreveos!	Wagt es!		
	¡Dirigíos ...!	Wendet euch!	*¡Ponéoslo!*	Zieht ihn an!
(4)	*¡Despidá-monos!*	Verabschieden wir uns!	*¡Levanté-monos!*	Stehen wir auf!
	¡Sentémonos!	Setzen wir uns!		
	¡Vámonos!	Gehen wir weg!		

Sonderfälle: Bei der Imperativform *id* (*ir* (gehen)) fällt das auslautende *-d* nicht weg, wenn *os* folgt (5).

(5)   *¡Idos!* Geht weg! (= Imperativ von *irse* (weggehen))

6.7.2. Bejahter vs. verneinter Imperativ

Grundwissen: Die Tatsache, ob der Imperativ bejaht oder verneint ist, spielt im Spanischen im Gegensatz zum Deutschen eine wichtige Rolle. Die Verneinung des Imperativs hat Konsequenzen für die Bildung der Imperativform (1) und für die Anordnung der unbetonten Formen des

Personal- und Reflexivpronomens (→ 5.5.2.) (2). Im Fall der **Verneinung** werden alle Imperativformen mit Hilfe des *Subjuntivo* gebildet. Das Personal- und Reflexivpronomen wird <u>vor</u> der *Subjuntivo*-Form angeordnet.

(1) *¡No hables!*   *Sprich nicht!*   *¡No habléis!*   *Sprecht nicht!*

   ¡No comas!   *Iss nicht!*   *¡No comáis!*   *Esst nicht!*

(2) *¡No lo hagas!*   *Tu es nicht!*   *¡No lo hagáis!*   *Tut es nicht!*

   ¡No me lo digas!   *Sag es mir nicht!*   *¡No os vayáis!*   *Geht nicht weg!*

   ¡No os atreváis!   *Wagt es nicht!*   *¡No nos vayamos!*   *Gehen wir nicht weg!*

6.7.3. Ersatzformen des Imperativs

Regel: In gesprochener Sprache gebraucht man oft den Infinitiv anstelle eines Imperativs (1). Ebenso gibt es auch die Möglichkeit, den Imperativ etwas abzuschwächen, indem man *que + Presente de subjuntivo* verwendet (2).

(1) *Niños, ¡abrir los libros en la página veinte!*   Kinder, schlagt die Bücher auf Seite 20 auf!

(2) *¡Cállate, he dicho! **Que te calles**.*   Schweig! habe ich gesagt. Du sollst schweigen!

Übungen

1. Machen Sie die verneinten Imperative zu bejahten [Die Ausrufezeichen sind in den Übungen weggelassen]:

    a. No los invites.
    b. No las busques.
    c. No lo hagas.
    d. No te pongas las botas.
    e. No te preocupes.

2. Verwandeln Sie den Fragesatz in einen bejahten Befehlssatz:

    a. ¿Por qué no nos sentamos?
    b. ¿Por qué no nos vamos?
    c. ¿Por qué no nos presentamos?
    d. ¿Por qué no dice la verdad?
    e. ¿Por qué no hace el trabajo?

3. Verwandeln Sie die bejahten Imperative in verneinte:

    a. Dilo.
    b. Cómpralos.
    c. Proponedlo.
    d. Saludadlos.
    e. Créelo.

4. Übersetzen Sie ins Spanische:

    a. Sage es mir! Sage es mir nicht!
    b. Schenke es uns! (la casa). Schenke es uns nicht!
    c. Höre mich an! Höre mich nicht an!
    d. Lade sie ein! (los chicos) Lade sie nicht ein!
    e. Tu es! Tu es nicht!
    f. Sage ihm alles, höre nicht auf, es ihm zu sagen!
    g. Mach dir keine Sorgen!
    h. Weine nicht, Maria!
    i. Schreiben Sie es ihm!
    j. Sagen Sie es mir!
    k. Setz dich, Juan!
    l. Bittet um Anweisungen! Bittet nicht um Anweisungen!
    m. Steigt in den Autobus ein! Steigt nicht in den Autobus ein!
    n. Komm morgen! Komm morgen nicht!

o. Sprecht nicht!
p. Gehen wir weg! Geht weg!
q. Macht es mir!
r. Geht nicht weg!
s. Kaufen wir ein Auto!
t. Glaube es! Glaube es nicht!

Lösungen

1. a. Invítalos.   b. Búscalas.   c. Hazlo.   d. Ponte las botas.
   e. Preocúpate.

2. a. Sentémonos.   b. Vámonos.   c. Presentémonos.
   d. Diga la verdad.   e. Haga el trabajo.

3. a. No lo digas.   b. No los compres.   c. No lo propongáis.
   d. No los saludéis.   e. No lo creas.

4. a. ¡Dímelo! ¡No me lo digas!
   b. ¡Regálanosla! ¡No nos la regales!
   c. ¡Escuchame! ¡No me escuches!
   d. ¡Invítalos! ¡No los invites!
   e. ¡Hazlo! ¡No lo hagas!
   f. ¡Dile todo, no dejes de decírselo!
   g. ¡No te preocupes!
   h. ¡No llores, María!
   i. ¡Escríbanselo!
   j. ¡Dígamelo!
   k. ¡Siéntate, Juan!
   l. ¡Pedid instrucciones! ¡No pidáis instrucciones!
   m. ¡Subid al autobus! ¡No subáis al autobus!
   n. ¡Ven mañana! ¡No vengas mañana!
   o. ¡No habléis!
   p. ¡Vámonos! ¡Idos!
   q. ¡Hacédmelo!
   r. ¡No os vayáis!
   s. ¡Compremos un coche!/¡Vamos a comprar un coche!
   t. ¡Créelo! ¡No lo creas!

6.8. Das Passiv *(La voz pasiva)*

Grundwissen: Im Gegensatz zum Deutschen wird das Passiv im Spanischen viel seltener gebraucht. Das Passiv findet sich fast ausschließlich in der geschriebenen Sprache. Außerdem hat das Spanische die Möglichkeit, durch die Verwendung von Ersatzformen das Passiv zu vermeiden (1). Eine Möglichkeit, die dem Deutschen fehlt.

(1)   **Deutscher Ausgangssatz:**

*Das Haus **wurde** vergangenen Monat **verkauft**.*

Bei der Wiedergabe dieses deutschen Passivsatzes greift das Spanische zunächst zu einer reflexiven Konstruktion, die das Deutsche nicht kennt. In der Spanischen Grammatik bezeichnet man diese Konstruktion oft als **reflexives Passiv** (→ 6.8.2.2.).

***Se vendió** la casa el mes pasado.*
(wörtlich: *Das Haus verkaufte sich ...*)

Das Deutsche hat hier zwar auch die Möglichkeit, das Passiv zu vermeiden, indem es das unbestimmte Subjekt *man* verwendet, aber für das Deutsche ist das Passiv im Gegensatz zum Spanischen kein „sprachliches Übel" (2). Das heißt, gegenüber dem Passiv besteht keine grundsätzliche Aversion, wie sie beispielsweise im Spanischen und in anderen Sprachen anzutreffen ist.

(2)   ***Man** hat das Haus vergangenen Monat verkauft.*

6.8.1. Die Bildung des Passivs

Regel: Das Passiv bildet man mit Hilfe der Formen des Hilfsverbs *ser* + Partizip Perfekt:

***ser* + Partizip Perfekt:**

fue vendido	*er wurde verkauft*	*(perro)*
fue vendida	*sie wurde verkauft*	*(gata)*
fueron vendidos	*sie wurden verkauft*	*(libros)*
fueron vendidas	*sie wurden verkauft*	*(casas)*

Übersicht zu den Passivformen

(Es wird jeweils nur die 3. Person Singular maskulin aufgeführt)

Tempora:

es vendido	*er wird verkauft*
era vendido	*er wurde verkauft*
fue vendido	*er wurde verkauft*
será vendido	*er wird verkauft werden*
ha sido vendido	*er ist verkauft worden*
había sido vendido	*er war verkauft worden*
hube sido vendido	*er war verkauft worden*
habrá sido vendido	*er wird verkauft worden sein*

Modi:

que	*sea vendido*	*dass*	*er verkauft wird*
	fuese vendido		*er verkauft wurde*
	fuera vendido		*er verkauft wurde*
que	*haya sido vendido*	*dass*	*er verkauft worden ist*
	hubiese sido vendido		*er verkauft worden war*
	hubiera sido vendido		*er verkauft worden war*
	sería vendido		*er würde verkauft werden*
	habría sido vendido		*er wäre verkauft worden*

Infinitiv:

ser vendido	*verkauft (zu) werden*
haber sido vendido	*verkauft worden (zu) sein*

Hinweis: Die Form des Partizip Perfekt muss immer in Geschlecht und Zahl mit dem Subjekt des Passivsatzes übereingestimmt werden. Das in den zusammengesetzten Passivformen vorkommende *sido* bleibt jedoch **unverändert** (3).

(3) *Todas las casas han **sido vendidas**.*   *Alle Häuser sind verkauft worden.*

6.8.2. Der Passivsatz

Grundwissen: Von den weiter oben beschriebenen Einschränkungen des Passivgebrauches abgesehen, finden sich Passivsätze vor allem im geschriebenen Spanisch. Die Passivformen stehen dabei meistens in einem Tempus der Vergangenheit (1).

(1)   *Esta ciudad **fue conquis-***   *Diese Stadt wurde 1521 erobert.*
      ***tada** en 1521.*

Hinweis: Die die passivische Handlung ausführende Person (= Agens) wird mit Hilfe der Präposition *por* angeschlossen (2). Im Deutschen entspricht die Präposition *von* und *durch*. Gleiches gilt z. B. für ein Naturereignis, durch das ein passivischer Vorgang ausgelöst wird (3).

(2)   *La casa **fue proyectada***   *Das wurde von einem großen*
      ***por** un gran arquitecto.*   *Architekten entworfen.*

(3)   *La ciudad de San Fran-*   *Die Stadt San Francisco wurde*
      *cisco **fue** prácticamente*   *durch ein großes Erdbeben prak-*
      ***destruida por** un gran*   *tisch zerstört.*
      terremoto.

6.8.2.1. Die Unterscheidung Vorgangspassiv – Zustandspassiv

Grundwissen: Beim spanischen Passiv kann man ebenso wie beim deutschen Passiv zwischen einem **passivischen Vorgang** (Vorgangspassiv) und einem **passivischen Zustand** (Zustandspassiv) unterscheiden.
Im Spanischen benutzt man zum Ausdruck des Vorgangspassivs das „normale" Passiv, das heißt, die Verbindung *ser* + Partizip Perfekt (1). Im Deutschen gebraucht man in diesem Fall die Verbindung *werden* + Partizip Perfekt.
Zum Ausdruck des Zustandspassivs verwendet das Spanische die Verbindung *estar* + Partizip Perfekt, das Deutsche die Verbindung *sein* + Partizip Perfekt (2).

(1)   *La casa **es vendida**.*   *Das Haus **wird verkauft**.*

(2)   *La casa **está vendida**.*   *Das Haus **ist verkauft**.*

Hinweis: Das mit *ser* gebildete Vorgangspassiv verwendet man im Präsens und Imperfekt in der Regel nur dann, wenn es um wiederholte Handlungen geht (3).

(3) *En nuestra oficina, las*   *In unserem Büro werden die*
     *cartas **son escritas** por*   *Briefe vom Chef geschrieben.*
     el jefe.

     *Antes, las cartas **eran***   *Früher wurden die Briefe immer*
     ***escritas** por el señor*   *von Herrn Olarieta geschrieben.*
     Olarieta.

Weitere Beispiele zum Zustandspassiv (4)

(4) *Todas las cartas **están***   *Alle Briefe sind geschrieben.*
     ***escritas**.*
     *Todas las cartas **estaban***   *Alle Briefe waren geschrieben.*
     ***escritas**.*
     *La gente **estaba impre-***   *Die Leute waren vom Panorama*
     ***sionada** por el panorama.*   *beeindruckt.*

Hinweis: Das Spanische besitzt auch die Möglichkeit, ein Zustandspassiv zu bilden, das aus einem bereits abgelaufenen Vorgang resultiert
(5). Es benutzt dabei eine Verbalperiphrase (= *quedar*) mit Partizip Perfekt
(→ 6.12.3.1.2.). In diesem Fall ist im Deutschen keine adäquate
Wiedergabe möglich.

(5) *La gente **quedó impre-***   *Die Leute **waren** vom Panorama*
     ***sionada** por el panorama.*   ***beeindruckt**.*

6.8.2.2. Ersatzformen für den Passivsatz

Regel: Dem Spanischen stehen zwei Ersatzformen für den Passivsatz zur
Verfügung:

● Das **reflexive Passiv**
● Die Verwendung der **3. Person Plural** der Verbform

6.8.2.2.1. Das reflexive Passiv

Regel: Beim reflexiven Passiv handelt es sich um eine Umwandlung der
Passivform in eine reflexive Konstruktion (1). Das Deutsche kann diese
Umwandlung nicht mitmachen, es kann höchstens auf das unbestimmte
Subjekt *man* ausweichen. Da man aber das unbestimmte Subjekt nicht in
jedem Text an beliebiger Stelle gebrauchen kann, bleibt dem Deutschen
in diesem Fall nur die passivische Lösung.

Im gesprochenen Spanisch ersetzt man das mit *ser* gebildete Passiv in der Regel durch das reflexive Passiv, wenn das Subjekt eine Sache ist und wenn kein *agente humano* (persönlicher Agens) vorliegt.

(1) *Los pisos **fueron vendidos** en el otoño.*
Die Wohnungen **wurden** im Herbst **verkauft**.

***Se vendieron los pisos** en el otoño.*
(„Die Wohnungen verkauften sich im Herbst")
Die Wohnungen **wurden** im Herbst **verkauft**.

Hinweis: In Sätzen mit reflexivem Passiv folgt das Subjekt, wenn es ohne Artikel oder mit bestimmtem Artikel steht, in der Regel der reflexiven Konstruktion (2).

(2) *Se sirve la cena a las diez.*
Das Abendessen wird um zehn Uhr serviert.

Se ha enviado la carta por correo aéreo.
Der Brief wurde mit Luftpost geschickt.

Se alquila habitación.
Zimmer wird vermietet.

Hinweis: Beim reflexiven Passiv muss das Verb in der Regel der Zahl nach mit dem Subjekt übereingestimmt werden (3). Wenn das Subjekt aber eine Sache ist, belässt man das Verb im Singular (4). Wenn ein unbestimmtes Subjekt im Sinne von deutsch *es* vorliegt, gebraucht man im Spanischen meist die 3. Person Singular der reflexiven Konstruktion (5).

(3) *Se alquilan habitaciones.*
Zimmer werden vermietet.

Estos zapatos se fabrican en Italia.
Diese Schuhe werden in Italien hergestellt.

(4) *Se vende joyas.*
Man verkauft Schmuck/Verkauf von Schmuck.

Se arregla trajes.
Man bessert Anzüge aus/Wir bessern Ihren Anzug aus.

(5) *Se trabaja poco en verano.*
Im Sommer wird wenig gearbeitet.

Se notaba que eran extranjeros.
Man bemerkte, dass sie Ausländer sind.

6.8.2.2.2. Die 3. Person Plural als Passiversatz

Regel: Wenn niemand genannt wird, der die passivische Handlung ausführt, kann man die 3. Person Plural des Verbs verwenden. Das Subjekt des Passivsatzes wird dabei zum Objekt gemacht (1).

(1)　　**Deutscher Ausgangssatz:**

Du bist betrogen worden.　wird umgewandelt zu:

Sie haben dich betrogen. = *span.: Te han engañado.*

Übersicht zu den Passiv-Ersatzformen

Für den deutschen Ausgangssatz:
Diese Schuhe werden in Italien hergestellt.

gibt es im Spanischen drei Entsprechungen:

● Das normale Passiv oder auch *ser*-Passiv genannt　(1)

● Das reflexive Passiv　(2)

● Die 3. Person Plural　(3)

Beispiele

(1)　　*Estos zapatos **son fabricados** en Italia.*

(2)　　*Estos zapatos **se fabrican** en Italia.*

(3)　　*Estos zapatos los **fabrican** en Italia.*

6.9. Der Infinitiv *(Infinitivo)*

Grundwissen: Die infinite Verbform Infinitiv kennen das Spanische und das Deutsche in gleicher Weise. Große Unterschiede bestehen allerdings bezüglich der grammatischen Rolle des Infinitivs. Während der Infinitiv im Deutschen insgesamt keine herausragende Rolle spielt, gehört der spanische Infinitiv mit seinen vielen Verwendungen zu den zentralen Phänomenen der spanischen Grammatik.

6.9.1. Der Infinitiv als Nomen

Grundwissen: Den spanischen Infinitiv kann man als Nomen in Subjekt- und Objektfunktion verwenden (1). Der Infinitiv kann – wie das Verb, zu dem er eigentlich gehört – Ergänzungen zu sich nehmen. Er kann schließlich wie ein Nomen von einem Artikel und von verschiedenen adjektivischen Formen begleitet sein. Auch Präpositionen können dem Infinitiv vorausgehen (2).

(1) *Es fundamental **aprender** estas normas.*
*Queremos **comer** todo.*

Es ist wesentlich, diese Regeln zu lernen.
Wir wollen alles essen.

Hinweis: Manche Infinitive sind zu Nomina geworden: z. B. *el poder* (die Macht), *el saber* (das Wissen), *los deberes* (die Pflichten/Schulaufgaben), *el haber* (das Guthaben), *los haberes* (das Vermögen), *el quehacer* (die Arbeit).

(2) ***El respirar** aire puro, **el poder** andar entre los árboles es lo que más me gusta del campo.*

Saubere Luft zu atmen, zwischen den Bäumen herumgehen zu können, das ist es, was mir vom Land am besten gefällt.

*Debes elegir **entre ir** a la montaña y **quedarte** con tus abuelos.*

Du musst auswählen zwischen dem Ausflug in die Berge und dem Aufenthalt bei deinen Großeltern.

***Al saludar** a don Bartolomé, hizo así como una inclinación.*

Als sie Don Bartolomé begrüßte, machte sie so etwas wie eine Verbeugung.

***el lamentarse continuo** de tanto llorar*

das andauernde Jammern vom vielen Weinen

Hinweis: In Gegensatz zum deutschen substantivierten Infinitiv behält der spanische Infinitiv als Nomen die verbale Eigenschaft der Rektion: Wenn der Infinitiv als Verbalform z. B. einen Akkusativ regiert, so regiert er diesen auch als Nomen. Im Deutschen hingegen hat der Infinitiv als Nomen eine genitivische Ergänzung (3).

(3) *Quería **reparar** <u>la lavadora</u>.*

Ich möchte <u>die Waschmaschine</u> reparieren.

***el reparar** <u>una lavadora</u>*

das Reparieren <u>einer Waschmaschine</u>

6.9.2. Der Infinitiv anstelle einer finiten Verbform

Grundwissen: In bestimmten Satztypen – beispielsweise im direkten und indirekten Fragesatz – verwendet man im Spanischen anstelle der finiten Verbform einen Infinitiv, wenn gewisse Voraussetzungen gegeben sind (vgl. weiter unten). Diese Verwendung des Infinitivs kann man im Deutschen nicht nachmachen. Sehr oft gibt man solche Infinitive mit Hilfe des Modalverbs *sollen* wieder.

6.9.2.1. Der Infinitiv im direkten Fragesatz

Regel: Wenn die Frage nicht an eine bestimmte Person gerichtet ist, verwendet man im Spanischen gerne den Infinitiv anstelle einer finiten Verbform (1). Das Deutsche kann nur bei kurzen Fragesätzen auf ähnliche Weise vorgehen (z. B. *Was tun? Warum aufhören?*), aber selbst bei kurzen Fragesätzen stellt die Verbindung des Indefinitpronomens *man* mit dem Modalverb *sollen* die bessere Variante dar.

(1) *¿Qué **hacer**?* Was tun?/Was soll man tun?

   *¿Adónde **ir** ahora?* Wohin soll man jetzt gehen?

   *¿Qué **decir** a todo eso?* Was soll man zu alledem sagen?

   *¿Cómo **abrir** la puerta sin llave?* Wie soll man die Tür ohne Schlüssel öffnen?

6.9.2.2. Der Infinitiv im indirekten Fragesatz

Regel: Wenn der indirekte Fragesatz und der übergeordnete Hauptsatz das gleiche Subjekt haben, vertritt der Infinitiv im indirekten Fragesatz die finite Verbform (1). In der Regel ist der Hauptsatz verneint. Das Deutsche kann diesen Gebrauch des Infinitivs nur mit Hilfe von *sollen* wiedergeben.

(1) *Nunca sé qué **responder**.* Ich weiß nie, was ich antworten soll.

   *En ese momento no sabía qué **hacer**.* In diesem Moment wusste er nicht, was er tun sollte.

   *No sabemos cómo **resolver** esa dificultad.* Wir wissen nicht, wie wir die Schwierigkeit da beheben sollen.

6.9.2.3. Der Infinitiv im Relativsatz

Regel: Wenn der Relativsatz einem **verneinten Hauptsatz** folgt und wenn beide Sätze das gleiche Subjekt haben, kann man anstelle der Verbindung *poder* + Infinitiv den bloßen Infinitiv verwenden (1, 2, 3, 4). Bei der Wiedergabe ins Deutsche ist das Modalverb *können* zu verwenden. Falls das Modalverb *poder* im Relativsatz gebraucht wird, steht es im *Subjuntivo* (→ 6.4.1.2.2.) (1a, 2a, 3a, 4a). An der Wiedergabe ins Deutsche ändert sich nichts.

(1)	No encuentro sitio donde **descansar** un poco.	Ich finde keinen Ort, wo ich mich ein wenig ausruhen kann.
(1a)	No encuentro sitio donde **pueda** descansar un poco.	
(2)	Necesitamos una habitación donde **instalar** el ordenador.	Wir brauchen eine Wohnung, in der wir den Computer aufstellen können.
(2b)	Necesitamos una habitación donde **podamos** instalar el ordenador.	
(3)	Mi sueño es tener una casa en el campo, adonde **irse** a pasar los fines de semana.	Mein Traum ist es, ein Haus auf dem Land zu besitzen, wo ich hinfahren kann, um die Wochenenden zu verbringen.
(3a)	Mi sueño es tener una casa en el campo, adonde **pueda** irme a pasar los fines de semana.	
(4)	Busco algo con que **saciar** mi hambre.	Ich suche etwas, womit ich meinen Hunger stillen kann.
(4a)	Busco algo con que **pueda** saciar mi hambre.	

Hinweis: Der verneinte Haupsatz ist auch dann gegeben, wenn keine Negation darin vorkommt. Die Formulierungen *etwas suchen, etwas brauchen* oder *von etwas träumen* bedeuten implizit, dass man etwas <u>nicht</u> besitzt.

6.9.2.4. Der Infinitiv anstelle eines Imperativs

Regel: In bestimmten Situationen verwendet man den Infinitiv als Imperativ (→ 6.7.3.) (1). Dies ist allerdings auch im Deutschen weitgehend möglich (z. B. *Alles aussteigen!*).

(1)	*¡Comer!*	*Essen bitte!*
	¡Entrar!	*Eintreten bitte!*

Sonderfall: In der gesprochenen Sprache vermeidet man gerne den Imperativ der 2. Person Plural und gebraucht stattdessen den Infinitiv. Dies besonders, wenn es sich um ein reflexives Verb handelt (2). Manchmal setzt man auch vor den Infinitiv die Präposition *a* (3).

(2)	*Acordaros de llamar.*	*Erinnert euch anzurufen.*
	statt:	
	Acordaos de llamar.	
	¡Sentaros!	*Setzt euch!*
(3)	*¡A callar!*	*Sei/Seid still!*

6.9.3. Der von einem Verb ausgelöste Infinitiv und die Frage der Präposition

Grundwissen: Infinitive werden im Spanischen und im Deutschen in der Regel von einem finiten Verb (= Auslöserverb) ausgelöst. Beide Sprachen besitzen beispielsweise so genannte **Modalverben** (z. B. *können, wollen* usw.), die den Infinitiv auslösen können. Wenn man davon absieht, dass das Deutsche über etwas mehr Modalverben verfügt als das Spanische, so zeigen sich bis hierher keine besonderen Unterschiede.

Die Unterschiede beginnen jedoch jenseits der Modalverben, wenn es um die Frage geht, ob vor dem Infinitiv eine **Präposition** zu gebrauchen ist oder nicht. Und wenn ja, welche Präposition. Wie die deutschen Entsprechungen zu den Beispielsätzen weiter unten zeigen, verwendet das Deutsche nur ganz selten eine andere Präposition als *zu*. Das Spanische hingegen wählt zwischen mehreren Präpositionen aus und setzt sie vor den Infinitiv.

Ein weiteres Problem ist folgendes: Nicht selten verwendet das Spanische vor dem Infinitiv keine Präposition. Dieser Verzicht auf die Präposition bereitet dem deutschsprachigen Lerner große Schwierigkeiten, weil man

vom Gebrauch der Präposition *zu* vor dem deutschen Infinitiv nicht ablei-
ten kann, welche Präposition im Spanischen zu gebrauchen ist bzw. ob
überhaupt eine Präposition zum Einsatz kommt.

6.9.3.1. Vor dem Infinitiv steht keine Präposition

Regel: Nach folgenden Verben (Auslöserverben) bzw. Verbgruppen setzt
man vor den Infinitiv keine Präposition:

1. Nach **unpersönlichen Ausdrücken**, die aus *es* + Adjektiv bestehen (1)

(1)	*Eso es fácil decirlo, pero hacerlo es más difícil.*	Das ist leicht zu sagen, aber weitaus schwieriger zu tun.
	Es mejor no decir nada.	Es ist besser/am besten, nichts zu sagen.
	Es peligroso hacerlo.	Es ist gefährlich, das zu tun.

2. Nach verschiedenen **unpersönlich** gebrauchten Verben (2)

(2)	*Me gustaría ir al cine.*	Ich würde gern ins Kino gehen.
	Huelga decir que no apoyaremos un proyecto que no ofrece ninguna garantía.	Es erübrigt sich zu sagen/Es braucht nicht gesagt zu werden, dass wir ein Projekt, das keine Garantie bietet, nicht unterstützen werden.
	No tiene ningún sentido intentarlo otra vez.	Es hat keinen Sinn, es noch einmal zu versuchen.

3. Nach der Abfolge *es* + unbest. Artikel/Poss. Adj. + Nomen (3)

(3)	*Es un placer para mí saludarle.*	Es ist für mich ein Vergnügen, ihn zu begrüßen.
	Era mi deber ayudarle.	Es war meine Pflicht, ihm zu helfen.
	Es una vergüenza maltratar a los animales.	Es ist eine Schande, die Tiere zu misshandeln.

4. Nach einer Gruppe **transitiver Verben** (4)

(4)	*Un señor desea hablar con Vd.*	Ein Herr wünscht Sie zu sprechen.

Prefiero hablar con él.	*Ich möchte lieber mit ihm spre-chen.*
Pienso hacerlo.	*Ich habe vor, es zu tun.*

5. Nach einer Gruppe **intransitiver Verben** (5)

(5)	*El médico le permitió fumar.*	*Der Arzt erlaubte ihm zu rauchen.*
	Yo propondría esperar.	*Ich würde vorschlagen zu warten.*
	Me he propuesto no decir nada.	*Ich habe mir vorgenommen, nichts zu sagen.*
	Ese coche nos impide salir del aparcamiento.	*Das Auto da hinderte uns, aus dem Parkplatz herauszufahren.*

6.9.3.2. Vor dem Infinitiv steht die Präposition *a*

Regel: Nach folgenden Verben steht vor dem Infinitiv in der Regel die Präposition *a* (1):

(1)			
acostumbrarse	*sich daran gewöhnen*	*aprender*	*lernen*
apresurarse	*sich beeilen*	*arriesgarse*	*Gefahr laufen*
aspirar	*danach streben*	*atreverse*	*es wagen*
ayudar	*helfen*	*impulsar*	*antreiben*
comenzar	*beginnen*	*empezar*	*anfangen*
comprometerse	*sich verpflichten*	*enseñar*	*lehren*
contribuir	*dazu beitragen*	*negarse*	*sich weigern*
decidirse	*sich entschließen*	*disponerse*	*sich daran-machen*
incitar	*veranlassen*	*inducir*	*veranlassen*
habituarse	*sich daran ge-wöhnen*	*limitarse*	*sich darauf beschrän-ken*
ponerse	*anfangen*		
mover	*dazu bewegen*	*obligar*	*dazu ver-pflichten*
persuadir	*überreden*	*tentar*	*dazu ver-führen*
ofrecerse	*sich anbieten*	*prepararse*	*sich darauf vorbereiten*

| renunciar | darauf verzichten | resistirse | sich sträuben |
| resolverse | sich entschließen | tender | dazu neigen |

¿Quién te ayudó a hacer los deberes?	Wer hat dir geholfen, die Aufgaben zu machen?
Se limita a cosechar dinero.	Er beschränkt sich darauf, Geld zu machen.
Comienza a trabajar.	Er fängt an zu arbeiten.

Regel: Nach folgenden Verben der Bewegung geht dem Infinitiv die Präposition *a* voraus (2):

(2)

bajar	hinuntergehen	ir	gehen, fahren
levantarse	aufstehen	salir	hinausgehen
sentarse	sich setzen	subir	hinaufgehen

venir	kommen	volver a + Infinitiv
		etwas noch einmal tun
		(→ 6.12.1.1.)

Hoy salimos a comer.	Heute gehen wir zum Essen aus.
Juan bajó a recoger el correo.	Juan ging hinunter, um die Post zu holen.
Viene a ser lo mismo.	Das kommt auf dasselbe heraus.
Hoy me viene mal irte a visitar.	Heute passt es mir schlecht, dich zu besuchen.
Me vienen a buscar.	Sie holen mich ab.

Hinweis: Die von den Verben der Bewegung ausgelöste Präposition *a* lässt sich von der finalen Infinitivkonstruktion (→ 6.9.5.3.) nicht klar trennen. Um den finalen Charakter der Infinitivkonstruktion zu unterstreichen, benutzt man daher oft die Präposition *para* (3).

(3)

Salió del trabajo para comer en una cafetería.	Er ging aus der Arbeit, um in einer Cafeteria zu essen.
Vgl. dagegen:	
Vengo a recoger el diploma.	Ich komme, um das Diplom abzuholen.

Regel: Bestimmte Adjektive verlangen in der Verbindung *estar* + Adjektiv die Präposition *a* vor dem Infinitiv (4):

z. B.   *estar decidido*   entschlossen   *estar resuelto*   entschlossen
                           sein   sein

        estar dis-   bereit sein   *estar obligado*   gezwungen sein
        puesto

(4)   *Estamos acostumbrados*   Wir sind es gewöhnt, früh auf-
      a madrugar.   zustehen.

6.9.3.3. Vor dem Infinitiv steht die Präposition *con*

Regel: Einige Verben verlangen die Präposition *con* vor dem Infinitiv (1).

(1)   *Me amenazan con organi-*   Man droht mir damit, einen
      zar un escándalo.   Skandal zu provozieren.
      Él sueña con viajar/en via-   Er träumt davon, nach Nepal zu
      jar al Nepal.   reisen.
      Basta con verlo.   Man braucht es nur zu sehen.

6.9.3.4. Vor dem Infinitiv steht die Präposition *de*

Regel: Nach folgenden Verben steht die Präposition *de* vor dem
Infinitiv (1):

(1)   *abstenerse*   sich enthalten   *alegrarse*   sich freuen
      arrepentirse es bereuen   *avergonzarse*   sich schämen
      cansarse   es satthaben   *cesar*   aufhören
      parar   aufhören   *tratar*   versuchen
      concluir   abschließen   *cuidarse*   Acht geben
      dejar   aufhören   *desesperarse*   die Hoffnung
      disuadir   davon abraten   aufgeben
      excusarse   sich entschul-   *encargarse*   es übernehmen
                      digen   *guardarse*   sich hüten
      olvidarse   vergessen   *no poder*   nicht umhin kön-
      se trata   es geht darum   *menos*   nen

      No se olvide Vd. de decír-   Vergessen Sie nicht, es mir zu
      melo.   sagen.
      Se cansaba de ver siempre   Er hatte es satt, immer dieselben
      las mismas caras.   Gesichter zu sehen.
      ¿Ha parado de llover?   Hat es aufgehört zu regnen?

Regel: Nach vielen Ausdrücken, die aus Verb + Nomen bestehen, steht die Präposition *de* vor dem Infinitiv (2):

(2)			
hacer el favor		den Gefallen tun	
no hacer ningún gesto		keine Anstalten machen	
correr peligro		Gefahr laufen	
estar a punto		im Begriff sein	
no hay manera		es ist unmöglich	
tener la costumbre		es gewohnt sein	
tener el derecho		das Recht haben	
tener el deseo		den Wunsch haben	
tener ganas		Lust haben	
tener el gusto		das Vergnügen haben	
tener (la) intención		die Absicht haben	
tener miedo		Angst haben, fürchten	
tener permiso		die Erlaubnis haben, dürfen	
tener la suerte		das Glück haben	

Tengo ganas de ir al cine.   *Ich habe Lust, ins Kino zu gehen.*

Regel: Eine Reihe von Adjektiven verlangt in der Verbindung mit *ser* oder *estar* die Präposition *de* vor dem Infinitiv (3).

(3)   *Estoy cansado de decirlo.*   *Ich habe es satt, das immer wieder zu sagen.*

Yo no soy capaz de hacerlo.   *Ich kann das nicht machen.*

¿Estás seguro de haberle visto?   *Bist du sicher, ihn gesehen zu haben?*

Regel: Folgende feste Ausdrücke verlangen die Präposition *de* vor dem Infinitiv (4):

(4)   *es de desear que + Subjuntivo*   *es ist zu wünschen, dass ...*
    es de esperar que + Subjuntivo   *es ist zu hoffen, dass ...*
    es ist zu erwarten, dass ...

es de suponer que + Subjuntivo   *es ist zu vermuten, dass ...*
Era de esperar que tuviera un accidente.   *Es war zu erwarten, dass er einen Unfall hat.*

6.9.3.5. Vor dem Infinitiv steht die Präposition *en*

Regel: Nach folgenden Verben steht die Präposition *en* vor dem Infinitiv (1):

(1)

complacerse	Gefallen daran	detenerse	sich damit aufhalten
dudar	unschlüssig sein	convenir	verabreden
empeñarse	etwas unbedingt tun wollen	entretenerse	sich die Zeit damit vertreiben
esforzarse	sich bemühen	hacer bien	gut daran tun
insistir	darauf bestehen		
ocuparse	sich damit beschäftigen	pensar	daran denken
tardar	Zeit brauchen	no tardar	etwas bald tun
vacilar	zögern		
tener gusto	etwas gerne tun	tener interés	Interesse daran haben

Harías bien en estudiar más.

¿Cuánto tardará Vd. en hacerlo?

Pienso (en) hacerlo.

Du tätest gut daran, mehr zu lernen.

Wie lange werden Sie brauchen, um das zu machen?

Ich habe vor, es zu tun.

Regel: Einige Adjektive verlangen die Präposition **en** vor dem Infinitiv (2):

(2)

ser exacto	genau sein	ser franco	offen sein
ser largo	großzügig sein	estar ocupado	damit beschäftigt sein
ser perezoso	faul sein		
ser el primero	der Erste sein	ser el último	der Letzte sein

Somos perezosos en escribir.

Fui el primero en hacerlo.

Wir sind schreibfaul.

Ich war der Erste, der es tat.

6.9.3.6. Vor dem Infinitiv steht die Präposition *para*

Regel: Nach folgenden Ausdrücken steht die Präposition **para** vor dem Infinitiv (1):

(1)

arreglárselas	es fertig bringen	servir	dazu dienen
autorizar	dazu bemächtigen	no tener motivo	keinen Grund haben
no tener tiempo	keine Zeit haben		

tener permiso	*die Erlaubnis ha-* *ben, dürfen*	*ser*	*dazu be-* *stimmt sein*

No tengo motivos para *estar orgulloso de él.*	*Ich habe keinen Grund, auf* *ihn stolz zu sein.*

6.9.3.7. Vor dem Infinitiv steht die Präposition *por*

Regel: Nach folgenden Verben steht die Präposition *por* vor dem Infinitiv
(1):

(1)
afanarse	*sich abmühen*	*esforzarse*	*sich bemühen*
decidirse	*sich entscheiden*	*estar*	*bald fällig sein*
luchar	*dafür kämpfen*	*matarse*	*alles tun*
optar	*sich entscheiden*	*felicitar*	*dazu beglück-*
reprender	*tadeln*		*wünschen*
estar impaciente	*es nicht erwarten* *können*	*quedar*	*noch zu tun* *haben*

El tren está por llegar.	*Der Zug wird jeden Augenblick* *kommen.*
Se esfuerza por dejar una *buena impresión.*	*Er bemüht sich, einen guten Ein-* *druck zu machen.*
Optó por callarse.	*Er entschied sich dafür, zu* *schweigen.*

Hinweis: Zwei feststehende Ausdrücke haben ebenfalls die Präposition
por vor dem Infinitiv: *por no decir* (um nicht zu sagen)/*por decirlo así* (sozusagen, gewissermaßen).

6.9.4. Verbalperiphrasen mit Infinitiv

Vergleiche hierzu **6.12.1.**

6.9.5. Infinitivkonstruktionen anstelle von Nebensätzen

Grundwissen: Wie bereits weiter oben betont, spielt der Infinitiv im
Spanischen eine weitaus wichtigere Rolle als im Deutschen. Verantwort-
lich für die Sonderrolle des spanischen Infinitivs ist sicherlich die Tatsache,
dass es im Spanischen eine Reihe von **Infinitivkonstruktionen** gibt, die
es erlauben, verschiedene Arten von Nebensätzen zu ersetzen bzw. zu
verkürzen.

Regel: Im Spanischen werden verschiedene Arten von Nebensätzen mit Hilfe von Infinitivkonstruktionen verkürzt, wenn der übergeordnete Satz (Hauptsatz) und der zu verkürzende Nebensatz gleiches Subjekt haben (1).

(1)   **Deutsches Ausgangsbeispiel:**

   Ich sage es Ihnen, bevor *ich* weggehe.

Bei der Wiedergabe des deutschen Beispielsatzes verzichtet das Spanische auf die Verwendung der Konjunktion *antes de que* + *Subjuntivo* und gebraucht stattdessen die von der Präposition *antes de* eingeleitete Infinitivkonstruktion. Dem Deutschen steht eine derartige Möglichkeit hier nicht zur Verfügung (2).

(2)   *Se lo digo **antes de marcharme**.*
   *Ich sage es Ihnen, **bevor** ich weggehe.*

Hinweis: Wenn keine Subjektgleichheit zwischen Hauptsatz und Nebensatz vorliegt, benützt auch das Spanische in der Regel die dem deutschen *bevor* entsprechende Konjunktion *antes (de) que* (3).

(3)   *Lo hago **antes (de) que venga**.*
   Ich mache es, bevor er kommt.

6.9.5.1. Die Infinitivkonstruktion anstelle eines Temporalsatzes

Regel: Temporalsätze können durch folgende Infinitivkonstruktionen verkürzt werden (→ 9.2.1.):

1.   *al* + Infinitiv   (1)

2.   *antes de* + Infinitiv   (2)

3.   *a poco de* + Infinitiv   (3)

4.   *depués de* + Infinitiv   (4)
   (*tras* + Infinitiv)

5.   *hasta* + Infinitiv   (5)

6.   *nada más* + Infinitiv   (6)

Beispiele

(1) *Al vernos se quedaron sorprendidos.*
Als sie uns sahen, war sie überrascht.

(2) *Antes de salir de viaje, tenemos que llevar el coche al taller para que lo revisen.*
Bevor wir auf Reisen gehen, müssen wir das Auto zur Inspektion in die Werkstatt bringen.

(3) *A poco de llegar ya se habían peleado.*
Kurz nachdem sie angekommen waren, hatten sie sich schon gestritten.

Hinweis: Die Infinitivkonstruktion *a poco de* + Inf. kann man auch bei Subjektverschiedenheit gebrauchen. In diesem Fall muss das Subjekt dem Infinitiv unmittelbar folgen (3a).

(3a) *A poco de irte tú, llegó Ana.*
Kurz nachdem du weggegangen warst, kam Anna an.

(4) *Después de llegar a casa me llamó.*
Nachdem er zu Hause angekommen war, rief er mich an.
Después de comer nos echamos la siesta.
Nachdem wir gegessen haben, halten wir ein Schläfchen.

(5) *No descansa hasta conseguir lo que quiere.*
Er ruht nicht aus, bis er erreicht, was er will.

(6) *Nada más vernos, corrió para abrazarnos.*
Kaum hatte er uns gesehen, rannte er los, um uns zu umarmen.

6.9.5.2. Die Infinitivkonstruktion anstelle eines Kausalsatzes

Regel: Kausalsätze können durch folgende Infinitivkonstruktionen verkürzt werden (→ 9.2.2.):

1. *a fuerza de* + Infinitiv (1)

2. *de tanto* + Infinitiv (2)

3. *por* + Infinitiv (3)

Beispiele

(1)	*A fuerza de mentir, ya nadie la creía.*	*Weil sie immer wieder log, glaubte ihr niemand mehr.*
(2)	*De tanto trabajar estábamos tronchados.*	*Weil wir so sehr arbeiteten, waren wir ganz kaputt.*
(3)	*No vino a la reunión por estar de viaje.*	*Er kam nicht zur Versammlung, weil er auf Reisen war.*

Hinweis: Die Infinitivkonstruktion *por* + Infinitiv kann man auch gebrauchen, wenn keine Subjektgleichheit vorliegt (4).

(4)	*No fui de viaje por impedírmelo <u>tú</u>.*	*Ich ging nicht auf Reisen, weil du mich daran gehindert hast.*

6.9.5.3. Die Infinitivkonstruktion anstelle eines Finalsatzes

Regel: Finalsätze können durch folgende Infinitivkonstruktionen verkürzt werden (→ 9.2.3.):

1. ***para*** + Infinitiv (1)

2. ***a*** + Infinitiv (2)

3. ***a fin de*** + Infinitiv (3)
   con el fin de + Infinitiv

Beispiele

(1)	*Llamó por teléfono para avisarte.*	*Er rief an, um dich zu verständigen.*
	Iban en coche para llegar antes.	*Sie fuhren mit dem Auto, um früher anzukommen.*
	Hacía gimnasia para adelgazar.	*Sie machte Gymnastik, um abzunehmen.*
(2)	*Vengo a recoger el diploma.*	*Ich komme, um das Diplom abzuholen.*

Hinweis: Die finale Infinitivkonstruktion *a* + Infinitiv gebraucht man nach den Verben der Bewegung (→ 6.9.3.2.).

(3) *A fin de terminar pronto*   *Um schnell mit dem Packen*
     el equipaje, meteremos   *fertig zu sein, werden wir nur*
     sólo lo imprescindible.   *das hineintun, was unentbehr-*
                                        lich ist.

6.9.5.4. Die Infinitivkonstruktion anstelle eines Konditionalsatzes

Regel: Konditionalsätze können durch folgende Infinitivkonstruktionen verkürzt werden (→ 9.2.6.):

- ● **de** + Infinitiv Präsens/Perfekt (1, 2)

- ● **con** + Infinitiv (3)

- ● **sólo con** + Infinitiv (4)
     con sólo + Infinitiv

Beispiele

(1) *De casarme contigo, será*   *Wenn ich dich heirate, dann ist es*
     para toda la vida.   *für das ganze Leben.*

     De seguir así acabaríamos   *Wenn wir so weitermachen wür-*
     mal.   *den, würden wir ein schlimmes*
                                       Ende nehmen.

(2) *De haber llegado a tiempo,*   *Wenn sie rechtzeitig angekom-*
     hubieran evitado el acci-   *men wären, hätten sie den Un-*
     dente.   *fall vermieden.*

     De haberlo sabido, te ha-   *Wenn ich es gewusst hätte, hätte*
     bría acompañado.   *ich dich begleitet.*
(3) *Con hacer un poco de de-*   *Wenn du ein wenig Sport be-*
     porte es suficiente para   *treibst, genügt das, um in Form*
     estar en forma.   *zu sein.*

     Con rezar no conseguirás   *Mit Beten allein/Wenn du nur*
     nada.   *betest, wirst du nichts erreichen.*

(4) *Hubieras cumplido sólo*   *Du hättest deine Pflicht getan,*
     con haberme felicitado   *wenn du mich bloß telefonisch*
     por teléfono.   *beglückwünscht hättest.*

6.9.5.5. Die Infinitivkonstruktion anstelle eines Konzessivsatzes

Regel: Konzessivsätze können durch folgende Infinitivkonstruktionen verkürzt werden (→ 9.2.5.):

- *a pesar de* + Infinitiv Präsens/Perfekt   (1, 2)

- *con* + Infinitiv   (3)

- *pese a* + Infinitiv (4)

- *a riesgo de* + Infinitiv   (5)

Beispiele

(1) *A pesar de comer mucho, no engorda.*

Obwohl er viel isst, nimmt er nicht zu.

(2) *A pesar de haber llegado tarde, pudo entrar.*

Obwohl er spät angekommen war, konnte er eintreten.

(3) *Con ser muy buena persona tiene un genio endiablado.*

Obwohl er ein sehr guter Mensch ist, hat er einen teuflischen Charakter.

(4) *Pese a ser una belleza, no conseguirá nada.*

Obwohl sie eine Schönheit ist, wird sie nichts erreichen.

(5) *A riesgo de arruinarse, invirtió todo su dinero en un solo negocio.*

Selbst auf die Gefahr hin, dass er sich zugrunde richtet, investierte er sein ganzes Geld in ein einziges Geschäft.

6.9.5.6. Die Infinitivkonstruktion *sin* + Infinitiv

Regel: Bei Subjektgleichheit kann man einen durch *sin que* eingeleiteten Nebensatz durch die Konstruktion *sin* + Infinitiv ersetzen (1).

(1) *No me voy sin ver a Pepe.*

Ich gehe nicht weg, ohne Pepe zu sehen.

aber: No lo hago sin que lo sepa él.

Ich mache es nicht, ohne dass er es weiß.

6.9.5.7. Die Infinitivkonstruktion *además de* + Infinitiv

Regel: Bei Subjektgleichheit kann man einen durch die Konjunktion *además de que* eingeleiteten Nebensatz durch die Konstruktion *además de* + Infinitiv ersetzen (1).

(1) *Además de venir a verme me trajo bombones y flores.*   Er kam nicht nur auf Besuch zu mir, sondern brachte mir auch Pralinen und Blumen mit.

6.9.5.8. Die Infinitivkonstruktion *en vez de* + Infinitiv

Regel: Bei Subjektgleichheit kann man die Konstruktion *en vez de* + Infinitiv gebrauchen (1).

(1) *Si en vez de venir hoy llegas mañana, ya no le encuentras.*   Wenn du anstatt heute zu kommen, erst morgen kommst, triffst du ihn nicht mehr an.

Übungen

1. Übersetzen Sie ins Spanische:

   a. Wenn ihr weggeht, macht bitte das Licht aus.
   b. Ruf mich an, bevor du weggehst.
   c. Du wirst sehr wachsen müssen, bis du so wie ich bist.
   d. Die Kinder lachten, bis sie nicht mehr konnten.
   e. Für gewöhnlich las Anna, bis sie einschlief.
   f. Man wird uns nicht sagen, was geschehen ist, bis wir dort sind.
   g. Bevor ich die Tür schließe, überprüfe ich, ob ich die Schlüssel mitgenommen habe.
   h. Sie werden das Abendessen beenden, bevor sie ihre Familie anrufen.
   i. Wenn der Streik weiter andauert, werden wir keinen Unterricht haben.
   j. Wenn ich dich vorher kennengelernt hätte, wäre alles anders gewesen.
   k. Wenn sie nicht rechtzeitig ankommen, könnt ihr mit dem Essen anfangen.
   l. Wenn es Schwierigkeiten gibt, benachrichtige uns.
   m. Wenn ich ins Kino gehen hätte wollen, hätte ich es dir gesagt.
   n. Das passiert dir, weil du so zerstreut bist.
   o. Es genügt, wenn du ihm einen Brief schickst.
   p. Obwohl sie krank ist, will sie aufstehen.
   q. Obwohl wir ohne Getränke waren, feierten wir das Fest weiter.
   r. Obwohl die Nachrichten zur Wirtschaft sehr negativ sind, sagt der Präsident, dass wir bald aus der Krise herauskommen werden.
   s. Man ließ mich nicht in den Unterricht gehen, weil ich mit Verspätung ankam.
   t. Man hat dich betrogen, weil du zu naiv bist.
   u. Man hat ihm den Führerschein abgenommen, weil er mit mehr als 180 Stundenkilometer fuhr.

Lösungen

1. a. Al salir, apagad la luz por favor.
   b. Antes de salir, llámame.
   c. Tendrás que crecer mucho hasta ser como yo.
   d. Los chicos se reían hasta no poder más.
   e. Ana solía leer hasta dormirse.
   f. No nos dirán lo que ha ocurrido hasta estar allí.
   g. Antes de cerrar la puerta compruebo si he cogido las llaves.
   h. Acabarán de cenar antes de llamar a su familia.
   i. De mantenerse la huelga, no tendremos clase.
   j. De haberte conocido antes, todo habría sido diferente.
   k. De no llegar ellos a tiempo, podéis empezar a comer.
   l. De haber dificultades, avísanos.
   m. De haber querido ir al cine, te lo habría dicho.
   n. Eso te pasa por ser tan despistado.
   o. Con enviarle una carta, cumples.
   p. A pesar de estar enferma, quiere levantarse.
   q. Pese a quedarnos sin bebidas, seguimos celebrando la fiesta.
   r. Pese a ser muy negativas las noticias sobre la economía, el presidente dice que saldremos pronto de la crisis.
   s. No me dejaron entrar a clase por llegar tarde.
   t. Te han engañado por ser demasiado ingenuo.
   u. Le retiraron el carnet por conducir a más de 180 kilómetros por hora.

6.10. Das Gerundium *(Gerundio)*

Grundwissen: Das Gerundium ist eine unpersönliche Form des Verbs. Es wird ebenso wie der Infinitiv (→ 6.9.) und das Partizip (→ 6.11.) zu den so genannten **infiniten Verbformen** gerechnet.

Das Gerundium ist unveränderlich und endet immer auf *-ndo* (zur Bildung → 6.10.1.). Da das Gerundium der Person nach nicht bestimmt ist, bezieht es sich auf das Verb des übergeordneten Satzes (Hauptsatzes), das dem Gerundium vorausgehen oder nachfolgen kann. Das Gerundium übernimmt dabei die Person und das Tempus dieses Verbs (1). Inhaltlich bezeichnet das Gerundium ein Nebengeschehen, das mit dem Geschehen des übergeordneten Satzes (Hauptsatzes) zusammenfällt bzw. in etwa gleichzeitig mit diesem verläuft.

Beispiele:

(1)
*Me entro **llorando**.*	*Ich gehe weinend hinein.*
*Te entras **llorando**.*	*Du gehst weinend hinein.*
*Se entra **llorando**.*	*Er/Sie/Es geht weinend hinein.*
*Nos entramos **llorando**.*	*Wir gehen weinend hinein.*
*Os entráis **llorando**.*	*Ihr geht weinend hinein.*
*Se entran **llorando**.*	*Sie gehen weinend hinein.*
*Me entraba **llorando**.*	*Ich ging weinend hinein.*
*Te entrabas **llorando**.*	*Du gingst weinend hinein.*
usw.	
*Me entré **llorando**.*	*Ich ging weinend hinein.*
*Te entraste **llorando**.*	*Du gingst weinend hinein.*
usw.	
*Me he entrado **llorando**.*	*Ich bin weinend hineingegangen.*
*Te has entrado **llorando**.*	*Du bist weinend hineingegangen.*
usw.	

6.10.1. Die Bildung der Gerundiumformen

Grundwissen: Im Spanischen gibt es einfache und zusammengesetzte Gerundiumformen (*Gerundio simple* und *Gerundio compuesto*) (1). In den Verbtabellen weiter oben werden die beiden Gerundia der Einfachheit halber als *Gerundio presente* bzw. als *Gerundio pasado* bezeichnet.

(2) Einfaches Gerundium: Zusammengesetztes Gerundium:

llorando weinend **habiendo llorado**
wörtlich: *geweint habend*

comiendo essend **habiendo comido**
wörtlich: *gegessen habend*

Regelmäßige Bildung der Gerundiumformen

Regel: Die Endung des Gerundium ist immer *-ndo*. Je nach Konjugationszugehörigkeit wird vor der Endung *-ndo* ein *a* oder *ie* eingefügt. Die
Verben der 1. Konjugation (→ 6.1.1.1.) bilden das Gerundium demnach
auf *-ando* (z. B. *tomando*), die Verben der 2. Konjugation (→ 6.1.1.2.) und
der 3. Konjugation (→ 6.1.1.3.) auf *-iendo* (z. B. *comiendo* und *partiendo*).

Sonderfälle: Das zwischenvokalische *-i-*, das sich bei bestimmten Verben
durch das Anfügen der Gerundium-Endung *-iendo* ergibt, wird zu *-y-*
umgewandelt (1). Andererseits fällt das zwischenvokalische *-i-* nach den
Lauten *ñ* und *ll* weg (2). Eine spezielle Gerundiumform hat das Verb *ir* (3).

(1)	*caer* (fallen)	→	*cayendo*
	construir (bauen)	→	*construyendo*
	leer (lesen)	→	*leyendo*
	raer (abkratzen)	→	*rayendo*
	roer (nagen)	→	*royendo*
	traer (mitbringen)	→	*trayendo*
	huír (fliehen)	→	*huyendo*
	oír (hören)	→	*oyendo*
aber:	*reír* (lachen)	→	*riendo (vgl. (6))*
(2)	*bullir* (sieden)	→	*bullendo*
	gruñir (grunzen)	→	*gruñendo*
(3)	*ir* (gehen, fahren)	→	*yendo*

Unregelmäßige Bildung der Gerundiumformen

Regel: Eine Reihe von Verben bildet das Gerundium auf unregelmäßige
Weise, da es zu Veränderungen des Verbstammes kommt. Hierbei lassen
sich zwei Gruppen von Verben unterscheiden:

● Verben, bei denen das *-e-* des Stammes zu *-i-* verändert wird (1).

● Verben, bei denen das *-o-* des Stammes zu *-u-* verändert wird (2).

(1)
competir (konkurrieren)	→	*compitiendo*
concebir (erfassen)	→	*concibiendo*
decir (sagen)	→	*diciendo*
derretir (schmelzen)	→	*derritiendo*
divertir (unterhalten)	→	*divirtiendo*
elegir ((aus)wählen)	→	*eligiendo*
embestir (angreifen)	→	*embistiendo*
erguir (aufrichten)	→	*irguiendo*
freír (braten)	→	*friendo*
gemir (seufzen)	→	*gimiendo*
medir (messen)	→	*midiendo*
pedir (bitten)	→	*pidiendo*
regir (leiten, regieren)	→	*rigiendo*
reír (lachen)	→	*riendo*
rendir (leisten)	→	*rindiendo*
reñir (ausschimpfen)	→	*riñendo*
repetir (wiederholen)	→	*repitiendo*
seguir (folgen)	→	*siguiendo*
sentir (fühlen, verspüren)	→	*sintiendo*
servir ((be)dienen)	→	*sirviendo*
teñir (färben)	→	*tiñendo*
venir (kommen)	→	*viniendo*
vestir (anziehen)	→	*vistiendo*

(2)
dormir (schlafen)	→	*durmiendo*
morir (sterben)	→	*muriendo*
poder (können)	→	*pudiendo*

6.10.1.1. Die Bildung der Formen des zusammengesetzten Gerundium

Regel: Die Formen des zusammengesetzten Gerundium *(gerundio compuesto)* werden immer mit Hilfe der einfachen Gerundiumform des Hilfszeitverbs *haber* und der unveränderlichen Form des jeweiligen Partizip Perfekt gebildet (1).

(1)
tomar	→	**habiendo tomado**
comer	→	**habiendo comido**
partir	→	**habiendo partido**

caer	→	***habiendo caído***
ir	→	***habiendo ido***
dormir	→	***habiendo dormido***
decir	→	***habiendo dicho***

6.10.2. Das Gerundium und sein Subjekt

Grundwissen: Das Gerundium hat grundsätzlich kein Subjekt bei sich. Es übernimmt die Person des übergeordneten Verbs. Damit ist das Subjekt des übergeordneten Verbs gleichzeitig das Subjekt der Gerundiumform. Dieses Subjekt wird beim Gerundium selbst in der Regel sprachlich nicht mehr ausgedrückt (1). Man spricht daher in diesem Zusammenhang oft von einem „zugrunde liegenden" oder „logischen" Subjekt des Gerundium. Die Gerundiumform kann dem übergeordneten Verb vorausgehen oder folgen.

(1) ***Siguiendo*** *por ese camino, no* ***irás*** *lejos.*   Wenn **du** auf diesem Weg weitergehst, wirst **du** dich nicht verlaufen.

Regel: Eine Gerundiumform kann man immer dann verwenden, wenn das dem Gerundium zugrunde liegende Subjekt mit dem Subjekt des übergeordneten Verbs identisch ist (2). Das Gerundium kann aber, was nicht sehr häufig vorkommt, auch ein eigenes Subjekt haben. In diesem Fall spricht man von einem **absoluten Gerundium** *(gerundio absoluto)* (3). Das eigene Subjekt muss unmittelbar hinter der Gerundiumform stehen.

(2) ***Saliendo*** *de la clase, me* ***encontré*** *con Carlos.*   Als **ich** den Klassenraum verließ, traf **ich** Carlos.

(3) ***Saliendo yo*** *de la clase, me me vió* ***Carlos***.   Als **ich** den Klassenraum verließ, sah mich **Carlos**.

Hinweis: In (3) könnte anstelle des Personalpronomens *yo* jedes andere Subjekt stehen: z. B. *Saliendo el profesor* usw. (4).

(4) ***Siendo*** *tan fácil el* ***problema, pocos*** *lo han resuelto.*   Obwohl **das Problem** so leicht ist, haben es nur **wenige** gelöst.

Estando yo *presente, no* ***cometerán*** *esa tontería.*   Wenn **ich** anwesend bin, wird **man** diese Dummheit nicht machen.

6.10.2.1. Das Gerundium mit unbestimmtem oder unpersönlichem Subjekt

Grundwissen: Unter **unbestimmtem Subjekt** versteht man die Entsprechung des deutschen Subjektes *man*, unter **unpersönlichem Subjekt** die Entsprechung des deutschen Subjektes *es*.
Im Spanischen wird das unbestimmte *man* meist mit Hilfe einer reflexiven Konstruktion wiedergegeben (z. B. *se habla* (man spricht)). Manchmal auch mit Hilfe der 3. Person Plural (z. B. *dicen* (man sagt)).
Das unpersönliche Subjekt *es* hat im Spanischen keine Entsprechung. Es wird sprachlich nicht realisiert (z. B. *llueve.* (Es regnet.)).

Regel: Wenn das Gerundium und das übergeordnete Verb ein gemeinsames unbestimmtes Subjekt haben, wird das Gerundium verwendet, ohne dass das unbestimmte Subjekt beim Gerundium sprachlich ein zweites Mal angezeigt wird (1).

(1) *Se hace el vino estrujando las uvas.*	*Man erzeugt den Wein, indem man die Trauben auspresst.*

Hinweis: Es gibt eine Reihe von wichtigen Wendungen, die ein Gerundium mit unbestimmtem Subjekt enthalten (2).

(2) *Considerando la edad ...*	*Wenn man das Alter ... berücksichtigt, ...*
Teniendo en cuenta ...	*Wenn man ... in Betracht zieht,*
Suponiendo que ...	*Wenn man annimmt, dass ...*

Regel: Wenn das Subjekt des Gerundium und des übergeordneten Verbs unterschiedlich ist, kann man das Gerundium verwenden, ohne dass das unbestimmte Subjekt beim Gerundium sprachlich angezeigt wird (3).

(3) *El coche, exceptuando los que lo necesitan para trabajar, es un lujo muy caro.*	*Das Auto ist, wenn man die ausnimmt, die es zur Arbeit brauchen, ein sehr teurer Luxus.*

Hinweis: Die eben beschriebene Regelung gilt in gleicher Weise für unpersönliche Subjekte: Das unpersönliche Subjekt (im Deutschen „es") wird beim Gerundium sprachlich nicht angezeigt (4).

(4) *Siendo así, retiro mi afirmación.*	*Wenn es so ist, nehme ich meine Behauptung zurück.*

6.10.2.2. Das direkte Objekt als Subjekt des Gerundium

Regel: Unter bestimmten Bedingungen kann das Gerundium auch das direkte Objekt des übergeordneten Satzes als Subjekt „übernehmen". Dies ist möglich, wenn das übergeodnete Verb ein so genanntes „Wahrnehmungsverb" (z. B. *ver, mirar, oír, sentir, observar, encontrar, hallar*) ist (1). Dasselbe gilt für Verben wie *describir, dibujar, imaginarse, pintar, representar* (2). Außerdem für die Verben *sorprender* und *recordar* (3). Für die genannten Verben besteht aber eine wichtige Einschränkung: Das direkte Objekt kann nur dann zum Subjekt des Gerundium werden, wenn es eine Person bezeichnet.

(1)	*Vi **a los niños jugando** en el parque.*	*Ich sah die Kinder im Park spielen.*
	*Fui a casa y **le** encontré **escribiendo**.*	*Ich ging nach Hause und traf ihn an, wie er schrieb.*
(2)	*Me imagino **a tu madre leyendo** esa carta.*	*Ich stelle mir deine Mutter vor, wie sie diesen Brief liest.*
(3)	*El profesor sorprendió **a Carlos fumando**.*	*Der Lehrer überraschte Carlos beim Rauchen.*

Hinweis: Auf die Wahrnehmungsverben *mirar, oír, sentir, ver* kann auch eine Infinitivkonstruktion folgen (z. B. *La vimos llegar. Wir sahen sie ankommen.*).
Das Spanische kann durch den Gebrauch des Gerundium einer Reihe verschiedener Formulierungen des Deutschen entsprechen. Meist sind es von der Konjunktion *wie* eingeleitete Sätze. Bei den oben genannten Verben könnte es auch ein Relativsatz sein.

(3)	*Observé **a un actor recitando** un poema famoso.*	*Ich beobachtete einen Schauspieler, der ein berühmtes Gedicht vortrug/wie er ein berühmtes Gedicht vortrug.*

6.10.3. Die deutschen Entsprechungen des Gerundium

Grundwissen: Das Gerundium ist dem Deutschen unbekannt. Es gibt aber mehrere Möglichkeiten ein spanisches Gerundium im Deutschen wiederzugeben:

● Verwendung eines Partizip Präsens (1)

- Verwendung eines beigeordneten Hauptsatzes (2)
- Verwendung eines Nebensatzes (3)
- Verwendung eines adverbialen Ausdruckes (4)

(1) *Les vio y dijo **riendo:** ...*   *Er sah sie und sagte **lachend:** ...*

  *Llegábamos **jadeando** a la*   ***Keuchend** kamen wir beim Höh-*
  boca de la cueva.   *leneingang an.*

(2) *La muchacha me saludó*   *Das Mädchen grüßte mich **und***
  sonriendo.   *lächelte **dabei.***

  *Esperaba **fumando** en la*   *Er wartete an der Ecke des Plat-*
  esquina de la plaza.   *zes **und** rauchte.*

Hinweis: Im beigeordneten Hauptsatz des Deutschen gebraucht man zusätzlich das Wort *dabei*, wenn es darum geht, die Gleichzeitigkeit zweier Handlungen zu unterstreichen.

(3) ***Viajando** en coche verás*   ***Wenn** du mit dem Auto reist,*
  muchas cosas.   *wirst du viele Dinge sehen.*

  *Saludó modestamente, **le-***   *Er grüßte sittsam, **indem** er den*
  ***vantando** el sombrero.*   *Hut hob.*

(4) ***Llegando** a la estación,*   ***Bei unserer Ankunft** auf dem*
  vimos a todos tus amigos.   *Bahnhof sahen wir alle deine*
  Freunde.

6.10.4. Gerundiumkonstruktionen anstelle von Nebensätzen

Grundwissen: Mit Hilfe des Gerundium kann das Spanische verschiedene Nebensätze verkürzen. Man spricht in diesem Fall von **Gerundiumkonstruktionen.** Sie machen es dem Spanischen möglich, einen von einer Konjunktion eingeleiteten Nebensatz zu vermeiden. Dem Deutschen sind ähnliche Verfahren unbekannt.

Beide Gerundia des Spanischen eignen sich für Gerundiumkonstruktionen, obwohl solche Konstruktionen hauptsächlich mit dem einfachen Gerundium gemacht werden (1, 2). Für den Einsatz einer Gerundiumkonstruktion gilt grundsätzlich die weiter oben (→ 6.10.2.) beschriebene Regelung vom „identischen Subjekt", aber das Gerundium kann durchaus auch ein eigenes Subjekt haben (3).

(1) *Leyendo este libro, apren-*   *Wenn du dieses Buch liest,*
     derás cosas muy interesan-   *wirst du sehr interessante Dinge*
     tes.   *lernen.*

Hinweis: In (1) ersetzt die Gerundiumkonstruktion einen Konditionalsatz:
Si lees este libro, aprenderás cosas muy interesantes. (Wenn du dieses
Buch liest, wirst du sehr interessante Dinge lernen.)

(2) *Habiendo pagado la cuen-*   *Nachdem der Kunde die Rech-*
     ta, el cliente salió inmedia-   *nung bezahlt hatte, ging er so-*
     tamente del restaurante.   *fort aus dem Restaurant.*

Hinweis: In (2) ersetzt die Gerundiumkonstruktion einen Temporalsatz:
*Después de que el cliente pagó la cuenta, salió inmediatamente del
restaurante.* (Nachdem der Kunde die Rechnung bezahlt hatte, ging er
sofort aus dem Restaurant.) Dem von *después de que* eingeleiteten
Temporalsatz zieht man in der Regel die Infinitivkonstruktion vor:
*Después de pagar la cuenta, el cliente salió inmediatamente del restau-
rante* (→ 6.9.5.1.).

(3) *Estando **tú** aqui, **yo** no*   *Wenn du da bist, habe ich keine*
     tengo miedo.   *Angst.*

     *Habiéndole esperado **no-***   *Nachdem wir schon zwei Stunden*
     ***sotros** ya dos horas, nos*   *auf ihn gewartet hatten, rief er*
     ***llamó** diciendo que no po-*   *uns an und sagte, dass er nicht*
     día venir.   *kommen könne.*

Hinweis: Das „eigene Subjekt" des Gerundium muss diesem immer
unmittelbar folgen (→ 6.10.2.).

6.10.4.1. Die Gerundiumkonstruktion statt Konditionalsatz

Grundwissen: Konditionalsätze (→ 9.2.6.) können durch eine Gerundiumkonstruktion mit einfachem Gerundium ersetzt werden. Die Gerundiumkonstruktion geht in der Regel dem Hauptsatz voraus (1).

(1) *Teniendo tanto dinero*   *Wenn ich so viel Geld hätte wie*
     como mi jefe, no tendría   *mein Chef, hätte ich diese Pro-*
     yo esos problemas.   *bleme da nicht.*

     Llegando a tiempo, po-   *Wenn du rechtzeitig ankommst,*
     drás verlo.   *wirst du es sehen können.*

Estando tú *de acuerdo, lo estarán **todos**.*	*Wenn du einverstanden bist, werden es alle sein.*
Estando él *en casa, no pasará **nada**.*	*Wenn er zu Hause ist, wird nichts passieren.*

Hinweis: Konditionalsätze können auch durch Infinitivkonstruktionen ersetzt werden (→ 6.9.5.4.).

6.10.4.2. Die Gerundiumkonstruktion statt Kausalsatz

Grundwissen: Kausalsätze (→ 9.2.2.) können durch eine Gerundiumkonstruktion mit einfachem oder zusammengesetztem Gerundium ersetzt werden. Die Gerundiumkonstruktion geht meist dem Hauptsatz voraus, kann aber auch dem Subjekt des Hauptsatzes folgen (1).

(1)	*Has cometido una indiscreción **contándole** lo que sabías.*	*Du hast eine Indiskretion begangen, da du ihm erzähltest, was du wusstest.*
	*No **pudiendo** llegar a un acuerdo **los presentes,** la sesión se aplazó.*	*Da die Anwesenden zu keiner Übereinkunft kamen, wurde die Sitzung vertagt.*

Hinweis: Kausalsätze können auch durch Infinitivkonstruktionen ersetzt werden (→ 6.9.5.2.).

6.10.4.3. Die Gerundiumkonstruktion statt Konzessivsatz

Grundwissen: Konzessivsätze (→ 9.2.5.) können durch eine Gerundiumkonstruktion mit einfachem Gerundium ersetzt werden. Dabei geht dem Gerundium immer das Adverb *aun* voraus. Die Konstruktion selbst steht vor dem Hauptsatz (1). Wenn sich der Konzessivsatz auf ein zukünftiges Geschehen bezieht, muss man die Gerundiumkonstruktion im Deutschen mit Hilfe der Konjunktion *auch wenn* wiedergeben (2).

(1)	***Aun teniendo*** *muchos amigos, está a menudo muy sola.*	*Obwohl sie viele Freunde hat, ist sie oft sehr allein.*
	Aun llegando *tarde, tuvimos tiempo de ver toda la exposición.*	*Obwohl wir spät ankamen, hatten wir noch die Zeit, die ganze Ausstellung zu sehen.*
	Aun diciéndolo *tú, no tiene que ser verdad.*	*Auch wenn du es sagst, muss es nicht wahr sein.*

(2) *Aun teniendo* más dinero,
nosotros no haríamos ese
viaje.

*Auch wenn wir mehr Geld hät-
ten, würden wir diese Reise nicht
machen.*

Hinweis: Konzessivsätze können auch durch Infinitivkonstruktionen
ersetzt werden (→ 6.9.5.5.).

6.10.4.4. Die Gerundiumkonstruktion statt Temporalsatz

Grundwissen: Temporalsätze (→ 9.2.1.) können durch eine Gerundiumkonstruktion mit einfachem und zusammengesetztem Gerundium ersetzt
werden. Die Gerundiumkonstruktion geht in der Regel dem Hauptsatz voraus, kann aber auch nach dem Subjekt des Hauptsatzes stehen (1).

(1) *Estando* en el restaurante,
vi a Paco.

*Als ich im Restaurant war, sah
ich Paco.*

Hoy, *paseando,* encontra-
mos a nuestros amigos.

*Heute trafen wir unsere Freunde,
während wir spazieren gingen.*

Habiendo terminado su
trabajo, se fue.

*Als er seine Arbeit beendet hatte,
ging er weg.*

Hinweis: Temporalsätze können auch durch Infinitivkonstruktionen
ersetzt werden (→ 6.9.5.1.).

6.10.4.5. Die Gerundiumkonstruktion statt Modalsatz

Grundwissen: Die Konstruktion mit dem einfachen Gerundium kann
auch Nebensätze ersetzen, die im Deutschen durch die Konjunktion
indem eingeleitet werden (1). Für diesen Typ von Nebensatz gibt es keine
einheitliche Bezeichnung. Hier wird er in Anlehnung an die Deutsche
Grammatik als *Modalsatz* bezeichnet. Das Spanische besitzt keine
Konjunktion, die der deutschen Konjunktion *indem* entspricht (→ 9.2.7.).

(1) Le haces un favor **visi-
tándole.**

*Indem du ihn besuchst, tust
du ihm einen Gefallen.*

Yéndose a la playa, pasa
agradables vacaciones.

*Indem er an den Strand fährt,
verbringt er angenehme Ferien.*

6.10.4.6. Die Gerundiumkonstruktion anstelle eines nebengeordneten Hauptsatzes

Grundwissen: Gerundiumkonstruktionen können nicht nur verschiedene Nebensätze ersetzen, manchmal können sie auch anstelle eines nebengeordneten bzw. mit *y* (und) verbundenen Hauptsatzes (→ 9.1.) stehen (1).

(1) *Barcelona tiene dos millo-* *Barcelona hat zwei Millionen*
*nes, **siendo** la segunda ciu-* *und ist der Einwohnerzahl nach*
dad de España en habitan- *die zweite Stadt Spaniens.*
tes.

Mi hermano y yo nos que- *Mein Bruder und ich standen*
*damos callados, **mirándo-*** *schweigend da und schauten*
***nos**.* *einander an.*

Hinweis: Bei der Wiedergabe der Gerundiumkonstruktion fügt man im Deutschen oft das Wort *dabei* ein, um die Gleichzeitigkeit der nebengeordneten Hauptsätze anzuzeigen (2).

(2) *Lo dijo **sonriéndole**.* *Sie sagte es und lächelte ihn*
dabei an.

Übungen

1. Übersetzen Sie ins Spanische und benutzen Sie dabei nach Möglichkeit ein Gerundium:

a. Als ich aus dem Theater kam, traf ich meinen Französischlehrer.
b. Während ich einen Brief schrieb, kam mein Freund an.
c. Da sie krank war, konnte sie die Arbeit nicht beenden.
d. Wenn wir den Fünf-Uhr-Zug nehmen, werden wir gegen zehn Uhr
ankommen.
e. Als ich im Geschäft war, sah ich Juan.
f. Auch wenn ich mehr Geld hätte, würde ich diese Reise nicht machen.
g. Ich ging aus dem Haus und verschloss die Haustüre.
h. Der Dieb floh und wurde danach von der Polizei gefasst.
i. Auch wenn schlechtes Wetter sein sollte, werden wir einen Rundgang
machen.
j. Nachdem sie ihre Arbeit beendet hatten, gingen sie weg.

Lösungen

1. a. Saliendo del teatro me encontré con mi profesor de francés.
b. Escribiendo yo una carta, llegó mi amigo.
c. Estando enferma, no pude terminar el trabajo.
d. Tomando el tren de las cinco llegaremos hacia las diez.
e. Estando en la tienda, vi a Juan.
f. Aun teniendo más dinero, yo no haría ese viaje.
g. Salí de casa, cerrando la puerta de la calle.
h. El ladrón huyó, siendo cogido después por la policía.
i. Aún haciendo mal tiempo, haremos un recorrido.
j. Habiendo terminado su trabajo, se fueron.

6.11. Die Partizipien *(Los participios)*

Grundwisssen: Das Spanische und das Deutsche besitzen jeweils zwei Partizipien: ein **Partizip Präsens** (1) und ein **Partizip Perfekt** (2). Im Deutschen lautet das Partizip Präsens oder Partizip I (Mittelwort) *lesend*, das **Partizip Perfekt** oder Partizip II *gelesen*. Das Partizip Präsens ist im Spanischen nur mehr wenig im Gebrauch, wenn man von gewissen mehr oder minder festen Verwendungen dieses Partizips absieht (→ weiter unten).

(1) *el día siguiente*   der folgende Tag
     la parte correspondiente   der entsprechende Teil
     los participiantes   die Teilnehmer
                                  (eigentlich: die Teilnehmenden)

(2) *el tiempo previsto*   die vorgesehene Zeit
     el respecto debido al autor der dem Autor geschuldete Respekt ·

6.11.1. Der Gebrauch des Partizip Perfekt *(Participio pasado)*

Regel: Das Partizip Perfekt der spanischen Verben kommt in der Grammatik mehrfach zum Einsatz:

● Mit dem Partizip Perfekt bildet man sämtliche **zusammengesetzte Verbformen** aller Tempora und Modi, aber auch des Infinitivs und des Gerundiums (→ 6.1.).

● Das Partizip Perfekt verwendet man zur Bildung des **Passivs** (→ 6.8.).

● Das Partizip Perfekt verwendet man zur Bildung von **Verbalperiphrasen** (→ 6.12.3.1.).

● Das Partizip Perfekt kann oft wie ein **qualifizierendes Adjektiv** verwendet werden (→ 3.1.3.).

● Das Partizip Perfekt wird in so genannten **Partizipialkonstruktionen** verwendet (→ 6.11.2.).

6.11.2. Das Partizip Perfekt in Partizipialkonstruktionen

Grundwissen: Mit dem Partizip Perfekt kann man verschiedene Nebensätze verkürzen. Diese Verwendung des Partizips bezeichnet man als **Partizipialkonstruktion**. In der gesprochenen Sprache greift man natürlich nur selten auf Partizipialkonstruktionen zurück. Dafür tut man es in der geschriebenen Sprache (Bücher, Zeitungen) umso mehr.

Regel: Im Spanischen gibt es zwei Arten von Partizipialkonstruktionen:

● Die **verbundene Partizipialkonstruktion** *(construcción conjunta)* oder mit der lateinischen Bezeichnung: das *Participium coniunctum* (1).

● Die **absolute Partizipialkonstruktion** *(construcción absoluta)* (2).

(1)   *Prodi anunció su decisión,*   *Prodi machte seinen Beschluss*
        contenida en una simple   *bekannt, der in einem einfachen*
        frase: ...   *Satz enthalten war.*

(2)   *Una vez firmado el con-*   *Nachdem der Vertrag einmal*
        trato, el puesto será tuyo.   *unterschrieben ist, wird die Stelle*
                                             dir gehören.

6.11.2.1. Die verbundene Partizipialkonstruktion

Regel: Die verbundene Partizipialkonstruktion kann man immer dann anwenden, wenn das Subjekt des zu verkürzenden Nebensatzes – sehr oft handelt es sich dabei um einen Relativsatz – auf ein Nomen oder eine Nominalgruppe des Hauptsatzes bezogen ist (1).

(1)   *Marte fue más parecido*   *Der Mars war nach den Daten,*
        a la Tierra de lo que se   *die vom „Pathfinder" gesandt*
        creía, según los datos,   *wurden, der Erde ähnlicher als*
        enviados por la „Path-   *man glaubte.*
        finder".

Hinweis: Beispielsatz (1) zeigt, dass das Spanische durch Verwendung der verbundenen Partizipialkonstruktion einen langen Relativsatz, wie ihn das Deutsche formulieren muss, vermeiden kann.

Weitere Beispiele für verbundene Partizipialkonstruktionen

(2)   ***Las últimas concesiones***   *Die letzten Konzessionen, die*
        ***anunciadas** minutos antes*   *Minuten vorher von L. bekannt-*
        por L. ...   *gemacht wurden, ...*

*Una sospecha siempre pre-
sente pero que se hizo más
fuerte tras el estudio de un
meteorito marciano reco-
gido en la Antártida.*

*Ein Verdacht, der immer vorhan-
den war, der sich aber nach der
Untersuchung eines Mars-Me-
teoriten, der in der Antarktis ge-
funden worden war, immer mehr
erhärtete.*

*La gente volverá al fútbol
mañana y llenará un esta-
dio recién remodelado.*

*Die Leute werden sich morgen
wieder dem Fußball zuwenden
und ein Stadion füllen, das erst
kürzlich umgestaltet wurde.*

6.11.2.2. Die absolute Partizipialkonstruktion

Regel: Die absolute Partizipialkonstruktion, die eher selten vorkommt, verwendet man, wenn der zu verkürzende Nebensatz ein eigenes Subjekt hat. Das mit diesem Subjekt in Geschlecht und Zahl übereingestimmte Partizip steht in der Partizipialkonstruktion an erster Stelle. Die Partizipialkonstruktion selbst geht dem Hauptsatz voraus (1).

(1) *Oídas las partes, se dictó
sentencia.*

*Nachdem die Parteien gehört
worden waren, fällte man ein
Urteil.*

*Rotas las negociaciones,
comenzó la guerra.*

*Nachdem die Verhandlungen
abgebrochen worden waren, begann der Krieg.*

*Queman todo el trigo ...
para que, quitada la espe-
ranza de la vuelta a la pa-
tria, estuvieran más dispues-
tos a soportar todos los
peligros.*

*Sie verbrennen das ganze Ge-
treide, damit sie, nach dem Ver-
lust der Hoffnung auf eine Rück-
kehr in die Heimat bereiter seien,
alle Gefahren zu ertragen.*

6.12. Die Verbalperiphrasen *(Perífrasis verbales)*

Grundwissen: Unter **Verbalperiphrasen** oder auch „verbalen Umschreibungen" versteht man die Verbindung aus einem als Hilfsverb fungierenden konjugierten (= finiten) Verb mit einer der drei infiniten Verbformen Infinitiv, Gerundium oder Partizip. Eine Reihe von Verben kann als Hilfsverb *(verbo auxiliar)* fungieren und sich mit einer der drei infiniten Formen verbinden. Im Deutschen gibt man Verbalperiphrasen in der Regel mit Hilfe von Adverbien wieder.

Man kann drei Typen von Verbalperiphrasen unterscheiden:

1.   **Hilfsverb**   **+**   **Infinitiv**   →   6.12.1.

2.   **Hilfsverb**   **+**   **Gerundium**   →   6.12.2.

3.   **Hilfsverb**   **+**   **Partizip**   →   6.12.3.

Hinweis: Das Hilfsverb der Verbalperiphrase steht in der Regel nur in einfachen Tempus- bzw. Modusformen. Nur wenige als Hilfsverb verwendete Verben können auch als zusammengesetzte Verbformen vorkommen (1).

(1)   *Hemos llegado a acos-*   *Wir haben uns schließlich an*
     tumbrarnos al ruido.   *den Lärm gewöhnt.*

6.12.1. Verbalperiphrasen mit Infinitiv

Grundwissen: Die Verbalperiphrasen Hilfsverb + Infinitiv sind zahlreich. Meistens steht zwischen dem Hilfsverb und Infinitiv eine Präposition.

6.12.1.1. Verbalperiphrasen mit der Präposition *a*

Grundwissen: Die mit der Präposition *a* gebildeten Verbalperiphrasen lassen sich in drei Gruppen gliedern. Die 1. Gruppe nimmt vor allem Bezug auf den Anfang einer Handlung, die 2. Gruppe auf das Resultat derselben und die 3. Gruppe auf den Aspekt der Wiederholung einer Handlung.

Zur **1. Gruppe** gehören folgende Verbalperiphrasen:

(a)   *ir a* **+ Infinitiv**

Bezeichnet ein unmittelbar bevorstehendes Geschehen. Man verwendet daher *ir a* + Infinitiv auch als Ersatz für das Futuro (→ 6.3.4.) und *iba a* + Infinitiv als Ersatz für das *Condicional simple* (→ 6.5.1.) (1). Im Deutschen entspricht dieser Konstruktion ein Futur, und wenn *ir* im Imperfekt steht, Umschreibungen wie *die Absicht haben*, *wollen* (2).

(1)   *Vamos a comer enseguida.*   *Wir werden sofort essen.*

Hinweis: *Vamos a* + Inf. verwendet man auch als Ersatz für den Imperativ (→ 6.7.).

(2) *Iba a hacer una excursión.* *Er wollte einen Ausflug machen.*

(b) *meterse a* + Infinitiv/*ponerse a* + Infinitiv

Den beiden Verbalperiphrasen entspricht im Deutschen der Ausdruck *anfangen zu, sich anschicken zu* (1).

(1) *Se puso a estudiar a las*   *Um Mitternacht fing er mit dem*
     doce de la noche.   *Lernen an.*

(c) *echar(se) a* + Infinitiv/*romper a* + Infinitiv

Die erste Verbalperiphrase bezieht sich vor allem auf Verben der Bewegung und auf Verben, die den plötzlichen Ausbruch einer Gemütsbewegung bezeichnen (z. B. *in Tränen ausbrechen* usw.) (1). Auf ähnliche Weise bezeichnet auch die zweite Verbalperiphrase den plötzlichen Beginn einer Handlung oder eines Geschehens (2).

(1) *El niño se echó a llorar.* *Das Kind begann plötzlich zu*
                                  weinen/brach in Tränen aus.
     Echó a correr tras el   *Er lief los hinter dem Autobus her.*
     autobús.

(2) *Rompió a hablar.*   *Plötzlich fing er zu reden an.*

(d) *lanzarse/liarse/soltarse a* + Infinitiv

Die drei Verbalperiphrasen bezeichnen zunächst den Beginn einer Handlung oder eines Geschehens. Dabei wird aber je nach verwendetem Verb dazu Stellung genommen, wie es zu diesem „Beginn" gekommen ist: Ob der Beginn der Handlung plötzlich und unüberlegt war (= *lanzarse a; soltarse a*) (1, 2) oder ob man sich auf ein schwieriges und langwieriges Unternehmen eingelassen hat (= *liarse a*) (3). Die deutschen Entsprechungen sind ziemlich unterschiedlich, da sie dem jeweiligen Kontext angepasst werden müssen.

(1) *Me he lanzado a vender*   *Ich habe mich in den Verkauf von*
     enciclopedias.   *Enzyklopädien gestürzt.*

(2) *A los quince meses, el niño se soltó a andar.* Mit fünfzehn Monaten begann das Kind plötzlich zu gehen.

(3) *No quiere salir de casa, se lía a ver la televisión y no habla con nadie.* Er will nicht aus dem Haus, sieht nur fern und spricht mit niemandem.

Zur **2. Gruppe** gehören folgende Verbalperiphrasen:

(a) *llegar a* + Infinitiv

Das im Infinitiv stehende Verb der Verbalperiphrase bezeichnet das Ende eines Vorganges bzw. Geschehens. Im Deutschen gibt es vier mögliche Entsprechungen:
a. Die Adverbien *schließlich, endlich*   (1)
b. Die Verben *es schaffen zu, können*   (2)
c. Das verneinte Verb *es nicht schaffen zu*   (3)
d. Das Verb *werden* in Verbindung mit dem Adverb *schließlich* (4)

(1) *Ayer llegué a conocer a tu profesor.* Gestern habe ich endlich deinen Lehrer kennen gelernt.

(2) *Llego a nadarme cinco kilómetros.* Ich schaffe es, fünf Kilometer zu schwimmen.

(3) *No llegó a coger el avión.* Er konnte das Flugzeug doch nicht erreichen.

(4) *Han llegado a ser muy ricos.* Sie sind schließlich sehr reich geworden.

(b) *venir a* + Infinitiv

Das im Infinitiv stehende Verb der Verbalperiphrase bezeichnet das Ende eines Vorganges bzw. Geschehens. Im Deutschen gibt es drei mögliche Entsprechungen.
a. Das Adverb *ungefähr, etwa*   (1)
b. In Verbindung mit *ser* das Verb *werden*   (2)
c. Die Umschreibung *fast so weit sein, zu* u.Ä.m.   (3)

(1) *Vienen a tener la misma edad.* Sie haben ungefähr dasselbe Alter.

(2)   *Con el tiempo, vino a ser*   *Mit der Zeit wurde er Millionär.*
        millonario.

(3)   *Vengo a decir que ...*   *Ich möchte beinahe behaupten,*
                                      dass ...

        Vino a saberse en toda la   *Es wurde im ganzen Dorf be-*
        aldea.   *kannt.*

(c)   *pasar a* + Infinitiv

Die Verbalperiphrase bedeutet wörtlich *„von einer Tätigkeit zu einer anderen übergehen"* und wird besonders mit Verben wie *analizar, estudiar, hablar, leer* usw.gebraucht. Im Deutschen entspricht die Umschreibung *„dazu übergehen, zu ..."* oder die Verwendung der Adverbien *nun, dann* (1).

(1)   *Pasamos a hablar de cine.*   *Wir sprachen dann vom Kino.*

(d)   *acertar a* + Infinitiv

Das Verb *acertar* (das Ziel/das Richtige treffen, erraten) kann in Verbindung mit einem Infinitiv zwei Bedeutungen annehmen, die man im Deutschen einerseits mit Hilfe des Adverbs *zufällig (gerade)* (1), andererseits mit *gelingen* wiedergeben kann. In letzterem Fall ist das Verb verneint (2).

(1)   *Acertó a pasar por allí*   *Zufällig kam dort eine Frau vor-*
        una mujer.   *bei.*

(2)   *No acierta a hablar.*   *Er bringt kein Wort hervor.*

Zur **3. Gruppe** gehört nur die Verbalperiphrase *volver a* + Infinitiv:

(a)   *volver a* + Infinitiv

Das Verb *volver* (zurückkehren) bringt in der Umschreibung zum Ausdruck, dass ein Geschehen oder eine Handlung wiederholt wird bzw. noch einmal abläuft. Damit erklären sich die deutschen Entsprechungen *wieder, noch einmal, von neuem, neuerdings, nochmals* (1).

(1)   *Volví a leer el artículo.*   Ich habe den Artikel noch ein-
                                               mal gelesen.

        Vuelve a hacerlo.   Er macht es noch einmal.

6.12.1.2. Verbalperiphrasen mit der Präposition *de*

Grundwissen: Mit Hilfe der Präposition *de* werden vier wichtige Verbalperiphrasen gebildet, die alle eine unterschiedliche Bedeutung zum
Ausdruck bringen.

1.   *acabar de* + Infinitiv

Mit *acabar de* + Inf. bezieht man sich auf einen Zeitpunkt, der zwar der
Vergangenheit angehört, aber kurz vor der Gegenwart liegt. Das
Geschehen bzw. die Handlung hat sich unmittelbar zuvor ereignet. Im
Deutschen entsprechen vor allem die Adverbien *soeben, gerade* in
Verbindung mit einem Tempus der Vergangenheit (1).

(1)   *Acabo de llegar a casa.*   Ich bin soeben nach Hause ge-
                                               kommen.

Hinweis: Die verneinte Verbalperiphrase bedeutet, dass etwas trotz
mehrmaliger Versuche nicht gelungen ist (2).

(2)   *Eso no acaba de gustarme.*   Das gefällt mir einfach nicht.

        No acabo de entender.   Ich kann nicht verstehen.

2.   *dejar de* + Infinitiv

Die Verbalperiphrase bringt zum Ausdruck, dass ein erwartetes
Geschehen, ein Zustand oder eine Gewohnheit nicht mehr eingetreten ist
(1). Im Deutschen entspricht am besten die Umschreibung mit *„etwas nicht
mehr tun"*. In verneinter Form bedeutet *dejar de* + Inf., dass eine Handlung weitergeführt wird. In diesem Fall entsprechen im Deutschen die
Adverbien *weiter* und *unaufhörlich,* aber auch andere Wiedergaben sind
möglich (2). Schließlich verwendet man die verneinte Verbalperiphrase im
Imperativ, was in etwa einem deutschen *„bitte"* + Imperativ oder der
Formulierung *„versäume nicht/versäumen Sie nicht zu ..."* oder *„vergiss
nicht/vergessen Sie nicht zu ..."* entspricht (3).

(1)	*Ha dejado de fumar.*	*Er hat zu rauchen aufgehört./Er raucht nicht mehr.*
(2)	*No deja de llover.*	*Es regnet unaufhörlich.*
(3)	*No deje de venir a verme.*	*Vergessen Sie nicht mich zu besuchen.*

3. *deber de* + Infinitiv

Im Gegensatz zum Modalverb *deber* (müssen) drückt die Verbalperiphrase *deber de* + Inf. eine Vermutung aus. Das deutsche Modalverb *müssen* kann grundsätzlich auch in diesem Sinn gebraucht werden (z. B. *Er muss es gewesen sein.*). Es gibt aber noch andere Möglichkeiten der Entsprechung: z. B. das Modalverb *dürfen* oder Adverbien wie *wohl, sicher* (1). Wenn das Modalverb *deber* im Konditional steht, sind im Deutschen noch andere Entsprechungen möglich (2).

(1)	*Debe de tener fiebre.*	*Sie muss Fieber haben.*
	Debe de hacer frío.	*Es dürfte kalt sein.*
(2)	*Deberías de ganar más.*	*Du müsstest eigentlich mehr verdienen.*

4. *haber de* + Infinitiv

Die Verbalperiphrase ist weniger gebräuchlich als *tener que*. Im Deutschen entsprechen meist die Modalverben *müssen/sollen* (1).

(1)	*Hube de creerlo.*	*Ich musste es glauben.*
	Ha de haber muchos.	*Es sind sicherlich viele.*

Hinweis: In Verbindung mit *siempre* (immer) erhält die Verbalperiphrase einen tadelnden Ton (2).

(2)	<u>*Siempre*</u> *has de llamar la atención.*	*Immer musst du auffallen.*

6.12.1.3. Verbalperiphrasen mit der Präposition *en*

Grundwissen: Mit Hilfe der Präposition *en* werden zwei Verbalperiphrasen gebildet: *quedar en* + Infinitiv und *tardar en* + Infinitiv. Der ersten

Periphrase entspricht im Deutschen der umschreibende Ausdruck *„bei etwas verbleiben/sich verabreden zu ...“* (1) und der zweiten der umschreibende Ausdruck *„etwas nicht gleich tun“* (2). Die deutsche Entsprechung muss natürlich dem jeweiligen Kontext angepasst werden.

(1) *Pedro quedó en venir a cenar con nosotros.*   *Pedro verabredete sich mit uns zum Abendessen.*

(2) *Juan tarda en escribir una carta.*   *Juan braucht ewig, um einen Brief zu schreiben.*
Tardó en contestar.   *Er zögerte mit der Antwort/antwortete nicht gleich.*

6.12.1.4. Die Verbalperiphrase *estar para* + Infinitiv

Die Verbalperiphrase bedeutet *„im Begriff sein etwas zu tun“*, *„kurz davor stehen zu ...“*. Eine mögliche Wiedergabe im Deutschen ist das Adverb *gleich* (1).

(1) *Estoy para marcharme.*   *Ich bin im Begriff abzureisen.*

Está para llover.   *Es wird gleich anfangen zu regnen.*

6.12.1.5. Verbalperiphrasen mit der Präposition *por*

(a)   *acabar por/terminar por* + Infinitiv

Die Grundbedeutung der beiden Verbalperiphrasen ist *„schließlich etwas tun“*. Damit wird der Abschluss einer Handlung oder eines Geschehens angezeigt. Im Deutschen entsprechen die Adverbien *schließlich, endlich* bzw. die adverbiellen Ausdrücke *am Ende, zum Schluss* (1). Eine gleichbedeutende Verbalperiphrase ist *acabar* + Gerundium (→ 6.12.2.8.).

(1) *Acabarás por arruinarte.*   *Du wirst dich letztendlich zugrunde richten.*

(b)   *darle (a uno) por* + Infinitiv

Die komplexe Verbalperiphrase bezieht sich auf eine Handlung, die jemand überraschend und unerwartet ausführt (1). Im Deutschen entspricht etwa *„plötzlich einer Sache verfallen“*.

(1) *Ahora le ha dado por escri-*   *Jetzt ist er plötzlich dem Brief-*
      bir cartas.   *schreiben verfallen.*

(c)   *empezar por/comenzar por* + **Infinitiv**

Die Grundbedeutung der beiden Verben ist *„mit etwas beginnen"*. Im Deutschen gibt man die beiden Umschreibungen in der Regel mit Hilfe einer Infinitivkonstruktion (*damit beginnen zu*) wieder oder durch Verwendung des Adverbs *zuerst* (1). Die Verbindung von *empezar* und *comenzar* mit einem Gerundium ist gleichbedeutend (→ 6.12.2.7.).

(1) *Comenzó por decir que ...*   *Er sagte zuerst, dass ...*

      Empezó por declarar que ...   *Er erklärte zuerst, dass ...*

(d)   *estar por* + **Infinitiv**

Bei dieser Verbalperiphrase ist eine zweifache Verwendung zu unterscheiden. Wenn das Subjekt eine Person ist, bedeutet die Umschreibung *„geneigt sein zu ..."* (1). Wenn es sich beim Subjekt um eine Sache handelt, ist die Umschreibung am besten mit *„dazu bestimmt sein zu ..."*, *„dazu da sein zu ..."* wiederzugeben (2). Hierher gehört auch manche Wendung (3).

(1) *Estoy por decir que ...*   *Ich würde beinahe sagen, dass ...*
      Estoy por venderlo.   *Ich bin dafür, es zu verkaufen.*

(2) *Las camas están por hacer.*   *Die Betten müssen noch gemacht*
                                       werden/sind noch zu machen.
      Esto está todavía por hacer.   *Das muss noch erledigt werden.*

(3) *Está por ver.*   *Man wird sehen/Das ist nicht si-*
                                       cher/Es steht noch bevor.

(e)   *pasar por* + **Infinitiv**

Bei der verbalen Umschreibung *pasar por* + Inf. handelt es sich um ein spezielles Passiv (→ 6.8.), dem im Deutschen die passive Form *„gehalten werden für"* entspricht (1).

(1) *El chico **pasa por ser***   *Das Kind wird für das Genie der*
      el genio de la familia.   *Familie gehalten.*

6.12.1.6. Verbalperiphrase ohne Präposition: *soler* + Infinitiv

Das Verb *soler* bedeutet *„pflegen, gewohnt sein"*. Im Deutschen gibt man die Infinitivkonstruktion in der Regel mit Hilfe des Adverbs *gewöhnlich* wieder (1).

(1) *Suelo venir aquí los martes.* Ich komme gewöhnlich dienstags hierher.

6.12.1.7. Verbalperiphrase mit *que: tener que/haber que* + Infinitiv

Beide Verbalperiphrasen bezeichnen die Notwendigkeit und werden daher im Deutschen in der Regel mit dem Modalverb *müssen* wiedergegeben. Während *haber que* ein unpersönliches Verb ist, das nur in der 3. Person Singular (z. B. *hay, había*) und in einfachen Zeitformen vorkommt (1), bezieht sich *tener que* jeweils auf die Person, die eine Handlung ausführen muss (2). *Tener que* ist mit dem weniger gebräuchlichen *haber de* + Inf. (→ 6.12.1.2.) bedeutungsgleich.
Wenn die beiden Verbalperiphrasen verneint sind, gibt es im Deutschen zwei Möglichkeiten der Entsprechung: *nicht brauchen* und *nicht dürfen* (3). Wenn noch zusätzlich *más* eingefügt ist, entspricht der Ausdruck *nur brauchen* (4).

(1) *Hay que trabajar.* Man muss arbeiten.

(2) *Tenemos que trabajar.* Wir müssen arbeiten.
     Tengo que verlo. Ich muss ihn sehen.

(3) *No hay que olvidar que ...* Man darf nicht vergessen, dass ...
     No tengo que preguntar. Ich brauche nicht zu fragen.

(4) *No hay más que decirlo.* Man braucht es nur zu sagen.
     No tienes más que decír- Du brauchst es mir nur zu sagen.
     melo.

6.12.2. Verbalperiphrasen mit Gerundium

Grundwissen: Eine Reihe von Verben kann in der Verbindung mit einem Gerundium Periphrasen bilden, die dem Gerundium noch eine zusätzliche Bedeutungsnuance geben.

6.12.2.1. *andar* + Gerundium

Regel: Die Verbalperiphrase *andar* + Gerundium verleiht der gerade ver-
laufenden Handlung bzw. dem gerade verlaufenden Geschehen eine
zumindest leicht missbilligende Bewertung. Bei der Wiedergabe ins
Deutsche kann man den despektierlichen Ton durch die Einfügung von
Adverbien wie *immerzu* oder von Verbpräfixen wie *herum-* u.Ä. zum
Ausdruck bringen (1).

(1)   *Anda buscando empleo.*   *Sie ist immerzu auf Arbeitssuche.*

       Siempre anda molestando   *Er stört immerzu alle.*
       todo el mundo.

6.12.2.2. *estar* + Gerundium

Regel: Die Verbalperiphrase *estar* + Gerundium, die wichtigste gerun-
diale Umschreibung, wird auch als *forma continua* („Dauerform") bezeich-
net, weil sie zum Ausdruck bringt, dass eine Handlung/ein Geschehen sich
im Moment des Sprechens gerade vollzieht (1). Mit Hilfe von *estar* +
Gerundium kann man sich aber auch auf vergangene andauernde
Handlungen und Ereignisse beziehen. In diesem Fall bildet meist das
Tempus des Hauptsatzes den Zeitpunkt, zu dem die gerundiale
Umschreibung als andauernde Handlung in Bezug gesetzt wird (2). Im
Deutschen gibt man die Umschreibung meist mit Hilfe des Adverbs *gerade* oder der Formulierung *„bei einer Tätigkeit sein"* wieder. Bei Bezug auf
eine länger andauernde Tätigkeit entspricht im Deutschen der Ausdruck
zurzeit oder *gegenwärtig*.

(1)   *¿Qué haces? – Estoy co-*   *Was tust du? – Ich esse gerade.*
       miendo.

       Ana está trabajando en   *Anna arbeitet zurzeit in einem*
       un hospital.   *Krankenhaus.*

       Estuvo cantando toda la   *Er hat den ganzen Morgen über*
       mañana.   *gesungen.*

(2)   *Estaba viendo la televisión,*   *Ich sah gerade fern, als mein*
       cuando llegó mi amigo.   *Freund ankam.*

Hinweis: Die Form *estar* wird beim Sprechen gelegentlich weggelassen. Dies geschieht vor allem in Verbindung mit dem Adverb *siempre* (immer) (3).

(3)   *–¡Ay, hija, usted siempre*   *Ach Kind, zu allem sagen Sie*
    diciendo a todo que no!   *nein!*

6.12.2.3. *seguir* + Gerundium
continuar + Gerundium

Regel: Die beiden Verben zeigen durch ihre Bedeutung *„fortfahren, weitergehen"* an, dass die im Gerundium stehende Handlung fortgesetzt wird bzw. weitergeht (1). Im Deutschen entsprechen die Adverbien *weiter, weiterhin* und *noch* bzw. *noch immer*. Die beiden Umschreibungen sind bedeutungsgleich mit der Verbindung *estar todavía* + Gerundium (2).

(1)   *Seguimos buscando empleo.*   *Wir suchen noch immer Arbeit.*

       Continuamos trabajando   *Wir arbeiten weiter/noch in der-*
       en la misma fábrica.   *selben Fabrik.*

(2)   *Sigo trabajando allí.*   *Ich arbeite noch immer dort.*
  = *Todavía estoy trabajando*   *Ich arbeite noch immer dort.*
      allí.

6.12.2.4. *llevar* + Gerundium

Regel: Die Verbalperiphrase gibt an, seit wie lange ein Geschehen/eine Handlung andauert (1). Im Deutschen entsprechen Zeitangaben mit Hilfe der Präposition *seit* oder Fragesätze nach dem Muster *„Wie lange ... schon?"*.

(1)   *Llevo viviendo aquí cinco*   *Ich wohne seit fünf Jahren hier.*
       años.

       Llevaba trabajando en esa   *Er arbeitete seit sieben Wochen*
       ciudad siete semanas.   *in dieser Stadt.*

       ¿Cuánto tiempo llevas estu-   *Wie lange lernst du schon Spa-*
       diando español?   *nisch?*

6.12.2.5. *ir* + Gerundium

Regel: Die Umschreibung *ir* + Gerundium bezeichnet das langsame und allmähliche Fortschreiten einer Handlung bzw. eines Geschehens (1). Die Bedeutung der Verbalperiphrase kommt der Bedeutung von *estar* + Gerundium (→ 6.12.2.2.) gleich, wenn man dieser Umschreibung den Ausdruck *poco a poco* hinzufügt (2). Im Deutschen entspricht am besten das Adverb *allmählich, langsam, nach und nach, zusehends* usw.

(1)	*La playa iba llenándose de gente.*	*Der Strand füllte sich nach und nach mit Leuten.*
	Voy comprendiendo el problema.	*Langsam verstehe ich das Problem.*
	Los precios van bajando.	*Die Preise sind im Sinken begriffen.*
(2)	*Vamos aumentando nuestros conocimientos de español.*	*Schön langsam vergrößern wir unsere Spanischkenntnisse.*
=	*Poco a poco estamos aumentando nuestros conocimientos de español.*	

6.12.2.6. *venir* + Gerundium

Regel: Die Verbalperiphrase bezeichnet ein gewohnheitsmäßig wiederholtes Geschehen bzw. eine wiederholte Handlung, die in der Vergangenheit begonnen hat und bis in die Gegenwart reicht. Im Deutschen entsprechen Formulierungen wie *seit einiger Zeit, schon immer, immer wieder, schon öfters, bisher* u.Ä.m. (1).

(1)	*Aquí vienen sucediendo cosas muy raras.*	*Hier geschehen seit einiger Zeit sehr sonderbare Dinge.*
	Vengo diciendo que es imposible.	*Schon immer habe ich gesagt, dass es unmöglich ist.*

6.12.2.7. *empezar* + Gerundium
comenzar + Gerundium

Regel: Die Verbalperiphrase bezieht sich auf den Beginn einer Handlung oder eines Geschehens. Sie ist bedeutungsgleich mit der infinitivischen

Periphrase *empezar/comenzar por* + Infinitiv (→ 6.12.1.5.). Im Deutschen entsprechen Formulierungen wie *„anfangs, zu Beginn, zuerst"* (1).

(1) *Empezó diciendo que esta-*	*Zuerst sagte er, dass er über den*
ba muy contento de la ca-	*herzlichen Willkommensgruß sehr*
lurosa bienvenida.	*erfreut sei.*
= *Empezó por decir que ...*	

6.12.2.8. *acabar* + Gerundium
terminar + Gerundium

Regel: Die Verbalperiphrase bezieht sich auf den Abschluss einer Handlung/eines Geschehens und gibt an, was letztendlich doch noch geschehen ist. Sie ist bedeutungsgleich mit der infinitivischen Periphrase *acabar/terminar por* + Infinitiv (→ 6.12.1.5.). Im Deutschen entsprechen vor allem Adverbien wie *„schließlich, endlich, zuletzt, am Ende"* (1) und wenn es um eine künftige Handlung geht, das Adverb *„noch"* (2).

(1) *Acabó durmiéndose.*	*Schließlich schlief er dann doch ein.*
Siempre acaba enfadán-	*Am Ende ärgert er sich immer.*
dose.	
(2) *Acabarás haciendo lo que*	*Am Ende wirst du doch noch*
ella diga.	*tun, was sie sagt.*

Hinweis: Die Verbalperiphrase kann sich auch auf das Ende der Tätigkeit selbst beziehen: z. B. *acabar afilando* (fertig schleifen).

6.12.2.9. *quedarse* + Gerundium

Regel: Die verbale Umschreibung bringt zum Ausdruck, dass eine Handlung/ein Geschehen noch längere Zeit fortdauerte. Im Deutschen entspricht vor allem das Adverb weiter und das Verbpräfix *weiter-* (z. B. *weiterlesen*) (1).

(1) *Me quedé trabajando ha-*	*Ich habe bis fünf Uhr früh (weiter)-*
sta las cinco de la mañana.	*gearbeitet.*
Los niños se quedaron	*Die Kinder sahen weiter fern.*
viendo la televisión.	

6.12.2.10. *salir* + Gerundium

Regel: Die Verbalphrase bezeichnet eine Handlung/ein Geschehen das plötzlich einsetzt. Verständlicherweise eignen sich Verben wie *correr, volar* oder auch *decir* von ihrer Bedeutung her besonders gut für den Einsatz in dieser Verbalperiphrase. Im Deutschen entsprechen vor allem das Adverb *„plötzlich"* und verschiedene Verbpräfixe (z. B. *weg-, los-, hinaus-*) (1).

(1) *Las lágrimas nos caían por la cara, y salimos corriendo al campo.*
        Die Tränen liefen uns über das Gesicht, und wir stürzten hinaus ins Freie.

     Juan salió diciendo que ...
        Juan legte plötzlich los und sagte, dass ...

Hinweis: Im Rahmen der Verbalperiphrase haben sich auch feststehende Wendungen herausgebildet (2).

(2) *salir ganando*
        als Gewinner hervorgehen
    salir perdiendo
        verlieren, den Kürzeren ziehen
    salir pitando de un sitio
        sich eilig davonmachen

6.12.3. Verbalperiphrasen mit dem Partizip Perfekt

Grundwissen: Einige spanische Verben können auch mit dem Partizip Perfekt eine Periphrase bilden. Dabei ist zu beachten, dass sich das Partizip Perfekt auf das Subjekt oder Objekt beziehen kann. Je nach Bezug muss das Partizip mit dem Subjekt bzw. Objekt in Geschlecht und Zahl übereingestimmt werden.

6.12.3.1. Verbalperiphrasen mit Subjektbezug

6.12.3.1.1. *seguir/continuar* + Partizip Perfekt

Regel: Die beiden Verbalperiphrasen beziehen sich auf einen Zustand, der weiterhin andauert. Im Deutschen verwendet man in diesem Fall ein Zustandsverb wie *sein* oder *stehen* und verbindet dieses mit dem Ausdruck *„immer noch"* (1).

(1) *Ana sigue preocupada.*
        Anna ist immer noch besorgt.
    Ellos siguen deprimidos.
        Sie sind immer noch deprimiert.

Mi televisor sigue estropeado.	*Mein Fernseher ist immer noch kaputt/beschädigt.*

Hinweis: Die Verbindung *aún immer noch* + *estar* ist mit den beiden Umschreibungen gleichbedeutend: *Mi televisor aún está estropeado.*

6.12.3.1.2. *quedar(se)* + Partizip Perfekt

Regel: Die Verbalperiphrase drückt aus, dass ein bestimmter Zustand fortbestanden hat. Im Deutschen entsprechen meist die Verbindung des Verbs *zurückbleiben* mit einem Partizip Perfekt oder andere Umschreibungen (1). Man beachte, dass es sich bei den Partizipien eigentlich um „Partizipien-Adjektive" handelt. Mit echten Partizipien Perfekt Passiv ändert sich die Bedeutung der Periphrase: Es wird ein völlig abgeschlossener Vorgang bezeichnet, dem im Deutschen ein ganz normales Passiv entspricht (2).

(1)	*El motor había quedado encendido.*	*Der Motor war noch eingeschaltet (geblieben).*
	Quedé absorto.	*Ich war sprachlos.*
(2)	*Quedó condenado a diez años de prisión.*	*Er wurde zu 10 Jahren Gefängnis verurteilt.*

Hinweis: Bestimmte Verbindungen von *quedar* + Partizip Perfekt sind zu festen Ausdrücken geworden (3).

(3)	*quedar embarazada*	*schwanger werden*
	quedarse dormido	*einschlafen*
	quedarse callado	*schweigen*
	quedarse parado	*stehen bleiben*

6.12.3.1.3. *ir/andar* + Partizip Perfekt

Regel: Statt *estar* + Partizip Perfekt verwendet man oft die Verben der Bewegung *ir* und *andar*, wenn man im Fall von Personen auf deren Äußeres oder auf ihre psychisch-emotionale Situation Bezug nehmen will (1). Zu *andar* + Partizip Perfekt greift man besonders dann, wenn der ausgedrückte Zustand an verschiedenen Orten und zu verschiedenen Zeiten beobachtet werden kann (2).

(1)	*Mi madre va muy preocupada.*	*Meine Mutter ist sehr besorgt.*

El profesor va muy dis-	*Der Lehrer ist sehr zerstreut.*
traído.	
Este reloj siempre va ade-	*Diese Uhr geht immer vor/nach.*
lantado/atrasado.	

(2) *Juan anda enamorado.* *Juan ist verliebt.*

6.12.3.2. Verbalperiphrasen mit Objektbezug

6.12.3.2.1. *tener* + Partizip Perfekt

Regel: Die Verwendung des mit dem Objekt übereingestimmten Partizip Perfekt unterstreicht den Abschluss einer ausgeführten Handlung und betont gegebenenfalls gleichzeitig die Mühe, die man sich bei der Ausführung dieser Handlung gemacht hat. So kommt es, dass man diese verbalen Umschreibungen im Deutschen oft mit Verben wiedergibt, denen die Präfixe *fertig-, aus-* u.Ä. vorausgehen (1).

(1) *Ya tengo leídos esos libros.*	*Ich habe diese Bücher schon (aus)gelesen.*
Tengo anotadas muchas anotaciones en mi agenda.	*Ich habe viele Bemerkungen in meinem Notizbuch notiert.*
Tengo andados 10 kiló-metros.	*Ich habe 10 Kilometer zurück-gelegt.*

6.12.3.2.2. *llevar* + Partizip Perfekt

Regel: Die verbale Umschreibung *llevar* + Partizip Perfekt verwendet man, wenn man den erreichten Zustand als Ergebnis einer vergangenen Handlung hervorheben will. Im Deutschen entsprechen verschiedene sprachliche Mittel wie z. B. Verben mit den Präfixen *aus-, durch-, fertig-* oder Adverbien wie *„bisher, schon"* (1).

(1) *Llevo leídos cinco capí-tulos.*	*Ich habe schon fünf Kapitel fertig-gelesen.*
Llevo ya vistos varios pi-sos y no me gusta ninguno.	*Ich habe schon verschiedene Wohnungen besichtigt und keine gefällt mir.*
Llevo gastadas 1000 pese-tas.	*Ich habe bisher tausend Peseten ausgegeben.*

6.12.3.2.3. *traer* + Partizip Perfekt

Regel: Ähnlich wie bei den beiden vorausgehenden Verbalperiphrasen erreicht man durch die Verwendung von *traer* + Partizip Perfekt die Hervorhebung eines Handlungsergebnisses, das bis in die Gegenwart hereinwirkt (1).

(1)   *Lo traigo bien estudiado.*   Ich habe es gründlich durchge-
nommen.

      Eso me trae convencido.   Das wirkt auf mich durchaus
überzeugend.

      *Traemos escrita ya mitad
del artículo.*   Wir haben schon die Hälfte des
Artikels geschrieben.

6.12.3.2.4. *dejar* + Partizip Perfekt

Regel: Die Verbindung von *dejar* mit dem Partizip Perfekt verweist insbesondere auf die Folgen einer abgeschlossenen Handlung. Im Deutschen entspricht in der Regel die Verbindung des Verbs *lassen* mit einem Infinitiv (1).

(1)   *He dejado olvidados mis
guantes.*   Ich habe meine Handschuhe
liegen lassen.

      *Juan dejó encendida la
luz.*   Juan hat das Licht brennen
lassen.

Hinweis: Das Verb *dejar* bedeutet in Verbindung mit den Partizipien *dicho* und *escrito* „ausrichten lassen" bzw. „einen Zettel mit der Nachricht hinterlassen, dass ..." (2).

(2)   *El profesor ha dejado
escrito que no viene.*   Der Lehrer hat einen Zettel mit
der Nachricht hinterlassen, dass
er nicht kommt.

6.12.3.2.5. *dar por* + Partizip Perfekt

Regel: Die Verbalperiphrase bedeutet im Deutschen „halten für, betrachten als" und wird auch im Deutschen in der Regel von einem Partizip Perfekt begleitet (1).

(1)   *Doy este asunto por terminado.*   Ich halte dieses Thema für er-
ledigt.

      Se da por satisfecha.   Sie gibt sich zufrieden.

7. Die Verneinung (La negación)

7.1. Das Negationswort *no*

Grundwissen: Es wird grundsätzlich mit *no* verneint. *No* bedeutet *nicht* oder *kein*. Die Stellung von *no* ist immer vor dem Verb (1).

(1)	*No venía.*	*Er kam nicht.*
	No trabajamos.	*Wir arbeiten nicht.*
	Siento mucho no poder venir.	*Leider kann ich nicht kommen.*
	No somos alemanes.	*Wir sind keine Deutschen.*
	No tengo dinero.	*Ich habe kein Geld.*
	No tengo esperanza.	*Ich habe keine Hoffnung.*

Hinweis: Steht *kein* beim Subjekt, so muss es durch andere Verneinungswörter wiedergegeben werden (2).

(2)	**Ninguna** *teoría convence más que la práctica.*	**Keine** *Theorie überzeugt mehr als die Praxis.*
	Ninguna *persona eso dicho.*	**Kein** *Mensch hat das gesagt.*

Hinweis: Zwar steht *no* immer vor dem Verb, wenn auch nicht immer unmittelbar. Kommt ein konjungiertes Hilfsverb hinzu, so rückt *no* weiter nach vorne im Satz, nämlich noch vor das Hilfsverb (3).

(3)	*No ha ayudado.*	*Er hat nicht geholfen.*
	No hemos cantado.	*Wir haben nicht gesungen.*
	No han escrito.	*Die haben nicht geschrieben.*

Hinweis: Treten jetzt noch ein oder mehrere unbetonte Objektpronomina hinzu, so rutscht *no* noch weiter im Satz nach vorne und steht auch noch vor diesen (4).

(4)	No me ha ayudado.	Er hat mir nicht geholfen.

(4)   *No me ha ayudado.*   *Er hat mir nicht geholfen.*
        No lo hemos cantado.   *Wir haben es nicht gesungen.*
        Juan no me lo ha dicho.   *Juan hat es mir nicht gesagt.*

No kann auch *nein* bedeuten (5):

(5)   *No, no tengo hambre.*   *Nein, ich habe keinen Hunger.*
        Digo que no.   *Ich sage nein.*
        Ahora voto que no.   *Jetzt stimme ich mit nein.*

7.2. Andere Negationswörter

Grundwissen: Außer *no* gibt es noch eine Reihe weiterer Negationswörter. Die Stellung dieser Negationswörter im Satz unterscheidet sich
erheblich von der Stellung des Negationswortes *no*.

Regel: Während *no* vor dem Verb stehen muss, können die anderen
Negationswörter vor oder hinter dem Verb stehen. Jedoch, steht ein anderes Negationswort hinter dem Verb, so muss vor dem Verb mit *no* zusätzlich verneint werden (doppelte Verneinung).

Die anderen Negationswörter

(1)	apenas	kaum
(2)	en absoluto	überhaupt nicht, keineswegs
(3)	nada	nichts
(4)	nadie	niemand
(5)	ni	und nicht, auch nicht, nicht einmal
(6)	ni ... ni	weder ... noch
(7)	ninguno	keiner
(8)	nunca	nie
(9)	ni siquiera	nicht einmal
(10)	tampoco	auch nicht

Beispiele

(1)   *No lo he conseguido*   *Ich habe es kaum geschafft.*
        apenas.
        Apenas lo he conseguido. *Ich habe es kaum geschafft.*

(2)   *Eso no nos gusta en abso-* *Das gefällt uns überhaupt nicht.*
        soluto.

(3)	*No ha oído nada.*	*Er hat nichts gehört.*	
(4)	*Nadie me ha ayudado.*	*Niemand hat mir geholfen.*	
(5)	*¡Ni hablar!*	*Das kommt nicht in Frage!*	
(6)	*Ni Juan ni Jorge lo quieren.*	*Weder Juan noch Jorge wollen es.*	
(7)	*No tengo ninguna amiga.*	*Ich habe keine Freundin.*	
(8)	*Nunca te he creído.*	*Nie habe ich dir geglaubt.*	
(9)	*Ni siquiera su padre viene.*	*Nicht einmal sein Vater kommt.*	
(10)	*Tampoco su hermana viene.*	*Seine Schwester kommt auch nicht.*	

7.3. Besondere Schwierigkeiten der spanischen Verneinungen

Grundwissen: Einige spanische Negationswörter können dem deutschen Sprecher erhebliche Schwierigkeiten bereiten, weil ihr Gebrauch teilweise kontrastiv zum Deutschen ist.

Regel: Die Negationswörter *nada* (1), *nadie* (2), *ninguno* (3), *nunca* (4) haben nach einem Komparativ positive Bedeutung (→ 3.2.4.2.).

(1)	*Ahora los coches son más caros que nada.*	*Autos sind jetzt teurer als sonst etwas.*
(2)	*Pedro se queja más que nadie.*	*Pedro jammert mehr als sonst jemand.*
(3)	*Ahora gana más que nunca.*	*Jetzt verdient er mehr als je zuvor.*
(4)	*En Alemania vivo mejor que en ningún otro país.*	*In Deutschland lebe ich besser als in irgendeinem anderen Land.*

Regel: Im Gegensatz zu den vorher genannten Negationswörtern, die nach dem Komparativ positive Bedeutung erhalten, bekommt *alguno* (1) negative Bedeutung, wenn es dem Nomen nachgestellt ist.

(1)   *No cabe duda alguna.*   *Es besteht kein Zweifel daran.*

Hinweis: Ein Satz könnte lauten:

     1. *No tengo **ningún** interés.*   *Ich habe **keinerlei** Interesse.*
     oder

     2. *No tengo interés **alguno**.*

     3. *No tengo **ningún** dinero.*   *Ich habe **kein bisschen** Geld.*
     oder

     4. *No tengo dinero alguno.*

Regel: Anders als im Deutschen dürfen im Spanischen nur Negationswörter in verneinten Sätzen verwendet werden (2).

(2)   *No he encontrado*   *Ich habe nie jemanden mit die-*
     nunca a nadie con esa   *sen Fähigkeiten angetroffen.*
     capacidad.

     No adeudo nada a   *Ich schulde niemandem etwas.*
     nadie.

     No dio nunca nada a   *Er gab niemals jemandem etwas.*
     nadie.

     Nunca hablan de nada   *Sie reden nie mit jemand über*
     con nadie.   *etwas.*

7.4. Verneinungen durch negative Vorsilben (Präfixe)

Grundwissen: Genauso wie im Deutschen, kann auch im Spanischen mit Vorsilben verneint werden. Die Vorsilbe *a-* gibt es sogar in beiden Sprachen als negative Vorsilbe.

Regel: Im Spanischen kann mit den Präfixen *a-, an-, des-, dis-, i-, im-, in-* und *ir-* verneint werden.

Negative Vorsilbe a-:

ateo	atheistisch
atípico	atypisch
aturrullado	sprachlos, unbesonnen,
ázimo	ungesäuert
amoral	a-/unmoralisch
anónimo	namenlos, anonym
anormal	regelwidrig

Negative Vorsilbe *an-:*

anteado	unverkäuflich, beschädigt
analfabeto	Analphabet
anovulatorio	Ovulationshemmer
anodoncia	Zahnlosigkeit

Negative Vorsilbe *des-:*

desabastecer	nicht mehr versorgen
desabollar	ausbeulen
desabrigar	nicht mehr schützen
desaconsejable	nicht ratsam
desacoplar	auskuppeln
desacostumbrado	nicht mehr gewöhnt, un-gebräuchlich
descontento	unzufrieden

Negative Vorsilbe *dis-:*

disconforme	nicht einverstanden
discontinuar	unterbrechen
disconvenir	nicht zusagen
disculpar	entschuldigen
disgustado	unwillig
disyunción	Trennung
disyuntor	Zündunterbrecher

Negative Vorsilbe *i-:*

ilegal	ungesetzlich
ilegible	unleserlich
ilegítimo	unehelich, unecht
ilimitado	unbegrenzt

Negative Vorsilbe *im-:*

impaciente	ungeduldig
impagable	unbezahlbar
imparable	unaufhaltbar
impasible	gefühllos
imposible	unmöglich

Negative Vorsilbe *in-:*

inimaginable	unvorstellbar
inimitable	unnachahmlich
inmaterial	nicht materiell, geistig
inmedicable	unheilbar
inmoral	unsittlich
inválido	arbeitsunfähig, ungültig

Hinweis: Man hat auch im Spanischen meist mehrere Möglichkeiten, einen negativen Sachverhalt auszudrücken. *„Ungültig"* z.B. wird am besten mit *sin valor* oder *inválido* wiedergegeben.

Negative Vorsilbe *ir-:*

irracional	unvernünftig
irreal	unwirklich
irreflexivo	unüberlegt
irregular	unregelmäßig

8. Die Präpositionen *(Las preposiciones)*

Grundwissen: Die Funktionen der spanischen Präpositionen sind im Wesentlichen identisch mit den Funktionen der deutschen Präpositionen (1), (2).

(1)	*Vivimos **en** Bochum.*	*Wir leben **in** Bochum.*
(2)	*Soy **de** Witten.*	*Ich bin **aus** Witten.*

Hinweis: Einige deutsche Präpositionen müssen im Spanischen durch präpositionale Fügungen wiedergegeben werden (3), (4).

(3)	*Estamos **en casa de** Pedro.*	*Wir sind **bei** Pedro.*
(4)	*Está **junto a** la mesa.*	*Er steht **neben** dem Tisch.*

8.1. Die spanischen Präpositionen

(1)	*a*	auf, in, mit, nach, zu, an	(10)	*hasta*	bis, bis zu
(2)	*ante*	vor, gegenüber, angesichts	(11)	*para*	für, nach, gegen, zu
(3)	*con*	mit, bei, an, zu	(12)	*por*	für, durch, wegen, an, in, zu
(4)	*contra*	gegen, wider	(13)	*según*	gemäß, laut, zufolge, nach
(5)	*de*	von, aus, über, mit, wegen	(14)	*sin*	ohne, ohne zu
(6)	*desde*	seit, von	(15)	*so*	unter, bei
(7)	*en*	in, an, auf, bei, mit	(16)	*sobre*	auf, über, etwa, außer, gegen
(8)	*entre*	zwischen, unter	(17)	*tras*	nach, hinter
(9)	*hacia*	ungefähr, gegen, in Richtung auf			

Hinweis: Die Präposition a wird immer mit dem nachfolgenden Artikel *el* (→ 2.2.1.) zu *al* und die Präposition *de* zu *del* verschmolzen.

(1)	Siempre está al fondo.	Er steht immer im Hintergrund.
	Vamos a la playa.	Gehen wir an den Strand.
	Escribo a máquina.	Ich schreibe mit der Maschine.
	Llegamos a las cinco.	Wir kamen um fünf Uhr an.
(2)	¿Qué hacer ante el problema?	Was soll man tun angesichts des Problems?
(3)	Trabajamos con entusiasmo.	Wir arbeiten mit Begeisterung.
	Vivo con mis padres.	Ich wohne bei meinen Eltern.
	España limita con Portugal.	Spanien grenzt an Portugal.
(4)	Luchan contra el crimen.	Sie kämpfen gegen das Verbrechen.
(5)	Llegamos con el tren de las 9.12.	Wir kommen mit dem Zug um 9 Uhr 12 an.
	Somos de Alemania.	Wir sind aus Deutschland.
	Bajamos del coche.	Wir steigen aus dem Auto.
	Muchos hombres son incapaces de ser felices.	Viele Menschen sind unfähig, glücklich zu sein.
	Está dotado de mucho dinero.	Er ist mit viel Geld ausgestattet.
	Están acompañados de sus padres.	Sie sind begleitet von ihren Eltern.

Hinweis: Die Präposition *de* setzt man bei Datumsangaben immer zwischen Tag und Monatsname: *el seis de junio* (der 6. Juni), *el primero de octubre* (der 1. Oktober). Die Präposition *de* hat hier im Deutschen keine Entsprechung.

(6)   *Vivo en Alemania desde el veinte de junio.*   *Ich lebe in Deutschland seit dem 20. Juni.*

     Ya estás enfermo desde hace quince días.   *Du bist schon seit vierzehn Tagen krank.*

(7)   *¿Estáis en España?*   *Seid ihr in Spanien?*

     Viven en el campo.   *Sie leben auf dem Land.*

     Viajan en tren.   *Sie reisen mit dem Zug.*

     Estudiamos en la Universidad de Bochum.   *Wir studierten an der Universität Bochum.*

(8)   *Se halla entre Pedro y Juan.*   *Sie befindet sich zwischen Pedro und Juan.*

(9)   *¿Fuisteis hacia Madrid?*   *Fuhrt ihr in Richtung Madrid?*

     Regresamos hacia las cinco.   *Wir kamen ungefähr gegen fünf Uhr zurück.*

(10)   *¡Hasta la vista!*   *Auf Wiedersehen!*

     ¡Hasta las diez!   *Bis zehn Uhr!*

     Vamos hasta el centro.   *Wir fahren bis zum Zentrum.*

(11)   *Salimos para Barcelona.*   *Wir brechen nach Barcelona auf.*

     Es un regalo para ti.   *Es ist ein Geschenk für dich.*

     No están para bromas.   *Sie sind nicht zum Scherzen aufgelegt.*

     Se casa para enero.   *Er heiratet irgendwann im Januar.*

Hinweis: *Para* macht bei Zeitangaben und *por* bei Zeit- und Ortsangaben nur ungefähre Hinweise.

(12)   *¿Hay un hospital por aquí?*   *Gibt es hier in der Nähe ein Krankenhaus?*

Lo sé por experiencia.	Ich weiß es aus Erfahrung.
Tenemos interés por el fútbol.	Wir interessieren uns für Fußball.
Por falta de dinero no hay regalos.	Wegen Geldmangels gibt es keine Geschenke.
El cristal está roto por mi culpa.	Die Scheibe ist durch meine Schuld kaputt.

(13) No puedo identificarle según esta foto. — Ich kann ihn nach diesem Bild nicht identifizieren.

Según la policía ocurrió el accidente ... — Der Polizei zufolge geschah der Unfall ...

Procedieron según las instrucciones. — Sie handelten gemäß den Instruktionen.

(14) Ahora hay mucha gente sin trabajo. — Jetzt sind viele Menschen ohne Arbeit.

(15) Sucedió so capa de defender la libertad. — Es geschah unter dem Vorwand, die Freiheit zu verteidigen.

Lo prohibieron so pena. — Man verbat es bei Strafe.

(16) El periódico está sobre la mesa. — Die Zeitung liegt auf dem Tisch.

Escribió un artículo sobre el crimen. — Er schrieb einen Artikel über das Verbrechen.

Gana sobre las treinta mil pesetas al día. — Er verdient etwa 30.000 Peseten am Tag.

Llegamos sobre las cinco. — Wir kamen gegen fünf Uhr an.

(17) Ahora los trenes llegan uno tras otro. — Die Züge kommen jetzt hintereinander.

Tras larga ausencia regresamos. — Nach langer Abwesenheit kommen wir zurück.

8.2. Die Kombination von Präpositionen

Grundwissen: Im Spanischen können auch mehrere Präpositionen miteinander kombiniert werden. Solche Kombinationen von Präpositionen kann man besonders häufig in der gesprochenen Sprache antreffen.

(1)	*de a*	*mit, auf*
(2)	*de debajo de*	*unter ... hervor*
(3)	*de detrás de*	*hinter ... hervor*
(4)	*hasta de*	*bis zu*
(5)	*para con*	*gegenüber, im Vergleich zu*
(6)	*a por*	*holen, abzuholen*
(7)	*de por aquí*	*von hier*
(8)	*desde por*	*seit*
(9)	*por debajo de*	*unten ... hindurch*
(10)	*por delante de*	*vor ... vorbei*
(11)	*por encima de*	*über ... hinweg*
(12)	*por entre*	*zwischen ... hindurch*
(13)	*en pro de*	*für*
(14)	*en favor de*	*für*

Beispiele

(1)	*Es policía de a caballo.*	*Es ist berittene Polizei.*
(2)	*Vino de debajo de la cama.*	*Er kam unter dem Bett hervor.*
(3)	*Los niños vinieron de detrás del armario.*	*Die Kinder kamen hinter dem Schrank hervor.*

(4)	*Hasta de cinco mil personas vinieron.*
	Bis zu fünftausend Personen kamen.

(5)	*Para con mi hermano soy bastante gordo.*
	Im Vergleich zu meinem Bruder bin ich ziemlich dick.

(4)   *Hasta de cinco mil per-*   *Bis zu fünftausend Personen*
        sonas vinieron.   *kamen.*

(5)   *Para con mi hermano*   *Im Vergleich zu meinem Bruder*
        soy bastante gordo.   *bin ich ziemlich dick.*

(6)   *Voy a por agua.*   *Ich gehe Wasser holen.*

(7)   *¿Eres de por aquí?*   *Bist du von hier?*

(8)   *Esperamos desde por la*   *Wir warten seit dem Vormittag.*
        mañana.

(9)   *La marta vino por debajo*   *Der Marder kam unter dem*
        del seto.   *Zaun hindurch.*

(10)   *La gente va por delante*   *Die Leute gehen vor dem Haus*
        de la casa.   *vorbei.*

(11)   *Los aviones volaron por*   *Die Flugzeuge flogen über das*
        encima de la casa.   *Haus hinweg.*

(12)   *Circulan por entre los ár-*   *Sie fahren zwischen den Bäumen*
        boles.   *hindurch.*

(13)   *Se decidieron en pro de*   *Sie entschieden sich für die Un-*
        la libertad.   *abhängigkeit.*

(14)   *Me decido en favor del*   *Ich entscheide mich für den Ver-*
        contrato.   *trag.*

8.3. Präpositionale Fügungen

Grundwissen: Präpositionale Fügungen sind Wortgruppen, die aus einem Nomen oder Adverb und einer oder zwei Präpositionen bestehen.

(1)   *acerca de*   betreffend

(2)   *además de*   außer

(3)   *alrededor de*   ungefähr, um ... herum

(4)   *antes de*   vor

(5)	*aparte de ello*	*außerdem, abgesehen davon*
(6)	*bajo*	*unter*
(7)	*a base de*	*auf Grund von, aus, wegen, mit*
(8)	*al cabo de*	*nach*
(9)	*a causa de*	*wegen*
(10)	*cerca de*	*nahe bei, neben, etwa*
(11)	*en contra de*	*gegen*
(12)	*en cuanto a*	*bezüglich, was ... anbetrifft*
(13)	*debajo de*	*unter*
(14)	*debido a*	*infolge, wegen*
(15)	*delante de*	*vor*
(16)	*dentro de*	*in, innerhalb von, binnen*
(17)	*desde hace*	*seit (Zeitraum)*
(18)	*detrás de*	*hinter*
(19)	*durante*	*während*
(20)	*encima de*	*auf, über, oberhalb*
(21)	*excepto*	*ausgenommen, außer*
(22)	*frente a*	*gegenüber, gegen*
(23)	*fuera de* *fuera de eso*	*außer, außerhalb* *außerdem*
(24)	*gracias a* *en gracias a/de*	*dank* *in Anbetracht, unter* *Berücksichtigung*
(25)	*junto a*	*bei, neben, an*

| (26) | al lado | nebenan, daneben, seitlich |
| | al lado de | neben |

| (27) | a lo largo de | längs, entlang |

| (28) | en lugar de | anstatt, statt, an Stelle von |

| (29) | en medio de | inmitten, mitten unter, in, auf |
| | por medio de | mittels, durch |

| (30) | a partir de | von ... an |

| (31) | a pesar de | trotz |
| | pese a | trotz |

| (32) | a raíz de | nahe bei, dicht an/über, unmittel-mittelbar nach, auf Grund von, zufolge, gemäß |

| (33) | en relación con | bezüglich, in Bezug auf, im Verhältnis zu |
| | con relación a | bezüglich, in Bezug auf, im Verhältnis zu |

| (34) | respecto a/de | hinsichtlich, diesbezüglich |
| | con respecto a | hinsichtlich, diesbezüglich |

| (35) | salvo | außer, vorbehaltlich |

| (36) | a través de | durch, über, quer über |

| (37) | en vez de | anstatt, statt, anstelle von |

Beispiele

(1) Acerca de la pregunta hemos decidido.

Die Frage betreffend haben wir entschieden.

(2) Además del dinero no tenía nada.

Außer dem Geld hatte er nichts.

(3) Los alumnos se sentaron alrededor del profesor.

Die Schüler setzten sich um den Lehrer herum.

(4)	No vengo antes de mayo.	Ich komme nicht vor Mai.
(5)	Aparte de ello ni digo nada.	Abgesehen davon sage ich nichts.
(6)	Vendió bajo precio.	Er verkaufte unter Preis.
(7)	El pastel está hecho a base de harina y huevos.	Der Kuchen ist aus Mehl und Eiern gemacht.
(8)	Al cabo de una semana regresamos.	Nach einer Woche fuhren wir zurück.
(9)	Estamos en casa de Pedro.	Wir sind bei Pedro.
(10)	Juan y María están cerca de la iglesia.	Juan und Maria sind in der Nähe der Kirche.
(11)	Votan en contra del ayuntamiento.	Sie stimmen gegen den Gemeinderat.
(12)	En cuanto a la política no hay esperanza.	Was die Politik betrifft, gibt es keine Hoffnung.
(13)	José se halla debajo del coche.	José befindet sich unter dem Auto.
(14)	No puede trabajar debido a su enfermedad.	Er kann wegen seiner Krankheit nicht arbeiten.
(15)	Pepe se encuentra delante del cine.	Pepe befindet sich vor dem Kino.
(16)	El avión aterriza dentro de diez minutos.	Das Flugzeug landet innerhalb von zehn Minuten.
(17)	Desde hace quince días estamos de vacaciones.	Wir sind seit vierzehn Tagen im Urlaub.
(18)	María se encuentra detrás del coche.	Maria ist hinter dem Auto.
(19)	Francisco estaba contento durante las vacaciones.	Francisco war während des Urlaubs zufrieden.

(20) El cuadro está encima del armario.

Das Bild ist über/auf dem Schrank.

(21) Estábamos todos, excepto ella.

Außer ihr waren wir alle da.

(22) Se halla frente al cine.

Er befindet sich gegenüber dem Kino.

(23) Muchos españoles viven fuera de España.

Viele Spanier leben außerhalb Spaniens.

(24) Gracias a su atención pudieron salvarse.

Dank seiner Aufmerksamkeit konnten sie sich retten.

(25) Junto a Barcelona hay playas estupendas.

Bei Barcelona gibt es wunderschöne Strände.

(26) Jaime se halla al lado del semáforo.

Jaime ist neben der Verkehrsampel.

(27) Anduvieron a lo largo del paseo.

Sie gingen die Allee entlang.

(28) Vino en lugar del ministro.

Er kam statt/anstelle des Ministers.

(29) Andrés tiene miedo en medio del túnel ferroviario.

Andreas hat inmitten/mitten im Eisenbahntunnel Angst.

(30) A partir de hoy empieza el campeonato mundial.

Von heute an beginnt die Weltmeisterschaft.

(31) Llegó pese a la adversidad.

Er kam trotz des Missgeschicks.

(32) Regresaron a raíz del campeonato mundial.

Sie kamen unmittelbar/kurz nach der Weltmeisterschaft zurück.

(33) No hay decisiones en relación con la demanda.

Bezüglich des Antrages gibt es keine Entscheidungen.

(34) *Hay dificultades respecto*   *Es gibt Schwierigkeiten hinsicht-*
      al dinero.   *lich des Geldes.*

(35) *Todos estaban presentes*   *Außer dir waren alle anwesend.*
      salvo tú.
      Salvo su conformidad ...   *Vorbehaltlich seiner Zustimmung*
                                           ...

(36) *Lo supe ayer a través de*   *Ich erfuhr es gestern durch meine*
      mi hermana.   *Schwester.*

(37) *Lo hizo en vez del vecino.*   *Er machte es anstatt/anstelle*
                                           des Nachbarn.

8.4. Präpositionen bei der Bildung von zusammengesetzten Fragewörtern

Grundwissen: Noch mehr als im Deutschen werden Fragewörter im
Spanischen zusammen mit Präpositionen gebildet (1). Fragewörter tragen im Spanischen immer einen Akzent. Auch <u>vor</u> der Frage steht ein
(„verkehrtes") Fragezeichen.

(1)   *¿Con quién trabajas?*   *Mit wem arbeitest du?*

8.4.1. Präposition + *quién*

Regel: *¿quién?* bezieht sich auf Personen. Präposition + *quién* bilden
das entsprechende Fragewort.

Hinweis: Es ist besonders darauf zu achten, dass entsprechend der
Bildung der Fälle (Kasusbildung) (→ 8.9.1.) auch die Fragewörter nach
dem Genitiv (2), Dativ (3) und Akkusativ (3) mit Präpositionen gebildet werden.

(1)   *¿quién?*   *wer?*

(2)   *¿de quién?*   *wessen? von wem?*

(3)   *¿a quién?*   *wem? wen?*

(4)	*¿con quién?*	*mit wem?*
(5)	*¿en quién?*	*an wen?*
(6)	*¿para quién?*	*für wen?*
(7)	*¿por quién?*	*für wen?*

Beispiele

(1)	*¿Quién habla?*	*Wer spricht?*
(2)	*¿De quién es esa maleta?*	*Wessen Koffer ist das?*
	¿De quién hablas?	*Von wem sprichst du?*
(3)	*¿A quién has enviado el dinero?*	*Wem hast du das Geld geschickt?*
	¿A quién ha pateado?	*Wen hat er getreten?*
(4)	*¿Con quién ando?*	*Mit wem gehe ich?*
(5)	*¿En quién está pensando?*	*An wen denkt er jetzt?*
(6)	*¿Para quién es esta moto?*	*Für wen ist dieses Motorrad?*
(7)	*¿Por quién has luchado?*	*Für wen hast du gekämpft?*

8.4.2. Präposition + *qué*

Regel: Wenn *qué* allein steht, fragt es nach Sachen und heißt *was* (1). Vor einem Nomen stehend, fragt es nach Personen und Sachen in der Bedeutung *welcher?, welche?, welches?, was für ein(e)?* (2).

(1)	*¿Qué has oído?*	*Was hast du gehört?*
	¿Qué dice?	*Was sagt er?*
(2)	*¿Qué futbolista has visto?*	*Welchen Fußballspieler hast du gesehen?*
	¿Qué coche has conducido?	*Was für ein Auto hast du gefahren?*

Hinweis: Präposition + *qué* bilden das entsprechende Fragewort.

(1)	¿qué?	was?
(2)	¿a qué?	worauf? um wie viel?
(3)	¿de qué?	aus welchem? wovon? worüber?
(4)	¿en qué?	in welchem? womit? wie?
(5)	¿para qué?	wozu? wofür?
(6)	¿por qué?	warum?
(7)	¿con qué?	woran? worüber? über wie viel?

Beispiele

(1)	¿Qué deseas?	Was wünschst du?
	¿Qué dice?	Was sagt er?
(2)	¿A qué esperas?	Worauf hoffst du?
	¿A qué hora sale el tren?	Um wieviel Uhr fährt der Zug?
(3)	¿De qué tela es la blusa?	Aus welchem Stoff ist die Bluse?
	¿De qué hablas?	Wovon/Worüber sprichst du?
(4)	¿En qué barrio vive?	In welchem Stadtviertel wohnt er?
	¿En qué puedo ayudarle?	Womit/Wie kann ich Ihnen helfen?
(5)	¿Para qué trabajar?	Wozu/Wofür soll man arbeiten?
(6)	¿Por qué no te has marchado?	Warum bist du nicht weggegangen?
(7)	¿Con qué CV cuenta la moto?	Über wieviel PS verfügt das Motorrad?

8.4.3. Präposition + *cuánto*

Regel: *Cuánto* bezieht sich auf eine Anzahl oder Menge bei Personen oder Sachen und muss bei adjektivischem Gebrauch mit seinem Nomen in Geschlecht und Zahl übereinstimmen.

(1)	*¿cuánto/a/os/as?*	*wie viel/wie viele?*
(2)	*¿a cuánto?*	*was/wie viel?*
(3)	*¿para cuánto?*	*für wie viele?*
(4)	*¿por cuánto?*	*für wie viel?*

Beispiele

(1)	*¿Cuánto cuesta?*	*Wie viel kostet es?*
	¿Cuántas veces estuviste en España?	*Wie oft warst du in Spanien?*
	¿Cuántos son tres por tres?	*Wie viel ist drei mal drei?*
(2)	*¿A cuánto el kilo?*	*Wie viel kostet das Kilo?*
	¿A cuántos estamos?	*Den Wievielten haben wir heute?*
(3)	*¿Para cuántas personas tenemos que poner la mesa?*	*Für wie viele Personen müssen wir den Tisch decken?*
(4)	*¿Por cuánto lo deja?*	*Für wie viel verkauft er es?*
	¿Por cuánto vendiste el coche?	*Für wie viel hast du das Auto verkauft?*

8.4.4. Präposition + *cuándo*

Regel: *Cuándo* bezieht sich auf einen Zeitpunkt oder Zeitraum. Präposition + *cuándo* bilden das entsprechende Fragewort.

(1)	*¿cuándo?*	*Wann?*
(2)	*¿desde cuándo?*	*seit wann?*
(3)	*¿hasta cuándo?*	*bis wann?*
(4)	*¿para cuándo?*	*bis wann? für wann?*

Beispiele

(1)	*¿Cuándo llega el tren?*	*Wann kommt der Zug?*
(2)	*¿Desde cuándo vives aquí en Alemania?*	*Seit wann lebst du hier in Deutschland?*
(3)	*¿Hasta cuándo te quedas con los españoles?*	*Bis wann bleibst du bei den Spaniern?*
(4)	*¿Para cuándo tenéis que formular una protesta?*	*Bis wann müsst ihr Einspruch einlegen?*

8.4.5. Präposition + *dónde*

Regel: *Dónde* bezieht sich auf Ort oder Richtung. Präposition + *dónde* bilden das entsprechende Fragewort. Nur die Präposition *a* verschmilzt mit *dónde* zu *adónde*.

(1)	*¿dónde?*	*wo?*
(2)	*¿adónde?*	*wohin?*
(3)	*¿de dónde?*	*woher? von wo?*
(4)	*¿por dónde?*	*wo entlang? wo hindurch? wie?*

Beispiele

(1)	*¿Dónde estudia tu hermano?*	*Wo studiert dein Bruder?*
(2)	*¿Adónde vamos?*	*Wohin gehen wir?*
(3)	*¿De dónde viene?*	*Woher kommt er?*
(4)	*¿Por dónde se va al centro de la ciudad?*	*Wie kommt man in das Zentrum der Stadt?*

8.5. Präpositionen bei der Bildung von Adverbialbestimmungen

Grundwissen: Adverbialbestimmungen sind sehr häufig präpositionale Wortgruppen; d.h. Wortgruppen, denen eine Präposition vorausgeht. Adverbialbestimmungen werden vielfach erst durch Präpositionen zu Adverbialbestimmungen:

- des Ortes
- der Richtung
- des Zeitpunktes
- des Zeitraums
- der Art und Weise
- des Grundes

Es macht ja einen Unterschied, ob man *mit* oder *für* Geld arbeitet, ob man *in* oder *nach* Spanien fährt.

8.5.1. Adverbialbestimmungen zur Bezeichnung des Ortes

Regel: Zur Bestimmung des Ortes dienen folgende Präpositionen:

(1)	*en*	*in, auf, an, bei, zu*
(2)	*a*	*in, auf, an, zu*
(3)	*sobre*	*auf, über, an*
(4)	*entre*	*zwischen*

sowie die präpositionalen Fügungen:

(5)	*frente a*	*gegenüber*
(6)	*cerca de*	*nahe bei, neben*
(7)	*debajo de*	*unter*
(8)	*delante de*	*vor*
(9)	*detrás de*	*hinter*

(10)	*encima de*	*auf, oberhalb, über*
(11)	*fuera de*	*außerhalb*
(12)	*al lado de*	*neben*
(13)	*en medio de*	*inmitten, mitten in, auf, unter*

Hinweis: Hier ist nur die Bedeutung der Präpositionen mit Bezug auf die Bezeichnung des Ortes behandelt. Einige Präpositionen wie z. B. *a* können auch die Richtung bezeichnen (→ 8.5.2.).

Beispiele

(1)	*¿Estáis en España?* *Viven en el campo.*	*Seid ihr in Spanien?* *Sie leben auf dem Lande.*
(2)	*María está al fondo.*	*Maria steht im Hintergrund.*
(3)	*El periódico está sobre la esa.*	*Die Zeitung liegt auf dem Tisch.*
(4)	*Queda entre Madrid y Oviedo.*	*Es liegt zwischen Madrid und Oviedo.*
(5)	*Se halla frente al cine.*	*Es ist gegenüber dem Kino.*
(6)	*Juan está cerca del museo.*	*Juan ist in der Nähe des Museums.*
(7)	*José se halla debajo del coche.*	*José befinder sich unter dem Auto.*
(8)	*Pepe se encuentra delante del cine.*	*Pepe befindet sich vor dem Kino.*
(9)	*María está detrás del coche.*	*Maria ist hinter dem Auto.*
(10)	*El cuadro está encima del armario.*	*Das Bild ist über dem Schrank.*

(11) *Muchos españoles viven fuera de España.*

Viele Spanier leben außerhalb Spaniens.

(12) *Jaime se halla al lado del semáforo.*

Jaime ist neben der Verkehrsampel.

(13) *Andrés tiene miedo en medio del túnel ferroviario.*

Andreas hat inmitten/mitten im Eisenbahntunnel Angst.

8.5.2. Adverbialbestimmungen zur Bezeichnung der Richtung

Regel: Zur Bestimmung der Richtung dienen folgende Präpositionen:

(1) *a* — an, in, nach, auf, zu

(2) *de/desde* — von, von ... aus

(3) *hacia* — in

(4) *para* — nach

(5) *por* — durch, über

sowie die präpositionalen Fügungen:

(6) *a casa de* — zu

(7) *de detrás de* — hinter ... hervor

Hinweis: Einige der aufgeführten Präpositionen können auch zur Bezeichnung der Zeit, des Grundes und der Art und Weise benützt werden (→ 8.5.3.).

Beispiele

(1) *Vamos a la playa.*
Subimos al tejado.

Wir gehen an den Strand.
Wir steigen auf das Dach.

(2) *Venimos de la playa.*
Fueron desde aquí hasta allí.

Wir kommen vom Strand.
Sie gingen von hier nach dort.

(3)	*¿Fuisteis hacia Madrid?*	*Fuhrt ihr in Richtung Madrid?*
(4)	*Salimos para Barcelona.*	*Wir brechen nach Barcelona auf.*
(5)	*Fuimos en coche por España a Portugal.*	*Wir fuhren mit dem Auto durch/ über Spanien nach Portugal.*
(6)	*Voy a casa de Pepe.*	*Ich gehe zu Pepe.*
(7)	*Los niños vinieron de detrás del armario.*	*Die Kinder kamen hinter dem Schrank hervor.*

8.5.3. Adverbialbestimmungen zur Bezeichnung des Zeitpunktes

Regel: Zur Bestimmung des Zeitpunktes dienen folgende Präpositionen:

(1)	*a*	um, nach, an
(2)	*de*	um
(3)	*en*	an, in
(4)	*desde*	seit
(5)	*hasta*	bis
	hace	vor
(6)	*hacia*	gegen/etwa
(7)	*para*	im (etwa)
(8)	*sobre*	so gegen
(9)	*antes de*	vor
(10)	*dentro de*	in, nach
(11)	*a partir de*	ab

Hinweis: *Hace* ist zwar keine spanische Präposition, wird aber im Deutschen mit einer Präposition wiedergegeben.

Weitere präpositionale Fügungen, die den Zeitpunkt bezeichnen, sind:

a raíz de	*unmittelbar nach*
a ratos	*dann und wann*
a veces	*zuweilen*
a la vez	*gleichzeitig*
por último	*zuletzt*

Hinweis: Einige der hier aufgeführten Präpositionen können auch Ort und Richtung, Zeitpunkt und Zeitraum, Art und Weise und den Grund bezeichnen.

Beispiele

(1) *Me voy a las cinco.*
Ich gehe um fünf Uhr.

(2) *De noche vamos a la disco.*
Abends gehen wir in die Disko.

(3) *En junio tenéis vacaciones.*
Im Juni habt ihr Ferien.

(4) *Vivo en Alemania desde el 30 de junio.*
Ich lebe seit dem 30. Juni in Deutschland.

(5) *Me voy hasta las diez.*
Hace tres días estuvo aquí.
Ich gehe bis zehn Uhr weg.
Vor drei Tagen war sie hier.

(6) *Regresaron hacia las siete.*
Sie kamen gegen sieben Uhr zurück.

(7) *Se casa para julio.*
Sie heiratet irgendwann im Juli.

(8) *Llegamos sobre las cinco.*
Wir kamen gegen fünf Uhr an.

(9) *No vengo antes de mayo.*
Ich komme nicht vor Mai.

(10) *El avión aterriza dentro de diez minutos.*
Das Flugzeug landet in/innerhalb von zehn Minuten.

(11) *A partir de hoy empieza el campeonato mundial.*
Ab heute beginnt die Weltmeisterschaft.

8.5.4. Adverbialbestimmungen zur Bezeichnung des Zeitraumes

Regel: Zur Bestimmung eines Zeitraumes dienen folgende Präpositionen:

(1)	*en*	*in*
(2)	*desde ... hasta*	*von ... bis*
(3)	*desde hace*	*seit*
(4)	*por*	*für*

Hinweis: Die Präposition *por* wird im Deutschen in der Regel nicht mit einer Präposition wiedergegeben, wenn es um die Definition eines Zeitraumes geht.
Zur Bestimmung des Zeitraumes dient auch die präpositionale Fügung:

(5)	*al cabo de*	*nach*

und die Präposition:

(6)	*durante*	*während*

Hinweis: Einige der hier aufgeführten Präpositionen können gleichzeitig als Adverbialbestimmungen anderer Art fungieren (→ 8.5.1.-3/5./6.).

Beispiele

(1)	*Nació en 1940.*	*Er wurde 1940 geboren.*
(2)	*Estuve en Cabo Verde desde mayo hasta julio.*	*Ich war von Mai bis Juli in Kap Verde.*
(3)	*Estudia desde hace cinco años.*	*Er studiert seit fünf Jahren.*
(4)	*Te dejo mi coche por una semana.*	*Ich leihe dir mein Auto für eine Woche.*
(5)	*Al cabo de una semana regresamos.*	*Nach einer Woche fuhren wir zurück.*
(6)	*Francisco era contento durante las vacaciones.*	*Francisco war während des Urlaubs zufrieden.*

8.5.5. Adverbialbestimmungen zur Bezeichnung der Art und Weise

Regel: Zur Bestimmung der Art und Weise eines Geschehens dienen folgende Präpositionen:

(1)	*a*	*mit*
(2)	*con*	*mit*
(3)	*de*	*auf*
(4)	*en*	*auf, in, mit*
(5)	*por*	*in, aus*
(6)	*según*	*gemäß*
(7)	*sin*	*ohne, ohne zu*

sowie die präpositionale Fügung:

(8)	*a base de*	*mit, aus*

Beispiele

(1)	*Escribo a máquina.*	*Ich schreibe mit der Maschine.*
(2)	*Trabajamos con entusiasmo.*	*Wir arbeiten mit Begeisterung.*
(3)	*Está dotado de mucho dinero.*	*Er ist mit viel Geld ausgestattet.*
(4)	*Viajan en tren.*	*Sie reisen mit dem Zug.*
(5)	*Lo sé por experiencia.*	*Ich weiß es aus Erfahrung.*
(6)	*No puedo identificarle según esta foto.*	*Ich kann ihn nach diesem Bild nicht identifizieren.*
(7)	*Sin trabajo no hay esperanza.*	*Ohne Arbeit gibt es keine Hoffnung.*
(8)	*El pastel está hecho a base de harina y huevos.*	*Der Kuchen ist aus Mehl und Eiern gemacht.*

8.5.6. Adverbialbestimmungen zur Bezeichnung des Grundes

Regel: Zur Bestimmung des Grundes für ein Geschehen dienen folgende Präpositionen:

(1)	*por*	*wegen, aus*
(2)	*de*	*vor, wegen*
(3)	*para*	*zu, dafür*

sowie die präpositionalen Fügungen:

(4)	*por causa de*	*wegen*
(5)	*debido a*	*infolge, wegen*
(6)	*gracias a*	*dank, wegen*
(7)	*con motivo de*	*anlässlich, wegen*
(8)	*no obstante*	*trotz*
	a pesar de	*trotz*

Beispiele

(1)	*Por esta razón han perdido.*	*Aus diesem Grund haben sie verloren.*
(2)	*La ganadora llora de alegría.*	*Die Gewinnerin weint vor Freude.*
(3)	*Necesito el dinero para la alimentación.*	*Ich brauche das Geld für die Ernährung.*
(4)	*Por causa del mal tiempo llevamos con retraso.*	*Wegen des schlechten Wetters hatten wir Verspätung.*
(5)	*Debido a la huelga no llegaron trenes.*	*Infolge/Wegen des Streiks kamen keine Züge.*
(6)	*Gracias a su ayuda sobrevivieron.*	*Dank seiner Hilfe überlebten sie.*

(7)   *Con motivo de mi cum-*   *Wegen meines Geburtstages*
      pleaños no tengo que tra-   *muss ich nicht arbeiten.*
      bajar.

(8)   *A pesar de mis posibilida-*   *Trotz meiner Möglichkeiten konn-*
      des no pude evitar el ac-   *te ich den Unfall nicht vermeiden.*
      cidente.

8.6. Die Präposition und das Adverb

Grundwissen: Zwischen dem Spanischen und Deutschen gibt es keine
1:1-Entsprechungen. Oft findet man in einer Sprache ein Wort, dem in der
anderen Sprache in derselben Wortart kein Wort entspricht.

Eine Reihe deutscher Adverbien muss im Spanischen durch adverbiale
Wendungen wiedergegeben werden.

Regel: Die adverbialen Wendungen verlangen immer eine Präposition, an
welche seltener ein Adjektiv zumeist aber ein Nomen angeschlossen wird.

Adverbiale Wendungen mit der Präposition *a:*

saber a gloria	köstlich schmecken
a menudo	oft
a tiempo	rechtzeitig
a veces	manchmal
al contado	bar zahlen
a plazos	ratenweise

Adverbiale Wendungen mit der Präposition *con:*

con *gusto*	gern

Adverbiale Wendungen mit der Präposition *de:*

de buena gana	gerne, willig
de mala gana	ungern, widerwillig
de memoria	auswendig
de pie	stehend
de rodillas	kniend

Adverbiale Wendungen mit der Präposition *en:*

en otro caso	*andernfalls*
en caso contrario	*andernfalls*
en ninguna parte	*nirgends*

Adverbiale Wendungen mit der Präposition *por:*

por todas partes	*überall*
por otra parte	*andernteils*
por escrito	*schriftlich*
por la mañana	*morgens*
por la tarde	*nachmittags*
por la noche	*abends*

Adverbiale Wendungen mit der Präposition *sin:*

sin ganas	*ungern, widerwillig*
sin gloria	*ruhmlos*
sin razón	*grundlos*

8.6.1. Adverbiale Wendungen anstelle abgeleiteter Adverbien

Grundwissen: Häufig ersetzen adverbiale Wendungen sogar Adverbien auf *-mente* (→ 4.1.).

(1)	*a conciencia*	*gewissenhaft*
(2)	*de inmediato*	*unverzüglich, sofort*
(3)	*en detalle*	*im Einzelnen*
(4)	*con cortesía*	*höflich*
(5)	*con frecuencia*	*oft*
(6)	*por casualidad*	*zufällig*
(7)	*por desgracia*	*unglücklicherweise*
(8)	*sin duda*	*zweifellos*

Beispiele für die Verwendung adverbialer Wendungen anstelle von Adverbien auf -*mente*:

(1) *Trabajó **a conciencia**.*   *Er arbeitete gewissenhaft.*
      anstatt
      *Trabajó **concienzudamente**.*

(2) *Vinieron **de inmediato**.*   *Sie kamen unverzüglich.*
      anstatt
      *Vinieron **inmediatamente**.*

(3) *Tenemos que comprobar los*   *Wir mussten unsere Aus-*
      *gastos **en detalle**.*   *gaben im Einzelnen be-*
      anstatt   *legen.*
      Tenemos que comprobar los
      *gastos **detalladamente**.*

(4) *Siempre las azafatas servían*   *Die Stewardessen servier-*
      ***con cortesía**.*   *ten immer höflich.*
      anstatt
      Siempre las azafatas servían
      ***cortésmente**.*

(5) *Los amigos venían **con frecuencia**.* *Die Freunde kamen oft.*
      anstatt
      *Los amigos venían **frecuentemente**.*

(6) *Vi **por casualidad** el accidente.* *Ich sah zufällig den Unfall.*
      anstatt
      *Vi **casualmente** el accidente.*

(7) *Perdieron **por desgracia***   *Sie verloren unglücklicher-*
      anstatt   *weise.*
      *Perdieron **desgraciadamente**.*

(8) *Corrió **sin duda** muy rápido.*   *Er lief zweifellos sehr*
      anstatt   *schnell.*
      *Corrió **indudablemente** muy rápido.*

Hinweis: Wenn man sich rückblickend noch einmal die vergleichende Gegenüberstellung von Adverbien auf -*mente* und adverbialer Wendungen ansieht, wird man leicht erkennen, warum besonders in der gesprochenen Sprache die adverbialen Wendungen immer häufiger zu hören sind. Sie „gehen leichter über die Zunge".

8.7. Die Präposition und das Verb

Grundwissen: Ein Verb kann die Verbindung mit einer bestimmten Präposition verlangen. Diese vom Verb bestimmte Verbindung (Rektion) ist auch aus dem Deutschen bekannt (1), (2). Sie ist aber im spanischen Sprachgebrauch eher noch häufiger anzutreffen als im Deutschen.

(1) *pensar en*   *denken an*
(2) *dudar de*   *zweifeln an*

Beispiele

(1) **Pienso** *en mis abuelos.*   *Ich denke an meine Großeltern.*

(2) **Dudo de** *su honradez.*   *Ich **zweifle an** seiner Redlichkeit.*
     Dudamos de *tu capacidad.*   *Wir **zweifeln an** deiner Fähigkeit.*

Hinweis: Es ist vor allem für den Fremdsprachenlerner wichtig, um diese Verbindung von Verb und Präposition zu wissen, da er so die Notwendigkeit erkennt, nicht nur das Verb sondern gleich die ganze Rektion zu lernen.

Ist erst einmal die Rektion bekannt, ist es leicht, einen kompletten spanischen Satz durch das Hinzufügen weniger Worte (siehe oben) zu bilden.

Beispiele für einige der wichtigsten Verbindungen der spanischen Verben mit Präpositionen:

abusar de a/c	*etwas missbrauchen*
acabar de + Inf.	*soeben etwas getan haben*
acertar con a/c	*etwas finden*
acordarse de	*sich erinnern an*
admirarse de a/c	*staunen über*
alegrarse de	*sich freuen über*
arrepentirse de a/c	*etwas bereuen*
constar de	*bestehen aus*
cuidar de	*sorgen für*
decidirse a + Inf.	*sich entschließen, etwas zu tun*
enamorarse de	*sich verlieben in*
gozar de	*etwas genießen*
perdonar a alg.	*jemandem verzeihen*
preguntar por alg.	*fragen nach jemandem*
saber de	
memoria a/c	*etwas auswendig wissen*

soñar con alg.   *träumen von jemandem*
volver a + Inf.   *wieder etwas tun*

Hinweis für die verwendeten Abkürzungen: *a/c = alguna cosa* (etwas); *alg. = alguien* (jemand); Inf. = Infinitiv.

8.8. Die Präposition und das Objekt

Grundwissen: Wird an die im vorhergehenden Kapitel (8.7.) beschriebene Verb/Präposition-Verbindung (Rektion) ein Nomen (1) oder Pronomen (2) angehängt, so wird ein Präpositionalobjekt gebildet.
Was sich so vielleicht kompliziert darstellt, ist aber in Wirklichkeit recht einfach. Sätze mit Präpositionalobjekt können sehr einfach sein.

Beispiele

(1)   *Pienso en los abuelos.*   *Ich denke an die Großeltern.*
(2)   *Pienso en ellos.*   *Ich denke an sie.*

(1)   *Se acuerda de las vaca-*   *Sie erinnert sich an die Ferien.*
      ciones.
(2)   *Se acuerda de ellas.*   *Sie erinnert sich an sie.*

(1)   *Me admiro de la solida-*   *Ich staune über die Solidarität*
      ridad de la gente.   *der Leute.*
(2)   *Me admiro de ella.*   *Ich staune darüber.*

(1)   *Nos alegramos de los re-*   *Wir freuen uns über die Ge-*
      galos.   *schenke.*
(2)   *Nos alegramos de ellos.* *Wir freuen uns über sie.*

(1)   *Sueña con la fiesta.*   *Sie träumt von dem Fest.*
(2)   *Sueña con eso.*   *Sie träumt davon.*

8.9. Die Präposition und das Nomen (Substantiv)

Grundwissen: Das Nomen (Substantiv) ist in mehrfacher Hinsicht abhängig von den Präpositionen:

1. Die Fälle (Kasus) werden im Spanischen durch Präpositionen ausgedrückt.

2. Die Bildung des sog. „präpositionalen Akkusativs" erfolgt mit der Präposition *a*.
3. Zusammengesetzte Nomina (Substantive) werden häufig mit Präpositionen gebildet.

8.9.1. Die spanischen Kasusentsprechungen

Grundwissen: Die Fälle werden im Spanischen (analytische Sprache) (→ 3.1.5.) anders als im Deutschen (synthetische Sprache (→ 3.1.5.)) gebildet.

Im Deutschen werden die Kasus (Fälle) durch Flexion – Flexionskasus – und im Spanischen jedoch durch Präpositionen – Präpositionalkasus – ausgedrückt. Die Fälle werden also mit Präpositionen gebildet.

la casa	*das Haus*	**(Nominativ)**
de la casa	*des Hauses*	**(Genitiv)**
a la casa	*dem Haus*	**(Dativ)**
la casa	*das Haus*	**(Akkusativ)**

Regel: Der Genitiv (2. Fall) wird mit der Präposition *de* und der Dativ (3. Fall) mit der Präposition *a* ausgedrückt.

el origen	*der Ursprung*	**(Nominativ)**
del origen	*des Ursprungs*	**(Genitiv)**
al origen	*dem Ursprung*	**(Dativ)**
el origen	*den Ursprung*	**(Akkusativ)**

la causa	*die Ursache*	**(Nominativ)**
de la causa	*der Ursache*	**(Genitiv)**
a la causa	*der Ursache*	**(Dativ)**
la causa	*die Ursache*	**(Akkusativ)**

8.9.2. Der präpositionale Akkusativ/Akkusativobjekt oder direktes Objekt *(Objeto directo)*

Grundwissen: Der 1. und der 4. Fall sind im Spanischen der Form nach gleich, da es keine Deklination gibt. In einer Reihe von Fällen jedoch ist das Akkusativobjekt (4. Fall) durch die Präposition *a* gekennzeichnet.

Regel: Bezeichnet das Akkusativobjekt eine <u>bestimmte</u> Person (1) oder ein Tier (2), zu dem eine besondere Verbindung ausgedrückt werden soll, so steht die Präposition *a*.

(1) *Estoy esperando **a** Cristina.*   *Ich erwarte Cristina.*
      aber:
      El partido está esperando   *Die Partei erwartet das Wahl-*
      el resultado de las elec-   *ergebnis.*
      ciones.

      *Carmen elogia **a** Fernando.*   *Carmen lobt Fernando.*
      aber:
      Carmen elogia el vino.   *Carmen lobt den Wein.*

      *La empresa busca **a** un*   *Das Unternehmen sucht einen*
      empleado.   *Angestellten (mit besonderer*
           Qualifikation).
      aber:
      La empresa busca un em-   *Das Unternehmen sucht einen*
      pleado.   *Angestellten (irgendeinen).*

(2) *Quiero **a** mi perro Rocky.*   *Ich liebe meinen Hund Rocky.*
      aber:
      Quiero los perros.   *Ich liebe Hunde (allgemein).*

Bezeichnet das Akkusativobjekt eine <u>bestimmte Person</u> (1), so spielt es keine Rolle, ob diese durch ein Nomen (Substantiv), ein Pronomen oder einen Kollektivbegriff (3) (z. B. Familie, Nation) bezeichnet wird.

(3) *Los españoles quieren **a***   *Die Spanier lieben Spanien.*
      España.

Hinweis: Bei unbestimmten Personen steht folglich nicht die Präposition *a*. Nach dem Verb *tener* entfällt ebenfalls die Präposition *a* (4).

(4) *La mujer tiene un hijo.*   *Die Frau hat einen Sohn.*

8.9.3. Die Präpositionen und die zusammengesetzten Nomina (Substantive)

Grundwissen: Es gibt mehrere Möglichkeiten, im Spanischen Wörter zusammenzusetzen. Es können zwei Adjektive zu einem neuen Adjektiv zusammengesetzt werden:

sordomudo   *taubstumm*

Aus zwei Verben kann ein Nomen (Substantiv) gebildet werden:

el duermevela   *Halbschlaf*

Adjektiv und Nomen (Substantiv) bilden ein zusammengesetztes Nomen:

el mediodía   *Mittag*

Aber auch umgekehrt können Nomen (Substantiv) und Adjektiv ein zusammengesetztes Nomen bilden:

la nochevieja   *Silvesterabend*

Eine sehr häufig anzutreffende Möglichkeit der Bildung eines zusammengesetzten Nomens (Substantiv) besteht aus Verb + Substantiv:

el cumpleaños   *Geburtstag*

Regel: Für die hier in besonderer Weise interessierende reine Substantivzusammensetzung gibt es im Wesentlichen drei Möglichkeiten:

1. Die unmittelbare Zusammenschreibung – wie im Deutschen:

la mundovisión   *Satellitenfernsehen*
la fonometría   *Schallmessung*

2. Die unverbundene Aneinanderreihung:

el Estado satélite   *Satellitenstaat*
el avión ambulancia   *Sanitätsflugzeug*
el coche remolque   *Straßenbahnanhänger*

3. Die überwiegende Mehrheit der Substantivzusammensetzungen erfolgt jedoch durch Präpositionen (präpositionale Fügungen).

Folgende Präpositionen kommen dafür in Frage:

(1)	*de*	(5)	*por*
(2)	*a*	(6)	*sobre*
(3)	*en*	(7)	*contra*
(4)	*para*	(8)	*con*

Hinweis: Auch hier gibt es eine weit überwiegende Mehrheit bei der Zusammensetzung mit der Präposition *de*.

(1) *el permiso de circulación* *Fahrerlaubnis*
  la flecha de dirección *Richtungspfeil*
  la escuela de chóferes *Fahrschule*
  la construcción de la frase *Satzbau*
  el error de composición *Satzfehler*
  el servicio de sanidad *Sanitätsdienst*
  la casa de socorro *Sanitätswache*
  el locutor de televisión *Fernsehansager*
  la antena de televisión *Fernsehantenne*
  la recepción de televisión *Fernsehempfang*
  la tasa de televisión *Fernsehgebühr*
  el trabajo de jardinería *Gartenarbeit*
  la tierra de jardín *Gartenerde*
  el álbum de visitantes *Gästebuch*
  el campo de fútbol *Fußballplatz*
  el jugador de fútbol *Fußballspieler*
  el reglamento de tráfico *Verkehrsordnung*
  la policía de circulación *Verkehrspolizei*
  la congestión del tráfico *Verkehrsstau*
  el accidente del tráfico *Verkehrsunfall*
  la señal de tráfico *Verkehrszeichen*
  el indicador de dirección *Fahrtrichtungsanzeiger*
  el equipo de fútbol *Fußballmannschaft*

(2) *el obstáculo a la circulación* *Verkehrshindernis*
  el viaje en España *Spanienreise*
  el traje a medida *Maßanzug*
  el trabajo a medida *Maßarbeit*

(3) *la prestación en especie* *Sachleistung*
  la danza en corro *Rundtanz*
  la televisión en color *Farbfernsehen*
  la película en color *Farbfilm*
  la indemnización en *Sachentschädigung*
  especie

(4) *el curso para principiantes* *Anfängerkurs*
  los utensilios para afeitado *Rasierzeug*
  la loción para después del *Rasierwasser*
  afeitado

(5) *la publicidad por radio* *Radiowerbung*
  la información por televisión *Fernsehbericht*
  la impulsión por correa *Riemenantrieb*

(6)   *la declaración del impuesto*   *Einkommensteuererklärung*
       sobre la renta
       el impuesto sobre la renta   *Einkommensteuer*
       la tasa sobre la radio   *Rundfunkgebühr*

(7)   *el seguro contra incendios*   *Feuerversicherung*
       el seguro contra el robo   *Einbruchsversicherung*

(8)   *el robo con fractura*   *Einbruch*
       el robo con escalo   *Einbruchdiebstahl*
       el campo regado con aguas   *Rieselfeld*
       residuales

Hinweis: Das Spanische kennt aber auch sehr häufig die entgegenge-
setzte Möglichkeit. Aus einem deutschen zusammengesetzten Substantiv
wird nur <u>ein</u> spanisches Substantiv. Das zweite deutsche Substantiv wird
durch ein Adjektiv wiedergegeben. Dabei wird das Adjektiv im Spanischen
nachgestellt (1).

(1)   *la acción declarativa*   *Feststellungsklage*
       el trabajo doméstico   *Heimarbeit*
       los ejercicios domésticos   *Hausaufgaben*
       el baile particular   *Hausball*
       la biblioteca particular   *Hausbibliothek*
       el barco habitable   *Hausboot*
       la paz doméstica   *Hausfrieden*
       el discurso oficial   *Festrede*
       la guía telefónica   *Telefonbuch*
       el aparato telefónico   *Telefonapparat*
       la llamada telefónica   *Telefonanruf*
       el cable telefónico   *Telefonkabel*
       el parque móvil   *Fahrzeugpark*

Übung 1

1. Ergänzen Sie die Präpositionen *a, ante* oder *con*:

   a. José María Aznar asistió .... la reunión de la Junta Directiva de la
      CEOE.
   b. Trabajamos .... entusiasmo.
   c. Aznar subrayó ..... el foro empresarial que su partido no tiene incon-
      veniente alguno en agotar la legislatura.
   d. Vamos ... la playa.
   e. La significativa decisión del Ejecutivo coincide ..... la proximidad de
      una sentencia de la Corte Suprema.
   f. ¿Qué hacer ...... el problema?
   g. Tuvo que recurrir ..... la ayuda del Bundesbank ...... el peligro de que
      la divisa española se saliera del SME.

2. Ergänzen Sie die Präpositionen *contra, de,* oder *desde*:

   a. Hay una sentencia ...... la Corte Suprema en el caso seguido ...... el
      general Manuel Contreras.
   b. Somos ..... Alemania.
   c. Vivo en Alemania ...... el veinte ...... junio.
   d. Luchan ...... el crimen.
   e. Algunos ..... sus errores son claramente justificables.

3. Ergänzen Sie die Präpositionen *en, entre,* oder *hacia*:

   a. Y de cuando ...... cuando se oía una risa juvenil.
   b. Regresamos ...... las cinco.
   c. Se oía el sordo chasquido de un beso .... los evónimos.
   d. Viven ..... el campo.
   e. Se puso las manos juntadas ..... los muslos.
   f. ¿Fuisteis ...... Madrid?

Lösungen

| 1. | a. a | b. con | c. ante | d. a | e. con |
| | f. ante | g. a + ante | | | |

| 2. | a. de + contra | b. de | c. desde + de | |
| | d. contra | e. de | | |

| 3. | a. en | b. hacia | c. entre | d. en | e. entre | f. hacia |

Übung 2

1. Ergänzen Sie die Präpositionen *hasta, para,* oder *por*:

    a. Vamos ..... el centro.
    b. La peseta llegó incluso a depreciarse ..... las 88 pesetas ..... marco.
    c. Es un regalo .... ti.
    d. Bueno, nos sentaremos en este banco ..... si vuelve.
    e. Se casa .....enero.

2. Ergänzen Sie die Präpositionen *según, sin,* oder *so*:

    a. No puedo identificarle .... esta foto.
    b. En 1978, Estados Unidos reclamó, ... éxito, su extradición.
    c. Lo prohibieron .... pena.
    d. Ahora hay mucha gente .... trabajo.
    e. .... Guevara, ninguna de las dos alternativas propuestas causarían daño al medio ambiente.
    f. Sucedió ..... capa de defender la libertad.

3. Ergänzen Sie die Präpositionen *sobre* oder *tras*:

    a. El periódico está ...... la mesa.
    b. Fortalecieron la presión .... la moneta española.
    c. .... larga ausencia regresamos.
    d. Llegamos .... las cinco.
    e. Se acentuó en la Bolsa y en los mercados de deuda .... la intervención.

Lösungen

1. a. hasta   b. hasta + por   c. para
    d. por   e. para

2. a. según   b. sin   c. so
    d. sin   e. según   f. so

3. a. sobre   b. sobre   c. tras
    d. sobre   e. tras

Übung 3

1. Ergänzen Sie mit präpositionalen Fügungen:

a.	Los alumnos se sentaron .... profesor.	Die Schüler setzten sich **um** den Lehrer **herum**.
b.	Vendió .... precio.	Er verkaufte **unter** Preis.
c.	Estamos .... Pedro.	Wir sind **bei** Pedro.
d.	.... la política no hay esperanza.	**Was** die Politik **betrifft**, gibt es keine Hoffnung.
e.	Pepe se encuentra .... cine.	Pepe befindet sich **vor** dem Kino.
f.	María se encuentra .... coche.	Maria ist **hinter** dem Auto.
g.	Estábamos todos, ... ella.	**Außer** ihr waren wir alle da.
h.	.... su atención pudieron salvarse.	**Dank** seiner Aufmerksamkeit konnten sie sich retten.
i.	Anduvieron .... paseo.	Sie gingen die Allee **entlang**.
j.	.... hoy empieza el campeonato mundial.	**Von** heute **an** beginnt die Weltmeisterschaft.
k.	No hay decisiones .... la demanda.	**Bezüglich** des Antrages gibt es keine Entscheidungen.
l.	Lo supe ayer .... mi hermana.	Ich erfuhr es gestern **durch** meine Schwester.
m.	Lo hizo .... vecino.	Er machte es **anstatt/anstelle** des Nachbarn.

Lösungen

1. a. alrededor del
   b. bajo
   c. en casa de
   d. En cuanto a
   e. delante del
   f. detrás del
   g. excepto
   h. Gracias a
   i. a lo largo del
   j. A partir de
   k. en relación con
   l. a través de
   m. en vez del

Übung 4

1. Ergänzen Sie mit Präposition + *quién*:

    a. ¿........... es esa maleta?   **Wessen** Koffer ist das?

    b. ¿............ has enviado el   **Wem** hast du das Geld geschickt?
        dinero?

    c. ¿............ es esta moto?   **Für wen** ist dieses Motorrad?

    d. ¿........... ando?   **Mit wem** gehe ich?

    e. ¿........... está pensando?   **An wen** denkt er jetzt?

Lösungen

1. a. De quién
   b. A qién
   c. Para quién
   d. Con quién
   e. En qién

9. Die Konjunktionen *(Las conjunciones)*

Grundwissen: Das deutsche Wort für Konjunktionen *Bindewörter* gibt recht zutreffend auch die Funktion dieser Wörter wieder: Sie verbinden Wörter, Satzteile oder Sätze.

Allgemein erfolgt eine Einteilung der Konjunktionen nach ihrer Funktion im Satz in:

– **nebenordnende Konjunktionen** (1)
  und
– **unterordnende Konjunktionen** (2)

(1) Die nebenordnenden Konjunktionen verbinden Wörter, Wortgruppen oder Hauptsätze miteinander.

(2) Die unterordnenden Konjunktionen verbinden Haupt- und Nebensatz miteinander, indem sie den Nebensatz einleiten.

Hinweis: Alle bisherigen Ausführungen treffen sowohl für die spanischen als auch für die deutschen Konjunktionen zu.

9.1. Die nebenordnenden Konjunktionen

Grundwissen: Die nebenordnenden Konjunktionen des Spanischen verhalten sich in der Regel wie ihre deutschen Entsprechungen. Besondere Schwierigkeiten werden beim Gebrauch nicht entstehen.

Regel: Die nebenordnenden Konjunktionen untergliedert man in:

1. aneinander reihende Konjunktionen *(conjunciones copulativas)*

2. ausschließende Konjunktionen *(conjunciones disyuntivas)*

3. entgegensetzende Konjunktionen *(conjunciones adversativas)*

4. folgernde Konjunktionen *(conjunciones conclusivas)*

Hinweis: Eine Einteilung der Konjunktionen in diese vier Gruppen macht nur als Lernhilfe einen Sinn. Sie präsentiert den komplexen Stoff übersichtlicher und ermöglicht die Anwendung von Merktechniken (Mnemotechniken) durch die Zusammenfassung von bedeutungsähnlichen Konjunktionen. Aber den Sinn trägt die lexikalische Bedeutung der einzelnen Konjunktionen und nicht die Gruppenbezeichnung. Sie gibt keine zusätzliche Information.

9.1.1. *Las conjunciones copulativas* (Reihende Konjunktionen)

Grundwissen: In fast mathematischer Funktion wird die Satzaussage (Prädikat) betreffend etwas hinzugefügt oder abgezogen. Jede dieser spanischen Konjunktionen könnte mit einem Plus- oder Minuszeichen versehen werden.

Die (Plus)-Konjunktionen:

(1)	*y*	und
(2)	*también*	auch
(3)	*así ... como/tanto ... como*	sowohl ... als auch
(4)	*no sólo ... sino (también)*	nicht nur ... sondern auch

Die (Minus)-Konjunktionen:

(5)	*ni*	auch nicht
(6)	*ni ... ni (2x Minus)*	weder ... noch
(7)	*ni siquiera*	nicht einmal
(8)	*tampoco*	auch nicht

Hinweis: Vor Wörtern, die mit *i* oder *hi* beginnen, wird *y* zu *e*.

(1)	*José y Luis son de Oviedo.*	José und Luis sind aus Oviedo.
(2)	*Yo también tengo miedo.*	Ich habe auch Angst.
(3)	*Tanto Luis como José son de Oviedo.*	Sowohl Luis als auch José sind aus Oviedo.
(4)	*No sólo han robado el dinero, sino también las joyas.*	Sie haben nicht nur Geld, sondern auch Schmuck gestohlen.
(5)	*Paco no me escribe ni me llama por teléfono.*	Paco schreibt mir nicht und ruft auch nicht an.

(6)	*Ni Jorge ni Juan lo quieren.*	*Weder Jorge noch Juan wollen es.*
(7)	*Ni siquiera su padre viene.*	*Nicht einmal sein Vater kommt.*
(8)	*Tampoco su hermana viene.*	*Seine Schwester kommt auch nicht.*

9.1.2. *Las conjunciones disyuntivas* (Ausschließende Konjunktionen)

Grundwissen: Konjunktionen dieser Gruppe drücken aus, dass es immer nur eine Möglichkeit gibt, die in Frage kommt. Etwas anderes wird, wie es die deutsche Bezeichnung treffend ausdrückt, ausgeschlossen. Diese Feststellung gilt deckungsgleich für die deutschen wie spanischen Konjunktionen dieser Gruppe.

(1)	*o*	*oder*
(2)	*o ... o*	*entweder ... oder*
(3)	*bien ... bien*	*entweder ... oder*
(4)	*parte ... parte*	*teils ... teils*
(5)	*ya ... ya*	*bald ... bald/mal ... mal*

Hinweis: Vor Wörtern, die mit *o* beginnen, wird die Konjunktion *o* zu *u*. Siehe unter (1).

(1)	*Ha llamado por teléfono seis o siete veces.*	*Er hat sechs oder sieben mal angerufen.*
	Voy a pasar las vacaciones en verano u otoño.	*Ich mache im Sommer oder Herbst Urlaub.*
(2)	*Vamos a comprar los libros o en Oviedo o en Gijón.*	*Wir kaufen die Bücher entweder in Oviedo oder in Gijón.*
(3)	*Bien tiene dinero, o bien es un mentiroso.*	*Entweder er hat Geld, oder er ist ein Lügner.*
(4)	*Trabaja parte en Austria parte en Alemania.*	*Er arbeitet teils in Österreich teils in Deutschland.*
(5)	*Ya tiene sed ya tiene hambre.*	*Mal hat er Durst, mal hat er Hunger.*

9.1.3. *Las conjunciones adversativas* (Entgegensetzende Konjunktionen)

Grundwissen: Auch hier drückt die deutsche Bezeichnung „entgegensetzende Konjunktionen" recht zutreffend die Funktion aus. Konjunktionen dieser Gruppe bezeichnen einen Gegensatz.

Die Konjunktionen sind:

(1)	*pero/mas*	*aber*
(2)	*no obstante*	*trotzdem, dessen ungeachtet, jedoch*
(3)	*sin embargo*	*trotzdem, jedoch*
(4)	*todavía*	*jedoch, immerhin*

Beispiele

(1)	*Lo dijo, pero nadie escuchó.*	*Er sagte es, aber niemand hörte zu.*
(2)	*Las cosas son baratas; no obstante, no (las) compro.*	*Die Sachen sind billig, trotzdem kaufe ich nicht.*
(3)	*Está lluviendo; sin embargo, vamos a pie.*	*Es regnet; trotzdem gehen wir zu Fuß.*
(4)	*Quiere verle, todavía es su padre.*	*Sie will ihn sehen, immerhin ist er ihr Vater.*

9.1.4. *Las conjunciones conclusivas* (Folgernde Konjunktionen)

Grundwissen: Die nebenordnenden Konjunktionen der vierten Gruppe leiten schließlich einen Satz ein, der die Folgen eines vorher erwähnten Tatbestandes schildert.

Die häufigsten dieser Konjunktionen sind:

(1)	*luego*	*also, folglich*
(2)	*por consiguiente*	*folglich*
(3)	*por eso/esto*	*daher, deshalb*
(4)	*por (lo) tanto*	*daher, deshalb*
(5)	*pues*	*also, da, daher, demnach, denn, folglich*

Beispiele

(1) *Tiene dinero, luego puede pagar.*

Er hat Geld, also/folglich kann er auch bezahlen.

(2) *Está nervioso, por consiguiente todo le sale mal.*

Er ist nervös, folglich gelingt ihm gar nichts.

(3) *Tengo dolores de cabeza, por eso no puedo pensar.*

Ich habe Kopfschmerzen, deshalb kann ich nicht denken.

(4) *No lo concibo, por tanto no puedo decidirme.*

Das kann ich mir nicht vorstellen, daher kann ich mich nicht entscheiden.

(5) *No tenemos tiempo, pues vamos.*

Wir haben keine Zeit, also gehen wir.

Hinweis: „Pues" ist in der Umgangssprache sehr präsent, es ist eines der häufigsten Wörter des gesprochenen Spanisch, da es auch als rhetorisches Mittel eingesetzt wird. Es dient als Hilfe für den Einstieg in einen Satz und zur Überbrückung einer Sprechpause. Es signalisiert aber auch Unsicherheit und Zögern vor der Antwort. Gelegentlich ist es aber auch nur reine Floskel.

9.2. Die unterordnenden Konjunktionen *(Las conjunciones subordinantes)*

Grundwissen: Die unterordnenden Konjunktionen des Spanischen verhalten sich in der Regel wie ihre deutschen Entsprechungen.

Die unterordnenden Konjunktionen verbinden Haupt- und Nebensatz miteinander, indem sie den Nebensatz einleiten.

Regel: Die unterordnenden Konjunktionen untergliedern wir in:

- Temporale Konjunktionen *(Las conjunciones temporales)*

- Kausale Konjunktionen *(Las conjunciones causales)*

- Finale Konjunktionen *(La conjunciones finales)*

- Konsekutive Konjunktionen *(Las conjunciones consecutivas)*

● Konzessive Konjunktionen *(Las conjunciones concesivas)*

● Konditionale Konjunktionen *(Las conjunciones condicionales)*

● Modale Konjunktionen *(Las conjunciones modales)*

Hinweis: Die Wichtigkeit der Gruppeneinteilung sollte keinesfalls überschätzt werden. Auch hier gilt, dass sie nur als Lernhilfe/Merkhilfe dient und weiter keinen Sinn hat.

9.2.1. *Las conjunciones temporales* (Temporale Konjunktionen)

Grundwissen: Temporale Konjunktionen machen eine Aussage, die die Zeit ordnet. Es gibt temporale Konjunktionen, die

● die Vorzeitigkeit
● die Gleichzeitigkeit und
● die Nachzeitigkeit
    ausdrücken.

9.2.1.1. Temporale Konjunktionen der Vorzeitigkeit

Regel: Nach temporalen Konjunktionen, die die Vorzeitigkeit ausdrücken, steht der Indikativ.

Die folgenden Konjunktionen kommen dafür in Frage:

(1)	**cuando**	*als*
(2)	**después de que**	*nachdem*
(3)	**desde que**	*seit, seitdem*
(4)	**mientras**	*während*
(5)	**tan pronto como**	*sobald*
(6)	**en cuanto**	*sobald*

(1)	*Cuando llegamos en Paris, en seguida llamé por teléfono.*	*Als wir in Paris ankamen, telefonierte ich sofort.*

| (2) | Después de que había sa-
lido, buscamos el dinero. | Nachdem er gegangen war,
suchten wir das Geld. |

| (3) | Desde que se dedica al
deporte, está contento. | Seitdem er Sport betreibt, ist er
zufrieden. |

| (4) | Mientras mi padre pre-
paraba el coche, hacía-
mos las maletas. | Während mein Vater das Auto
vorbereitete, packten wir die
Koffer. |

| (5) | Tan pronto como tenía
dinero, volvían los amigos. | Sobald ich Geld hatte, kamen
die Freunde zurück. |

| (6) | En cuanto llegó el auto-
bús subió. | Sobald der Autobus kam, stieg er
ein. |

Regel: Nach temporalen Konjunktionen, die die Gleichzeitigkeit ausdrücken, steht ebenfalls der Indikativ.

Es sind die folgenden:

| (1) | **cuando** | immer wenn, jedes Mal wenn |

| (2) | **desde que** | seit, seitdem |

| (3) | **hasta que** | bis |

| (1) | Cuando estoy enfermo, no
me dedico al deporte | Wenn ich krank bin, treibe ich
keinen Sport. |

| (2) | La mujer está muy con-
tenta, desde que tiene tra-
bajo. | Die Frau ist sehr zufrieden,
seitdem sie Arbeit hat. |

| (3) | Espero siempre hasta que
Wilfredo llama por teléfono. | Ich warte immer, bis Wilfried
anruft. |

9.2.1.2. Temporale Konjunktionen der Nachzeitigkeit

Regel: Nach temporalen Konjunktionen steht der *Subjuntivo* (Konjunktiv), wenn die Handlung des Temporalsatzes in der Zukunft liegt
(→ 6.4.1.2.1.):

(1) *cuando*   wenn

(2) *antes de que*   bevor, ehe

(3) *mientras*   solange

(4) *tan pronto como*   sobald

(5) *hasta que*   bis

(6) *después de que*   wenn, nachdem

(7) *en cuanto*   sobald

(1) *Cuando tengamos el dinero*   Wenn wir das Geld haben,
     compraremos las cosas.   kaufen wir die Sachen.

(2) *Antes de que vuelvas a casa*   Bevor du nach Hause kommst,
     compra el periódico.   kauf die Zeitung.

(3) *Mientras trabajes, prepa-*   Solange du arbeitest, bereite ich
     raré yo la comida.   das Essen zu.

(4) *Tan pronto como lo diga,*   Sobald er es sagt, werde ich
     te llamaré.   dich anrufen.

(5) *Esperaremos hasta que*   Wir warten, bis sie das Auto
     hayan arreglado el coche.   repariert haben.

(6) *Después de que estemos*   Wenn wir zu Hause sind, werden
     en casa, comeremos un   wir etwas essen.
     poco.

(7) *En cuanto llegué, se lo*   Sobald er kommt, sage ich es
     diré.   ihm.

Hinweis: Viele temporale Konjunktionen können sowohl mit dem Indikativ als auch mit dem *Subjuntivo* (Konjunktiv) verbunden werden, je nachdem ob sich der Temporalsatz auf eine Handlung in der Vergangenheit oder in der Zukunft bezieht.

Die Konjunktion *antes de que* bereitet oft Schwierigkeiten, weil nicht immer leicht zu erkennen ist, dass der Temporalsatz mit *antes de que* gegenüber dem Hauptsatz immer Zukunftsbezug hat, selbst dann, wenn beide Sätze in der Vergangenheit stehen. Nach *antes de que* steht daher immer der *Subjuntivo* (Konjunktiv).

9.2.2. *Las conjunciones causales* (Kausale Konjunktionen)

Grundwissen: Die kausalen Konjunktionen geben im Nebensatz die Begründung für die Feststellung oder Behauptungen des Hauptsatzes an.

Regel: Nachfolgend die häufigsten kausalen Konjunktionen, die den untergeordneten Satz einleiten.

Alle kausalen Konjunktionen machen die Verwendung des Indikativs obligatorisch.

(1)	*como, puesto que*	da, weil
(2)	*dado que, ya que*	da nun, da ja
	pues	da ja
(3)	*porque*	weil
(4)	*visto que*	in Anbetracht dessen, dass; da ja; da nun einmal

Hinweis: Wenn der Satz mit dem Nebensatz eingeleitet wird, sollte *porque* nicht am Satzanfang stehen.

(1)	*Como llueve, no tengo ganas de pasearme.*	Weil es regnet, habe ich keine Lust, spazieren zu gehen.
(2)	*Ya que hace sol, vamos ahora.*	Da nun die Sonne scheint, gehen wir jetzt.
(3)	*La gente no tiene dinero, porque el gobierno es incapaz.*	Die Leute haben kein Geld, weil die Regierung unfähig ist.
(4)	*Visto que la situación está así, tenemos que ahorrar.*	Da nun einmal die Lage so ist, müssen wir sparen.

9.2.3. *Las conjunciones finales* (Finale Konjunktionen)

Grundwissen: Diese Konjunktionen leiten einen Nebensatz ein, der abschließend zusammenfasst, welchem Zweck die Handlungen des Hauptsatzes dienen.

Regel: Alle finalen Konjunktionen verlangen den *Subjuntivo* (Konjunktiv) im Nebensatz (→ 6.4.1.2.1.).

Die häufigsten Konjunktionen dieser Gruppe sind:

(1)	*a fin de que*	damit
(2)	*a que*	damit
(3)	*para que*	damit
(4)	*por miedo de que*	aus Furcht, dass

(1)	*El profesor de conducir explica la práctica a fin de que se la comprenda.*	*Der Fahrlehrer erklärt die Übung, damit man sie versteht.*
(2)	*Voy al vecino a que me ayude.*	*Ich gehe zum Nachbarn, damit er mir hilft.*
(3)	*Te ayudo para que no tengas problemas.*	*Ich helfe dir, damit du keine Probleme hast.*
(4)	*Voy al médico por miedo de que tenga una enfermedad infecciosa.*	*Ich gehe zum Arzt aus Furcht, dass ich eine Infektionskrankheit haben könne.*

9.2.4. *Las conjunciones consecutivas* (Konsekutive Konjunktionen)

Grundwissen: Die konsekutiven Konjunktionen leiten einen Nebensatz ein, in dem geschildert wird, welche Folgen der Sachverhalt des Hauptsatzes hat (→ 6.4.1.2.1.).

Die deutsche Bezeichnung für diese Satzart ist „Folgesatz" oder „dass-Satz".

Regel:

● Das Verb des Konsekutivsatzes steht im **Indikativ**, wenn die Folge eingetreten ist (1).

● Das Verb des Konsekutivsatzes steht im *Subjuntivo* **(Konjunktiv)**, wenn die Folge erwünscht ist (2).

● Das Verb des Konsekutivsatzes steht im **Konditional**, wenn die Folge möglich ist (3).

Konsekutive (folgernde) Konjunktionen sind:

de manera que	*so, dass*
de modo que	*so, dass*
de forma que	*so, dass*
así que	*so, dass*
tan ... que	*so ... dass*
tanto que	*so sehr, dass; so viel, dass*

(1)   mit dem Indikativ:

El profesor de conducción nos lo explicó de manera que lo comprendimos.

Der Fahrlehrer erklärte es uns so, dass wir es verstanden.

Corrió tan rápido que no pude seguir.

Er lief so schnell, dass ich nicht folgen konnte.

(2)   mit dem *Subjuntivo* (Konjunktiv):

Me deseo tanto dinero que tenga suficiente.

Ich wünsche mir so viel Geld, dass ich genug habe.

(3)   mit dem Konditional:

Tiene tanto dinero que podría comprar cualquier cosa.

Er hat so viel Geld, dass er sich alles kaufen könnte.

9.2.5. *Las conjunciones concesivas* **(Konzessive Konjunktionen)**

Grundwissen: Konzessive Konjunktionen leiten einen Nebensatz (Konzessivsatz/Einräumungssatz) ein, der eine Realisierung seines Sachverhaltes trotz einer im Hauptsatz entgegenstehenden Handlung verspricht.

Konzessive Konjunktionen sind:

(1) **aunque, aun cuando**   *obwohl, wenngleich*
     a pesar de que

(2) **aun cuando, aunque**   *selbst wenn*
     a pesar de que
     si bien

Regel: Nach den konzessiven Konjunktionen steht das Verb im Indikativ, wenn der Sachverhalt tatsächlich gegeben ist (1).

Das Verb steht nach einer konzessiven Konjunktion im **Subjuntivo (Konjunktiv)**, wenn der Sachverhalt zukünftig oder nur möglich ist (2) (→ 6.4.1.2.1.).

(1) **Aunque** *hace mal tiempo,*   **Obwohl** *schlechtes Wetter ist,*
     vamos.   *gehen wir.*
     (Das Wetter ist wirklich schlecht.)

(2) **Aunque** *haga mal tiempo,*   **Selbst wenn** *schlechtes Wetter*
     vamos.   *ist, gehen wir.*
     (Das Wetter ist möglicherweise schlecht.)

Regel: Es ist stets der *Subjuntivo* **(Konjunktiv)** einzusetzen nach:

(1)   **por** + Adjektiv/Adverb + **que**   *wie ... auch*

(1) **Por mucho que** *me lo en-*   **Wie oft** *du es mir* **auch** *sagst,*
     señes, no lo comprendo.   *ich begreife es nicht.*

9.2.6. *Las conjunciones condicionales* **(Konditionale Konjunktionen)**

Grundwissen: Konditionale Konjunktionen leiten einen Konditionalsatz (Bedingungssatz) ein. Er drückt eine Bedingung aus, von der die Erfüllung des Sachverhalts, der im Hauptsatz bezeichnet wird, abhängt.

Konditionale Konjunktion sind:

(1)	*en caso de que*	*falls*
	suponiendo que	

(2)	*con tal que*	*sofern, voraus-*
	siempre que	*gesetzt, dass*
	en tanto que	

(3)	*a no ser que*	*sofern nicht*

(4)	*si*	*wenn, falls*

Regel: Alle diese Konjunktionen verlangen, dass das nachfolgende Verb im ***Subjuntivo*** **(Konjunktiv)** steht (→ 6.4.1.2.1.). Nur *siempre que* und nur in der Bedeutung „*immer wenn*" verlangt den Indikativ.

(1)	*En caso de que llueva, tenemos que cerrar las ventanas.*	*Falls es regnet, müssen wir die Fenster schließen.*

(2)	*Os ayudaré mañana siempre que tenga dinero.*	*Ich helfe euch morgen, sofern ich Geld habe.*

(3)	*Sábado reparamos el coche a no ser que haga mal tiempo.*	*Samstag reparieren wir das Auto, sofern nicht schlechtes Wetter ist.*

Hinweis: *Si* ist die bei weitem häufigste konditionale Konjunktion und gleichzeitig die, für die das umfangreichste und komplizierteste Regelwerk für die Verwendung der Zeitformen in Haupt- und Nebensatz gilt.

1. Regel: Gilt die Bedingung des *si*-Satzes als real und erfüllbar, so steht nach *si* das Verb im Indikativ (→ 6.6.1.).

Si hace buen tiempo, vamos a la playa.	*Falls schönes Wetter ist, gehen wir an den Strand.*

Si estás sin ganas, dímelo.	*Falls du keine Lust hast, sage es mir.*

Hinweis: Zu beachten ist, dass im *si*-Satz das Verb nie im Futur oder Konditional stehen darf.

2. Regel: Gilt die Bedingung des *si*-Satzes als irreal, unerfüllbar, so steht nach *si* das Verb im ***imperfecto de subjuntivo*** (→ 6.6.2.).
Wichtig ist, dass das Verb im Hauptsatz im Konditional stehen muss.

Si hiciera buen tiempo, iríamos a la playa. (Das Wetter ist aber sehr schlecht.)	*Falls schönes Wetter wäre, würden wir an den Strand fahren.*
Si tuviéramos otro gobierno, tendríamos menos problemas.	*Wenn wir eine andere Regierung hätten, würden wir weniger Probleme haben.*

3. Regel: Wurde die Bedingung des si-Satzes in der Vergangenheit nicht erfüllt, so steht nach si das Verb im pluscuamperfecto de subjuntivo (→ 6.6.2.). Das Verb des Hauptsatzes steht dann im condicional compuesto, aber auch das condicional simple und der pluscuamperfecto de subjuntivo ist zulässig.

Beispiele

Si hubiera hecho buen tiempo, habríamos podido ir a la playa.	*Wenn schönes Wetter gewesen wäre, hätten wir an den Strand fahren können.*
Si lo hubiera tenido, te lo habría dado.	*Wenn ich es gehabt hätte, hätte ich es dir gegeben.*

9.2.7. *Las conjunciones modales o comparativas* (Modale oder vergleichende Konjunktionen)

Grundwissen: Vergleichende Konjunktionen leiten einen Vergleichungssatz ein, der seinen Sachverhalt mit dem des Hauptsatzes vergleicht. Modalsätze schildern die Umstände eines Vorganges.

Konjunktionen dieser Art:

(1)	***así como***	*so wie*
(2)	***como, según***	*wie*
(3)	***salvo que***	*außer wenn, es sei denn, dass*
(4)	***sin que***	*ohne dass*

Die Wahl der Zeitform des Verbs nach diesen Konjunktionen, lässt sich in einer relativ einfachen Regel zusammenfassen.

Regel: Die Konjunktionen nach (1) + (2) verlangen bei Vor- und Gleichzeitigkeit zum Hauptsatz den Indikativ.
Der *Subjuntivo* (Konjunktiv) ist bei Nachzeitigkeit des Gliedsatzes erforderlich oder wenn offen gelassen wird, ob ein Vorgang eintritt.
Die Konjunktionen nach (3) + (4) verlangen immer nur den *Subjuntivo*.

(1)	*Así como yo lo hago, también lo puedes hacer tú.*	*So, wie ich es tue, kannst du es auch tun.*
	Ahora hazlo, así como yo lo haga también.	*Mach es jetzt so, wie ich es auch machen würde.*
(2)	*Según lo que dice, está enfermo.*	*Wie er sagt, ist er krank.*
	Según lo que diga, reaccionamos.	*Wir reagieren, je nachdem, was er sagt.*
(3)	*Mañana vendremos, salvo que llueva.*	*Wir werden morgen kommen, es sei denn, es regnet.*
(4)	*Pudimos terminar la clase de conducir, sin que lloviera.*	*Wir konnten die Fahrstunde beenden, ohne dass es regnete.*

10. Aussprache und Schrift des Spanischen
(Pronunciación y escritura)

Grundwissen: Das spanische Alphabet *(el alfabeto)* hat 29 Buchstaben. Die Buchstaben *k* und *w* gibt es nur in Wörtern fremdsprachlichen Ursprungs (1) und (2). Alle Buchstaben sind dem grammatischen Geschlecht nach feminin.

(1)   *kéfir*   Kefir   *kerosén*   Kerosin

      kilogramo   Kilogramm   *kilómetro*   Kilometer

      kiosco   Kiosk

(2)   *wáter*   Klosett   *Westfalia*   Westfalen

      whisky   Whisky   *wolfram(io)*   Wolfram

Hinweis: Gegenüber dem deutschen Alphabet gibt es im spanischen *alfabeto* drei Buchstaben mehr: Nach dem *c* folgt ein *ch*, nach dem *l* folgt ein *ll* und nach dem *n* folgt ein *ñ*. Alle anderen Buchstaben stimmen mit dem deutschen Alphabet überein.

10.1. Die Aussprache der Vokale

Regel:

● Die Vokale werden alle halb offen und halb lang ausgesprochen. Betonte und unbetonte Vokale haben dieselbe Klangfarbe; nur ist bei unbetonten Vokalen die Tonstärke geringer.

● Es gibt kein *ä, ö, ü* und es gibt im Spanischen keine Nasalierung.

● Die Vokale *a, e* und *o* gelten als die starken und *i* und *u* als die schwachen Vokale.

Die Verbindung eines starken Vokals mit einem schwachen oder die Verbindung zweier schwacher Vokale heißt Diphthong *(diptongo)*. Die Betonung liegt immer auf den starken Vokalen. Bei einem Diphthong aus zwei schwachen Vokalen liegt der Ton auf dem zweiten Vokal. Soll von dieser allgemeinen Betonungsregel abgewichen werden, so muss durch Akzente die Betonung festgelegt werden.

10.2. Die Aussprache der Konsonanten

Wir wollen uns bei der Aussprache der Konsonanten nur auf die wirklich erheblichen Abweichungen gegenüber den deutschen Konsonanten beschränken.

Regel: Die größten Ausspracheabweichungen haben wir bei den Konsonanten *c, g, h, j, r* und *rr*.

c   wird vor *e* und *i* wie englisches stimmloses *th* in *thing* oder wie stimmloses *s* ausgesprochen.
       In allen anderen Fällen wird es wie *k* ausgesprochen.

       Der deutsche *k*-Laut vor *e* und *i* kann nur nach der Buchstaben-kombination *qu* realisiert werden. Er entspricht aber nicht dem deutschen *qu* in *Quelle*. Dieser kw-Laut wird im Spanischen durch *cu* ausgedrückt.

g   wird vor *e* und *i* wie deutsches ch in *Dach* ausgesprochen, in allen anderen Fällen wie deutsches *g*.

       Der *g*-Laut vor *e* und *i* kann nur realisiert werden, wenn ein *u* nach dem *g* eingefügt wird. Das *u* bleibt dann stumm. Soll es jedoch hörbar sein, so muss es mit einem Trema (ü) versehen sein, z. B. in *cigüeña Storch*.

h   ist immer stumm.

j   wird wie das deutsche *ch* in *Dach* ausgesprochen.

r   ist ein einmalig gerolltes Zungenspitzen-*r*: *amar*.

rr   ist ein stark gerolltes Zungenspitzen-*r*: *perro*.

Hinweis: Die Aussprache der drei im Deutschen nicht existierenden Konsonanten ist besonders erwähnenswert:

ch   wird wie deutsches *tsch* in *Peitsche* ausgesprochen.

ll   wird im heutigen Sprachgebrauch nur noch als *j* realisiert.

ñ   wird wie *nj* in *Anja* ausgesprochen.

10.3. Die Betonung der Wörter

Regel: Alle mehrsilbigen Wörter, die auf einen Vokal, *n* oder *s* enden, werden auf der vorletzten Silbe betont (1).

Alle mehrsilbigen Wörter, die auf Konsonant (außer *n* und *s*) enden, werden auf der letzten Silbe betont (2).

(1)		
	contento	zufrieden
	imposible	unmöglich
	naciones	Völker
	andan	sie gehen

(2)		
	ciudad	Stadt
	pagar	zahlen
	pensar	denken

Hinweis: Ausnahmen von diesen Regeln sind immer durch einen Akzent gekennzeichnet (3).

(3)		
	está	er ist
	bolígrafo	Kugelschreiber
	andén	Bahnsteig
	anfitrión	Gastgeber

Hinweis: Neben den Betonungsakzenten gibt es auch noch Akzente zur Unterscheidung gleich lautender Wörter (4).

(4)
tú du	**sé** ich weiß	**más** mehr	**sólo** nur
tu dein	**se** sich (refl.)	**mas** aber	**solo** allein

él er	**de** von	**mí** mich	**sí** ja
el der	**dé** ich gebe *(subjuntivo)*	**mi** mein	**si** wenn/ob

Die Demonstrativpronomina (→ 5.2.) tragen einen Akzent (5) und die gleich lautenden Demonstrativadjektive (→ 3.2.2.) tragen keinen Akzent (6).

(5)				
éste	*ésta*	*éstos*	*éstas*	dieser hier
ése	*ésa*	*ésos*	*ésas*	dieser da/der da
aquél	*aquélla*	*aquéllos*	*aquéllas*	der dort/jener

(6)				
este	*esta*	*estos*	*estas*	dieser hier

ese	*esa*	*esos*	*esas*	*dieser da/der da*
aquel	*aquella*	*aquellos*	*aquellas*	*der dort/jener*

Hinweis: Alle Frage- und Ausrufwörter (→ 3.2.3.) werden mit Akzent geschrieben:

¿qué?	*welcher?*	*¿cuándo?*	*wann?*
¿quién?	*wer?*	*¿cómo?*	*wie?*
¿dónde?	*wo?*	*¡qué bien!*	*wie gut!*

Frage- und Ausrufesätze werden mit den umgekehrten Satzzeichen eingeleitet und mit den entsprechenden Satzzeichen auch wieder abgeschlossen.

¿De quién hablas?	*Von wem sprichst du?*
¿Qué deseas?	*Was wünschst du?*
¿Cuándo llega el tren?	*Wann kommt der Zug?*
¡Qué lástima!	*Wie schade!*

10.4. Groß- und Kleinschreibung

Regel: Grundsätzlich werden im Spanischen alle Wörter klein geschrieben.

Ausnahmen:

1. Das erste Wort eines Satzes

2. Eigennamen z.B. von
   Personen, Ländern, Städten, Meeren, Flüssen, Buchtiteln,
   Namen von Straßen und Plätzen, Studienfächern, Zeitungen,
   Bergen

3. Die Namen bedeutender Institutionen werden mit großen Anfangsbuchstaben geschrieben:

la Bolsa	*die Börse*
el Gobierno	*die Regierung*
Estados Unidos	*die Vereinigten Staaten*
Ministerio de Obras	*Ministerium für öffentliche*
Públicas	*Arbeiten*
el Estado	*der Staat*

10.5. Die Silbentrennung *(la división en sílabas)*

Grundwissen: Eine Silbe besteht aus mindestens einem Vokal oder einem Diphthong mit einem oder mehreren Konsonanten. Ein Diphthong ist eine Silbe; kann also nicht getrennt werden. Zwei starke Vokale bilden keinen Diphthong, sondern einen Hiat. Ein Hiat besteht aus zwei verschiedenen Silben; trotzdem werden sie im Allgemeinen nicht so gerne getrennt.

Regel: Da *rr, ll* und *ch* nur jeweils einen Buchstaben bilden, können sie auch nicht getrennt werden.
Also: *mu-cha-cho, pe-rro, ca-lle*

Regel: Ein einzelner Konsonant zwischen zwei Vokalen gehört zur nachfolgenden Silbe.
Also: *di-ne-ro*

Regel: Sind zwei oder drei Konsonanten zwischen Vokalen, gehört nur der letzte zur folgenden Silbe.
Also: *ins-ti-tu-to, is-la*

Regel: Ist der letzte Konsonant ein *l* oder *r*, so muss der vorletzte mit zur nachfolgenden Silbe genommen werden.
Also: *posi-ble, siem-pre, re-gla*

10.6. Die Zeichensetzung

Grundwissen: Die spanischen Satzzeichen unterscheiden sich nur in einem Punkt ganz erheblich von den deutschen Satzzeichen: Das Spanische kennt auch noch die umgekehrten Frage- und Ausrufezeichen, die der Spanier an den Anfang eines Frage- und Ausrufesatzes setzt.

Im Folgenden sind die wichtigsten Unterschiede zwischen der spanischen und deutschen Zeichensetzung aufgeführt.

Regel: Das Komma steht im Spanischen, um adverbielle Ausdrücke abzutrennen.

Also: *Está lloviendo; sin embargo, vamos a pie.*
Es regnet; trotzdem gehen wir zu Fuß.

Regel: Voranstehende Nebensätze werden durch ein Komma abgetrennt.

Also: *Si tenemos tiempo, vendremos.*
Wenn wir Zeit haben, kommen wir.

Aber: *Vendremos si tenemos tiempo.*
Wir kommen, wenn wir Zeit haben.

Regel: Der nichteinschränkende Relativsatz (→ ......) wird durch Komma abgetrennt.

Also: *Mi amigo, quien me ha reparado el coche, está enfermo.*
Mein Freund, der mir (übrigens) mein Auto repariert hat,
ist krank.

Hinweis: Es gibt Relativsätze, die zum Verständnis des Hauptsatzes unentbehrlich sind (einschränkend) und Relativsätze, die zum Verständnis des Hauptsatzes entbehrlich sind (nichteinschränkend).

Regel: Der einschränkende Relativsatz darf nicht durch Komma vom Hauptsatz getrennt werden.

Also: *El coche que vi ayer en la tele me gusta mucho.*
Das Auto, das ich gestern im Fernsehen gesehen habe, gefällt
mir sehr gut.

Regel: Weiterhin wird im Spanischen vor *que* (dass) und *si* (ob) kein Komma gesetzt.

Also: *Esperamos que nos ayude.*
Wir hoffen, dass er uns hilft.

No sé si te gustará.
Ich weiß nicht, ob es dir gefallen wird.